W0234259

Fritz Hegi
Improvisation und Musiktherapie
Möglichkeiten und Wirkungen von freier Musik
Mit Bildern von Lilot Hegi

Reihe
KUNST · THERAPIE · KREATIVITÄT

Band 4
Herausgegeben von
Prof. Dr. Dr. Hilarion Petzold,
Freie Universität Amsterdam,
und
Ilse Orth, Fritz Perls Institut, Düsseldorf

in Verbindung mit

Drs. J. Boomsluiter,
Akademie voor Edukative Arbeid
de kopps hoof, Nijmegen

Prof. Dr. med. Peter Petersen,
Medizinische Hochschule Hannover

Prof. Dr. Peter Rech,
Universität Köln

Elisabeth Wellendorf, A.T.R., A.P.R.
Institut für analytische Kunsttherapie, Hannover

Fritz Hegi

Improvisation und Musiktherapie

Möglichkeiten und Wirkungen von freier Musik

Mit Bildern von Lilot Hegi

Junfermann Verlag · Paderborn
1993

© Junfermannsche Verlagsbuchhandlung, Paderborn 1986, 1988
3. durchgesehene und überarbeitete Auflage 1990
4. Auflage 1993
Lektorat: Christoph Schmidt
Gesamt-Gestaltung: Lilot Hegi
Alle Rechte vorbehalten.
Nachdruck oder Vervielfältigung des Buches oder von Teilen
daraus nur mit ausdrücklicher Genehmigung des Verlages.
Gesamtherstellung: PDC – Paderborner Druck Centrum

CIP-Kurztitelaufnahme der Deutschen Bibliothek
Hegi, Fritz:
Improvisation und Musiktherapie: Möglichkeiten u. Wirkungen
von freier Musik/Fritz Hegi. Mit Bildern von Lilot Hegi.—
Paderborn: Junfermann, 1986.
(Reihe Kunst, Therapie, Kreativität; Bd. 4)
ISBN 3-87387-270-6
NE: GT

ISBN 3-87387-270-6
ISSN 0177-2414

Meinen Eltern
Emmy und Fritz Hegi-Sturzenegger
und meinem Sohn
Pino Samuel
gewidmet

Danksagung

— den unzähligen Kursteilnehmern, Schülern und Klienten der Jahre
1980 bis 1986 für ihre situationsbezogenen Ideen, ihre originellen
musikalischen und sprachlichen Mitteilungen sowie ihre Energien,
welche in dieses Buch einflossen;
— meiner Schwester Lilot Hegi für die künstlerische Einfühlung und
Einfügung ihrer Bilder in die Absicht meiner Worte sowie die Be-
treuung der graphischen Gestaltung überhaupt;
— meinem Bruder Stöff Hegi für die Überarbeitung des Manuskripts,
wodurch wichtige Diskussionen und Verbesserungen entstanden;
— meiner geschiedenen Ehefrau Doris Vymyslická, welche über die
ganze Entstehungszeit die Arbeit inhaltlich und emotional begleitete und unterstützte;
— meiner Partnerin, der Mutter unseres Sohnes, Hanna Portmann für
zahlreiche Korrekturen und Einfälle und für ihr feines Verständnis
in der manchmal belastenden Endphase des Buches;
— meinem Musiker-Freund und Musiktherapie-Kollegen Urs Voerkel
für die horizonterweiternden Gespräche und den fachlichen Austausch sowie die vertiefenden Erfahrungen beim gemeinsamen Improvisieren;
— meinen Mit-Musikern im Umfeld der WIM (Werkstatt für improvisierte Musik, Zürich), allen voran meinem langjährigen Spiel-Part-
ner Thomas Schaffroth für die Beratung in der Konzeption dieses
Buches, sowie Jürg Gasser und anderen für aufmerksame Kritik
und Hinweise;
— meiner „geistigen Verwandten" Isabelle Frohne für ihre aufmun-
ternde Begutachtung und meinem Lektor Christoph Schmidt für die
kompetente Korrektur des Manuskripts;
— schließlich allen Spendern von Spiel-Ideen und Erfahrungs-Impul-
sen, die durch persönliche Kontakte in meinen eigenen Ausbildun-
gen, Kursen und in gemeinsamer Praxis oder Gesprächen zu mir ge-
langten: Christoph Baumann, Villingen, Schweiz; Gerda Boyesen,
London; Reinhard Flatischler, Wien; P. K. Frey, Mönchaltorf,

Schweiz; Lilli Friedemann, Hamburg; Isabelle Frohne, Hamburg; Francis Goldberg, San Francisco; Gertrud Loos, Stuttgart; Warren Muller, San Francisco; Miriam und Erving Polster, San Diego; Meret Schlegel, Zürich; Marianne Schuppe, Bern; Lisa Sokolov, New York; Jaques Widmer, Aarau; und weiteren Freunden oder Lehrern in der improvisierten Musik, der Gestalt- und der Musiktherapie.
— der STEO-STIFTUNG in Zollikon / Zürich für die finanzielle Unterstützung des Projekts mit 15 000.— Fr., welche mir ermöglichte, den durch die Schreibarbeit entstandenen Verdienstausfall ein Jahr lang auszugleichen.

Inhalt

Vorwort

Müssen Fachbücher schwer lesbar sein? Gehört es zum guten Ton, in einem komplizierten Stil zu schreiben, oder liegt das an einer heute üblichen sehr einseitigen „wissenschaftlichen" Haltung? Wissenschaft sei die Suche nach Erkenntnis, bei der aber das eigene Erleben und die persönliche Erfahrung die Objektivität eher gefährde als fördere.

Erst zögernd wandelt sich hier der Wissenschaftsbegriff, erst zögernd findet eine phänomenologische Betrachtungsweise Raum, bei der wir das, was das „objektiv" Vorhandene „subjektiv" in uns auslöst, ernst nehmen und für unser Ringen nach Erkenntnis verwerten dürfen. Was ist überhaupt „objektiv", und was ist „subjektiv" in bezug auf meine Wahrnehmung? Was ist „innen", was ist „außen", wenn meine Sinne meine Welt erfahren und erleben? Sind Begriffe wie Subjekt und Objekt, Innen und Außen, Denken und Fühlen, Wissenschaft und Kunst wirklich absolute und unversöhnbare Gegensätze, oder sind sie nicht viel eher zwei Aspekte eines Ganzen; Aspekte, die einander bedingen, voneinander abhängen und ineinander verschränkt sind in dem Sinne, daß das eine Teil des anderen ist?

Der Autor dieses Buches geht über eine einseitige dualistische Betrachtungsweise hinaus: Er integriert eine wissenschaftliche und eine künstlerische Haltung, verbindet (musik)psychologische Erklärungsmodelle des Menschen mit intuitiver Erkenntnis und persönlicher Erfahrung und komponiert diese Qualitäten so zu einem Ganzen, daß Herz und Verstand gleichberechtigterweise verstehend-wissend werden.

Es ist sicher auch kein Zufall, daß *Fritz Hegi* die Improvisation gewählt hat, denn von seinem künstlerischen Erleben her weiß er allzu gut, daß Improvisation Lebendigkeit und Kreativität im Vollzug ist. Der Mensch ist nie ernsthafter als im Spiel, so drückte es *Huizinga* einmal aus. Der spielende Mensch verbindet die Innenwelt wieder mit der Außenwelt; spielend hebt er die Trennung auf und kann das uns verloren gegangene Wissen um die „*religio*" (Verbindung) wieder erfahren.

Für *Fritz Hegi* ist es die Musik und insbesondere die Improvisation, welche als Lehrmeisterin helfen kann, unser Denken und Fühlen, unsere Haltung und unser Verhalten nach innen und nach außen wieder zueinander in Beziehung zu setzen. Die Bausteine der Musik (Melodie, Klang, Rhythmus, Dynamik und Form) sind Analogien für unsere Art zu denken, zu fühlen und zu handeln, und in unseren Improvisationen kommt zum Ausdruck, wie wir denken, fühlen und uns verhalten. Das von uns gewählte Zusammenwirken der musikalischen Bausteine gibt auch Aufschluß darüber, wie wir unsere individuellen, sozialen, kulturellen und politischen Wirklichkeiten ausdrücken.

Obwohl hier die Verbindung zur Musiktherapie deutlich wird, ist *Fritz Hegis* Buch nicht nur für Musiktherapeuten gedacht. Es ist eine Einladung an alle Menschen, die den Weg des Lernenden, des Spielenden zu gehen bereit sind; an Menschen, die sich über die Improvisation auf die Entdeckung ihrer eigenen kreativen und grenzüberschreitenden Wachstums- und Entfaltungsmöglichkeiten einlassen wollen.

Für Musiker, Musikschüler oder für Menschen, die in irgendeiner Hinsicht therapiebedürftig sind, ist die seelische Auseinandersetzung und die handwerkliche Seite der Arbeit an ihren improvisatorischen Potentialen sowohl Selbsterfahrung und Selbstverwirklichung als auch Fremderfahrung und Begegnungsmöglichkeit. Somit bereitet die Improvisation den Boden für Wachstum oder Nachreifung. Auf diesem Boden können Musiktherapeuten Menschen das Lernen lehren, gleichgültig, ob es sich um Wissensstoff, handwerkliches Können oder um das Herausfinden der eigenen Grenzen oder psychischer und sozialer Verhaltensmuster handelt. Für *Fritz Hegi* ist der Musiktherapeut vielleicht derjenige, der ein solch ganzheitliches Lernen am umfassendsten vermitteln kann, weil er durch die klinische Ausbildung gelernt hat, Lern-Störungen bzw. neurotische Wahrnehmungs- und Bewältigungsstrategien zu erkennen und Konflikte dort zu bearbeiten, wo sie den suchenden und lernenden Menschen behindern oder blockieren.

Fritz Hegis Anliegen nach Ganzheitlichkeit macht auch verständlich, daß er den musiktherapeutischen Aspekt der Improvisationsarbeit mit gestalttherapeutischen Konzepten verbindet. Die Verwandtschaft von Musiktherapie und Gestalttherapie liegt bei näherer Betrachtung ja auf der Hand. Trotzdem ist seltsamerweise „Improvisation und Musiktherapie" eine der ersten Schriften, die diese Verwandtschaft näher betrachten.

Ich wünsche diesem Buch, daß es mit seiner wohltuenden Menschlichkeit und Natürlichkeit viele Leser erreicht, erfreut und in ihrer Kreativität anregt.

Dr. phil. Isabelle Frohne, Hamburg

Einleitung

Musik, über die ich schreibe, ist umfassender als die Worte, mit denen ich sie verstehen will. Deshalb habe ich durch das Spiel mit verschiedensten Musikern, Freunden, Schülern, Patienten, Jugendlichen, Kindern und auch allein am Instrument fragend und forschend nach den Geheimnissen unter der Oberfläche der Töne gesucht. Solche Entdeckungsreisen in unzähligen Improvisationen führten zu Erfahrungen, deren Fülle in mir nach einer Form riefen, welche sowohl die aufregende Vielgestaltigkeit der Musik selbst als auch deren vielfältige Wirkungen auf uns zu erfassen vermag. Dieses Buch will ein Baustein auf dem Weg zum Verständnis der Wirkung von improvisierter Musik sein und ihr Erlebnis erweitern.

In den frühen Jahren des sog. Free-Jazz hatte ich erstmals die tiefe Einsicht, daß meine eigene Musik mich selbst und meine Mitspieler oder Zuhörer in gewissen Momenten im Kern traf und deutlich zu verwandeln mochte. Ich spürte, daß sich meine klar geglaubten Grenzen verschieben oder daß sich etwas in mir mit anderen Menschen oder Teilen der Umwelt verschmelzen konnte. Dann spielte ich nicht Musik, ich *war* sie. Dieses Erlebnis hat mich seither dauernd begleitet und führte zu den hier aufgezeichneten Überzeugungen. Oft habe ich mitten im Spiel aufgehört und einen wichtigen Gedanken irgendwo hingekritzelt. Dies ergab den Rohstoff zu dieser Arbeit.

Ebenfalls Anfang der siebziger Jahre entdeckte ich in nächtelangen Improvisations-Sessions mit meist jugendlichen Drogenabhängigen, was musiktherapeutisches Arbeiten sein kann, ohne daß wir dies damals so genannt hätten. Die Intensität des musikalischen Austausches schien den Drogenwunsch zu ersetzen und vermittelte das erstaunliche Gefühl einer Entdeckung, wie das menschliche Rauschbedürfnis auch in ungebremstem musikalischem Ausdruck befriedigt werden kann. Durch diese Zusammenhänge hörte ich plötzlich in ganz neue Wirkungsfelder der Musik hinein und ahnte die unausgeschöpfte Potenz und erweiternde Dimension der freien Improvisation.

Das Suchtproblem einerseits und die Frage nach den Ansätzen von kreativer Therapie andererseits zeichneten einige Jahre die stets der Improvisation und ihrer Wirkung folgende Spur. Aus der Verflechtung vieler Beziehungen zwischen Universitäts-, Musik- und Suchtszene in Hamburg resultierte mein im Autorenkollektiv erarbeitetes letztes Buch: „Über die Schwierigkeit, erwachsen zu werden" (*Parow, Hegi* et al. 1976). Die Auseinandersetzung mit Abhängigkeit, mit den dadurch entstehenden Widersprüchen und mit Wachstum durch Selbst-Erleben wurde zu einer wichtigen Basis für meine Auffassung von Improvisation und Musiktherapie. Diese Verbindung kann, ja muß in der Konsequenz ein Instrument der Befreiung von Zwängen und Unterdrückung sein.

Mit diesem Buch habe ich selbst der Ansicht Ausdruck gegeben, daß Schreiben über und von selbstgespielter Musik immer auch eine *Bewältigung persönlicher Lebensprozesse* bedeutet, die Konfrontation gegenwärtiger Standpunkte, Fragen und Probleme mit ihrer Zeit und Umgebung. Es enthält die Erkenntnisse aus meiner bisher erreichten musikalischen Kunst und meinem pädagogisch-therapeutischen Handwerk in ihrer Verknüpfung. Entwicklung und Entfaltung sind zwar nie abgeschlossen, aber es gibt Stationen, die einen befristeten Halt erlauben und damit besonders in Erinnerung bleiben. Solche Stationen waren die Begegnungen mit provozierend frei spielenden Jazz-Musikern, die mich lehrten, daß jede Erwartungshaltung der Improvisationsidee widerspricht; oder mit einigen Drogen-Abhängigen, die mir verständlich machten, daß Autonomie nur durch selbstgewählte, manchmal auch schmerzliche Schritte erreicht werden kann. Wie eine Folge solcher Einsichten erlebte ich sodann meine Aufbauarbeit der „Werkstatt für improvisierte Musik" in Zürich. Diese „WIM" wurde zur Brutstätte der vorliegenden Gedanken und ermöglicht mir seit einigen Jahren eine freiberufliche Tätigkeit als Musiker, Musiktherapeut und Improvisationslehrer. Zwischenhalte auf diesem Weg waren die Begegnung mit der methodischen Anwendung der Improvisation bei *Lilli Friedemann* in Hamburg und dann die sich verdichtende Auseinandersetzung mit der Gestalttherapie in Selbsterfahrung, besonders bei *Miriam* und *Erv Polster,* welche auf eindrückliche Weise persönliches Potential in mir befreiten.

Wichtig waren sicher auch alle meine öffentlichen Konzerte. Sie vergegenwärtigen jeweils auf verschiedenste Weise das eigenartige Gefühl, daß ich als Musiker meinem Publikum begegne, als wäre ich ein sich öffnender Patient. Das Publikum hört zu und spiegelt zurück, was es aufgenommen hat, als wäre es ein Therapeut, eine Instanz, der ich mich anvertraut habe.

Der erhabenste Vermittler für umfassende Gedanken, ruhige Einsichten, aufbrechende Einfälle und neue Impulse ist für mich jedoch die Welt der Berge. In ihr habe ich sowohl die Musik als auch die Menschen immer wieder neu verstanden und immer wieder auch als grenzenlos empfunden. Die Stufen der Vegetation in den Klimazonen vom grünen Tal bis zum Eis, oder die fast zeitlose Schreit-Meditation einer Gletschertour haben mir körperlich eingegeben, was ein *Rhythmus* ist. Durch die amorphen Übergänge von Eis und Schnee zu Wasser und von diesem wieder zu Wolken, sowie durch die Stimmungsräume und schroffen Wände, die Farben, Zustände, Echos und Schwingungen zwischen allen sich hier treffenden Elementen verstand ich den *Klang*. In den Linien des Geländes, dem Ausdruck und der Gestalt von Felsformen, Flanken, Wasserläufen, Schnee- und Alphängen mit dem sich darin bewegenden Licht- und Schattenspiel hörte ich immer wieder *Melodien*. Die Zusammenballungen und Auflösungen der Wolken in der Begegnung mit der Sonnenkraft lehrten mich die *Dynamik* von Verwandlungen. Die gleichzeitige Größe und Begrenztheit einer Landschaft, ihre Überschreitung einerseits und ihr behaglicher Rahmen andererseits zeigten mir die Möglichkeiten des *Formen*spiels, welches auch im Vergleich einzelner Steine mit ganzen Bergaufbauten plastisch erscheint. Kurz zusammengefaßt ist für mich die Bergwelt gerade durch ihr Schweigen ein Raum voller Musik, worin eine Besteigung ein Solo (mit oder ohne Begleitung) und das Gipfelerlebnis einen musikalischen Höhepunkt mit seiner unvermeidbaren Rückkehr in den Alltag des Lebens symbolisiert.

Wie diese persönliche Philosophie entstanden viele meiner Gedanken mehr durch Erfahrungen und wiederholt geprüfte Empfindungen als durch wissenschaftliche Kompositionen. Es geht mir nicht um etwas Allgemeingültiges, sondern um das Auffinden eines eigenen Wertmusters und Weltbildes durch Musik, welches sicher für jeden Leser verschieden abläuft. Die Improvisation ist ein Experimentierfeld dafür, die bisherigen Grenzen der Freiheit überschreiten zu lernen, ohne jemand anders dabei einzuschränken. Sie ist auch ein Erfahrungsraum, um das Zuhören so zu erweitern, daß es kein „falsch", „schlecht" oder „wertlos" mehr gibt, sondern nur noch ein ehrliches, offenes oder ein verstecktes So-sein.

Der Avantgarde-Saxophonist *Anthony Braxton* sagte einmal: „Ich mag die Idee nicht, daß ich oder jemand fortgeschrittener sei als jemand anderes. Wie kannst du fortgeschrittener sein auf diesem Planeten, wenn du hier gerade nur *die* Musik spielst, die dir hochkommt, davon lernst und versuchst, als Person damit zu wachsen. Musik ist ein natürlicher Boden für all das." (Plattenumschlag, Arista Records Inc. AB 4181, New York 1978)

Es gibt ein paar Bezugspunkte in diesem Buch, die ich bewußt unausgewogen, aus politischer oder kompensatorischer Haltung heraus verstärkt und mit Nachdruck behandelt habe. Das in unserer Zeit so strapazierte und vernachlässigte Ohr spielt als zentrales Sinnesorgan eine bevorzugte und emanzipierte Rolle. Außerdem streiche ich den weiblichen Pol vieler Erscheinungen in Musik und Therapie hervor; er soll die Idee der Ganzheit hervorheben, auf die ich gerade auch als Mann zugehen will. Sinnigerweise und wie als Ergänzung sind äußere Form und innere Funktion des Ohres wie auf dieses weibliche Prinzip abgestimmt: aufnehmend, vertiefend, ganzheitlich.

Weiterhin kann ich nicht anders, als meine musikalische Heimat, den Jazz, parteiisch zu behandeln. Ich tue dies nicht nur, weil er die Improvisationskultur unseres Jahrhunderts trägt und gerade bei Musiktherapeuten noch zuwenig beachtet wird, sondern auch, weil ich durch den Jazz, die Rockmusik und über den Blues meine in mir verwurzelte Volksmusik auf eine tiefe, selbstbestimmte Weise neu entdecken konnte. An dieser Stelle will ich *Miles Davis* als Vorbild erwähnen, der sein Jazz-Musiker-Leben seit bald 40 Jahren dafür einsetzt, als Komponist und Improvisator immer wieder auch die Rockmusik, die Volksmusik und sogar den Schlager einzubeziehen, und dadurch wegweisende Brücken baut, während er als Mensch schon unzählige Talente zu wecken vermochte und ihr Potential so entwickelte, daß diese instrumental oft über ihn hinauswachsen konnten. Er ist eine natürliche Autorität im Jazz.

Die politische Haltung des Aufbrechens und Erneuerns hat sich bei mir durch die 68er Bewegung eingegraben. Ein gewisser Pioniergeist und vielleicht auch zivilisatorischer Moralismus ist von daher geblieben. Es gelang mir sicher nicht überall, ihn ganz abzulegen; schließlich stamme ich aus einer Lehrerfamilie des Pestalozzi-Landes. Andererseits möchte ich betonen, daß die politischen Utopien, die mir nach wie vor wichtig sind, sich nicht in den Kulturbetrieb oder die Psycho-Szene zurückziehen müssen. Gerade die Improvisation ist einer eindeutigen Parteinahme für alle Kräfte verpflichtet, die benachteiligte Menschlichkeit der vorteilhaften Wirtschaftlichkeit voranstellen.

Ich bin besonders glücklich darüber, daß meine Schwester *Lilot Hegi* Bilder in den Text hineinimprovisiert und komponiert hat, welche nie nur kommentierend wirken, sondern einerseits vertiefend-sinnbildlich und andererseits auflockernd-witzig gelungen sind. Ich liebe darin das Gemisch von spontan hingeworfenem Strich und bedeutsamer Form. Sie lassen dem Auge jene offene und bewegliche Einstellung, welche ich mit Worten dem Gehör nahezubringen versuche. Ich finde in ihnen insgesamt eine eigene Aussage über das Ohr, die Improvisation, das Verhältnis von Männlich-Weiblich oder die Dimensionen von Schmerz und Angst, Wut und Freude. Die Bilder sind wirklich eine geschwisterliche Ergänzung.

Ich bin mir des hohen Anspruchs bewußt, Bilder und geschriebene Sprache zu benützen, um die Ganzheitlichkeit musikalischen Erlebens darzustellen. Der Respekt vor der Unantastbarkeit dieser Ganzheit führte zu dem eingeschlagenen Weg, das „Menü Musik" einmal wie ein Koch in all seinen Elementen zu begreifen und es je nach Beschaffenheit der einzelnen Teile und nach eigener Lust anders zu mischen oder zu verbinden. Ein Koch kennt den Geschmack des fertigen Essens, entscheidet sich dann für das Verhältnis der Grundstoffe und Zutaten, um sie schließlich wieder als Ganzes zu genießen. So will ich den ersten Teil darstellen. Im zweiten Teil wird, um bei diesem Bild zu bleiben, das Menü gekaut, geschluckt und verdaut, dabei teilweise integriert, teilweise ausgeschieden. Rezepte und Speisekarten folgen dann im dritten Teil.

Die Teile können auch als methodisch nützliche Aufteilung in den ersten, eher *musikpädagogischen Teil*, den zweiten, *musiktherapeutischen Teil* und den dritten, *animatorischen Teil* verstanden werden. Die Improvisation hat zwar in allen drei Feldern dieselbe Funktion, nämlich den Ausdruck im Jetzt spielerisch zu ermöglichen. Aber der in beruflicher Verantwortung mit Improvisation Arbeitende soll sich immer bewußt sein, ob er Pädagogik, Therapie oder Animation betreibt. Deren Vermischung dient oftmals als Ausweichmanöver und ist für den Empfänger verwirrend oder sogar schädlich.

Als Improvisationslehrer habe ich mit pädagogischen oder animatorischen, weniger mit therapeutischen Fragen zu tun; die Musik als universale Kunst steht im Vordergrund. Als Musiktherapeut habe ich mit psychologisch-therapeutischen und weniger mit pädagogischen und animatorischen Fragen zu tun; der leidende, behinderte oder kranke Mensch steht im Vordergrund. In beiden Feldern stütze ich mich nicht auf eine Geheimkraft der Musik (eine solche wirkt ohne unser Zutun besser), sondern benütze auf verschiedene Weise das Material, den Stoff, auf dem musikalisches Geschehen aufbaut. Dieses ist aus den fünf Komponenten zusammengesetzt, die ich im ersten Teil beschrieben habe: Rhythmus, Klang, Melodie, Dynamik und Form. Über diese

Stützen des figürlichen oder methodischen Zuhörens können die Ursprünglichkeiten des spontanen musikalischen Ausdrucks, die Bevorzugungen oder Neigungen zu komplexen musikalischen Bewegungen eher auf ihren Grund zurückverfolgt werden. Sie sind einerseits diagnostische Hinweise und andererseits künstlerische Bauelemente. Das Hören auf Teile, auf Figuren der Musik fügt sich, je mehr die Zusammenhänge dieser Komponenten bewußt werden, immer wieder zu einem Ganzen. Ich beschreibe diese Zusammenhänge im Rhythmus als Körper- und Zeiterfahrung, im Klang als Gefühlsraum, in der Melodie als Linie des Ausdrucks, in der Dynamik als Kraft der Verwandlung und in der Form als Abgrenzung und Zusammenfassung.

Natürlich bestehen diese fünf Komponenten nie für sich allein, sondern sie sind alle in jeder einzelnen enthalten. Das wird z. B. in Kapiteln wie „Melodie des Rhythmus", „Klang und Zahlensymbolik" oder „Strukturen der Melodie" verdeutlicht. Aber gerade die Praxis bestärkte mich immer wieder in der Idee, nicht alles auf einmal, sondern etwas Einzelnes ganz besonders, konsequent oder umfassend zu hören und dadurch die Vertiefung in der Vereinfachung zu erleben.

Im zweiten Teil habe ich das therapeutische Werkzeug für diese Verbindungen von Musik-Komponenten zu den menschlichen Grundbedingungen oder deren Störungen zusammengetragen. Es liegt meines Erachtens in der Gestalttherapie bereit, wenn man ihren Grundgedanken, dem Kontakt zu sich und der Umwelt folgt. Das Figur-Hintergrund-Konzept und andere zentrale Begriffe wie Bewußtheit, Experiment oder eben Kontakt verdanke ich *Fritz Perls* und seinem Menschenbild, wobei ich für die fünf Kontaktstörungen neue, der Musiktherapie entsprechendere und dem Alltagsgebrauch geläufigere Namen gewählt habe. Da ich die Gestalttherapie nur sehr knapp dargestellt habe, wäre eine zusätzliche Auseinandersetzung des Lesers mit diesem Gebiet für das Verständnis des zweiten therapeutischen Teils sinnvoll (*Perls, Hefferlin, Goodman* 1979; *Polster, Polster* 1975).

Improvisation ist eine Gestalt, und somit ist Musiktherapie ein Versuch, schwierigen und bedrohlichen Ereignissen mit einfachen und unbedrohlichen Mitteln zu begegnen. Kann Musik Gefühle, Emotionen, Realität ausdrücken, oder löst sie diese nur aus? Beides! Mein Verständnis von Improvisation gleicht einem Fenster, das auf beiden Seiten geöffnet werden kann und den Blick nach Außen wie ins Innere freigibt. *Nordoff* und *Robbins* sagen in der Einführung zu ihrem Buch (1975): „Aus der Vollständigkeit der Beziehungen zwischen Musik und Mensch erwächst im wahrsten Sinne des Wortes Musiktherapie."

Es geht tatsächlich auch mir vor allem um Beziehungen: im pädagogischen Teil zwischen Vermittelnden und Aufnehmenden, im therapeutischen Teil zwischen Musiktherapeut und psychisch Kranken und im
animatorischen Teil zwischen allen möglichen Spielern und Partnern.
Für einen Kontakt in Beziehungen ist es egal, ob es sich um sog. Nor-
malneurotiker oder Mehrfachbehinderte, um Kinder, Jugendliche oder
Erwachsene handelt. Allerdings beschränken sich die Fallbeispiele aus
meiner Praxis auf Störungen bzw. Konflikte ohne manifeste geistige
oder körperliche Behinderungen. Heilpädagogische Sondersituatio-
nen, ein wichtiges Gebiet der Musiktherapie, sind dadurch weitgehend
ausgeklammert. Die vielen Ideen, die ich oft meinen Klienten, Schülern, Teilnehmern von Improvisationsgruppen und Mitmusikern verdanke, sollen als Anregungen sowohl von Therapiebedürftigen als
auch von therapeutischen Fachkräften, von Lehrern wie von Alltags-Gebrauchern gleichermaßen verwendet werden können und hiermit wieder zu ihnen zurückfließen. Die Spielkartei im dritten Teil ist
eine Fundgrube von Ideen, die ich allesamt mehrfach ausprobiert und
selbst als Bereicherung erfahren habe. Die Umsetzungsprobleme der
Spiele haben dabei manchmal zu neuen Begegnungen geführt, die Begegnungen in den Spielen manchmal zu neuen Problemen. Oft bekam
ich durch die erfrischende Respektlosigkeit gegenüber Spielregeln vor
allem von Kindern neue, bisher unbekannte Schwierigkeiten und fand
dadurch improvisierte Lösungen. Spielregeln oder Formen sind genauso gut, wie sie auch zu sprengen sind. Das wünsche ich mir weiterhin und diesem Buch als Ganzem.

Zusammenhang und innere Logik meines Gedankengebäudes möch-
ten sich etwa so der Erfahrung des Lesers stellen, wie eine Komposition
der Interpretation und Improvisation der Spieler übergeben wird. Das
Formulieren steht zwischen dem Festlegen und dem Auslösen. Auf diesem Grat ist verschiedene Male die Erinnerung an das musikalische Erlebnis, z. B. die Dramatik einer Dynamik oder die Magie eines Rhythmus', mit solch überwältigender Eindringlichkeit über mich gekommen,
daß die Suche nach passenden Worten eher den Mühen eines Goldwä-
schers glich als der Spontaneität eines erfahrenen Improvisators. Mein
Versuch, theoretische und praktische Beispiele aus der musikalischen
und therapeutischen Praxis in einer systematischen Betrachtung zu erfassen, stellt sich als ein Stück festgelegte Erkenntnis dar. Diese soll nun
weitere Versuche und riskante Phantasien auslösen. So entsteht vielleicht gemeinsam eine Theorie vom „Weg über das Ohr" (wie eine Titel-
Idee für dieses Buch hieß) und hilft uns, die Improvisations-
Expeditionen immer wieder von der Erfahrung her aufzurollen.

Aus diesem Grunde wende ich mich nicht so sehr an die Fachleute oder Profis, sondern vielmehr an die breite Gruppe der Suchenden in der ganzen Landschaft von Musik bis Therapie. Ich möchte durch aufgezeigte Zusammenhänge neue Türen aufschließen, durch provokative Ideen neue Impulse wecken und durch gefundene Lösungen neue Fragen hervorrufen — und dies sowohl im psychologischen, wie auch im musikalischen und soziokulturellen Bereich. Ich bin überzeugt, daß die engagierte Auseinandersetzung mit improvisierter Musik soziale Konsequenzen hat und daß die Musiktherapie eine so unterschätzte wie unentwickelte psychotherapeutische Richtung ist.

Nun bleiben mir noch einige Bemerkungen zur Lese-Art des Textes: Die überall erscheinenden fettgedruckten Großbuchstaben mit einer Zahl (z. B. A 11) weisen auf den Zusammenhang zwischen Textstelle und dem entsprechenden Spiel im dritten Teil hin. Dieses Spiel kann entweder das Verständnis des Textes durch eine praktische Erfahrung bzw. die Vorstellung davon vertiefen oder lediglich das Gemeinte durch eine Modellsituation ausgestalten, wie dies auch ein gewöhnliches Sprachbeispiel tut.

Die Anmerkungen nach dem dritten Teil sind eine Sammlung aller aus dem Textfluß heraus- oder diesen weiterführender Gedanken. Ich habe darin die auf dem Weg angetroffenen Zulieferanten, Nebenrinnsale, Tümpel oder Versickerungen und vielleicht auch den angedeuteten Verlauf dieses Flusses bis zum Meer untergebracht. Das Literaturverzeichnis schließlich steckt diese ganze Ideenlandschaft ab, in der ich mich bewegte.

Bei einigen Wörtern erscheinen bewußt gesetzte Bindestriche, wie z. B. bei „Per-son" oder „takt-los". Sie dienen der Erfahrung des vollen, manchmal auch doppeldeutigen Sinngehaltes, der sonst im Begriff als gewohntes Bedeutungsbild verloren gehen könnte. — Kapitelbezogene Lesehilfen finden sich in den speziellen Einleitungen zu den „Praxisbeispielen" und der „Spielkartei".

Als vorläufig nicht lösbares stilistisches Problem erwies sich die männlich-weibliche Schreibweise. Meine politische Einstellung und die hervorgehobene Bedeutung des Weiblichen quer durch das Thema hindurch würden eigentlich eine konsequente Schreibweise beider Geschlechtsformen wie folgt verlangen: „Als Spieler/in ist man/frau gleichzeitig Zuhörer/in, Beobachter/in und Führer/in, Geführte(r) des Partners/der Partnerin. Er/sie kann seinem/ihrem Begleiter/in folgen ... usw". Ein derart verschandelter Text behindert aber das Lesevergnügen arg und beleidigt eher die Gleichberechtigung, zumal die männliche Form hier weiterhin vorangestellt ist — andererseits z. B.

beim persönlich gemeinten Wort „man" gegenüber „frau" eine absurde Selbstbeschneidung des zweiten „n" von „mann" passiert! So geht es also nicht. Ich habe mich deshalb entschlossen, außer in wichtigen Einzelfällen, die konventionelle Schreibweise beizubehalten und dafür inhaltlich auf die volle Gleichberechtigung der Frau zu achten.

Zahlreiche Unterlassungen, Mängel, Lücken oder Verirrungen, die jetzt noch unerwähnt geblieben sind, will ich dem Umstand zuschreiben, daß viele Bereiche eines so umfangreichen Themas nur angesprochen, manchmal eher wie ein Katalog behandelt werden konnten; das verraten die vielen kleinen Titel. Es entspricht aber auch der Absicht, daß dies eine Arbeit „unterwegs" ist, die mir gerade deshalb Spaß gemacht hat, weil sie keinen Perfektions-Ansprüchen genügen mußte und von jedem Leser selbst weiterentwickelt werden kann. Schon bloßes Lesen setzt Entwicklung in Gang, weil Lesen inneres Zu-hören bedeutet und dadurch jene Stimmen auslöst, die neue Ideen und neue Musik hervorbringen.

Teil I

Musikimprovisation
Ein Ganzes in fünf Teilgebieten

1. Der Rhythmus

1.1 Einführung

Wir leben inmitten von unzähligen Rhythmen, die uns meistens als solche gar nicht bewußt sind; ihre Ent-deckung ist ein Abenteuer! Es gibt keinen Ton, kein Geräusch, die nicht einen Rhythmus besitzen. Jedes Geräusch ist physikalisch das Produkt der in Schwingung versetzten Luft. Diese Schwingung kann eine Welle, eine Vibration, eine ganz feine oder eine ganz grobe Bewegung von einem bestimmten Luftraum sein. Der schwingende Körper prägt die Art, den Charakter der Schwingung. Ob z. B. ein Specht einen hohlen Stamm in Schwingung versetzt (um die Größe des Hohlraumes zu ermessen), ob eine Eisenbahn über Schienenabschnitte rollt (wobei Geschwindigkeit hörbar wird) oder ob ein Bach über Steine plätschert, die so in Schwingung versetzte Luft trifft als Geräusch auf unser Ohr. Es hat jedesmal eine andere Struktur der Wiederholung, hat ein bestimmtes Grundmuster, hat Perioden, Wechsel, Pausen, Verdichtungen, Überlagerungen. In der Verdichtung solcher Muster hören wir mehr einen Klang, in den Strukturen mehr einen Rhythmus. Die Wiederholung eines Schwingungsimpulses im Zeitablauf ergibt einen Rhythmus. Extreme solcher Rhythmusstrukturen sind z. B. das Zirpen einer Grille einerseits oder die Folgen von Eiszeiten in Großzeiträumen andererseits. Alles, was lebt, bewegt sich, und was sich bewegt, bildet einen bestimmten Rhythmus. Leben ist eine Wiederholung gleicher Bewegungen in neuen Zeit-Räumen. *Rhythmus ist Leben.*

Alle lebendigen Abläufe haben ihre eigenen rhythmischen Muster. Das einfachste, der Zweiertakt, ist mit der Rhythmik des Gehens und des Herzschlages verbunden. Das andere universale Grundmuster, der Dreiertakt, entstammt der Rhythmik des Atmens. Diese Körper- und Zahlenlogik ist der Grund dafür, daß es keine anderen Rhythmen als Zweier und Dreier gibt. Alle anderen sind Spielformen oder Kombinationen davon.

Der uns am nächsten liegende Rhythmus ist der Puls und der Atem (**A 1**). Aber auch unser Wechsel von Wach-Sein und Schlaf, von Spannung und Entspannung, unsere Fortbewegungsarten, unsere Gewohnheiten, unser Lebens- und Arbeitsstil unterliegen einem Rhythmus, der bei jedem wieder anders ist. Es kann sehr aufschlußreich sein, einmal bei sich selbst auf diese alltäglichen Tätigkeiten mit rhythmischen Augen zu achten. Vielleicht lassen sich dabei sogar so wichtige Rhythmen entdecken wie das wechselnde Bedürfnis von Nähe und Distanz zu Partnern oder der nötige Wechsel von Auseinandersetzung und Rückzug in Beziehungen oder der günstigste Ausgleich von Nehmen und

Geben in der Bedürfnisökonomie. Beispiele solcher rhythmisch oder polar spielender Alltagsphasen sind die Zuwendung und Abgrenzung, die Kreativität und der Konsum, die Information und der Ausdruck, das Essen und die Ausscheidungen und viele andere. Ein Bewußtsein über solche persönlichen Rhythmen gibt Sicherheit oder Selbstbewußtsein und charakterisiert die Persönlichkeit. Jeder Rhythmus hat seinen persönlichen Charakter — ebenso hat jede Person ihren charakteristischen Rhythmus.

Dieser Zusammenhang drückt sich auch im Sprachgebrauch aus. Wir sprechen von „taktlosen" Personen oder Handlungen und meinen damit ein arrhythmisches, also unverständliches oder störendes Verhalten, ein Verhalten, das sich nicht im Gleichgewicht befindet. Auch jeder geographische Ort hat seinen in ihm pulsierenden Rhythmus. Für die Menschen, welche näher dem Nord- bzw. Südpol der Erde leben, sind die Tagesrhythmen nicht so wichtig, weil sie durch den extremen Sonnenzyklus (Mitternachtssonne — Winterfinsternis) fast wegfallen; dort dominiert der Jahreszeitenrhythmus. Umgekehrt ist für die Menschen, welche näher dem äquatorialen Bereich leben, der Jahresrhythmus relativ unbedeutend; für sie steht deshalb der Tagesrhythmus ganz im Vordergrund. Diese Tatsache beeinflußt sogar die Ausscheidungsfunktionen. Die polaren Erdbewohner haben keinen täglichen Stuhlgang-Rhythmus, während die Äquatorialbewohner (natürlich immer unter Ausschluß störender Faktoren) einen genauen Tagesrhythmus einhalten können. Wahrscheinlich gibt es auch zwischen Ost und West bzw. zwischen Morgen und Abendland einen Unterschied im Charakter der Rhythmen. Mein Eindruck ist, daß der Grundpuls der östlichen Musik langsamer schlägt als dieser der westlichen Musik, daß der „Morgenlandmensch" im lebensphilosophischen Sinn ruhiger lebt als der „Abendlandmensch". Die meisten meditativen, langatmigen, ganzheitlichen und körperbewußten Lebenshilfen wie Tai-Chi, Tao, Zen, Shiatsu und viele andere stammen aus dem Osten, während die mehr zerstreuenden, kurz-atmigen, technischen und rationalen Lebenshilfen wie die Elektronik, Verkehrs- und Informationsmittel, aber auch Psychologie und Therapieformen, rationalere Arbeits- und Lebensorganisation, der westlich orientierten Zivilisation entstammen.[1)]

Gemeinsam ist den Rhythmuskulturen der ganzen Welt, daß ihre ältesten Formen jeweils aus den Arbeitsabläufen und Fortbewegungsarten sowie aus deren kulturellen Entsprechungen, dem Tanz entwickelt wurden. Ur-Rhythmen liegen z. B. in den niederfahrenden Hämmern von Steinbrucharbeitern, im Schlag der Ruderer, im „Stampf-Tanz" der Drescherinnen, im verschiedenen Gang von Trägerinnen und Jägern, aber auch in den Arbeitsritualen von Webern und Schmieden. Alle urtümlichen Handwerke und Berufe verstehen ihre Tätigkeit in rhythmischen Abläufen. Auch Schreiben und Lesen folgen rhythmischen Regeln. Wenn produktives Tun als rhythmischer Prozeß empfunden werden kann, wird weniger Energie gebraucht, als wenn dieser Zusammenhang verschüttet oder verloren ist. Zudem kann dabei Kraft gewonnen werden und muß nicht wie Brennstoff in einer Maschine verbraucht werden. Das Atmen, unsere ausdauerndste und regelmäßigste Arbeit im Leben, ermüdet nicht, sondern gibt uns Energie.

In dem Maße, wie uns heute die Maschinen alle sich wiederholenden, streng rhythmischen Arbeiten und Fortbewegungsarten abnehmen, verlieren wir ein Verhältnis zu den Arbeitsrhythmen, welche von Atem und Körper bestimmt sind. Wenn mich jeden Morgen der Wecker in den Tag schreit und die Digitaluhr die wichtigen Zeitpunkte programmiert, dann geht diese Zuverlässigkeit auf Kosten meiner Bereitschaft, meiner Vorbereitung und der sich auf ein Ereignis hin aufbauenden Spannung. Dies ist mit ein Grund, weshalb heute Spannung und Entspannung so perfekt medikamentös nachreguliert werden können oder weshalb das Bedürfnis nach entspannenden bzw. Spannkraft spendenden Techniken wie Yoga, autogenes Training, Jogging usw. so groß ist. Sie bilden eine Korrektur der gestörten rhythmischen Einheit von Denken, Bewegen, Anspannung und Lockerung in einem Arbeitsablauf.

Es besteht ein Zusammenhang zwischen Störungen im rhythmischen Lebensablauf und modernen Zivilisationskrankheiten. All die menschlichen Schicksale wie beispielsweise Fettleibigkeit, Herzkrankheiten, Atem- und Gefühlsflachheit, Schlafstörungen, Sucht, Depression und Suizidalität sind vergleichbar mit einer Trommel, deren Fell so lange gegen ihre eigene Schwingung geschlagen wird, bis dieses reißt. Die Trommel existiert noch, aber sie klingt nicht mehr. Das gerissene Fell, die Krankheit, zeigt in jedem Fall, daß ein Lebensrhythmus neu gefunden werden muß.

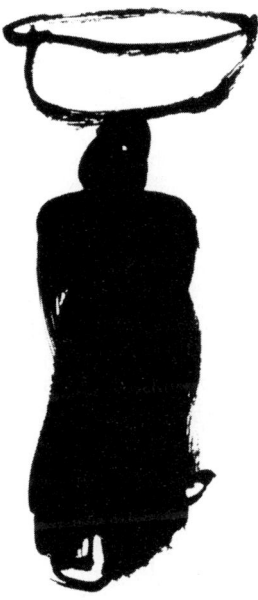

Dazu ein Beispiel: Das Vergessen von einfachen, alltäglichen Bewegungsabläufen wie beim gewöhnlichen Gehen oder beim Tanzen durch zu häufiges Sitzen im Auto oder im Fernseh-Stuhl führt zum Verlust von körperlicher Geschicklichkeit überhaupt und zu deren Kompensation bzw. Verlagerung in überbetonte Kopfarbeit. Eine andere Folge rhythmischer Bewegungsarmut kann die Einschränkung von Körpersymmetrie sein, welche ganz allgemein Unsicherheit, Hemmung, Unfallhäufigkeit, Verkrampfung, mißbildende Haltungen und deren sekundäre Symptome nach sich zieht. Wenn wir heute in einer Großstadt die Menschen auf der Straße beobachten, so sehen wir steife Nacken, hochgezogene Schultern, schiefe Becken, abgewinkelte Füße und andere Behinderungen mehr, die alle einen rhythmischen Gang gar nicht mehr ermöglichen (B 1). Wer kann noch so gehen, als könnte er einen Korb auf dem Kopf tragen, wie dies südländische Frauen so anmutig tun? Denn dies ist eine Kunst des rhythmischen Ganges, so daß die eine das Gleichgewicht störende Bewegung immer wieder rhythmisch von der sie ausgleichenden Gegenbewegung abgelöst wird. Der Korb wird von einer gleichbleibenden Schwingung getragen und hält sich oben.

Dieses Bild mit dem Korb ist eine geschlossene rhythmische Gestalt. Der Träger — öfter die Trägerin — ist in der Gestalt des Tragens drin, er/sie lebt in diesem Moment ganz in dieser Gestalt. Ein vergleichbarer Zustand wird in der heutigen Umgangssprache mit dem Satz kommentiert: „Sie ist gut drauf!" Das meint, auf einem guten, pulsierenden oder gemeinsamen rhythmischen Gefühl sein, eine Zeit in Gestalt erleben, die Energie gibt und trägt. Rhythmus ist Zeit-Gestalt, die Erlebbarkeit der Zeit schlechthin (vgl. *Neumann* 1959; *Flatischler* 1984)[2].

Was ist Rhythmus konkret? Er entzieht sich einer Definition. Sicher ist er etwas Dynamisches, Farbiges, Lebendiges, aber auch etwas Überschaubares, Faßbares. Er schließt viele andere Begriffe mit ein: Puls, Schlag (Beat), Takt, Metrum, Groove (immer im selben Geleise bleiben), Vibration, . . . oder Zeit, Epoche, Zyklus, Periode und anderes mehr. Rhythmus bezeichnet immer eine Ganzheit, während Metrum nur eine Ebene, das abstrakte oder mechanische Ordnungsschema eines Rhythmus angibt. Takt wiederum meint nur den einen überschaubaren Teil des Metrums, der das ablaufende Prinzip oder die Struktur eines Rhythmus, z. B. den 7/8-Takt umschreibt. Puls, Swing oder Beat benennen eine Kraft, das Treibende im Rhythmus, und Groove oder Vibration eher Bilder, ganze Rhythmus-Zustände.

Rhythmen sind der hör- und fühlbare Puls ganzer Kulturen, die Sprache eines kollektiven Lebensstils. Man höre einmal auf den Unterschied im Rhythmus einer traditionellen afrikanischen Totenklage, welche dem Schmerz mit eindringlichen, tiefen Trommelrhythmen zu verstärktem Ausdruck verhilft, und einem nordeuropäischen Trauermarsch, dessen gerade Metrik das versteinerte Gesicht des Todes vergegenwärtigt. Zwischen solch verschiedenen Ausprägungen sind im 20. Jahrhundert eine Menge verbindender Mischformen entstanden, welche teilweise wieder in die Ursprungskulturen zurückwirken. Jazz, Rock, Pop, Soul, Reggae, Salsa, Punk, Tango, und wie sie alle heißen, haben allesamt Anleihen aus verschiedenen Rhythmuskulturen und unterscheiden sich gleichzeitig am deutlichsten durch Betonung besonderer rhythmischer Elemente. Der Puls des Jazz betont mit der Entdeckung des „Swing" nicht mehr auf dem ersten Schlag eines Taktes, sondern meistens im Gegen- oder Off-Schlag (*off-beat*). Dadurch schwingt (*swingt*) er unaufhaltsam treibend und trotzdem leicht. Das swingende Element im Jazz drückt die Freiheitslust gegen die Enge der Ghettos aus, in denen es sich entwickelt. Swing vermittelt die Weite des Luftraums. Seine rhythmische Bewegung könnte verglichen werden mit einem Vogel, der unaufhaltsam vorwärtsstrebend mit seinen Schwingen schlägt, mit Kraft und trotzdem leicht, regelmäßig und raffiniert unterteilt.

Der Beat, der Rock 'n' Roll und die Pop-Musik hingegen sind gekennzeichnet durch die Betonung des ersten Schlages im Takt. Oft werden sogar alle Schläge betont, was dem Rhythmus eben den Beat, den „schlagenden" Charakter gibt. Die treibende Kraft des Rock 'n' Roll, die Selbstverständlichkeit dieser Rhythmen stammt aus ihrer Verbindung und suchenden Anziehungskraft zur Erde hin. Der vermißte Bodenkontakt der heutigen, kopforientierten Zeit weckt ein Bedürfnis nach Rhythmen mit einfacher, klarer und fester Grund-Lage. Auch Marschmusik, Polkas, „Bödele", „Schottisch", Tango, Mazurkas und dergleichen — Stile aus den verschiedensten Volksmusik-Kulturen leben aus dem selben Hintergrund heraus immer wieder neu auf. Es ist Gedankenspielerei, ob der Jazz und seine „tänzerischen Geschwister" Soul, Samba, Salsa nebst politischen und ethnischen Gründen deshalb noch immer mehrheitlich von schwarzen Musikern weiterentwickelt wird, weil diese mehr vom Boden weg in die „rhythmischen Lufträume" streben, während weiße Musiker den Rock 'n' Roll hervorgebracht haben, dessen rhythmische Verwandtschaft zum Marsch, zur Bodenverbundenheiten sehr groß ist. Den Jazz haben sie bekanntlich von den Schwarzen übernommen. Nichtsdestoweniger haben sich im Laufe der letzten 80 Jahre viele bedeutende weiße Musiker hervorgetan, wenn sie auch niemals ganz an die Wurzeln seines Ursprungs herangekommen sind. *James Blood Ulmer*, der schwarze „free-punk-jazz"-Musiker, nannte den Unterschied der heute am meisten gespielten Musikrichtungen im Titel eines Stückes: „Jazz is the Teacher — Rock is the Preacher".

Ich meine, daß diese zwei Musikwelten nicht so schnell zu verbinden sind. Jedenfalls dauerte der direkte Versuch einer Synthese, der sogenannte Jazz-Rock, als selbstbewußte Stilrichtung vielleicht zehn Jahre und erscheint heute eher als Opfer der Verunsicherung und Wasserträger einer sich noch immer aufdrängenden Verbindung. Ob diese Verbindung in der freien Improvisation der europäischen Szene der 70er und 80er Jahre gelungen ist, bleibt eine Frage. Der Einfluß der zeitgenössischen Musik ist da mindestens ebenso stark. Es gibt heute eine fast unüberschaubare Fülle von Stilen, Wellen und Richtungen durch ethnische und interkontinentale Verbindungen untereinander. In dieser Vielfalt können wir durchweg zwei Hauptabsichten heraushören: Es geht entweder um die Vermittlung, Weiterentwicklung, Übertragung und damit um die Freude an einer ganz bestimmten musikgeschichtlichen Wurzel, z. B. der Blues, die Raga, der Marsch, die Volksmusik etc.; oder es geht um Verbindungen davon, welche dann zu neuen, integrierten Formen führen können, z. B. die Samba oder der Reggae, der Salsa oder der Free-Punk, die Minimal-Music oder der Disco-Techno-Sound. Verbindungen kommen aber nicht nur durch die Verschmelzung rhythmischer, sondern auch klanglicher und melodischer Schwerpunkte zustande.

Die gegenseitige Befruchtung rhythmischer Elemente aus Afrika, Indien, Orient, Südamerika usw. kann eine Herausforderung für alle, vor allem für die etwas epigonenhafte europäische und nordamerikanische Rhythmus-Kultur sein. Eher als Flucht davor erscheint aber in den letzten Jahren die tötende Motorik der Disco-Music, welche dem Rhythmus nur noch die absolute Gleichförmigkeit der Zeiteinteilung abgewinnt (und dadurch so etwas wie Sicherheit vermittelt), aber den Puls eines lebendigen Rhythmus begräbt. Endstation einer solchen Entwicklung ist die computer-gesteuerte Synthesizer-Rhythmus-Maschine, welche die lebendige Substanz rhythmischer Empfindung durch tote Perfektion ersetzt.

Diejenige Musik, welche ihren Rhythmus durch eine Maschine vertreten läßt, weil er sich vermeintlich programmieren läßt, erleidet dasselbe Schicksal wie die Erotik in der Pornographie: Man kann sie hören, diese Musik, oder sehen, diese Erotik, sie macht sogar süchtig, aber beide sind sie zur Ware geworden, es fehlt ihnen gerade das Leben selbst, die Energie des Gefühls.

Menschen, Tiere und Pflanzen erscheinen und verschwinden — ein jedes Lebewesen ist in seinem Rhythmus ein Ereignis zwischen den Polen Leben und Tod. Wenn wir sagen, Rhythmus sei Leben, wo ist dann sein Tod? Er ist in den Polen selbst, den ausgeführten Schlägen. Wenn sie erfolgen, sind sie Anfang oder Ende, Geburt oder Tod eines rhythmischen Ereignisses. Das eigentlich Lebendige daran ist nicht die Aufteilung einer Zeiteinheit durch Trommelschläge, sondern die Spannungsbeziehung zwischen ihnen (vgl. *Frohne* 1981). Es ist nicht Lust oder Unlust, Sommer oder Winter, schwarz oder weiß allein, sondern das Kraftfeld zwischen den Polen, welches sich wie die Energie eines Blitzes zwischen zwei verschieden geladenen Spannungsträgern zeigt. Pole, Extreme, Ideen, Impulse werden durch die in ihnen stehenden Gegensätzlichkeiten zu einem lebendigen Wirkungsfeld. Wörter werden durch ihren Bezug zu anderen lebendig, eine Bewegung durch eine fixe Umgebung sichtbar und Töne oder Schläge durch ihre Pausen bedeutsam.

Das Gegenüberstehen von etwas Lebendigem mit etwas Totem, von Bewegung und starrer Umgebung, von Ton und Stille ergibt erst das Ganze. Aus Angst vor allem Toten verlieren wir oft diese Ganzheit aus den Augen. Sie ist mehr als die Summe ihrer Teile, und gerade dieses „Mehr" ist Leben. Solches ganzheitliches Leben hat keine lineare, sondern eher eine kreisförmige Zeitgestalt. Wer z. B. ganz im Tanz oder im Rhythmus drin ist, kann die normalerweise zuverlässige Vorstellung, wieviel Zeit von einem Ereignis zum anderen vergeht, völlig verlieren. Ich fiel kürzlich beim Trommeln in einen rauschähnlichen Zustand, ein Rhythmus hatte mich erfaßt. Dabei hatte ich das Erlebnis, Zeit zu gewinnen, sie wuchs an, verdichtete sich in ein grenzenloses Hier-Sein ohne ein Vorher und Nachher. Hinterher gewann ich den Eindruck, so intensiv gelebt zu haben, als wäre ich dabei jünger geworden. Es war nicht der übliche Zeitgewinn, wenn etwas schneller erledigt wird als angenommen und dann Zeit übrig bleibt, sondern es war die Empfindung, daß Zeit wachsen kann, daß im selben Zeitraum viel mehr Zeit Platz hat, als ich bisher wahrgenommen habe. Seither bin ich beim Trommeln immer wieder „Zeitbauer". Der Zeitbauer kann bei der Arbeit zusehen, wie das Lebendige unter seinen Händen wächst, wie die Zeit in einem spannenden Rhythmus zu Energie wird.

Solche (Rhythmus-)Erlebnisse sind Geschenke in einer Zeit und einer Umgebung, wo jeder des anderen Zeit- und Raumdieb geworden ist. Wer nicht schnell genug ist, verliert in einer Leistungsgesellschaft Bedeutung, und wer nicht kämpft, hat darin keinen Platz. Streß ist heute zwar ein bedauerter, aber akzeptierter Zustand. Dabei steckt in diesem Kürzel „Streß" unter anderem, daß Hetze die Vergewaltigung des Atems ist, daß Konkurrenz die Zerstörung der Bewegungsfreiheit des anderen ist und daß Konsum die Sucht derer ist, die nichts mehr geben können. So gesehen ist Streß ein rhythmusloser Zustand, dem polarer Austausch und ökonomische Ganzheit fehlt. Ich meine, daß die westliche Industrie- und Zivilisationsgesellschaft so viele Störungen im Zusammenhang mit rhythmischem Erleben aufweist und einen derart taktlosen Umgang mit dem Körper und der Natur pflegt, weil sie ihre Kinder bis in die letzte Ader daraufhin erzieht, andere zu übertreffen. Eine bekannte Schwierigkeit im rhythmischen Zusammenspiel in Gruppen besteht darin, daß der Grundpuls immer schneller wird, daß man sich gegenseitig übertreffen will und dadurch antreibt.

Denken wir einmal allein an den Streß, welchen das Ohr ertragen muß: die undynamischen Rhythmen, die täglich durch Motorengeräusche vermittelt werden, die leblose Metrik digitaler Computergeräte und ihrer Ab-fall-Produkte in der Musikindustrie, die programmierte Disco-Musik und ihre Überfütterung auf dem Platten-, Cassetten-, Radio- und Filmmarkt; die Dauerberieselung mit Musik an vielen Arbeitsplätzen, der Dauerlärm des Verkehrs um zahlreiche Wohnungen herum usw. Viele Ohren bekommen außer im Schlaf (manche auch dann nicht) keine ruhigen, stillen oder leeren Zeiten mehr. Da sie sich nicht verschließen können, müssen sie verdrängen, sich daran gewöhnen und werden unempfindlich, ja unempfänglich für die wichtigen, vielleicht lebenswichtigen Rhythmen, Klänge, Melodien, die über das Ohr täglich auf uns treffen. Es muß also einen Weg geben, gegen diesen speziellen Verlust anzugehen, die lebendigen Hörquellen zurückzuerobern, unsere eigene, gerade jetzt in uns sitzende Musik zu entdecken.

Das Spiel mit Rhythmen eignet sich deshalb sehr gut zur Wiederentdeckung eines aktuellen Lebensgefühls, weil die Rhythmen den Boden, die Grundlage, den Hintergrund oder eben die „Nahrung" unserer Empfindungs-, Äußerungs- und Beziehungsformen darstellen. Dies gilt für das musikalische Zusammenspiel genauso wie für das zwischenmenschliche Beziehungsspiel. Musik und besonders ihr Rhythmus ist ein Abbild unseres Lebensgefühls. Er verrät unsere Beweglichkeit, unsere Verbundenheit zur Umgebung, unsere Zeit- und Tempoauffassung, unsere Regelmäßigkeit und Zuverlässigkeit, unsere Freiheit zu spielen, unsere Lebensfreude.

Das Trommeln mit den Händen auf ein Trommelfell ist wie ein Kontakt von Haut zu Haut. Diese sinnliche Direktheit kann, je weniger jemand auf der Flucht in die Meisterschaft ist, grundsätzlich wichtige Selbst-Erfahrung vermitteln. Wer seine Hände geschehen und erzählen läßt — und oft wissen sie mehr als der Kopf —, hört Beobachtungen, Bilder, Erkenntnisse, Gedanken und Befinden. Diese sind vielleicht im Innersten schon bekannt, haben aber weder einen Weg nach außen noch eine Sprache gefunden. Einige Beispiele: Die Regelmäßigkeit des Rhythmus' oder die Gelöstheit eines Geräusches können die Lockerung bzw. Panzerung des Körpers verraten; der Klang des Fells, verhaltendämpfend oder losgelassen-klangvoll, kann die Offenheit oder das Schutzbedürfnis für Gefühle anzeigen. Oder die Variationen des Spiels, die Melodien auf dem Fell können die geistige Beweglichkeit illustrieren. Weitere Mitteilungen, auf die wir speziell beim Trommeln achten können, sind Über- oder Unterforderungen, Ansprüche, Behinderungen, Einseitigkeiten, Hemmungen usw. in der körperlichen Beweglichkeit; Wut, Schmerz, Trauer, Freude, Lust in den Gefühlen; Enge oder Ausgelassenheit im Temperament und vieles mehr.

Ich werde später noch auf die Details rhythmischer Mitteilungen, ihrer Umsetzung und ihrer Zusammenhänge zurückkommmen. Ein intuitives, ganzheitliches Verstehen davon kommt sehr gut zum Ausdruck in dem bekannten Spiel: „Wie geht es dir?" (**P 2**) (vgl. *Friedemann* 1973). Es eignet sich besonders zum Einstieg in die rhythmisch-therapeutische Gruppenarbeit.

Erwartung und Anspruch sind Feinde des Geschehenlassens. Je mehr ein Spieler von einem „ich sollte", „ich muß" besetzt ist, desto weniger entsteht ein direktes „ich will", „ich tue". Druck von außen ist eine hemmende Energie für den Weg musikalischer Mitteilungen von Innen nach Außen (dieser Gedanke ist allerdings umkehrbar).[3] Der Unterschied zwischen eigenem und fremden Anspruch, zwischen Herausforderung und Überforderung wird unter Druck oft verwischt. Der Wunsch, in angemessenen Schritten zu wachsen, hört sich innerlich etwa so an: „So bin ich — das kann ich — das will ich." Der fremde Anspruch führt gewöhnlich zu Überforderung und Zerstörung des Wachsens. Er klingt etwa so: „So will ich sein — das kann ich nicht — ich muß wollen!" In der Improvisation, in der keine vorgegebenen Ansprüche, keine äußeren Aufgaben zu erfüllen sind, führt eine solche, von anderen Anforderungserfahrungen übernommene Haltung zu Widersprüchen, zu Zwängen und dadurch zu Mißerfolgserlebnissen. Wo sonst, wenn nicht in der Improvisation, können wir ohne Zwang genau die Schritte machen, die unserem Tempo entsprechen, und dadurch unseren eigenen Weg des Ausdrucks finden? Wer zu große Schritte macht, fällt aus dem Rhythmus des Gehens, wird müde oder stürzt. Wer oft oder schwer stürzt, kann nicht mehr gehen. Der allgemeine Druck des „Müssens" versetzt uns häufig in eine Situation zwischen gehen, wachsen und stürzen. Manche gehen so, als würden sie bei jedem Schritt nur gerade den nächsten Sturz verhindern, wie dies treffend ausgesagt wird im Lied: „You can be walking and falling at the same time" (vgl. *Anderson* 1982). Daraus folgen zwei fundamentale Regeln für alle Prozesse des Übens, Lernens oder Wachsens:

— Spiele nur so *schnell*, wie es der augenblicklichen Verfassung entspricht, daß heißt so schnell, daß die Wiederholungen oder der Grundpuls regelmäßig werden. Nicht Geschwindigkeit ist wichtig, sondern Regelmäßigkeit. Strebe nicht Tempo an, sondern Zuverlässigkeit.

— Spiele nur so *schwierig*, wie das Tempo dies zuläßt, daß heißt so schwierig, komplex, anspruchsvoll usw., daß der Ablauf überschaubar wird und dadurch eine Wiederholung möglich ist. Nicht Schwierigkeit ist wichtig, sondern Überschaubarkeit. Strebe nicht Komplexität an, sondern Klarheit.

Diese zwei Regeln unterstützen einerseits das Loslassen von zu hohen Ansprüchen, andererseits aber auch den Willen zum Wachsen. Zwischen Loslassen und Wachsen besteht eine eigenartige Spannung, welche wir als dynamische Spannung in den Rhythmen selbst wiederentdecken. Sie ist die kräfteentfaltende Substanz rhythmischer Erfahrung. Wir bemerken sie als Triebkraft, als eine Dynamik, die weiterdrängt und die vorhandenen Möglichkeiten ausschöpft, die ausprobiert und sich an die Grenzen herantastet. Sie kann als solche auch zum Gegenteil von Konkurrenz im Sinne von Ausschalten oder Besiegen anderer führen, nämlich zum Einbezug aller vorhandenen Kräfte durch Intensivierung des Jetzt. Wir kennen diese Spannung vielleicht als rauschhafte, ekstatische, aber auch als meditative, selbstversunkene Zustände. Der Weg dahin führt nicht über das Training zur Höchstleistung im Schnellen und Schwierigen, sondern in den dynamischen Wechseln zwischen schnell und langsam, schwierig und einfach. Rhythmische Intensität kommt durch Bezüge zustande, durch Spannkraft zwischen oder in musikalischen Ideen bzw. durch Spannkraft zwischen oder in den Spielern.

1.2 Wechsel und Wiederholung

In jeder Musik, in jedem Rhythmus sind Wechsel und Wiederholung Spielformen, die sich gegenseitig bedingen. Die stärkere Bedeutung des einen oder anderen Merkmals kann aber ganze Musikstile oder sogar Musikepochen unterscheiden. Der Free Jazz zum Beispiel lebt von den ungeahnten Möglichkeiten des Wechsels, die Renaissance Musik oder die Minimal Music ist charakterisiert durch viele Wiederholungen. Klänge sind dichte Wiederholungen rhythmisch verschachtelter Schallwellen; Melodien werden durch Wiederholung von Motiven, Teilen oder Strophen als solche erkannt. Am deutlichsten ist die Wiederholung aber konstituierendes Mittel des Rhythmus. Wir leben in einer Zeit schneller Wechsel, das Bedürfnis nach „immer etwas Neuem" ist eine Art Zivilisationskrankheit. Die Wiederholung ist uns eher fremd geworden, wird als wertlos oder langweilig erlebt. Zu oft erleben wir sich wiederholende Abläufe nicht mehr als Rhythmus, sondern als abstumpfenden Zwang.

Es gibt Leute, die beklagen sich regelmäßig (!) darüber, daß nach dem Sommer der Herbst und dann gar der Winter kommt. Sie leiden unter dem natürlichen Rhythmus wie unter einer lästigen Gewohnheit, oder sie können die Kreisabfolge der Jahreszeiten gar nicht als Rhythmus empfinden. Sie wehren sich gegen das äußere Absterben der Natur im Herbst, aus Angst vor dem eigenen inneren Absterben. Dabei geht die Einsicht verloren, daß jedes Absterben auch Reife, Erfüllung, Sättigung oder Erholung, Ruhe und Wiederaufladen bedeutet.

Wenn ich einem Rhythmus keine Pausen gönne, stirbt er vorzeitig, er kommt um. Wenn ich ein Herz nicht ruhen lasse, erleidet es einen Kollaps. Ein atemloser Rhythmus ist ein Rhythmus ohne Wiederholung, eigentlich gar kein Rhythmus, sondern eine klingende Hetze. Der Verlust von Wiederholungsriten hängt zusammen mit der Zunahme von Streßgefühl. Eine Wegwerfgesellschaft ohne Recycling, eine Überflußgesellschaft durch Ausbeutung ist verknüpft mit dem Verlust von Rhythmusgefühl, dem Verlust von Taktgefühl gegenüber der (Um-) Welt und dem Menschen selbst. Ein sterbender Wald ist Symptom des Zerfalls eines rhythmischen Gleichgewichts zwischen Mensch und Vegetation.

Die improvisatorische Entdeckung eigener Rhythmen ist deshalb sehr aktuell und viel bedeutender als das vordergründige Motiv, trommeln zu können wie ein Afrikaner. Es geht darum, über rhythmische Spiele aller Art den Rhythmus des eigenen Atems, des Herzens, der Bewegungen oder des wechselnden Bodenkontaktes wiederzufinden. Eigene Rhythmen zeigen, wo Barrieren und Grenzen sind, welche Reichweite, Kraft und Energie zur Verfügung stehen, kurz: Sie sind *Realitätsgefühl* und *Selbstwerteinschätzung*. Ein Mensch, der den Kontakt zu seinem Rhythmus verloren hat, ist ein unsicherer Mensch. Er unter- oder überfordert sich, er ist zu schnell oder zu langsam, er leidet unter Kontaktmangel, und er beutet Menschen und Natur aus, um diese seine Schwächen zu übertünchen.

Unsichere Selbstwerteinschätzung führt zur Verpackung der unsicheren Werte. Man kann ein Stück (oder eine Selbstdarstellung) perfekt einüben und es staunenden Zuhörern, Zuschauern, Bewunderern vorspielen. Dabei täuscht man zuerst sich und dann die Bewunderer. Vielleicht wird dies dann „Aufführung" oder „Performance" genannt; jedenfalls wird das Verhältnis zwischen Vermögen und Verpackung dabei angesprochen. Perfektion ist der Trieb, einem Idealbild mit zielbewußter Wiederholung, mit mechanisiertem Üben nahezukommen. Dabei kann oder muß die Selbsteinschätzung umgangen werden. Ein Unterschied zwischen geschriebener, reproduzierter Musik und Improvisation liegt darin, daß der Fehler beim ersten ein Unglück, beim zweiten mitunter Glück oder mindestens Bestandteil des Ganzen ist. Unglück löst Verkrampfung aus, während die Integration von Fehlern in eine Ganzheit Wachstum bedeutet. Darauf werde ich später noch ausführlicher eingehen.

Herbert von Karajan, einer der perfektesten Reproduzenten geschriebener Musik, bekam kürzlich eine schwere Krankheit und hat hinterher die Hälfte seiner Aktivitäten eingestellt. Er sagte dazu: „Muß man erst so krank werden, bis man einsieht, daß man falsch gelebt hat . . .?"

Zurück zum Rhythmus: Eine der grundlegendsten Übungen besteht darin, einen Rhythmus zu „halten", das heißt ihn ganz regelmäßig und zuverlässig durchzuhalten. Diese Übung wird für jene zu einem Krampf, die nur auf das „halten" achten, dagegen für jene zu einer Selbsterfahrung von Regelmäßigkeit und Zuverlässigkeit, welche wiederholend loslassen können, was ihnen spielend einfällt. Wiederholend loslassen heißt, sich in eine Figur hineinspielen, die als Wiederholung lustvoll ist und deshalb jedesmal wie neu und tiefer empfunden wird. Dadurch erscheint das Gleiche in immer anderer Zeit oder in unmerklich veränderter Umgebung. Der Bezug des Spiels nach Innen und Außen verstärkt sich, und die Dynamik kann sich gegenüber der Form durchsetzen. In der freien, sich selbst bestimmenden Dynamik liegt einerseits ein Geheimnis des Rhythmus, der in die *Meditation* führt (Meditation als Wiederholung dessen, was schon vorhanden ist): Bisher verschlossene Räume von Empfindungen tun sich auf, die Wiederholung bzw. der Rhythmus bekommt neues Leben. Andererseits ist dies der Weg in einen raum- und zeitlosen Zustand, in die *Ekstase.* Inbezug auf Rhythmus ist Meditation eine Erweiterung und Ekstase eine Aufhebung der räumlichen Wahrnehmung.

Dies sind für viele noch immer recht fremde, exotische Erfahrungen, denn es fällt uns, die wir in technisch fortgeschrittenen Industriestaaten leben, aus den schlagwortartig bezeichneten Gründen schwer, an einer Sache dranzubleiben, sich zu konzentrieren. Unsere Art des Vorwärtsstrebens ist ein Laufen *gegen* statt *mit* der Zeit, ohne Spielraum, ohne Gegenwart, ohne Heimat. Alles möglichst bald erledigen, immer woanders sein, — das sind neurotische Erlebnisstrukturen. Die Mühe, zu akzeptieren, wer ich bin, zu erleben, wo ich bin, zu fühlen, wie ich bin und was ich will, ist eine weitverbreitete Störung eines rhythmischen Erlebens zwischen dem eigenen und dem anderen Standpunkt, zwischen dem Selbstbild und der Entwicklung unserer Umgebung.

Die vom Verkehr und dem allgemeinen Arbeits- und Lebensrhythmus aufgezwungene Geschwindigkeit des Lebens wird durch sozialen Anpassungsdruck sowie durch Drogen von Kaffee bis Kokain gestützt und ist Beispiel einer strukturellen Verhinderung, sich auf etwas Bestimmtes tiefer einzulassen. Zu hohe Geschwindigkeit erlaubt nur die Wahrnehmung der Oberfläche, zu viele Schläge (Eindrücke) in einem Zeitraum ergeben keinen Rhythmus mehr, sondern eine (Ober-)Fläche, an die man gewöhnlich nur heran-, nicht aber hineinkommt. Das wachsende Bedürfnis nach Meditation zeugt vom Leiden an dieser strukturellen Oberflächlichkeit und Unfähigkeit, in einer Sache „drin zu bleiben".

„Drin-bleiben", „drauf-bleiben", „abfahren" sind Musiker-Begriffe. Dagegen steht das „rausfallen", welches als „abhängen", „stehen gelassen werden" erlebt wird. Drin bleiben oder rausfallen gehört zur Gratwanderung beim Improvisieren. Im Spiel von Rhythmen ist dies besonders gut zu hören. Gerade das rhythmische „Draufbleiben" macht uns, nach allen meinen Erfahrungen, am meisten zu schaffen.

Bei Völkern mit alten Improvisationstraditionen wird das „Drin- oder Draufbleiben" überhaupt nicht als Problem aufgefaßt. Da haben oft schon Kinder eine derart selbstverständliche rhythmische Sicherheit, daß man geradezu hört, wie sie in die Musik hineingeboren wurden und sie nicht erlernen mußten. In afrikanischen Ritualfesten werden gewisse Rhythmen stundenlang wiederholt, obwohl gerade diese Spieler über einen großen Reichtum an verschiedenen, eigenen Rhythmen verfügen. Sie pflegen das „Drin-bleiben" und beziehen die Kraft aus der dynamischen Spannung im Gleichen, aus der rituellen Wiederholung. Viele Schamanen, Heiler und Medizinmänner verwenden ausschließlich Formen der penetranten Wiederholung, deren Steigerung entweder in Richtung Hypnose oder Ekstase führt. Beiden geht das „Drinbleiben" voraus, bis es sozusagen umschlägt in eine neue Qualität, ins „Aus-sich-herausgehen". In der Hypnose ist die geistige Selbstkontrolle aufgehoben, in der Ekstase die körperliche. Die Vermutung liegt nahe, daß die so erreichten Heilungsprozesse durch einen Zustand des „Außer-sich-Seins" eingeleitet werden. Durch gesteigertes „Drinbleiben" fallen geistige oder körperliche Kontrollen weg, welche eine Ganzheit im Erleben zu verhindern vermögen (vgl. *Eliade* 1956; *Mahler* 1970; *Simon* 1970; *Troeller/Deffarge* 1971).[4]

Ich schlage folgendes Experiment vor: Sag ein beliebiges Wort, z. B. Kirche, so oft hintereinander, bis du merkst, daß es den Sinngehalt verliert, und fahre fort über den Punkt hinaus, wo eigentlich auch die Sprechwerkzeuge, die Bewegungen von Stimmband, Zunge, Kiefer und Lippen versagen wollen. Du kannst dabei zu dem überraschenden Erlebnis kommen, daß die Musik und die Bewegung (Rhythmik) eines Ausdrucks so dominant werden, daß der denkende Kopf, unser weit überschätztes Instrument, dahinter zurückbleibt, seine Kontrollfunktion verliert (I 1, I 3). Das ist auch die Idee des *Mantra* oder *Koan* in Buddhismus und Zen (vgl. Berendt 1983).

In der Wiederholung fängt die Bewegung an zu „denken", sie wird zur zuverlässigsten Erinnerung des Ausdrucks. In einer Bewegung drin bleiben, was dem ganzen Körper leichter fällt als einem dirigierenden Kopf, formt erst den Charakter und den Genuß einer Wiederholung. Jede Musik enthält eine nach außen gebrachte „Bewegung", eine „Emotion". Wenn die (Spiel-)Bewegung die Wiederholung behält, passiert nur dann ein Heraus-Fallen, wenn eine Verkrampfung oder Behinderung den Bewegungsfluß blockiert.

Alle, die einmal ein Instrument spielen lernten, kennen das leidige Thema: Üben! Üben ist ein Wiederholen eines Ablaufs bis zum Können. Wenn nun der Kopf den Druck aussendet: „Du mußt dies wiederholen, bis du weißt, wie es geht!", so kann dabei zwar ein Konzertvirtuose gezüchtet werden, aber nie ein virtuoser Improvisator. Dort muß der Körper wissen bzw. fühlen, wieviel der Bewegungsspielraum zuläßt. Anstatt technischer Perfektion können wir intuitive Beweglichkeit erreichen. Auch hier stehen sich Mensch und Maschine gegenüber. Es gibt eine ganz einfache Art, dem Üben seinen bitteren Geschmack des technischen Aneignens zu nehmen: Übe die Bewegung anstatt die Noten! (F 1, F 2, F 3, G 12, M 4)

Rhythmen, Melodie-Sequenzen, Ostinatos usw. üben heißt, in der Bewegung der gespielten Figur drin zu bleiben und nicht in den Noten. Bestimmte Klänge lassen sich durch gleichbleibende Bewegungen am Instrument erzeugen. Tempo und Stärke eines Trommelrhythmus werden durch Bewegungen, die von Füßen bis Händen durch den ganzen Körper gehen, ausgelöst: langsame Rhythmen durch große Kreisbewegungen der Arme und durch Impulse vom ganzen Körper; schnellere

Rhythmen nur noch durch die Arme, ganz schnelle Rhythmen springen aus den Handgelenken und zuletzt nur noch aus dem Fingerspiel heraus, wie z. B. beim indischen Bongo- und Tablaspiel. Der Körper bleibt aber auch bei Fingerspitzenrhythmen, das heißt bei den feinsten Bewegungen, nicht ruhig. Die innere Bewegung ist dann um so spürbarer. Es gibt virtuose Schlagzeuger, die mit anscheinend stoischer Ruhe die wildesten Einfälle spielen. Sie bewegen sich innerlich. Wenn sie dies nicht täten, wären sie nicht in der Lage, einen Rhythmus durchzuhalten. Andere wiederum vollführen beim Spielen ganze Tänze. Wir müssen selbst herausfinden, welche Bewegungen unseren Ausdruck unterstützen. Die richtige Bewegung ist gefunden, wenn es einem wohl ist dabei und sie einem hilft, das Spiel zu ernähren, zu erhalten.

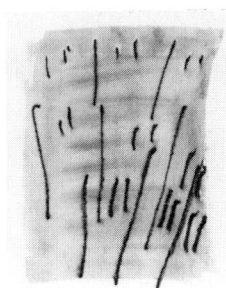

Wiederholung und Wechsel zeigen also auf verschiedene Weise innere Bewegung. Beide dienen der Selbsterfahrung nach dem rhythmischen Muster: „So bin ich — so spiele ich — so bin ich . . ." oder: „So bist du — so spielst du — so bist du". Auf Wiederholungen genauso gefaßt sein wie auf Wechsel ist ein Resultat der Arbeit am rhythmischen Bewußtsein. Ich möchte nun auf einzelne Bausteine des Rhythmus-Erlebens eingehen.

1.3 Der Weg zur Entdeckung eigener Rhythmen

Jede rhythmische Empfindung ist verknüpft mit körpereigenen Rhythmen, dem Puls (Herz), dem Atem und der Bewegung, welche von innerer Bewegung (Emotion) über Körper- und Gesichtsausdruck bis zu Gangarten und Tanz reichen. Seit wir immer weniger Arbeiten ausführen, welche einer Koordination von Puls, Atem und Bewegung bedürfen, haben wir das Bewußtsein über unsere selbstbestimmten Rhythmen weitgehend verloren.

Unsere zwei unwillkürlich ablaufenden Körperrhythmen, der Puls und der Atem, scheinen auch ihrerseits unabhängig voneinander zu leben und sich zu verändern. Während der Atem gesteuert werden kann (z. B. wenn ich an ihn denke), ist der Puls weitgehend unbeeinflußbar. Dennoch läßt auch er sich steuern. Durch Bewegung, das heißt aufgrund größeren Sauerstoffverbrauchs, reagiert der Puls mit erhöhtem Nachschub von sauerstoffbeladenem Blut aus der Lunge. Durch innere

Gefühlsbewegungen wie Angst, Erwartung usw. erhöht sich der Puls, um für eine körperliche Reaktion bereit zu sein. Umgekehrt senkt er ·sich, wenn sich der Körper in Schlaf- oder Meditationszuständen befindet. Unverarbeitbare Angst, Panik oder Schocks können sowohl Atem als auch Puls so stören, daß durch Sauerstoffmangel im Gehirn Bewußtlosigkeit eintritt und jede Bewegung einfriert, gleich dem Totstellreflex bei Tieren.

Die Übung „Atem — Puls — Bewegung — eigener Grundrhythmus" (A1) ist für unsere Rhythmus-Entdeckungsreise so wichtig wie das Bestellen eines Ackers für den Bauern in der Landwirtschaft: Wie sind die Bedingungen für einen fruchtbaren Ertrag, wie geladen oder wie verbraucht ist der Körper hier und jetzt? Durch das Bewußtwerden von Atem, Puls und Bewegung kann derjenige metrische Grundschlag gesucht werden, der alle drei Rhythmen miteinander verbindet. Ist er gefunden, ergibt sich das Gefühl einer Ganzheit zwischen Körperbefindlichkeit und Ausdruck (T 5). Zu zweit oder in Gruppen kann dies zu einem spannenden Spiel werden, weil eine Übereinstimmung nicht durch Anpassung an einen anderen Puls, Schlag oder Rhythmus zustande kommt (wie dies meist der Fall ist), sondern durch das Aufrechterhalten des eigenen gegen den ebenfalls im Raum hörbaren anderen Puls. Dabei ergibt sich nicht etwa ein Durcheinander, sondern wie auf einer anderen Ebene wird ein gemeinsamer rhythmischer Fluchtpunkt, der gemeinsame Nenner der beteiligten Spieler geahnt oder wahrgenommen. Je länger dieses Verharren in der Verschiedenheit durchgehalten werden kann, desto deutlicher wird das Phänomen des kollektiven Grundschlags. Natürlich stellt sich nach einer gewissen Zeit von selbst eine Anpassung ein, die sich entweder nach einem dominanten Spieler richtet (was ungünstig ist) oder sich in der Mitte trifft. Ein auf diese Weise gefundener Gruppen-Puls besitzt ein solides Fundament, er steht! So erfahren wir die wichtige Einsicht, daß das Gemeinsame einer Gruppe am stärksten wird durch das Erlebnis der Eigenart jedes einzelnen.

1.4 Der Gleichschlag

Nach dieser oder ähnlichen Übungen, wo jeder betont sich selbst sein kann, können wir uns einem fundamentalen Bewegungsablauf zuwenden, der beim Trommeln die Basis aller Versuche darstellt und den ich *Gleichschlag* nenne: der regelmäßige, auf rechts und links gleichverteilte Grundschlag, gleich dem Gang mit den Füßen. Bei dieser Übung können wir bemerken, wie unterschiedlich lenkbar unsere zwei Hände oftmals sind. Wir haben eine starke und eine schwache Hand (und es ist nicht unbedingt die rechte bei den Rechtshändern und umgekehrt). Solch körperliche Asymmetrie entsteht z. B. durch die erzieherische Weisung: „Gib deine richtige Hand, nicht die linke!" Wenn nicht beide Hände richtig oder gut sind, wird die „falsche" vernachlässigt. Dies kann zu Behinderungen führen, welche wiederum beim Trommeln besonders deutlich werden. Es kommt kein regelmäßiger Rhythmus zustande, weil die stärkere Hand der anderen vorauseilt oder umgekehrt die schwächere den Fluß immer wieder hemmt.

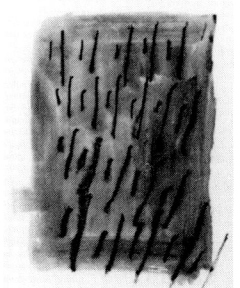

Der Gleichschlag (das rhythmische Gleichgewicht) kann mit dynamischen Übungen gepflegt werden. Durch Veränderung von laut — leise, schnell — langsam und Kombinationen davon, werden die Grenzen des symmetrischen Körpergefühls erfahren: Bis zu welchen Extremtempi und bis zu welchen Extremlautstärken bleibt der Gleichschlag noch regelmäßig? (R 2)

1.5 Der Kontakt zu Trommel und Fell

Zur Erfahrung von Grenzen braucht es ein Zentrum. Beim Trommeln ist dies die zentrierte Körperhaltung, gleich dem Zentrieren beim Töpfern auf einer Scheibe. Wer eine geknickte oder schiefe Haltung hat, schränkt seine Dynamik ein, die Grenzen sind früher erreicht. Wer zu hoch oder zu tief dem Instrument gegenübertritt, verunmöglicht einen Teil der Austausch-Variationen in der Kommunikation. Wer mit seiner Phantasie im Irrealen steckt oder nicht von festen Vorstellungen loskommt, der begrenzt den Ideenspielraum. (Dies alles könnte übrigens auch für eine Partnerbeziehung gelten.)

Ein Fell ist eine Haut und das Trommeln auf einem Fell eine Art Hautkontakt. Es ist schön, diesen Kontakt mit Streicheln, mit dem Erwärmen des Fells zu beginnen. Der Schlag selbst ist eine Mischung zwischen lockerem Ausschwingen einer schlenkernden Armbewegung, die aber schon im Rücken und in einem gespannten Federn der Schlagfinger oder Schlaghand auf das ebenso gespannte Fell beginnt. Der Schlag aufs Fell soll kein Hinschlagen oder Zuschlagen sein, sondern ein Weg-federn oder Aufspringen, ein Nach-oben-Wegziehen der Hand, als wäre das Fell elektrisch aufgeladen. Die Kunst besteht darin, durch den Schlag die entsprechende Fellschwingung ganz auszulösen und diese nicht durch eine „Patschhand" ungewollt zu dämpfen. Der volle Klang des Fells ist die beste Antwort auf eine zentrierte Haltung und eine lockere Spannung des Spielers. Der Fellklang ist denn auch das, was dem Trommel-Rhythmus seine Farbe, seine Eigenart, sein Leben bringt.

Aber nicht nur das Fell, auch der Körper der Trommel beeinflußt den schwingenden Ton. Dickbauchige oder dünnbauchige, langgezo-gene oder gedrungene, hölzerne oder kunststoffene Körper klingen je-desmal anders! Fell und Trommelkörper bilden ein Ganzes. Gleich dem männlichen und dem weiblichen Prinzip symbolisiert eine Trommel beide Geschlechtsmerkmale: Ich betrachte den Klangkörper des Instru-ments als das weibliche, empfangende, klingende, gebärende Prinzip, während das Fell das männliche, gebende, aktiv-schlagende, eindrin-gende, erzeugende Prinzip ist. Das weibliche Element trägt den Klang (aus!), gibt ihm Farbe, Seele; und das männliche Element bringt den Stoff, das Material, den Impuls für den zu erzeugenden Ton. Das Weibliche ist die Nahrung nach und von innen, das Männliche diese nach und von außen. Beide sind ohne das jeweils Andere klanglos.[5]

Die Wiederentdeckung eines Gehörs, welches die neutralen, ge-schlechtslosen Rhythmen der Maschinen überwindet, die Feinheiten der „regelmäßigen Unregelmäßigkeit" menschlicher Bewegungen wie-der hört und das Leben im Rhythmus der Tendenz zur Vereinheitli-chung entreißt, gehört mit zur Absicht dieses Buches. Auf den näch-sten Seiten beschreibe ich die wichtigsten handwerklichen Techniken zur Gestaltung von einfachen Rhythmen. Ich möchte die Spielbeispiele nicht als Vorschläge im Sinne von Übungen verstanden wissen, son-dern als Einstiegshilfen in Rhythmuserfindungen, die dem Impuls, dem Jetzt-Gefühl des Spielers entsprechen können.

1.6 Die Betonung

Der Gleichschlag ist noch kein Rhythmus, er ist eine Puls-Bewegung. Ich kann 3, 11, 37 oder unzählige Schläge aneinanderrei-hen. Erst eine sich wiederholende Betonung bringt „Ordnung in die Be-wegung" (*Platos* immer noch gültige Definition des Rhythmus). Erst

51

diese macht sie als Muster, Abfolge, Struktur, eben als Rhythmus erfahrbar. Durch einfache Wechsel von Betonungen gewinnen Rhythmen grundsätzlich andere Charaktere. Betonen wir im 4/4 Takt auf 1 und 3, so hören wir eher Marsch oder Rockmusik etc., betonen wir auf 2 und 4, also im sogenannten off-beat, so hören wir eher Polka oder Jazz und beim 3/4 Takt mit Betonung auf 1 hören wir natürlich Walzer, Mazurka usw.

Nun lösen wir uns von all diesen bekannten Betonungsmustern und spielen mal aus dem Gleichschlag heraus die Betonung dort, wo der Impuls es will. Dies wirkt in der Gruppe wie ein „Ohrfeigenausteilen-Spiel" (I 2). Dabei erfahren wir, daß uns die Betonung aus dem regelmäßigen Gleichschlag zu bringen droht, daß ein Impuls gleichmäßige Bewegung unterbricht oder daß die zusätzliche Energie, die es zu einem Impuls braucht, die Mitte ins Wanken bringt — eine sehr symbolische Erfahrung!

Nun können wir Betonungsmuster erproben, die uns gefallen: 2er, 3er, 5er usw. (R 3). Dabei ist wichtig, daß wir von Anfang an immer wieder auch die unbeholfenere Hand für die Betonung einsetzen, sonst gewöhnen wir uns an eine Einseitigkeit, die sich später als Behinderung rächen wird. Zur gründlichen Bearbeitung solcher Einseitigkeiten eignet sich hervorragend ein auf 1 betonter 3er, bei dem im Gleichschlag gespielt jedesmal die Betonungshand gewechselt werden muß. Anhand dieses Beispiels möchte ich hiermit die im Folgenden benutzten Notationshilfen von Rhythmen einführen:

Betonung
graphisch — usw.

akustisch   ta ti ta   ti ta ti   ta ti ta

Frei gewählte Hand: ta-Hand
Andere Hand: ti-Hand

Die akustischen Zeichen „ta" und „ti" sind zum Mitsprechen oder -singen gedacht. Sie ersetzen die Angaben linke und rechte Hand, denn diese Wahl soll dem Spieler überlassen bleiben. Um Mißverständnisse zu vermeiden, sollte man sich von Anfang an für eine ta- und eine ti-Hand entscheiden. Im angeführten Beispiel wechselt die Betonung bei jedem Taktanfang von ta zu ti zu ta usw., ergibt also eine schaukelnde Betonungsbewegung, die, wie erwähnt, dazu dient, eine ausgleichende Mitte zu finden.

1.7 Auslassen

Das Auslassen von Schlägen bedeutet nicht einfach ein Fehlen oder Wegfallen derselben, sondern ist gleichsam das Gegenstück zur Betonung. Auf einer angenommenen Skala von stark betontem bis stummem Schlag finden wir unzählige Betonungsabstufungen (**T 3**). Es ist ein rhythmisches Phänomen, daß manchmal ausgelassene Schläge ebenso stark oder stärker wirken als gespielte. Ausgelassene Schläge können entweder gar nicht gespielte Leerschläge sein, oder es können mit schlaffer Hand gespielte Stummschläge sein. Auch der durch Kippen der Hand erreichte Schlag mit dem Handballen auf den Trommelrand gehört in diese Gruppe von Spielmöglichkeiten. Alle drei sind Schläge, die in der rhythmischen Bewegung bleiben, diese aber nicht oder nicht voll ausnützen. Sie unterscheiden sich durch ihre Art der Klanglosigkeit und geben den betonten Schlägen um so mehr Bedeutung, Dynamik, Farbe (**R 5, R 6, R 1**).

	Leerschlag	Stummschlag
graphisch	→✕←	⊕
akustisch	–	tng

1.8 Gamela — Taki

Wir leben in einer 2er- bzw. 4er-Rhythmus-Kultur. Bereits der 3er ist uns etwas fremder, 5er-, 7er-, 10er-, 11er-Rhythmen sind schon im Bereich des Exotischen. In der indonesischen Gamelan-Musik (v. a. Bali) gehören diese Rhythmen zur Volksmusik, der Umgang mit ihnen ist dort so selbstverständlich wie der mit 4ern und 3ern hier. Von Jazz- und Rhythmuslehrern[6] stammt die Idee, aus dieser Musik zwei für die Bildung komplexer Rhythmen geeignete Hilfswörter zu entlehnen. Ich habe für unseren Gebrauch aus „Ga-ma-la" „*Ga-me-la*" für eine 3er-Einheit und aus „Ta-ke-ti-na" „*Ta-ki-te-na*" für die 4er-Einheit oder einfach „*Ta-ki*" für die 2er-Einheit gemacht. So können höherzahlige Rhythmen mit akustischer (stimmlicher) Hilfe unterstützt werden. Das erste „a" gibt jeweils die Betonung auf dem ersten Schlag einer Takteinheit an. Wenn wir nun auf jeder Silbe einen Schlag trommeln, das jeweilige Anfangs-a betonen, die entsprechenden Wörter mitsprechen und sie verschieden kombinieren, so können wir mit Leichtigkeit uns fremde oder sehr langphasige Rhythmen ohne zu zählen erfassen und durchspielen (T 7), z. B.:

Gāmela Tāki

Tāki Tāki Gāmela

Tāki Tāki Gāmela Gāmela

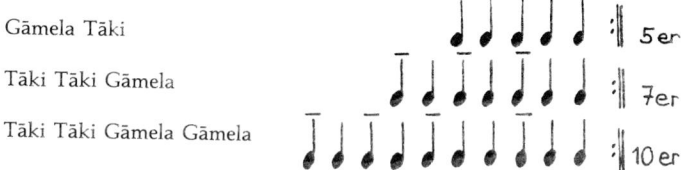

Die Unterstützung solcher Rhythmen durch Mitsprechen ist nicht nur klanglich reizvoller als zählen, sie gibt auch eine akzentuiertere Orientierung, wie der Rhythmus aufgebaut ist bzw. in welcher Phase er gerade ist. Besonders spannend werden diese Versuche, wenn die unbetonten Schläge einer Kombination mit Leer- oder Stummschlägen gespielt werden, so daß beispielsweise hörbar wird, wie sich ein „Gamela-Taki" mit einem „Taki-Taki-Gamela" erst nach 35 Schlägen wieder trifft:

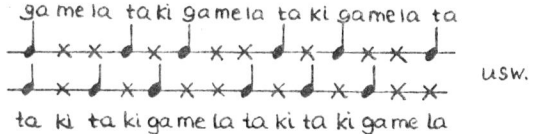

Wenn ein gewählter Rhythmus einmal auf diese Weise ganzheitlich, d. h. mit Kombinationen von Gamela und Taki, von männlichen und weiblichen Elementen sowie durch das Instrument und die eigene

Stimme zustandegekommen ist, können wir die Hilfswörter wieder weglassen, bleiben in der Bewegung drin und beginnen, die Rhythmusstruktur nach innen zu hören, sie zu „sehen" und zu integrieren. Ein Rhythmus muß gegessen und verdaut werden, bis er im Körper steckt, bis der Körper ihn tanzt. Der Gamela-Taki-Baukasten gibt uns ein Stück Weg dahin. Wir brauchen nicht einmal eine Trommel dazu: mit Händeklatschen, Schnippen, Tanzen und Singen dieser oder anderer Hilfswörter kann jederzeit in der Straßenbahn, an einer Tischkante oder unter der Dusche ein Rhythmus entwickelt werden (vgl. *Flatischler* 1984).

1.9 Verdoppeln — Halbieren

Verdoppeln und Halbieren sind Vorgänge, die in den verschiedensten Prozessen der Natur und des täglichen Lebens vorkommen: die Zellteilung als Beginn eines wachsenden Organismus, die Kernspaltung als vervielfachte Energie, die doppelte Arbeitskraft als halbierte Arbeitszeit, der verdoppelte Schritt als halbe Zeit für dieselbe Strecke und anderes mehr. Das letztgenannte Beispiel aus unseren Gangarten veranschaulicht ganz gut, wie wir die rhythmische Teilung körperlich erfahren können: wenn wir gewöhnliches Gehen als mittleres Grundtempo annehmen, so kann Schlendern das halbierte, Laufen das verdoppelte und Spurten das doppelt verdoppelte Tempo bedeuten. Dann können wir direkt mit der Übung anfangen, zwischen zwei Schlägen den mittleren dritten zu finden (Verdoppelung) oder auf jeden Schlag einen wegzulassen (Halbierung) (R 4).

Diese mechanische Verdoppelung/Halbierung 2-4-8 usw. ist uns bald geläufig. Wir sprechen aber auch noch von einer prozeßhaften, unechten Verdoppelung/Halbierung, diejenige von 2 zu 3, also dem Spiel mit Triolen. Sie erscheinen uns wie eine eigene Welt rhythmischer Empfindung. Ich nehme an, daß die mechanische Teilung die männliche und die prozeßhafte die weibliche Teilung darstellt. Wie dem auch sei, beide sind grundsätzlich wichtig und sollen deshalb noch graphisch nebeneinander dargestellt werden:

Mechanische Teilung   Prozeßhafte Teilung

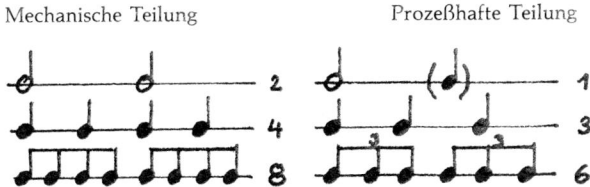

Das innere Hören dieser Teilungsstrukturen in einem metrischen bzw. zeitlichen Ablauf ermöglicht die Vorstellung aller rhythmischen Verdichtungen in Richtung Verdoppelung oder der rhythmischen Spannungsbogen durch Pausen in Richtung Halbierung. Die rhythmische Verdoppelung führt bis zur Auflösung einer Struktur, z. B. im Wirbel, die Halbierung bis zum Zerfall eines wahrnehmbaren Tempos. In beiden Extremen verlassen wir den Bereich Rhythmus und gelangen übergangslos in Klangereignisse. Der maximal verdichtete (verdoppelte) Schlag ist bereits Vibration, Schwingung und somit Klang, und die maximal ausgedehnte (halbierte) Schlagfolge läßt so große Zwischenräume frei, daß sie nur noch als klangliche Ereignisse wahrgenommen werden können. Beide Extreme sind entsprechend schwierig spielbar, weil die Regelmäßigkeit, eben der Rhythmus, langsam verlorengeht. Dazwischen erleben wir aber alle Stufen von Spannungskraft in der körperlichen Bereitschaft einerseits und im langen Atem andererseits. Verdoppelungen bedeuten eine doppelte Reaktionsfähigkeit von Bewegungsimpulsen — Halbierungen bedeuten ein Verlegen dieser Impulse nach innen. Hierher gehört die spannende Erfahrung, Pausen als die eigentliche Musik und diese als Rahmen des „Pausenklangs" zu empfinden (T 3, T 4).

Für die praktische Anwendung des rhythmischen Gebäudes Verdoppelung — Halbierung ist es wichtig, Verdoppelungen nicht als höheres Tempo und Halbierungen als langsameres aufzufassen. Es sind Teilungen, 4tel, 8tel, 32tel, Halbe, Ganze usw., welche ein Verhältnis zum Grundtempo darstellen und so ganz von der Spannung anstatt vom Tempo her empfunden werden können. Verändert sich beim Spiel von Verdoppelungen und Halbierungen auch das Tempo (was oft passiert), so heißt dies, daß der Spieler die Spannung nicht aus- oder durchhält. Er verläßt sein Grundtempo, welches ja gerade durch seine Konstanz in einem Spannungsverhältnis zur Veränderung stehen würde, und beginnt sich der Veränderung anzugleichen. Von diesem Punkt an wird ein Zusammenspiel schwierig, weil der gemeinsame Grundpuls auch der gemeinsame Boden oder der kleinste gemeinsame Nenner für ganz freie Improvisationen ist (Q 2, T 4, T 5).

1.10 Der Doppelschlag und der Federschlag

Der Doppelschlag (nicht zu verwechseln mit der Verdoppelung, Kap. 1.9) scheint eine rein handwerkliche Erweiterung der Möglichkeiten zu sein: Statt abwechslungsweise (wie die bisherigen Gleichschlagvarianten) werden zwei Schläge hintereinander mit derselben Hand gespielt. Da aber dabei die Gleichschlag-Symmetrie durchbrochen wird, machen wir eine neue Bewegungserfahrung und lösen damit auch eine andere Energie aus. Es ist eine Energie, welche mit der Bewegungsökonomie des Schwungs einerseits und der Verbindung von 2er- und 3er-Rhythmen bzw. Triolen andererseits zu tun hat (R 6).

Durch den Doppelschlag in einer Hand und den einfachen in der anderen entstehen 3er-Schlaggruppen, Triolen. Sie klingen wegen der Doppelschlagtechnik anders als die Dreierrhythmen, welche mit Gamela im Gleichschlag erreicht werden.

Von einem gewissen Tempo an brauchen wir den Doppelschlag nicht doppelt zu schlagen, sondern nützen die Federung des schwingenden Fells und die Federung der Spannung in Fell und Handbewegung zur Verdoppelung des Schlages aus. Das ist der Federschlag. Der erste ist dann ein voller Schlag, der zweite ist nur Reaktion auf die Federung des Fells, er fällt auf dieses zurück. Wir nützen so die Ökonomie des Schwunges und der Schwerkraft aus, wie dies schon die Eisenbahnarbeiter mit ihren auf den Schotter niedersausenden Pickeln taten und dabei zwei Einwirkungen auf das zu bearbeitende Material mit einer Ausholbewegung erreichten: ta-da ti-di ta-da usw. Der mit Stöcken spielende Trommler kann durch diesen Federschlag drei und mehr Schläge mit einer Bewegung ausführen. Optimal ausgenutzte Federschläge mit beiden Händen ergeben schließlich das Wirbeln (mit der Stimme: trrrr...). Die Energie aus diesem Zusammenspiel von Bewegung, Federung und Materialeigenschaften (auf hart gespannten Fellen gelingt der Federschlag besser) führt zu gelöster Schnelligkeit, zu verspielter Auflösung festgefügter Gleichschläge und zur Durchmischung von 2er- und 3er-Rhythmen, der dauernden Präsenz von Triolen im 4er, wie dies im Jazz-Schlagzeug zur Grundlage gehört (I 7).

Der Federschlag unterscheidet sich handwerklich vom Doppelschlag sowohl durch den eingesparten Bewegungsimpuls als auch akustisch durch die gestoppte Fellschwingung beim nachgefederten Schlag. Mit dem dritten Schlag der jeweils anderen Hand zusammen erhalten wir eine Dreiergruppe von Schlägen, von welchen jeder eine andere Tonqualität hat: voller und gefederter Schlag der ta-Hand (ta-da), voller Schlag der ti-Hand (ti) oder umgekehrt. Dies ergibt den typisch rollen-

den Charakter der Triolen. Sie bewirken ganz allgemein eine Auflockerung des rhythmischen Spiels und eine Befreiung von starren Bindun-
gen an 4er- oder 3er-Abläufe. Der These bei den rhythmischen Teilungen folgend, geschieht dies deshalb, weil durch das gleichzeitige Vor-
handensein von 3er- und 4er-Rhythmen die weibliche und die männliche Seite des Rhythmus zusammen auftreten.

1.11 Vokale: Klang und Tonhöhe auf dem Fell

Vokale sind die Klangträger der Sprache. Durch Veränderung der
Mundform und des Klangkörpers im Mundraum können wir mit demselben Ton alle Vokale übergangslos bilden. Mit einem einfachen Experiment läßt sich die faszinierende Entdeckung machen, daß jeder Vokal
ein anderes Obertongebäude hat, also einen verschiedenen Schwingungsbereich einschließt. Wir nehmen den voll herausgesungenen Vokal etwa zur Hälfte zurück in den nasalen Bereich (näseln) und über-
treiben die dazugehörige Lippen- und Mundraumstellung. Dabei merken wir sogleich, wie der Vokal im Kopf und einem Teil des Körpers
stärker zu schwingen beginnt. Während wir von I über E, A, O zu U
alle Übergänge fließend vokalisieren können, verändert sich das Obertongebäude jeweils stufenweise; das heißt, der Klang wird plötzlich
durch einen Ton bereichert oder geschmälert, die Klangfarbe wechselt
(vgl. Anm. 15).

Die Trommel ist ein Ur-Instrument und als solches Sinnbild menschlicher Körpermerkmale: der Trommelkörper als Bauch, ton-
empfangendes, klingendes und ton-gebärendes, also weibliches Symbol — das Fell als Haut, in Schwingung versetzendes, ton-erzeugendes,
also männliches Symbol. Beide zusammen ergeben erst die vokalen
Klangfarben des Trommelspiels. Während die Vokale I, E, A, O, U in
dieser Reihenfolge spieltechnisch vom äußeren Fellrand zum Fellzentrum hin zu realisieren sind (R 1), erschwingen sie im Trommelkörper
zuerst im oberen Bereich und dann immer weiter unten.

Jeder Vokal aktiviert also einen bestimmten Bereich des Körpers
mehr als die anderen. Das I liegt am Übergang zwischen männlichem
und weiblichen Prinzip der Trommel, am Rand des Fells bzw. am Anfang des Körpers (sozusagen im Kopf). Es ist scharf und deutlich durch
alle möglichen anderen Schallereignisse hindurch hörbar. Es hat
schnell vibrierende Schwingungen, also hohe Töne, und sitzt im ober-
sten Teil der Trommel. Das E, die Pforte zwischen Kopf und Bauch,

zwischen außen und innen, bedeutet Durchbruch, verbindet diese Bereiche und vibriert auch an den Seiten und Flanken des Körpers. Das A ist die eine Mitte, das Herz, von wo der Puls ausgeht und das Atmungswerk arbeitet. Wenn wir die Hand normal gewölbt über den Trommelrand legen, treffen wir direkt das A, welches in der Mitte zwischen Fellzentrum und -rand schwingt und deshalb Variationen in beiden Richtungen am deutlichsten erlaubt. Es ist nach außen gerichtet, artikuliert am klarsten und wird wohl am häufigsten gespielt. *Ah!* und *Amen* sind abendländische Mantras aus diesem Bereich. Das O ist die

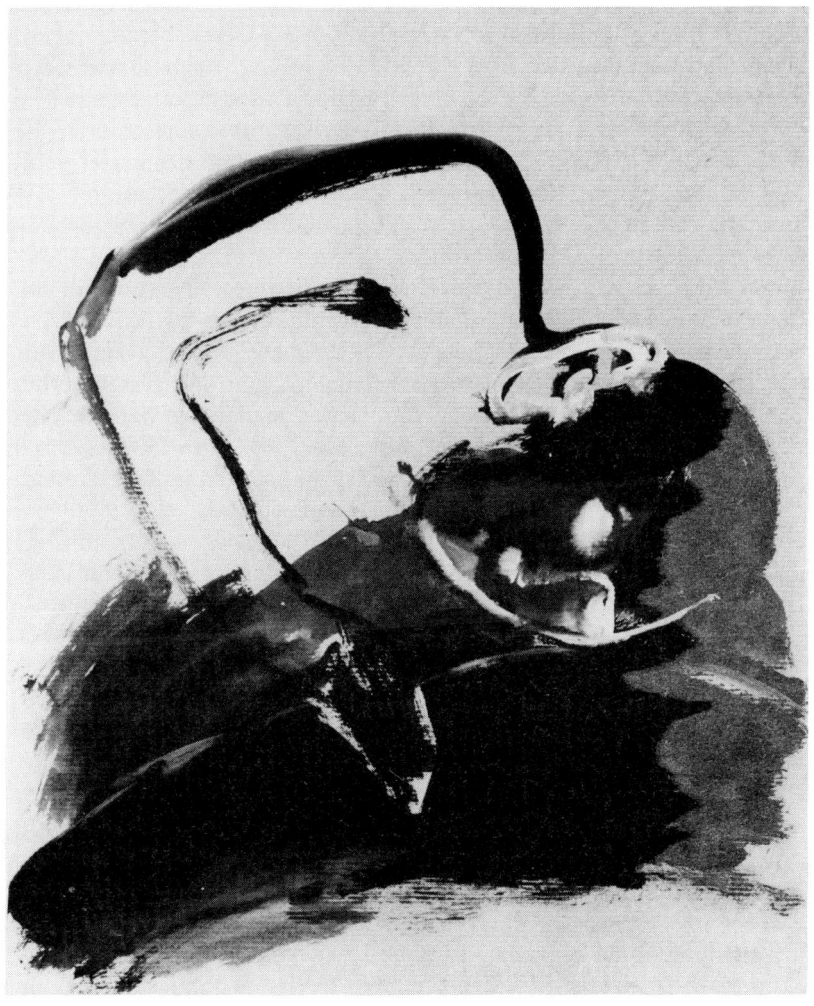

magische Mitte, die nach innen gerichtete Ganzheit, das *Om* aus dem Buddhismus, Anfang und Ende des Lebens, Zentrum der Empfindungen. Das U ist die Basis; es erfaßt den ganzen Körper, verschmelzt Männliches und Weibliches in der Sexualität, ist Sinnlichkeit und Produktivität, der Boden auf dem Leben entsteht.

Was können wir aus dieser Analogie von Trommel, Vokalen und Körperlichkeit ableiten? Während A und O häufiger für Rhythmusstrukturen, für deren Gerüste, in Wiederholungen und auch meditativ oder magisch gebraucht werden, wird das U sparsam, gleichsam verantwortungsbewußter eingesetzt. Zuviele tiefe Töne töten einen Zusammenklang. Ein Baßton ist im musikalischen Geschehen eine Autorität, meist das tragende Element. E und I werden für besondere Wirkungen, für die Durchsetzung einer Prägnanz, der Betonung einer besonderen Rhythmus-Idee, für herausragende Punkte eines Ablaufs benutzt. Das E hat starke Resonanz-Eigenschaften, und das I setzt punktuelle Bedeutungen. E und I sowie U und O sind je am wenigsten voneinander unterscheidbar, ihre mitklingenden Obertongebäude sind sich je ähnlicher als die der anderen Vokale (**R 1**).

Es bleibt anzufügen, daß dieses Wissen bzw. dieses Bewußtsein über die vokalen Möglichkeiten und ihre Verbindungen zu Fell, Körper, Stimme und Klang für den Spieler wie für den Zuhörer gezielte Wirkungen einerseits und gewisse Aufschlüsselungen andererseits erlauben. Ein scharf herausgeholtes I, mit den Fingerspitzen dem Fellrand abgewonnen, wirkt neben einem dunklen U, mit dem Handballen in die Fellmitte gesetzt, als starker Kontrast und spricht eine gegensätzliche Symbolik an. Wer immer wieder das E einsetzt, will möglicherweise Verbindungen verstärken; oder wenn vorwiegend A und O gespielt werden, deutet dies auf Aussagen aus einem Zentrum, auf Wichtiges hin, und ähnliche Beispiele mehr.

1.12 Die Melodie im Rhythmus

Wir haben nun die Vokale und damit die Tonhöhen auf dem Fell entdeckt. Eine Melodie wird aus einer Anzahl Töne und ihrer rhythmischen Verteilung zusammengesetzt (im Kapitel „Melodie" werde ich genauer darauf eingehen). Wir finden außer den Vokalen durch Anschlagen des Trommelkörpers und der Spannvorrichtung noch weitere Tonqualitäten. So können wir mit all den verschiedenen Tonhöhen, Tonfarben und Tonformungen Melodien in das rhythmische Spiel hineinlegen. Durch eine solche Melodie werden einfache Rhythmusideen zu einem komplexen und doch überschaubaren Ganzen gestaltet. Ein Rhythmus-Einfall, z. B. „to-to-dong", ist in der Wiederholung vielleicht ohne Kraft, zu wenig verspielt. Er ist wie ein halber Satz, z. B.: „Ich will doch...", oder wie eine angefangene Melodie. Er verlangt einen zweiten Teil, welcher den Einfall zu einer Idee ergänzt, Kontraste setzt, variiert und weiterentwickelt. Auch ein dritter und vierter Teil usw. sind denkbar. Aber bleiben wir bei zwei Teilen, das Prinzip ist dasselbe. Fügen wir also einen zweiten Teil hinzu, so könnte der Rhythmus beispielsweise „to-to-dong, ta-dung-da-da" heißen, als Kontrast etwa „to-to-dong, dong-to-to", als Variation „to-to-dong, to-to-dong-da-da" und als Weiterentwicklung „to-to-dong, to-to-dung, to-to-dang-i-i" usw. Wir setzen dadurch Teile eines Rhythmus miteinander in Bezug, wie dies bei den Teilen von Melodien, in Motiven, Themen oder Liedern der Fall ist. Ein Lied ist also auch im Rhythmusspiel ein möglichst beziehungsreiches Zusammenfügen von Teilen. Am Beispiel des angefangenen Satzes könnte die Melodie des Rhythmus sich etwa so fortsetzen: „Ich will doch, daß ich weiß, was ich will!" (R 6, T 7)

1.13 Gegenrhythmen

Etwas „entgegensetzen" heißt in der sprachlichen, der handelnden wie auch in der musikalischen Kommunikation: eine Antwort geben. Diese kann eine Bestätigung, eine Weiterführung, eine (neue) Frage, eine Nachahmung oder ein Kontrast, eine „Opposition" sein. Dort, wo in unserem Alltag Anpassungsforderungen, soziale Kontrolle und Repression oder Einheitsdenken, Gleichschaltung und Massenkonformismus vorherrschen, wird Op-position, also Gegen-Position, entweder schon im Keime erstickt oder dann gerade provoziert. Wird sie erstickt, so verschafft sie sich auf anderen Wegen Gehör, etwa als Schimpfen über die Mächtigen oder als Magengeschwür. Wird sie provoziert, kann sie — unter günstigen Voraussetzungen — zum Spielraum für sich anbahnende Entwicklungen oder zum Kräftespiel für sich anbietende Problemlösungen werden.

Die Musik-Improvisation, speziell das Spiel mit improvisierten Rhythmen, ist ein solcher Spielraum. Mit Gegen-Rhythmen erleben wir die Wurzeln des Gegen-Satzes, archaische Formen der Polarität, das Miteinander durch ein Gegeneinander. Schlag und Gegenschlag,

Rhythmus und Gegenrhythmus, Satz und Gegensatz sind schon lange vor *Hegel* als eine Energie entdeckt worden, welche ganz anders gelagen ist als beispielsweise diejenige der Imitation. In der schamanistischen Trommelkultur wird der Gegen-Schlag für Anpassungsanfällige, in ihrer Identität Verunsicherte und für solche, die „nichts entgegenzusetzen haben", sogar als Heilmittel verschrieben. Im Gegenrhythmus verbleiben heißt dann, die Angst und Unsicherheit erleben, die durch diese Kraft ausgelöst werden. Ich habe in vielen Gruppen erfahren, wie schwierig es offenbar ist, einen Gegenrhythmus zu halten, in der Gegenposition zu verharren, ohne gleich wieder in den Grundpuls, die rettende 1 des Metrums zu verfallen (C 6).

Der Grundpuls, die 1 und seine Verwandten, die 3, 5, 7 usw. im 4er- und die 4, 7, 10 usw. im 3er-Rhythmus, sind die Schläge, welche ihre Kraft in die Erde, also nach unten richten. Sie geben eine Verbindung zum Boden, vermitteln Halt und Sicherheit in der Konformität. Marsch, Walzer, Rock- und Populärmusikrhythmen stützen sich fast ausschließlich auf den Grundpuls. Der Gegenschlag oder off-beat, also die 2, 4, 6 usw. im 4er und die 2, 5, 8 oder 3, 6, 9 im 3er, sind Schläge, welche ihre Krafte in die Luft, also nach oben richten. Sie machen einen Rhythmus leicht, geben Raum und lösen neue Möglichkeiten aus, inspirieren zur Erweiterung des Vorhandenen und sind seine rhythmische Spiritualität. Der Jazz hat nicht zuletzt deswegen alle anderen neuen Musikströmungen dieses Jahrhunderts befruchtet, getragen und/oder überdauert, weil seine rhythmische Eigenart die des „offbeats" ist und diesen im Swing gepflegt und kultiviert hat (I 7). Die Geschichte des Jazz ist die Geschichte von Gegen-Positionen; gegen die zermürbende Trauer im Blues, gegen die Versklavung im frühen Jazz, gegen überkommene Formen im Modern-Jazz, Bebop, Free-Jazz und gegen die Ghettoisierung der Schwarzen in Amerika und auf der ganzen Welt (F 1).

Wie bei der Kombination von Melodie-Teilen im Lied können Gegenrhythmen eine Komposition oder Improvisation gestalten und eine rhythmische Reihe bilden (M 2). Bei drei Teilen ABC gäbe es z. B. die Reihen A/A/B/C oder A/B/A/C oder A/B/A/B/C usw. Eine weitere Möglichkeit besteht beim Zusammenspiel von zwei und mehr Spielern durch die Überlagerung oder Verschränkung von Rhythmen und Gegenrhythmen. Dabei muß der initiierende Spieler darauf achten, daß seine Vorgabe Pausen oder Leerschläge enthält, so daß Raum bleibt für die Wahrnehmung der Gegenposition (F 12, T 1).

1.14 Perkussion

Eine besondere Rolle im Feld von Rhythmen, Gegenrhythmen und Akzenten nehmen die Glocken, Rasseln, Stäbe, Triangel, die ganze Vielfalt von kleinen Holz-, Metall-, Blech-, Glas-, Korb-, Frucht- und anderen Klangkörpern, die sogenannten Perkussionsinstrumente ein. Wenn für die Rhythmen allgemein gilt, daß sie nur leben, wenn sie auch — äußerlich oder innerlich — getanzt werden, so sind die Perkussionsinstrumente gerade dazu erfunden, tanzend gespielt zu werden. Fast alle bekannten Perkussionsinstrumente sind so handlich, daß sie wie Schmuck getragen werden können und so eine dazu ausgeführte Tanzbewegung kaum behindern, ihr im Gegenteil einen Akzent, eine Betonung geben. Perkussion ist herausgestrichene Bewegung, ist die Verdeutlichung eines Bewegungshöhepunktes oder die Akzentuierung einer Gegenbewegung.

Das Perkussionsspiel hat manchmal dieselbe Funktion wie die Interpunktion in der geschriebenen Sprache: ein Doppelpunkt, ein Komma, Punkt, Gedankenstrich, Frage- und Ausrufezeichen usw. Ein anderer Vergleich sagt, daß ein Rhythmus ohne Perkussion wie eine Suppe ohne Gewürz ist! Am treffenden Ort plaziert, verbindet Perkussion das Geschehen, macht es reich und aufregend, treibt die Spielfreude an und erschüttert (to percuss) lähmendes Gleichmaß (**B 11**).

1.15 Das Spiel mit Ostinatos

Das Ostinato ist in der konventionellen Beschreibung von Musik ein eher nebensächliches Phänomen. Ich meine aber, daß diese musikalische, tänzerische Kurzform, die Wiederholung einer bestimmten Ton- bzw. Bewegungsform für das Verständnis und die Entwicklung von Musik stark unterschätzt wird. In der Improvisation nimmt das Ostinato einen wichtigen Platz ein.

Einmal die Ohren dafür sensibilisiert, hören wir Ostinatos als Stilmittel der Musik des 17. und 18. Jahrhunderts, in der Volksmusik aller Länder, in der typischen Tanzmusik, dann vor allem in Baßläufen, Riffs und anderen Begleitteilen der Jazz- und Popmusik, bei Samba, Salsa und Reggae, bei der Discomusik, bei elektronisch produzierten Mustern und ganz besonders bei der Minimal Music sowie der sogenannten Weltmusik. Letztere sieht das Ostinato sogar als verbindendes Element der meisten Stilrichtungen und Volkskünste, ein über die ethnischen Grenzen hinweg verstehbares Element und trifft sich dort mit der stillos erscheinenden Minimal Music, welche hauptsächlich aus Ostinatos besteht.

Warum erwähne ich an dieser Stelle das Ostinato, und welche Bedeutung hat es für die Ausdruckskraft der Improvisation? Ein Ostinato ist hauptsächlich aus rhythmischen Elementen, aus Melodieteilen und weniger aus Klangmaterial gebildet. Zudem ist es ein Bewegungsablauf zwischen zwei Punkten oder eine Kreisfigur wie ein Mandala oder ein Tanzschritt wie der Rumba. Es beginnt immer wieder mit derselben Bewegung. Ein Ostinato ist ein überschaubarer, wiederholbarer Bewegungsablauf. Aus dem Italienischen übersetzt heißt es „hartnäckig", und so soll es auch gespielt werden: als eine Figur zum Durchhalten, zum Drinbleiben, zum Boden-Geben, eine Wiederholung bis zur hypnotischen Eindringlichkeit, ein Strukturelement zum Aufbauen oder ein konstanter Bezugspunkt für freiere Bewegungen.

Die Jahreszeiten sind ein Ostinato des Klimas. Schuhe schnüren, abwaschen, Zeitschriften blättern, anziehen-ausziehen sind Bewegungsostinatos des täglichen Lebens. Schaukeln, Fließbandarbeit oder das Auf- und Abgehen gefangener Tiere am Gitter sind entfremdete bzw. neurotische Bewegungsostinatos. Die Gesänge der meisten Vögel, in einfachster Form der des Kuckucks, viele Kinderverse und -rufe, die akustischen Zeichen moderner Spielautomaten, die Erkennungsmelodien von wiederkehrenden Radio- und Fernsehsendungen, Gebetsgesänge, Alpsegen, alte Klagelieder und vieles mehr sind Ostinatos in unserem Sinn oder sind aus solchen Strukturteilen zusammengesetzt.

Die Melodien der Rock- und Popmusik unterscheiden sich von denjenigen des Jazz durch viel häufigeren Gebrauch von Ostinatos, von Wiederholungen, welche das Zuhören einfacher und die Botschaft eindringlicher machen. Die neueren Stilmoden wie Punk, New Wave, Punk-Jazz usw. benutzen das Ostinato schon fast penetrant. Es gibt unzählige Stücke, die aus musikalisch sehr simplen Ostinatos bestehen, diese hartnäckig wiederholen und damit sprachliche, textliche und bewegungsimpulsive Mitteilungen mit viel Wirkung übertragen. In der Textmusik helfen die Ostinatos, rhythmische Abläufe und damit gewisse Tanzfiguren deutlicher zu finden. Die neuen Körperfitness-Schulen, die Aerobics, und wie sie alle heißen, bauen sehr stark auf Bewegungswiederholungen auf und benützen deshalb oft „Ostinato-Musik", um die Übungen zu verdeutlichen. Die Beispiele ließen sich noch fortführen.

Beim Improvisieren benützen wir das Ostinato nicht als fixierte Tonreihe, die wiederholt wird, sondern als Wiederholung einer Bewegungsidee auf dem Instrument. Auf dem Xylophon z. B. könnte eine solche

Bewegungsidee folgendermaßen aussehen: weit auseinander, zweimal stark anschlagen — nah zusammen, also ein enges Intervall, dreimal schwach und langsam anschlagen, das Ganze in einen Puls bringen und als solchen Ablauf wiederholen. Das klingt wie ein Rezept — und es ist auch eines! Auf einem Blasinstrument lassen sich ähnliche Bewegungsideen mit Fingern und Ansatz ausdenken, auf Saiteninstrumenten ist es vielleicht der Bogen, dem die Ostinatoidee „einfällt", und auf dem Klavier der Ellbogen. Der Spieler braucht in der Wiederholung nicht den subtilen technischen Aufwand, um jedesmal dieselben Töne wieder zu treffen, im Gegenteil, die „zufälligen" Abweichungen in derselben Bewegung, die von selbst entstehen, bringen Farbe ins Spiel und leiten vielleicht sogar eine Veränderung des Ostinatos ein. Eine solche Veränderung paßt unter Umständen immer besser in den musikalischen Ablauf hinein (**F 12, I 3**).

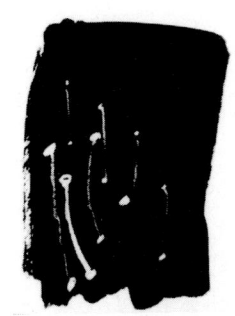

Das Ostinato-Spiel ist eine Reise durch die Rhythmuslandschaft. Es schließt einerseits die Idee ein, von der Bewegung her zu spielen, und andererseits die Bereitschaft, wie im „Mutterspiel" (**Q 2**) den Grundpuls durchzuhalten. Ebenso fördert es die Lust, durch rhythmische Vernetzung „Boden zu gewinnen", das heißt, sich aufeinander zu beziehen und zu verlassen. Wer mit dieser bewußt erstellten Abhängigkeit Mühe hat, sei es durch Verlust des Bewegungsablaufes, sei es durch Schneller- oder Langsamer-Werden, erlebt nicht seine technische Unzulänglichkeit, sondern seine Schwierigkeit, mit Wiederholungen anstelle von Wechseln in der Improvisation umzugehen. Improvisation mit Ostinatos ist wie ein Spiegel der Beharrlichkeit und Zuverlässigkeit, wie die Beobachtung der persönlichen kleinen Eigenarten und Besonderheiten (**G 6, G 12, I 1**).

2. Der Klang

Nicht nötig, auf den Inhalt zu hören.
Das Medium ist die Botschaft.
Deine Worte lügen und verführen,
der Klang jedoch ist ehrlich —
vergiftend oder nahrhaft.
Und ich tanze zu deiner Musik, oder
ich laufe davon.
Ich ducke mich zusammen, oder ich bin fasziniert
und ich finde Trost
in dem, was ich entdecke.
Ich selbst kann doch so schlecht nicht sein,
denn viele von euch lieben meine Stimme;
und ich fand
meinen Reim zum Klang.

Fritz Perls, „Gestalt-Wahrnehmung" 1969

2.1 Einführung

Der Klang ist ehrlich — Worte lügen und verführen; diese Aussage stammt von einem Menschen, *Fritz Perls,* der sein Leben und Lebenswerk hauptsächlich mit Worten vollbracht hat! Er muß also im Klang etwas herausgehört haben, das er in den Worten nie fand. Und wenn wir dieser Fährte folgen, machen wir tatsächlich abenteuerliche Entdeckungen. Klang ist nicht nur ehrlich, er ist verräterisch, und er dringt durch alles durch, er ist in allem und jedem drin, allgegenwärtig, und nur Ignoranz, Abwehrmauern, Verdrängungen, Blockaden können ihn etwas zurückhalten, verstummen lassen, niemals jedoch zum Verschwinden bringen.

Demzufolge ist Klang ein immaterielles, unstoffliches Phänomen, schwierig faßbar wie Energie oder Äther. Ein Rhythmus ist meßbar in Zeitabläufen, eine Melodie ist in Tonsystemen, Skalen, Intervallverhältnissen usw. geordnet; und der Klang? Er taucht in keinerlei Angaben der Notenschrift auf, wie dies für Tonhöhen und Tondauer, also melodische und rhythmische Bewegungen der Fall ist. Sind vielleicht die Angaben „lieblich", „forte", „Fermate", „ausdrucksvoll" etc. Klang? Oder die Harmonie, die zu einer Melodie oder zu einem Rhythmus gehört, sind die Interpretationen der Musiker und Gestaltungen der Dirigenten, heute vielleicht die Handgriffe des Operators am Aufnahme- oder Mischpult Klang? Oder sind Geräusche, der Schall überhaupt, sind Akustik oder Tonfarbe, Zwischentöne und Tonverwandlungen, sind sie Klang?

Wenn wir die heutige Musik, den neuen Jazz, den Rock mit all seinen elektronischen Erfindungen und die zeitgenössische Musik zusammen betrachten, fällt auf, daß darin Melodien und Rhythmen immer noch eher konventionell, also ohne grundlegende Veränderungen der abendländischen Skalen und Rhythmusempfindungen erscheinen, hingegen dominieren der Klang bzw. die neuen Klangerfindungen das Feld der Neuerungen: Geräusche, Zwischentöne, Verfremdungen, Auflösungen und Verdichtungen bekannter Muster, Einfälle, die dem Theater, dem Tanz oder der Malerei nahekommen, tauchen immer mehr in allen Musikgattungen auf. Mit *John Cage*s „1 Min. 37 sek."-Stück als einem Extrem (wo kein musikalisches Ereignis produziert wird, sondern der Klang der Pause das Stück ist) und dem unüberschaubaren Angebot an Klängen und steuerbaren Veränderungen einer Tonkurve bei den Synthesizern und der gesamten elektronischen Musik als anderem Extrem hat eine geradezu revolutionäre Entwicklung dessen begonnen, was in der Musik Klang heißt. Da sind längst nicht mehr nur die Wohlklänge, wie sie in der Harmonielehre vertreten werden, „erlaubt", sondern über das Verlassen der Zwölftonreihe, das Teilen der Halbtöne, das Durchbrechen des sogenannten reinen Klangs bis zu Geräuschen und künstlichem Lärm, der Imitation verwegenster Schallereignisse aus dem Alltag und provokativer Verzerrungen alle Klänge für die Musik verfügbar geworden. Die Grenze zwischen „schöner Musik" und „häßlichem Lärm" ist aufgehoben. Musik ist, was klingt!

Parallel zur Explosion der Entdeckungen neuer Klangmöglichkeiten in der praktizierten Musik erscheint auch eine Flut von Gedanken, Worten und Theorien in Büchern (wozu dieses ja auch gehört), in Zeitschriften und Diskussionen, ja ganze Forschungsinstitute mit Entwürfen für ein neues Verständnis von Musik tauchen auf und finden Gehör.[7] Eine solche Fülle von Interessen und Erkenntnissen zum Zusammenhang von Weltordnung und Musik macht hellhörig für das Verbindende dieser Arbeiten: Klang ist offenbar eine Wieder- und Neuentdeckung der letzten Zeit, ein unausgeschöpftes Feld im Zeitgeist, etwas Wichtiges für unseren aktuellen Bedürfnishaushalt. Die stürmische Verbreitung der Rockmusik seit den 60er Jahren hat mit der Neuentdeckung des Klangs zu tun. Während der Jazz in diesem Jahrhundert in der Behandlung des Rhythmus (Swing) und der Melodie-Improvisation bahnbrechend war und den Klang eher vernachlässigte, entdeckte die Rockmusik gerade diesen als zentrales Medium. Der Klang ist die Botschaft! Jede Gruppe hatte und hat ihren speziellen Sound. Sie entwickelten ihn unaufhörlich und nahmen dazu alle verfügbaren Mittel zu Hilfe: elektronische Effekte, neue Instrumente, aber auch Verstärker-Technologie, Saalakustik, Licht- und Farbenshow, ja die ganze Atmosphäre, die Stimmung, die „vibes", der Sound eben, wurden zu immer wichtigeren Elementen der Übertragung von Botschaften. Ein bemerkenswerter Vorgang, auch wenn diese Botschaften zuweilen nur Werbung für sich selber — l'art pour l'art — waren und sind.

Die Strapazierung intellektueller Musik im neuen Jazz oder bei der Avantgarde der zeitgenössischen Musik läßt viele Hörerwartungen unbefriedigt. Dieser Mangel macht empfänglich für simple, repetitive, magische, psychedelische oder für aggressive, provozierende Musik, die Musik der bloßen Empfindungen im realen oder utopischen Alltag. Zu viele komplizierte Strukturen, analytisch behandelte Themen oder streng durchdachte Kompositionen rufen nach einfachen Erlebnissen von überschaubarer Ganzheit, nach universellem Verständnis (Weltmusik), nach völkerverbindendem Sound und nach kopfentlastender „Mutter-Erde-Bauch-Musik". Dazu hat die wiederentdeckte Pflege des Klangs in der Rockmusik und der „Weltmusik" ein wichtiges Stück beigetragen.

2.2 Klang und Zahlensymbolik

Klang entsteht durch zueinander in Beziehung gesetzte Schwingungen von Tönen und ihren Obertönen. Derselbe Ton, auf einer Trompete und auf einem Klavier gespielt, unterscheidet sich in seiner Klangfarbe dadurch, daß bei der Trompete die höheren Obertöne stärker zum Mitschwingen gebracht werden, während beim Klavier die in der Nähe des gespielten Tons liegenden Obertöne dominieren und zusätzlich durch die temperierte Stimmung sich untereinander angleichen, so daß der relativ warme Klavierklang entsteht, im Gegensatz zum relativ scharfen Trompetenklang.

Klang entsteht durch das Zusammenschwingen verschiedener Töne, so auch im herkömmlichen Sinn durch alle Intervall-Akkorde bzw. Harmonien. Die „wohlklingendsten" unter ihnen sind nicht zufällig mit den ersten mitschwingenden Obertönen gebildet: Oktave, Quinte, Quarte, Terz und Sekund. Am Monochord (Ein-Saiten-Instrument) läßt sich das Obertongebäude am besten verständlich machen. In der folgenden Tabelle sehen wir die einfachsten Zusammenhänge von Saiten-Teilung, Obertonreihe und Zahlenverhältnissen (vgl. Abschnitt 3.6 und *Berendt* 1983).[8]

Monochord-saite	Saiten-Teilung (Schwingungs-veränderung)	Obertonreihe (Intervall)	Zahlenverhältnis (von nicht-klingender, abgedeckter Saite zu ganzer Saite)
	Halbierung	1. Oberton Oktave	1 : 2
	Dritteln	2. Oberton Quinte	2 : 3
	Vierteln	3. Oberton Quarte	3 : 4
	Fünfteln	4. Oberton Große Terz	4 : 5
	Sechsteln	5. Oberton Kleine Terz	5 : 6
	Neunteln	6. Oberton Große Sekund	8 : 9
	Sechzehnteln	7. Oberton Kleine Sekund	15 : 16

usw.

Daß wir vor allem die fünf bis sechs einfachsten Schwingungsverhältnisse (Intervalle) auf der ganzen Welt als harmonisch, beruhigend, schön, eben klingend empfinden, erklärt sich durch die vielfachen Entsprechungen dieser Zahlensymbolik in Mikro- und Makrokosmos. Beginnen wir bei der reinen Zahlensymbolik und betrachten nur die ersten Verzweigungen dieses Zahlenbaumes:

Das Verhältnis 1:2 (Oktave) bezeichnet Ganzheit und Polarität, das Verdoppelungs-Teilungs-Prinzip, die weibliche zur männlichen (sogenannt gebrochenen) Stimme, die chinesische Yin-Yang-Lehre, das Objektive und Subjektive und anderes mehr. Die 1 steht für Einheit, die 2 für Teilung. Die 2 ist ebenso der Übergang vom Prinzip Klang, der Welt des Klanges, zum Prinzip Rhythmus, der Welt des Rhythmus. Klang ist räumliche Ganzheit. Rhythmus ist zeitliche Teilung.

Alle Rhythmen der Welt sind Zusammensetzungen und Teilungen, Kombinationen oder Teile von 2er- und 3er-Rhythmen. Da die 2 noch nicht als eigentlicher Rhythmus wahrgenommen wird, sondern eben als Polarität, ist die doppelte 2, die 4, der erste gerade Grundrhythmus. Multiplizieren wir also diese zwei Grundrhythmen, so erhalten wir die 12, welche wie ein Knotenpunkt die Gebiete verbindet, die für unsere Sinneswahrnehmung bedeutend sind:

12 Stunden haben durchschnittlich der Tag und die Nacht; 12 Monate hat das Jahr (3 Monate mal 4 Jahreszeiten); 12 ist durch 1, 2, 3, 4 und 6 teilbar, nur die 5 fehlt in dieser Reihe; 12 Stück sind ein Dutzend voll, der Inbegriff von Ganzheit; eine Oktave ist in 12 Halbtöne aufgeteilt; die Astrologie zählt 12 Tierkreiszeichen; die Bibel erwähnt 12 Apostel; in zahlreichen Aufbaustrukturen von Mineralien und Kristallen erscheint die 12, z. B. die 12 Stufen des Sauerstoffmoleküls, dem Grundstoff von Luft und Wasser, oder die 12 als Grundzahl des Chlorophyll-Atoms, der Stoff, welcher in der Photosynthese Sonnenlicht in Blattgrün verwandelt; schließlich ist 12 aus den zwei magischen Strukturziffern 5 und 7 zusammengesetzt, welche abwechslungsweise in den verschiedensten Lebensphilosophien verwendet werden (Anthroposophie, Astrologie, I Ging, Taoismus, Tarot, Chakras). Zusammenfassend kann gesagt werden, daß die 12 in Zeit- und Raumeinhei-

ten sowie in holistischen Vorstellungen hervorgehoben erscheint. Sie ist Schlüsselzahl im kleinsten Atom ebenso wie im Kosmos und wird für Mengen, Maße, Mythen und Magie benützt. Sie kann deshalb als Zahl des Klanges im weitesten Sinne angesehen werden. Die 5 ist die nächste „klingende" Schlüsselzahl. Die 2 und 3 addiert (Polarität und Dreieck) ergibt die arithmetische, räumliche Ganzheit. Die Quinte ist das Schwingungsverhältnis 2:3. Es gibt 5 Grundintervalle: Oktav, Quint, Quart, Terz, Sekund. Die häufigste Strukturform in der Natur (Blätter, Blüten, Kristalle usw.) beruht auf der 5. Der goldene Schnitt wird mit 3:5 = 5:8 (a:b = b:(a+b)) gebildet. Es ließen sich noch viele weitere Bezüge herstellen. Schließen wir aber zusammenfassend diese Aufzählungen ab mit der seit *Johannes Kepler* uns erstaunenden Analogie zwischen den einfachen Zahlenverhältnissen des goldenen Schnittes, des Obertongebäudes und den Körperproportionen des Menschen sowie den Verhältnissen der Abstände unserer Planeten voneinander. Diese Analogie zeigt auf, daß die durchschnittlichen Abstände von Fuß zu Beinansatz zu Bauch zu Brust zu Arm zu Augen zu Scheitel und die Bahnabstände von Merkur, Venus, Erde, Mars, Jupiter, Saturn, Uranus, Pluto in den gleichen Grundzahlverhältnissen von 1 bis 12 zueinander stehen wie eben der goldene Schnitt und das Obertongebäude (vgl. *Berendt* 1983, S. 130 ff).

Das ist eine Übereinstimmung in derart großen bzw. minimalen Dimensionen, daß sie gar nicht wahrgenommen werden könnte, wenn nicht die Musik mit ihren Klängen und Harmonien diese unerhörte Tatsache immer wieder erahnen ließe. Die Menschen, der Kosmos, die Materie und die Musik gehören zu einem Entwurf einer Ganzheit, der sich in einfachen Zahlen ausdrücken läßt! Alle Grundformen wie z. B. ein Fisch, eine Blume, ein Kristall, ein Tropfen usw. haben einen Formaufbau nach Grundzahlverhältnissen wie derjenige des Obertongebäudes. Der Mensch hat die Fähigkeit, diese quantitativen Verhältnisse in qualitative umzuwerten. Er empfindet solche Erscheinungen als schön, harmonisch, stimmig — sie klingen. Und tatsächlich klingen sowohl Atome wie auch Fische, Tropfen und Gestein in sich — wie die Schwingungsverhältnisse eines Intervalls. Unser Ohr ist lediglich zu grob eingestellt, um dies alles bewußt hören zu können.

2.3 Klang im Vergleich

Klang ist ein amorphes Ereignis. Er ist trotz seiner genauen physikalischen Bestimmbarkeit in seiner Erscheinung formlos. Er verändert sich dauernd, ist in Bewegung, schwillt an, klingt aus, wechselt übergangslos in andere Erscheinungen, täuscht und verzaubert, ist manchmal wie Licht, manchmal wie Farbe und manchmal häßlich, störend, aufdringlich oder bedrohlich. Wir können Klang nicht festhalten wie einen Ton oder Rhythmus. Er ist da und schwingt aus, verflüchtigt sich wie Gas. Er wächst durch unbestimmbare Faktoren oder fällt plötzlich zusammen. Sein Geheimnis ist sein Bündnis mit der Ganzheit, seine Abhängigkeit von allen Stimmungsfaktoren, von der Stimmung des Klangerzeugers über die Schwingung des Raums bis zur Konstellation der Gestirne im Kosmos.

Diese Unfaßbarkeit könnte auch erklären, weswegen ein rein elektronisch hergestellter Klang aus Tongeneratoren, Synthesizern etc. nie die Lebendigkeit eines Klanges erreicht, der in einem Raum oder Klanggehäuse zum Schwingen gebracht werden kann. Dem synthetisierten Klang fehlt das Amorphe der „zufälligen" Veränderung, das Formlose der Ganzheit, die prozeßhafte Beeinflussung des Moments und der Stimmung; er ist fixiert und in einem wichtigen Teil seiner Eigenart tot. Er ist wie die Plastikblume, manchmal verblüffend schön und immer frisch, aber ohne den Prozeß der Rückverwandlung zur Erde, klinisch sauber, aber ohne die lebenserhaltende Kraft des Schmutzes, der Unreinheit.

Klang ist nur im Moment, er ist dauernd prozeßhaft in Veränderung. Er ist Ganzheit, und er ist Stimmung; er läßt sich nicht (aus-)denken, und er läßt sich nicht festhalten — er läßt sich nur empfinden, fühlen: *Klang ist Gefühl!*

Ich habe diese Aussage sehr oft hinterfragt, war verblüfft ob der Einfachheit der Entdeckung, zweifelte und fand genau diese Zweifel in meinem eigenen Klang wieder: meine Stimme wird zaghaft im Zweifel. Ich gewann plötzlich bei den verschiedensten Gefühlen eine Vorstellung von Musik. Es waren immer Klänge. Emotionen, Stimmungen, Atmosphären haben einen Klang, sie vibrieren in Schwingungen. Projizierte Bilder, Phantasien, Wünsche und Ängste schwingen in meiner Aura, sie klingen an, auch wenn ich sie verstecken will, und dringen in verschiedenstem Gewand nach außen: in Bewegungen, zwischen den Zeilen, in Bildern, mit dem Atem, nonverbal und verbal. „Es klingt gut" gilt für sprachliche und musikalische Mitteilungen gleichermaßen als Bestätigung. Wenn ein Klang „wohltut", kann dies heißen,

daß sein Schwingungsverhältnis (die Harmonie) stimmt, oder es kann heißen, daß die „vibrations", die Schwingungen von Atmosphäre und Aussage übereinstimmen und deshalb wohltun. In „Einklang" bringen meint nicht gleichschalten (dafür müßte das Wort „Einzwang" erfunden werden), sondern trotz verschiedener Gefühle zu einer Sache eine gemeinsame Lösung finden. „Anklingen lassen" kann einerseits mit dem Ausdruck „etwas andeuten", andererseits aber auch mit der Absicht, ein „Gefühl ohne bestimmte Worte" einzubringen, gleichgesetzt werden. „Sang- und klanglos" meint ein Verschwinden, ohne sich bemerkbar zu machen und ohne emotionalen Ausdruck, untergehen und trotzdem in allen Ehren bleiben.

Ich wiederhole: jeder Körper, jeder Gegenstand, jedes Instrument, jeder Raum, jede Landschaft klingt. Sie alle haben eine ihnen eigene Klangfarbe. Die Farbe (K 1) drückt jeweils das Charakteristische aus: dunkel, scharf, ruhig, herb usw., alles stimmungsträchtige, gefühlsmäßige Ausdrücke. So erkennen wir an der Klangfarbe der Stimme einmal ein Stück Geschichte, dann auch das aktuelle Gefühl des Sprechers oder Sängers. An der Klangfarbe eines Instruments hören wir die Beschaffenheit des Klangkörpers, teilweise sogar des Materials, seine Geschichte und seinen Zustand heraus. Material hat kein wahrnehmbares Gefühl. Was aber Materie mit Geist und dadurch mit Gefühlen eines Menschen vergleichbar macht, sind seine molekularen Schwingungen, sein Zustand der inneren Beschaffenheit und Bewegtheit.

Die kosmischen Gebilde mit dem bewegte Beschaffenheit verratenden Namen „Pulsare" sind Neutronensterne, die nur aus Schwingung und nicht aus einer uns genauer bekannten Materie bestehen. Sie haben eine relativ geringe Dimension und eine enorme Masse, so daß ein Mensch dort ein milliardenfaches Gewicht hätte. Die Pulsare sind die Vorstufe zu den „schwarzen Löchern", in denen nur noch Energie, aber keine Materie mehr vorhanden ist. Vielleicht sind diese Phänomene vergleichbar mit dem, was wir in uns Gefühle nennen: materielose „schwarze Löcher" mit ungeheurer Kraft und Potenz, etwas Neues zu entwickeln. Vielleicht sind sie ein komprimierter Rhythmus schwingender Materie, die zu reiner Energie, eben zu Gefühlen wird und als Klang Ausdruck findet. Ein Schrei kann ungeahnte Energien freisetzen, Lachen die Schwingungen großer Menschenmengen verändern, Traurigkeit alles Licht wegnehmen oder Wut eine Kraft entwickeln, die „normalerweise" nicht vorhanden ist und dann übermenschlich genannt wird.

Der Mensch macht immer neue Anstrengungen und Erfindungen, um diese Energien zu unterdrücken, einzuschließen oder abzuwehren.

Waffen, Drogen, Elektronik, Informationstechnik, immer perfektere Verkehrsmittel, die Technologie zur Beherrschung der Natur, Gesetze und Systeme für das soziale Zusammenleben, Institutionenflut und vieles mehr sind an dem einen Punkt vergleichbare Feinde der direkten Ausdruckskraft menschlicher Gefühle, dort, wo sie den energiegeladenen Kontakt, die Intensität, Spontaneität und impulsive Veränderung in Bahnen lenken. Darüber nehmen sie dann eine gewisse Kontrollier-, Steuer- oder sogar Vorhersagbarkeit der Gefühle bzw. des Klangs für sich in Anspruch.

Das menschliche Gefühl aber ist unbegrenzt, amorph, verwandelbar und unberechenbar wie der Klang der Musik (**K 2**). Der künstlerische Ausdruck, der in jedem Menschen vorhanden ist (nur daß die einen einen Weg finden, ihn zu veräußern, die anderen nicht), bekommt eine erste Gestalt, wenn die Klänge momentaner Gefühle, Stimmungen oder Zustände bewußt werden: Wütend sein und schreien, Angst haben und sich stumm verfinstern oder Lust haben und sich bewegen oder tanzen, das sind Klänge direkt ausgedrückter Gefühle. Diese lebenswichtige Fähigkeit ist im Grunde das Wesen der Improvisation, sie ist Lebenskunst und, über ein Medium vermittelt, seit jeher die Quelle der Kunst.[9]

2.4 Die Stimme

Die Stimme ist das unmittelbarste Medium, das wir besitzen und außerdem jederzeit zur Verfügung haben. Jede Stimme klingt anders, und am Klang der Stimme sind die meisten Menschen sofort erkennbar. Dieselbe Stimme klingt in verschiedenen Verfassungen einer Person sehr unterschiedlich, und die eigene Stimme klingt in den eigenen Ohren anders als in denen von Zuhörern. Die Wunschvorstellung eines persönlichen Stimm-Klangs verändert auch dessen Wahrnehmung, während der Zuhörer vor allem den Klang aufnimmt, der auf seinen gefühlsmäßigen Boden trifft. Objektivität gibt es hier nicht, kein richtig oder falsch, wie das beim Zusammenfügen von Rhythmen oder Melodien noch eher möglich ist. Die Klänge in der Stimme sind Gefühle, die jedem selbst gehören, auch wenn sie manchmal widersprüchlich erscheinen.

Ein Beispiel zu diesem Gedanken: Der eigene Name ist vermutlich eines der meistgehörten Wörter im Leben. Wenn er selbst ausgesprochen und durch den Klang der eigenen Stimme gehört wird, mag er manchmal etwas fremd oder überraschend eigenartig klingen. Weshalb? Worte sind innerer Klang, und der Name ist der Klang des Ich. Für den Moment, in dem der eigene Name klingt, ist die ganze gefühlsmäßige Aufmerksamkeit auf die eigene Person, die Identität gelenkt. Das Symbol der Person wird zum Klingen gebracht. Soviel Selbstbeachtung macht den Ungewohnten gehemmt. In solchen Unsicherheiten bleiben, ohne gehemmt zu sein, ist ein der Improvisation innewohnendes Geheimnis der Entfaltung. Eine Improvisation mit dem eigenen Namen (**P 3**), dem eigenen Körper, der Gestik und mit aller persönlichen Ausdruckskraft gestaltet, ist eine Entdeckungsreise zu der manchmal beängstigenden, manchmal freudigen Tatsache: Ich bin ich, und ich stehe zu mir — schenk ein, ich weiß meinen Namen wieder![10]

Der Sound, der Ton, die Tonlage der Stimme, das Tempo, die Schärfe, der Fluß oder das Gepreßte an ihr, die Pausen, die Ruhe oder ihre Hektik, ihre Melodie oder ihr ängstliches Ersticken, das ist unsere „ausgesprochene" Kunst, und wir haben bloß auf sie aufmerksam zu werden, um eine vielfältige Bereicherung in Alltagsbegegnungen zu erleben.

Der Klang der Stimme kann also im besten Sinn Verrat des Augenblicks sein. Der Moment wird öffentlich, Intimität, Empfindung, Gefühl wird greifbar und angreifbar; Eindruck wird zu Ausdruck. Eine Stimme bekommen oder sie anheben heißt, etwas Wichtiges verraten, was aus dem Gefühl einer Ganzheit stammt bzw. dorthin strebt. Der

Teufel in jedem von uns wird respektierlich „Stimme des Bösen" genannt; die „Stimme des Volkes" ist seine Kultur; die Stimmen von
Ideen, Trends, Entwicklungen werden in Zeitungen und Radiosendern
gesammelt; eine Stimme haben heißt, der Meinung Ausdruck geben
können, entscheidungsfähig, mündig sein (S 6, S 9).

Die Stimme des Menschen entlarvt die Person, die hinter der Maske
ihrer Erscheinung verborgen ist (P 6). *Per-sona* wird linguistisch von
„durch die Maske *hindurchklingen*" hergeleitet. Frei ausgelegt, könnte
also Person mit „durch den Klang" übersetzt werden. Variationen des
Wortstammes (Per-)son sind Ton, Sound, sonare, Sonate, Song, singen, Sonne, ge-sund — eine verblüffende Wortfamilie, welche
stimmlich-musikalische, physische, astronomische und klangliche Gestalten miteinander verbindet. Die Stimme eines Menschen ist die am
direktesten klingende Verbindung zwischen seiner inneren und äußeren Welt[11] (P 2, S 1, S 4, S 5, S 7, S 8, S 12).

2.5 Der Unterschied von Klang und Harmonie, Resonanz und Konsonanz

Perls sagt: Harmonische Beziehungen sind auch gesunde Beziehungen. Die Bedeutungsverknüpfung von „harmonisch" und „gesund" fordert eine zusätzliche Er-läuterung heraus: Harmonie ist *nicht* nur gewohnt wohlklingender Dreiklang und spannungsvermeidende Eintracht. Die Gestalttherapie wie auch unser Improvisationsverständnis, die beiden Quellen des hier vertretenen musiktherapeutischen Ansatzes, sehen Harmonie als Stimmigkeit zwischen Gefühl und Ausdruck an. Harmonie kann auch dann bestehen, wenn mich jemand anschreit in seiner Wut, wenn mich jemand langweilt in seiner Müdigkeit, wenn jemand vor mir heult in seiner Traurigkeit oder wenn mich jemand erdrückt in seiner Größenphantasie. Harmonie ist nicht nur Liebenswürdigkeit, sie ist manchmal Angriffigkeit, manchmal einfach Präsenz, dann wieder Nachdenklichkeit oder Unsicherheit. Die Harmonie der freien Improvisation besteht in Stimmigkeit, Ehrlichkeit, Echtheit und Direktheit, egal ob im Guten oder im Bösen. Solche Harmonie tut auch wohl, wenn ihr Klang schwierig, nach musikalischen Kriterien unmöglich erscheint, weil sie Zusammenhang zwischen Gefühl und Ausdruck verrät. Disharmonisch erklingt z. B. eine Stimme, die geübte Freundlichkeit ausdrückt und Wut meint. Disharmonie ist auch hörbar, wenn harmonisches Spiel gefordert wird und niemand Lust dabei empfindet, weil vorher vielleicht gestritten wurde.

Wenn den Spielern die Unlust oder die professionelle Pflichterfüllung im Gesicht steht, tut Harmonie einem „Improvisations-Hörer" sogar weh. Der Widerspruch zwischen Gefühl und Ausdruck entlädt sich als disharmonische Energie, ohne daß eine falsche Note gespielt wird, als Disharmonie der Klang-Stimmung-Ganzheit. Eine wirklich falsche Note oder ein schräger Klang wäre dann eher eine Annäherung, wäre ein Schritt zur Wahrheit der Situation.[12]

Person, Dissonanz, Resonanz, Konsonanz sind Begriffe, die einen Aspekt des Klangs oder der Harmonie beschreiben. Sie alle bezeichnen Gefühls-Schwingungen in und zwischen Menschen sowie Spielformen sozialer Kontakte. „Person" und „Dissonanz" habe ich schon etwas beleuchtet. Resonanz und Konsonanz sind für uns ebenfalls wichtige Schlüsselbegriffe.

Resonanz heißt wörtlich wieder-klingen oder wider-klingen und weiter übersetzt: antworten, gehört werden, verstanden werden. Der Resonanzkörper eines Instruments ist der Klangkörper, der Verstärker des natürlichen Tonträgers, der Saite, der Luftsäule, des Fells usw. Die

Resonanz eines Menschen ist seine vertraute Umgebung: Zuerst die Mutter, dann die Bezugspersonen, dann Freunde, Freundinnen und Partner. Das Nicht-Verstehen von frühen, primären, nonverbalen Signalen durch die Mutter (z. B. das Schreien bei Hunger) führt beim Kind zu einem Resonanzmangel, der sich auf das ganze Leben auswirken kann. Ich werde nicht gehört, nicht bestätigt, kann Ausgangspunkt einer narzißtischen Störung sein. Diese drückt sich später als Bestätigungszwang aus: Man tut alles nur, um Bestätigung und Anerkennung zu erhalten. Durch selbstauffälliges Auftreten und kunstreich erzwungene Resonanz verpaßt der narzißtisch gestörte Mensch die echten Chancen, persönlich zu werden, die wirkliche Eigenart zum Klingen zu bringen. Er täuscht die Umwelt (und sich selbst) mit *dem* Bild von sich, das am meisten Anerkennung einbringt, und hört die Resonanz, die seine eigentliche Persönlichkeit betrifft, nicht mehr.[13] Wer nicht gehört wird, verlernt das Zuhören und damit auch das Beantworten, die Resonanz für die andere Person. Die Folge davon ist soziale Isolation, innere Verarmung und Depression (vgl. die Geschichte von Georg, Abschnitt 7.7).

Konsonanz heißt zusammen-schwingen, zusammen-klingen. Die Fähigkeit zur Konsonanz ist die Fähigkeit, im Zusammenspiel — sei es Musik, eine Beziehung, eine Arbeit oder die Abfolge von Konsonanten

und Vokalen in der Sprache (S 3) — in dieselbe Schwingung gehen und sich als Teil eines Ganzen verhalten zu können. Zu große Beachtung, Überfürsorge sowie zu wenig Beachtung, Verwahrlosung u. a. in der Kindheit führen zum Verlust der Konsonanzfähigkeit. Dieser Verlust fördert eine andere Art der Abhängigkeit von permanenter Bestätigung als der Narzißmus, nämlich den Ehrgeiz und den Zwang, andere zu übertreffen. Konsonanzfähige jedoch können warten, bis ihre Zeit kommt, und erhalten die nötige Bestätigung wie von selbst.

2.6 Die Vokale sind die Klangträger, der Atem ihr Element

Die Vokale sind der Rohstoff, aus welchem Sprachklang, Dialekte und klingende Stimmen gemacht sind. Sie tragen den Klang mit Hilfe des Konsonantengerüstes nach außen. Als Träger von Gefühlen haben die Vokale eine heilende Kraft, die seit Jahrtausenden bis in die heutige Musiktherapie genutzt wird. Atmung, Schwingungsraum im Körper und Verbindung zur vokalen Schwingung der Planeten sind die Komponenten dieser Heilkraft. Wie ist das zu verstehen?

A, O, U und I sind die wirksamsten Basisvokale, während E und die Doppellaute nebensächlicher sind. Sie kommen in allen Mantras, Koans, Wazifas, Gebeten usw. immer wieder vor, setzen eine bestimmte Klangschwingung in Bewegung und haben eine religiöse Wirkung, welche nach übereinstimmenden Berichten die Ganzheit des Seins anzurufen versucht: Om, Hum, Hrik, Halleluja, Hosianna, Amen, Kyrieleison usw. Das E wird vernachlässigt, und wir sehen später weshalb. Durch ständige Wiederholung dieser oder anderer Silben oder Wörter mit Basisvokalen, eben durch das Sprechen eines Mantras, beginnen die enthaltenen Vokale in die Tiefe zu schwingen, sie wirken nach innen. Worte sind innerer Klang und durch ihre Wiederholung so etwas wie eine innere Massage. Jeder Vokal hat seinen bevorzugten Schwingungsraum (vergleichbar mit den Klangbereichen bei Trommelkörper und Trommelfell; siehe 1.11, A 12, S 4). Durch ihre verschiedenen Resonanzcharaktere bringen sie die entsprechenden Körperteile zum Schwingen und ergänzen sich so, daß die fünf Vokale zusammen mit dem Atem den ganzen menschlichen Körper mit Klang, also mit dem Atem der Gefühle, versorgen können (vgl. die Tabelle zu Anmerkung 15). Darin liegt die Heilwirkung der Vokale (S 2).

Aber beginnen wir vorerst mit einigen Gedanken zum Atem, denn dieser ist natürlich die Grundlage vokalisierten Ausdrucks und der Stimme überhaupt. Die Atmung verläuft in drei Phasen: Einatmen — Ausatmen — Atempause (A 2). Diese drei Phasen sind archaische, umfassende und für jedes Leben zentrale Funktionen des Austauschs mit der Umwelt. Das gilt ganz besonders auch für die Musik (vgl. *Flatischler* 1984, S. 88 ff., und *Middendorf* 1985, S. 18 ff.).

Die Einatmung ist der Akt des Aufnehmens, der Nahrung, des Füllens und Erfüllens (A 11). „Ich kann aufatmen" bedeutet, ich kann nach einer atemlosen Spannung wieder Atem aufnehmen. Einatmen steht für *zulassen*, zulassen, was da ist, was auf uns zukommt, aufladen, einladen, Raum haben, eindringen lassen, aufnehmen usw. Die Einatmung ist der passiv-reaktive und geistig-intuitive Aspekt der Atmung.

Die Ausatmung ist der Akt des Weggebens, des Herauslassens, des kreativen Produkts, des Leerens und Ausleerens. „Luft ablassen" bedeutet, irgendeinem Gefühl wie Ärger, Wut oder auch Freude und Lust Ausdruck geben, sich befreien vom Stau starker Empfindungen. Ausatmen steht für *loslassen*, sich befreien von jeglichem Gewicht oder Ballast, auch von Gedanken oder Ideen (F 6). Die Ausatmung ist deshalb die wichtigste Funktion, wenn es um künstlerische Tätigkeit geht. In der Musik, der Sprache oder anderen Gestaltungsvorgängen trägt die Ausatmung den Klang, die Melodie, den Rhythmus und die Dynamik einer Form, eines Werks heraus. Dies geschieht entweder im physiologischen Sinn wie bei den Bläsern und Sängern, oder es geschieht im psychologischen Sinn wie beim Herausfließenlassen von Ideen, Phantasie und Fertigkeit. Ausatmen heißt ausdrücken, vorstoßen, auffüllen, in andere Bereiche eindringen und geben. Die Ausatmung ist der aktive und materiell-produktive Aspekt der Atmung.

Die Atempause ist der Akt des Nichts. Für den künstlerischen Ausdruck und für die gesunde Funktion von Psyche und Körper ist sie als Pause der Gegenpol zur Aufnahme und Abgabe, zur Bewegung des Zulassens und Loslassens. Dieses Element wird meistens völlig unterschätzt oder gar vergessen, es ist aber so wichtig wie die Luft für das Wasser oder die Erde für das Feuer (und umgekehrt). Atempause bedeutet, aus dem Geschehen für kurze Zeit herauszutreten, sich im Gegenpol zu jeglichem Tun aufzuhalten, die Qualität von Nicht-Haben und Nicht-Sein zu empfinden. Die Atempause ist eine Grenzerfahrung zwischen Leben und Tod und steht für *sein lassen*. Geburt und Tod sind dadurch charakterisiert, daß sie beide das Leben so sein lassen, also zutiefst akzeptieren, wie es wird bzw. war. Wir vernachlässigen die

Atempause auf vielen Ebenen. Ihr Platz im gesellschaftlichen Leben wäre z. B. in Ferien, Freizeit, Besinnung, Meditation, Rausch, Orgasmus und anderen Orten der Selbstpflege zu finden. Werden solche Zäsuren jedoch auch mit Leistungsanspruch und Streß gestört, dann verlieren sie natürlich ihre Wirkung. Und dies kann tatsächlich zu Atemstörungen führen. Atemstörungen sind meistens psychosomatisch mit Behinderungen der persönlichen Fähigkeit verknüpft, zuzulassen, loszulassen und seinzulassen. Wer beispielsweise Gefühle wie Angst oder Schmerz nicht zulassen gelernt hat, oder wer Macht und Besitz nicht loslassen kann, oder wer sich selbst keinen Moment in Ruhe lassen kann, der verspannt oder verpanzert seinen Körper als Schutz vor befürchteten Stürmen der Gefühle. Der Atem muß sich dann buchstäblich durch Hindernisse hindurchzwängen.

Es ist unglaublich, wieviel uns der Atem lehrt, wenn wir ihn hören und verstehen. Das ganze Leben lang füllt und entleert sich der Körper mit Atemluft in Rhythmen, die der jeweils laufenden Tätigkeit angepaßt sind. Meistens lassen wir dies so geschehen, wie der Körper es will, während wir andererseits die Muskeln, die Figur, das Gesicht usw. bewußt mit Hilfsmitteln und Tricks, mit Sport und Kosmetik zu verändern versuchen. Wenn wir den Atem aber stören, dann wird er unbewußt zum Energieschmarotzer, z. B. indem wir rauchen und schlechte Luft einatmen oder indem wir ihn strapazieren, um uns zu Höchstleistungen zu zwingen, bis wortwörtlich das Herz bricht.[14] Wir dürfen „Atem" nicht erzwingen, wir müssen ihn sein lassen, wie der Körper ihn verlangt, wenn wir ihn brauchen, fordern, beobachten, ruhen lassen usw. (**A 1, A 5, A 8**) (vgl. *Middendorf* 1977, 1984).

2.7 Aura

Durch Atembewußtsein entwickelt sich das, was wir Aura nennen. Je weiter wir den Atem in uns eindringen lassen, ihn dem ganzen Körper zuführen, desto weiter dringt er auch nach außen, desto größer ist die Wirkung, wenn wir unserem Innern „Luft machen". Die Aura ist der Raum, der beatmet wird, in den wir etwas von uns abgeben, loslassen. Sie ist der Raum, in dem unser Atem spürbar ist oder in den unsere Schwingungen reichen. Aura kann also in verschiedenen Situationen sehr verschieden groß sein. Die bewußte Atmung hilft deshalb, die jeweils vorhandene Aura zu spüren und dadurch die eigene „Reichweite" vor Unter- oder Überschätzungen besser zu schützen (**A 3**).

Aura meint eine Vorstellung über die Reichweite des Ausdrucks und der Ausstrahlung, vergleichbar mit dem Sende- bzw. Empfangsgebiet einer Radiostation. Wer beispielsweise im Austausch mit anderen auf Empfang eingestellt ist und eine angemessene Distanz hat, hört die Stimme, die ihn anspricht. Dies ist aber nicht eine Frage der Größe des Empfängers, sondern seiner Empfindlichkeit. Irrtümlicherweise versuchen gerade die, welche kein Gespür für eine Aura entwickelt haben, diese durch Reden und Wissen, durch Anhäufung von Macht und Information, durch publikumswirksame Aktionen oder gekaufte Präsentationsmittel zu vergrößern. Sie rennen unaufhörlich solchen Erfolgs- und Machtbestätigungen hinterher und bleiben unbefriedigt, weil sie nicht ihren Atem und ihr Sein dazu benützen, ihre Ausstrahlung kennenzulernen.

Aura ist ein Zustand, der sich nach den momentanen Bedürfnissen vergrößern und verkleinern läßt. Sie ist auch Kontaktgrenze oder das Feld, in dem sich der Rhythmus von Geben und Nehmen, Hören und Gehörtwerden, Nähe und Distanz abspielt. Wer seine Aura spürt, kann sein „Jetzt-so-Sein" in Kontakt mit anderen und der Umwelt bringen. Wer seine Aura nur stets vergrößern will, überrennt Kontakte und seine Umwelt. Wer seine Aura nicht spürt, ist verunsichert über seine Gefühle und wird durch Einflüsse von anderen oder der Umwelt viel leichter ins Wanken gebracht. Aura ist die Stärke des Lebens-Atems, die bewußte Wahrnehmung der gerade jetzt vorhandenen Kraft für die gerade jetzt gewünschte Handlung, kurz: gesunde Selbsteinschätzung (**A 4, A 10**).

Wie kann uns Musik helfen, das Bewußtsein über unsere Wirkung nach außen zu vertiefen? Ein Weg führt über die Kultivierung des Klangs in den Vokalen der Stimme. Kultivierung des Klangs heißt Erweiterung des Atemraums und Beachtung der Aura. Viele Menschen atmen ihr Leben lang nicht voll. Der Energieverlust dieser unterentwickelten Grundtätigkeit ist unvorstellbar. Die Atmung arbeitet am sichtbarsten in der Brust und im Bauch. Die Männer haben im Verlauf ihrer Männlichkeits-Idolisierung die Brustatmung überbewertet. Sie plustern sich in der Brust auf (das ist auch die Imponierstellung einiger Tiere) und vernachlässigen die Bauchatmung. Die Frauen haben — vielleicht durch ihre Geschichte geringen öffentlichen Selbstbewußtseins und der gesellschaftlichen Funktionalisierung zu Gebärenden — die Bauchatmung stärker entwickelt, auf Kosten der Brustatmung. Einen vollen Klang ermöglicht jedoch nur eine Atmung, die Bauch und Brust in gegenseitiger Ablösung einbezieht und dadurch den ganzen Körper in eine wellenartige Atmungsbewegung bringt (**A 6**).

Die Bauchatmung ist die Atmung des Ruhens, des Zentrums, der Innerlichkeit und geistig-körperlichen Konzentration. Wir brauchen sie vor allem für die Begleitung, Unterstützung und Verstärkung tieferer Gefühle sowie für die „Ernährung" geistiger Prozesse. Die Brustatmung ist die Atmung der erhöhten Energie, der Unruhe, des Ausagierens und der Kraft. Wir brauchen sie für die Unterstützung von hoher Erregung, großer körperlicher Anstrengung oder gefühlsmäßigem Streß wie Angst, Wut, Schmerz etc. (A 7c).

Die Beatmung des ganzen Körpers braucht Übung, wie das Erlernen eines Instruments, weil wir deren energieaufladende Funktion in unserem Alltag fast vergessen haben.[15] Das Vergrößern des inneren Atemraumes, des Klangkörpers der Stimme, geht physiologisch über die Stärkung bestimmter Muskeln in Bauch, Brust, Rücken, Kehle und Mundraum. Diese dosieren den ausfließenden Atem für all die verschiedenen Stimmstärken, -farben, -rhythmen und -höhen. Psychologisch ist das Bewußtsein für die Öffnung des Körpers bzw. für seinen Schutz vor unerwünschtem Eindringen von Tönen oder Lärm wichtig (A 9, C 1).

2.8 Die Funktion offener und geschlossener Körperzonen

Aus der Lehre der Chakras (**C** 5) wissen wir um das Spiel von Öffnung und Schließung der verschiedenen Energiezentren. Wer für alle Einflüsse und dauernd nach überall hin offen herumläuft, verletzt sich physisch und psychisch zu leicht und verliert sich selbst. Wer zu lange verschlossen bleibt, findet keinen Kontakt, verkümmert und wird hart mit sich selbst. Einige Beispiele über das Verhältnis von Öffnung und Schließung unserer Körperzonen: Den Staunenden oder Erschrockenen steht der Mund offen, Brust und Bauch bleiben aber geschützt. Die Horchenden, Konzentrierten haben Mund und oft auch die Augen geschlossen, Brust und Herz sind geschützt, während die Ohren, der Rücken und unter Umständen auch der Bauch den Wahrnehmungen geöffnet sind. Wer die Stimme für Sprache oder Gesang braucht, steht in einem vokalen Austausch, Brust und Kopf sind offen, während Bauch und Rücken Schutz brauchen. Rhythmischer Ausdruck, Bewegung, Tanz, Sexualität öffnen Brust, Bauch und die U-Kräfte von Becken und Beinen; Rücken und Kopf verlangen gleichzeitig Schutz, um sich zu „vergessen". Der Klang, das Klangempfinden hält Rücken und Kopf, die Türen zum Kosmos, offen, während die Zentren ganzheitlicher Wahrnehmung, Brust und Bauch, vor Ablenkung und Störung geschützt werden müssen.

All diese Kräfte und Energiefelder, die Zusammenhänge zwischen Körperbewußtsein und Ausdruck, treffen sich im Bauch, im Solar Plexus. Er wird für Klang geschützt, für Rhythmus geöffnet und für Melodie beides, je nachdem, ob diese mehr klanglichen oder rhythmischen Elementen folgt. Wir können uns zwei Dreiecke vorstellen: Das eine wird gebildet aus den Kontaktpunkten der Beine mit dem Boden und der Solar Plexus-Mitte; das ist das materiell-produktive, rhythmische Dreieck (A 8b). Das andere wird von diesem Mittelpunkt zu den geöffneten Armen bzw. Fingerspitzen gebildet; das ist das geistige, intuitive, klangliche Dreieck. Überwiegt das klangliche, so ist der Stand, die Verankerung mit dem Boden, das rhythmische Realitätsbewußtsein gefährdet. Überwiegt das rhythmische, so ist die klangliche Empfindung, Wahrnehmung und Ausdrucksfähigkeit gefährdet. Sind beide im Gleichgewicht oder dient das eine Prinzip bewußt dem anderen, so erhält das Zentrum die nötige Energie über den Atem. Brauchen wir z. B. die Stimme, so dient der Bodenkontakt, das dabei eher ruhende, festere Dreieck, der Versorgung des bewegten, oberen Dreiecks. Tanzen wir und spielen dadurch mit dem unteren Dreieck, so dient das obere durch Aufnahme von Atem, Impulsen, Ideen dem Spiel von Kontakt und Kontaktunterbruch mit dem Boden im Tanz. Atem und Stimme sind im weitesten Sinn der Austausch mit der Luft, Tanz dieser mit der Erde.

Bewegung und Tanz sowie Musik und Stimme sind zusammen ein Ganzes. Sie treffen sich als Energiefelder mit verschiedenen Öffnungen in einem Zentrum, dem Sonnengeflecht. Ob wir liegen, sitzen oder stehen, ob wir schlafen, gehen oder arbeiten, die Bereitstellung des Körpers geht von dieser Mitte aus (A 8). Das Ausbalancieren von Schwankungen, Unregelmäßigkeiten, Unsicherheiten usw. geschieht zuletzt in diesem ruhenden Punkt, dem Treffpunkt der zwei Energiedreiecke in der Mitte des Bauchraumes. Eine Schwächung oder Verschiebung dieses energetischen Schwerpunktes geht mit psychischen Störungen einher. Der Depressive, der an die Sinnlosigkeit des Lebens glaubt und seine Erwartungen so hoch steckt, daß sie enttäuscht werden müssen, hat den Kontakt mit dem Boden (dem Rhythmus) verloren. Sein oberes Dreieck, seine Wünsche und Bedürfnisse sind ohne Wurzeln, ohne Nahrung und sterben ab. Der von Angst getriebene, der panische oder paranoide Mensch läuft unentwegt weg, ohne sein geistiges Energiefeld (die Melodie) zu spüren, er läuft also seinem eigenen Geist davon. Der neurotische Mensch arbeitet unbewußt mit einem Energiefeld gegen das andere (Rhythmus gegen Klang gegen Melodie). Dadurch verlangen seine Bedürfnisse nicht nach unmittelbarer Befriedigung, und er

wird nicht von Gefühlen „gestört". Er bindet sich beispielsweise an
eine Aufgabe, wenn seine Stimmung nach Tanzen ist, oder er schuftet,
bewegt sich hektisch, wird unruhig, wenn sich ein tiefes Gefühl in ihm
einnisten will. Der psychotische Mensch hat seine Energiefelder völlig
voneinander abgespalten (nur Rhythmus, nur Klang, nur Melodie allein). Er bewegt sich beispielsweise mit all seinen Lebensfunktionen im
geistigen Dreieck einer Phantasie und entwickelt einen Wahn, weil die
materielle Verbindung, die Realität, dabei ausgeblendet bleibt (vgl.
Willms 1975).

2.9 Stimmung

Stimmung ist ein so spannungsgeladenes wie vieldeutiges Wort. In
einem Orchester bedeutet es die Abstimmung der Instrumente auf das
mittlere A = 440 Hertz, also eine mathematisch-physikalische Aufgabe des Gehörs. Im alltäglichen Leben löst dieses Wort eine emotionale, psychische oder körperliche Empfindung aus. Oft werden dafür
Bilder gebraucht: „Die Stimmung schlägt mir auf den Magen", „es ist
zum Kotzen", „ich bin gelöst" oder „es knistert vor Spannung", „hei-
ter", „gedrückt", „ausgelassen". Erstere gehen von Körpervorstellun-
gen aus, letztere sind Bilder von äußeren Räumen. Stimmung ist allen
Einflüssen ausgesetzt, sie ist amorph, sich verflüchtigend und raumfül-
lend wie der Klang — wie die Gefühle. Gefühle sind zuweilen das un-
sichtbare Leben, Klang ist zum größeren Teil die unhörbare Musik
(Klang des Kosmos und der Atome); und Stimmung ist die ungreifbare
Realität. Stimmung ist eine Realität des Moments, manchmal ein hart-
näckiger Moment, manchmal ein sich dauernd verändernder. Trotzdem ist sie immer eine unteilbare Einheit, ein Ganzes.
Stimmung läßt nur Annäherung an eine Bestimmung, aber keine
Definition zu. Sie ist deshalb auch kaum vorbestimmbar, programm-
ierbar und entsteht im Prozeß mit vielen unberechenbaren Einflüssen, die kein Regisseur steuern kann. Sie enthält mehr als Wunsch oder
Wollen und trotzt geradezu der gezielten Absicht. Wir können eine
Stimmung auslösen oder sie verstärken, verändern, verwandeln, aber
nicht festhalten, planen oder beherrschen. Versuche, dies trotzdem zu
tun, führten zu Entdeckungen und Anwendungen von Drogen, seien
es chemische, elektronische oder mediale. Stimmung durch äußere
Mittel bestimmen zu wollen, ist ein Widerspruch.

Dennoch können innere Stimmung und äußerer Stimmungsträger, ein Medium, ein Kunstprodukt, eine Landschaft u. a. m., natürlich auch einen kreativen Austausch eingehen und einen aktiven Prozeß auslösen. Musik hören zum Beispiel, die genau der vorhandenen Stimmung entspricht, bewirkt eine Verstärkung, eine Vertiefung des Gefühls und kann eine Veränderung oder Einsicht auslösen, die der vermittelten Stimmung zu verdanken ist.[16]

Der Kontakt mit der inneren Stimmung, mit dem Gefühl, das nach Ausdruck sucht, ist der Hintergrund für eine kreative, musikalische Erfindung oder Reaktion. Stimmen in der musikalischen Improvisationsgruppe heißt fragen: Was will ich? Wie klinge ich jetzt? Welcher Ausdruck stimmt mit meinem Gefühl überein? Unbestimmtheit muß nichts Bedrohliches sein. Sie kann entweder als solche ausgedrückt oder als Pause bewußt erlebt werden. Pausen können ein Akt des Auslassens, aber auch des Rückzugs bedeuten. Beide Fälle enthalten kreative Spannung (I 4).

Spielen wir gegen oder ohne einen Kontakt zum Gefühl und ohne die Stimmung annähernd zu spüren, so entsteht meist etwas Unbefriedigendes. Wir erfahren solche Situationen dann als belanglos, langweilig, unkonzentriert oder störend. Das sind die blockierenden Momente, die Stimmungen ohne Fluß, weil die Energie des „Müssens"

oder „Sollens" die Energie des „Wollens", die Lust, neutralisiert und auf die Dauer sogar zerstört. Spielen oder Handeln und das entsprechende Gefühl unterdrücken kann in der Wiederholung auch zur Neurose führen. Die musikalische Improvisation ist ein derart bewegliches Medium, daß sie sich dauernd der Gefahr aussetzt, die innere Stimme zu unterdrücken und der äußeren, geforderten Stimmung zu entsprechen. Der aufmerksame Musiktherapeut kann hier, ohne davon reden zu müssen, sehr viel neurotisches Material aufdecken und behandeln.

Mit der Wortfamilie „Stimme" ausgedrückt, kann Neurose bedeuten, gegen die eigene Stimmung handeln, sich von äußeren Stimmen bestimmen lassen oder einmal gelernte Verhaltensweisen in allen ähnlichen und unbestimmten Situationen zum Stimmen bringen. Dabei wird man verstimmt, verliert ein bestimmendes Gefühl und wird von gegen sich gerichteten Kräften ausgespielt. Verstimmt sein heißt, zu etwas gezwungen werden, was für einen nicht stimmt, nicht in Harmonie mit sich selbst sein, sich selbst stören und behindern. Dies löst früher oder später Symptome aus, die zu geistiger oder körperlicher Krankheit führen können.[17]

2.10 Der Klang als bedeutendes Medium der Musiktherapie

Der Prozeß einer heilenden Integration, des Zusammenspielens von Stimmung und Ausdruck oder des Auffindens von Kontakt zwischen Gefühl und Handlung ist Therapie. Sobald jemand seinen Weg verloren hat und seine Kräfte nicht mehr gezielt für sich einsetzen kann, beginnt er, sich mit einem kranken Umgang mit der Realität selbst zu verwirren. Die Formen solcher Scheinsysteme sind vielfältig. Bei jeder läuft jedoch die Angst mit, daß sie doch nicht „das Leben" sein könnte. Angst führt bekanntlich zu weiterer Verwirrung von Gefühlen. Wer in diesem Kreislauf steckt, braucht Hilfe von außen. Heilen heißt dann Aufspüren der besonderen Stimmung des kranken Instruments Mensch, Aufspüren der Tendenz in jedem, die vorhandenen Kräfte so zurechtzurücken, daß sie sich gegenseitig verstärken, die Saiten wieder zum Schwingen bringen und durch Stimmung den vollen Klang entfalten.

Dieser Prozeß führt oft über das Gegenteil von Harmonie, die Entropie, das Chaos und die Unordnung. Zerbrechen, teilen, zerstören, abbauen gehören zur Arbeit, die verschütteten Grundmauern wieder freizulegen. Auf diesem Weg ist der Klang im musikalischen Material das zeichenträchtigste. Melodie und Rhythmus sind nach meinen Erfahrungen stärker mit festen Hörerwartungen verbunden, so daß ihre „Zerstörung", die Befreiung von dieser Erwartung oft zuviel Angst, Unsicherheit, jedenfalls Abwehr erzeugt. Der Klang aber wird, vom harmonischen Dreiklang über die Disharmonie bis zu Geräusch und Lärm, vielmehr als wertfreies akustisches Ereignis akzeptiert. So können ein „schräger" Rhythmus oder eine fremde Melodie eher zugelassen und mit eigenen Befindlichkeiten in Verbindung gebracht werden, nachdem neue Klangerfahrungen gemacht worden sind. Klangerfahrungen sind Gefühlserfahrungen, und diese erweitern die Toleranz für Anderes und Neues (vgl. *Friedemann* 1973).[18]

Trotzdem besteht beim Menschen die Tendenz, alle Klänge, sind sie nicht rein oder nicht im harmonischen Gebäude der Obertonreihe eingepaßt, „zurechtzuhören". Das Zurechthören ist die Tendenz zur Harmonie, zur Ganzheit. Sie ist größer als die Tendenz zur Differenzierung. Genau hier setzt die musiktherapeutische Arbeit mit Klängen an: Erst durch Differenzierung, durch Abweichung vom Gewohnten oder Geforderten, erst nach erweitertem Klangbewußtsein kann ein Prozeß des Zurechtrückens dort geschehen, wo es der Persönlichkeit entspricht (**K 2**).

Konkret heißt dies: Wir gehen mit Klängen zu unfertigen, chaotischen, verschütteten und verhaßten Gefühlen und zerstören gründlich die Erwartung, daß Musik harmonisch (im konventionellen Sinn) sein müsse, daß Klänge zurechtgerückt werden und der Einheitlichkeit dienen müßten. Denn Gefühle lassen sich nicht vereinheitlichen, sie sind Abweichungen schlechthin. Sie halten das Leben in Gang durch Unordnung, und sie überraschen die Berechnung durch Eigenartigkeit.

Improvisation hilft, die Eigenartigkeit des eigenen Klangs zu entdecken. Der eigene Klang ist das Persönliche an einer Aussage, die Handschrift der Selbstdarstellung. Er kann nicht hergestellt werden, sondern ist Resultat einer Suche nach Identität und Ausdruck. Wenn wir einen Musiker an seinem speziellen Klang auf dem Instrument sofort erkennen, dann muß er diesen Prozeß durchgemacht haben, dann hat er seine Stimme gefunden. Die Musiktherapie will jeden Menschen ein Stück mehr seinem eigenen Künstler näherbringen. Künstler ist, wer seine Eigenart im Klang ausdrücken kann. Wer hingegen bloß virtuose Rhythmen und Melodien umzusetzen vermag, bleibt ein Techniker.

Therapie ist Integrieren und Zusammensetzen von Ab-spaltungen und Zerstückelungen, deren Symptome Krankheit heißen. Krebs zum Beispiel ist ein Zerfallen von Rhythmen in den komplexen Zusammenhängen des ganzen menschlichen Organismus. Man könnte auch sagen, er sei eine Disharmonie der Körperfunktionen ohne Bewußtsein davon oder eine Zerteilung der Ganzheit zusammenschwingender innerer und äußerer Prozesse. Wir wissen es nicht genau, aber spüren es oft: Wenn sich ein Teil eines ganzen Systems abspaltet, absetzt, ausbricht, so wird der Organismus an seiner schwächsten Stelle krank.

Unser Therapieansatz folgt diesem Bild von Ganzheit. Der Folge Teilung — Zerfall — Krankheit wird mit umgekehrten Schritten begegnet: Teilung — Besetzung mit Gefühl, Bewußtheit — Integration — Ganzheit — Gesundheit (Wachsen). Mehr darüber später und zurück zum Klang, dem tiefenwirksamsten Heiler in der Musik. Das Hören von Klängen erfordert ein Öffnen nicht nur der Sinneswahrnehmungs-Kanäle, sondern der ganzen Aufnahmefähigkeit von Schwingungen am Körper, also auch der Haut, dem Sonnengeflecht, den Füßen, dem Rückenmark usw. Sowohl der Kosmos als auch alle Atome, alle Pflanzen, das Meer, schwingen ständig und senden Klänge aus, die wir nicht mit dem Ohr, sondern dem ganzen Körper und teilweise unbewußt aufnehmen.[19]

Nicht auszudenken, nur erahnbar ist, wieviel mehr noch an ungehörten, un-erhörten Klängen in unserer Welt existieren müssen. Möglicherweise können sich sogar die Pflanzen verstehen, Meldungen übermitteln, austauschen und sich in einer eigenen Sprache unterhalten! Durch die bestimmt sinnvolle Beschränktheit unseres Hörvermögens kommt es, daß wir Klänge oder Sprachen anderer Lebenssysteme nur ahnen, nicht aber wahrnehmen können. Meiner Meinung nach haben auch die Phänomene Telepathie und all die anderen Teilbereiche der Parapsychologie mit solchen unhörbaren Klangträgern zu tun. Dies ist allerdings eine Annahme, und mir sind keine Forschungen mit derartig gestellten Fragen bekannt. Aber ich hörte folgendes Beispiel schon von verschiedenen Seiten: Eine sterbende Mutter sendet so starke „Klänge" aus, daß ein Kind, welches sich gerade unerreichbar weit weg von ihr aufhält, davon träumt, es plötzlich weiß, ein analoges Bild empfindet oder ein entsprechendes Symbol sieht. Sender und Empfänger sind auf derselben Wellenlänge für diese Gefühle und tauschen sie deshalb über einen unhörbaren Kanal von Klängen aus. Denn weshalb sollen nicht auch beim Menschen noch nie gehörte Kommunikationskanäle spielen, wenn wir diese bei Materie, Pflanzen und Tieren, im Kosmos und in den Atomen feststellen?

Das Leben würde um ungeahnte Dimensionen reicher, wenn wir uns nicht nur auf die lauten, definierten, physikalisch meßbaren und gesellschaftlich-wissenschaftlich abgesicherten Klang-Meldungen berufen müßten, wenn wir nicht nur die Informations-Klänge, die Klangfabrikation der Musik- und Sprachkultur sowie die Geräusch- und Lärmzeichen bestimmter, für uns wichtiger Bewegungen aufnehmen und darauf reagieren würden, sondern die Klänge von stillen Empfindungen oder Gefühlen empfangen könnten! Wir würden den Schmerz oder die Freude einer geliebten Person auf weite Distanz „hören". Im einfachen Zuhören beginnt eine solche Fähigkeit übersinnlicher Wahrnehmung. Der Klang ist das offenste Feld dafür, und die Geschichte dieses Wortes erzählt, daß die Menschen darin immer wieder die Zusammenhänge und die Spannbreite des Fühlens gesucht haben.[20]

3. Die Melodie

„Musices seminarium accentus."
Die Betonung ist die Schule
der Melodie.   *(Diderot)*

3.1 Einführung

Die Frage ist alt, ob in der Entwicklung des Menschen zu einem
kommunizierenden, bewußten Wesen die Musik oder die Sprache, die
Melodiezeichen oder die Wortzeichen zuerst waren, ob die Melodiezeichen zu Wörtern führten oder ob Wortbildungen Melodien auslösten.
Diese archaische Verbindung von Musik und Sprache ist auch heute
noch in bildhaften und primitiven Kommunikationsversuchen nach-
empfindbar.

Primitive Kommunikation (z. B. wenn wir uns mit Menschen unterhalten, deren Sprache wir nicht kennen) bedient sich vermehrt der Zeichen mit Händen, Gesichtsausdruck und ganzem Körper. Bleibt die
Verständigung aus, so kommen gewisse Laute des Fragens, Bestäti-
gens, des verlegenen Lachens dazu, und aus dieser sich nun steigernden
Spannung entsteht manchmal eine Situationssprache, eine Sprache unter Zuhilfenahme aller Mittel, eigener, fremder und gestischer Zeichen:
„Wo gut manschare?" Solcher Austausch ist ein Stück Improvisation,
„instant composing", momentane Verständigung.

Aus den primitiven Sprachkulturen wissen wir, daß dort die Sprachmelodie eine viel größere Bedeutung hat als in den sogenannt zivilisier-
ten Sprachen. In der modernen Informationstechnik verschwindet die
Sprachmelodie sogar ganz. Ein „guter" Radio- (oder TV-) Sprecher hat
spezielle Betonungen und Emotionalisierung der Mitteilung zu vermeiden, damit er objektiv bleibt, und mehr und mehr zeigen Alltagsge-
spräche dieselbe Verarmung. Die reine Information ist so hoch bewer-
tet, daß dabei die subjektive Betonung verschwindet. Die digitale, die
Inhaltsebene, verdrängt die analoge, die Beziehungsebene; die Infor-
mationstechnologie verdrängt die Farbigkeit des direkten Gesprächs.
Wenn wir eine gesprochene Mitteilung be-tonen, das heißt, mit dem
Rhythmus eines Satzes den Atem einsetzen und die Betonungen der Bedeutung des Wortes oder der Silbe entsprechend einsetzen, entsteht
eine Melodie. Die Be-tonung der Sprache ergibt die Sprachmelodie,
und die Melodie ist, wie wir noch sehen werden, tönende Sprache.

Das bloße Aneinanderreihen von Tönen, das Auf und Ab einer Tonfolge ergibt zwar eine Melodie, aber eine ohne Leben, ohne Mitteilung.
Erst die Be-tonung, das Hervorheben von wichtigen und das Zurück-

setzen von unwichtigen Tönen, das Anheben und Absenken der Stimme, die Wiederholung oder das Weglassen, die Entscheidung für eine Bedeutung, die Emotionalisierung einer bestimmten Stelle, macht eine Tonreihe melodiös. Mit drei Tönen können wir systematisch sechs mögliche Tonfolgen erstellen:

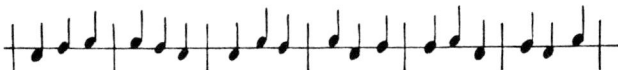

Besetzen wir aber diese drei Töne mit Be-tonung im weitesten Sinn, das heißt mit Verstärkung im Ausdruck, mit Klangfarbe, mit Verlängerung, Wiederholung oder Weglassen, mit Verzerrung, Modulation, Vibrato usw., so können wir durch Kombination dieser Be-tonungen ungeahnt viele Melodien mit minimalem „Rohstoff", den drei Tönen nämlich, bilden. Eine solche Melodie ist kein technischer Vorgang mehr, sondern folgt einer kompositorischen Entscheidung, beruht auf einer Haltung oder Meinung und kommt aus einem Gefühl, welche alle zusammen aus dem Rohstoff eine Melodie formen. Man entscheidet sich oder ist der Meinung oder hat den Impuls, daß dieser oder jener Ton betont werden muß, um sein dahinterstehendes Gefühl deutlicher auszudrücken oder seine Vorstellung von der Mitteilung zum Klingen zu bringen. „Ich betone, daß…" heißt es in der Alltagssprache und will sagen: Das ist meine Meinung. Allein die Betonung im folgenden Satz entscheidet über dessen Bedeutung: „*Was* soll das?" / „Was *soll* das?" / „Was soll *das?*" Das Absenken der Sprachmelodie kann einen Abschluß, das Anheben eine Frage, etwas Unabgeschlossenes anzeigen.

Eine Besonderheit des Glarner Dialekts ist das jeweilige Anheben der Sprachmelodie am Schluß eines Satzes. Dies vermittelt dem ungewohnten Zuhörer die Liebenswürdigkeit lauter unabgeschlossener Mitteilungen. Unsichere Menschen belassen die Sprachmelodie möglichst auf einem Ton, um weder Frage noch Bestimmtheit zu signalisieren. Eine fordernde oder autoritäre Person betont das letzte Wort oder die letzte Silbe so stark, daß vor einer möglichen Widerrede vorerst zurückgeschreckt wird. Die Melodie in der Sprache verrät also die Meinung, die Haltung und manchmal die Herkunft des Sprechers.

So können wir folgern, daß die Melodie in der Musik das sei, was die Meinung in der Sprache ist. *Melodie drückt musikalisch eine Meinung aus.* Das gilt für den improvisierenden Musiker, der ohne Vorlage einer nach außen drängenden Melodie nachgibt, genauso wie für den reproduzierenden Musiker, der bewußt eine ihm bekannte Melodie wählt, weil sie ihm gerade gefällt. Wir hören heraus, wie Melodie und Meinung sich gegenseitig verstärken. Eine spontan erfundene oder gefundene Melodie gibt von selbst der Betonung Ausdruck, welche der Meinung oder Haltung dieser Person entspricht.

Wo sich eine improvisierte Melodie herausformt und zu einer Figur des Spiels wird, steht eine Meinung des Spielers dahinter. Die impulsive Entscheidung für Betonungen in der Tonfolge oder Skala und für die Wahl der Intervalle hat eine von innen bestimmte Bedeutung. Der Weg der Tonhöhen, die Dynamik der Tonstärke zwischen Dominanz und Schwäche, die Wahl der Tondauer, Wiederholung oder Pausen, die Färbung zwischen hell und dunkel, solche Entscheidungen enthalten jedesmal eine Aussage. Sie zeigt Be-weg-ung an, innere Bewegung, den Weg der Meinung. So wird eine Melodie zu einer Erzählung. Sie erzählt Haltungen, Traditionen, Weisheiten, sie drückt Phantasie, Vorstellungskraft, Bilder aus, sie vermittelt Überzeugung, Leidenschaft, Glauben, und sie gibt einer Musikkultur Gesicht. Eine Melodie macht und veräußert Geschichte(n) (**M 5**). Unmöglich aufzuzählen, wieviele Melodien Geschichte gemacht haben oder wieviele Melodien in uns sofort eine Geschichte oder Erinnerung wachrufen.

3.2 Die Bewegung der Melodie im Lied

Einzelne Melodien sind an ganz bestimmte Ereignisse gebunden. Die Bildhaftigkeit und emotionale Ladung, Klang und Rhythmus einer Melodielinie können oft vielmehr vermitteln als Worte. Eine Melodie „spricht" ganzheitlich. Das weiß natürlich jemand, der eine Melodie komponiert. Schlager- und Ohrwurmerfinder versuchen gezielt, die Hörerwartungen zu einem bestimmten Text zu treffen, um dadurch eine schnelle Verbreitung der Melodie zu erreichen. Die Bewegung einer Melodieführung oder eines Leitmotivs kann ganz allgemein der Bewegung eines Gemützustandes, auf den die Melodie einwirken soll, gleichgesetzt werden. Einige dieser Bewegungen sollen nun erläutert und mit Beispielen belegt werden.

Eine Melodie mit Aufwärts-Tendenz (das heißt, obwohl ihre Tonfolge zwischendurch auch wieder abwärts tanzen kann, geht ihre allgemeine Bewegung aufwärts) drückt Fröhlichkeit, Lustigkeit, Spielfreude, Witz, „Aufgestellt-Sein" aus. Als Beispiel ein schweizerdeutscher Schlager aus den 60er Jahren:

Nach der bekannten Anrufterz (Fräulein, hallo!) steigt die Melodie und betont auf den jeweils höchsten Noten eines Melodieteils, um den witzig gemeinten Charakter des Textes zu unterstützen: Ein Charmeur sucht zwar seinen Hund, meint aber die Frau und will mit ihr anbändeln. Die Melodie schließt dann die Form, indem sie im dritten und vierten Teil sich wieder senkt, die Betonung aber jedesmal auf den hohen Noten beläßt und mit einer klassischen Abschlußquint nach unten endet. Ein typisches Beispiel einer Melodie, welche die be-tonte Übertreibung der Sprachmelodie verfolgt und sich deshalb sofort im Ohr und im Melodieempfinden festsetzt, somit ein Schlager wird.

Nehmen wir ein anderes Beispiel: Das Berner Volkslied „Oh du mi Liebe". Es ist ein melancholisches Liebeslied („so lueg mi nid gäng e so a") und hat dementsprechend eine abwärts führende Melodie, allerdings mit Zwischensprüngen nach oben, da es ja auch ein Tanzlied ist:

O du mi Liebe (Mündl. überliefert)

1. O du mi Liebe,
   wenn du z'Predig geisch,
   so lueg mi nid gäng e so a,
   juhee!
   Süsch meine die Lüt,
   die tumme Lüt,
   mir loufi enandere na.
   Refrain: Tralala

2. O du mi Liebe,
   wenn z'Tanzsunntig geisch,
   so tanz de nid nume mit mir,
   juhee!
   Tanz de mit de-n-andere au e chlei,
   u chasch ja de mit mer hei.

3. O du mi Liebe,
   wenn'd id Frömdi geisch,
   vergiss nid dis Schätzeli,
   spar em de im hinderschte-n-Eggli vom Härz
   es sichers chleis Plätzeli.

Die vierfache Wiederholung dieser zweiteiligen, abwärtsbewegten Melodie drückt tonbildlich das traurige Flehen der ängstlichen Liebhaberin aus. Die betonten Noten liegen wieder beim Angesprochenen, dem „Liebe" und dem anderen Hauptwort „z Predigt", dem Ort der Begegnung. Ich habe bewußt dieses Lied als Beispiel für eine bedrückte Mitteilung gewählt, weil es im übrigen den Charakter fröhlicher Tanzstimmung mit einem „lüpfigen" 3er Rhythmus ausstrahlt und allein in der Melodieführung die versteckte Melancholie und Traurigkeit des Textes verrät.

Über die ganze Welt verstreut ahmen die Schlaflied-Melodien die versinkende Bewegung der Sonne in den Horizont und die des Wachbewußtseins in den Schlaf nach. Ein international bekanntes Beispiel, wie es in der Ostschweiz gesungen wird:[21]

Die Aufforderung zum Schlaf geht zusammen mit einer schweren, aber klaren Melodiebewegung nach unten. Die Versicherung des wachenden Vaters wird als Melodieteil-Wiederholung eingeprägt. Die schützende Gegenwart der Mutter drückt sich durch eine Gegenbewegung aufwärts aus. Die schüttelnde Bewegung in der Wiederholung dieses Melodieteils macht die herunterfallenden Träume hörbar, und die Wiederholung des Anfangs bringt die nötige Ruhe zurück.

Melodien, in denen weder eine Aufwärts- noch Abwärts-Bewegung dominiert, finden wir in emotional zurückgenommenen, erzählenden Liedern, welche mehr nach innen gerichtet sind. Sie kommen deshalb in der sakralen Musik von Liturgien, der magischen Einton- bzw. Einklang-Musik östlicher Mantras (z. B. das buddhistische Om), den Gebetsgesängen tibetanischer, mongolischer und anderer introvertierter Ritualmusik oder den Gebetsrufen der Moslems vor. In unseren westlichen Volksliedern erscheint dieselbe Absicht weniger magisch-eindringlich, sondern eher dramatisch-schwer. Die diesen Liedern gemeinsame Melodie-Bewegung verläuft mit Ganz- oder Halbtönen um ein tonales Zentrum herum.

Am Beispiel des Berner Volksliedes „S isch äbe n e Mönsch uf Ärde" kann die Aussage einer einerseits engen und andererseits sprengenden Melodie gut nachempfunden werden. Die enge Melodieführung des ersten Teils steht im Kontrast zur weiten Melodieführung im zweiten Teil. Dadurch vermitteln sich die Gemütsschwankungen im Text zwischen erzählender, nach innen gerichteter Haltung und dem Durchbruch zu nach außen gerichteten dramatischen Wünschen und Sehnsüchten:

Es beginnt mit einer Einstimmung durch berichtende, meinungslose Erzählung um ein tonales Zentrum herum und mit Wiederholung. Im zweiten Teil erfolgt eine Umkehrung der Tonschritte. Die Melodie setzt von oben an und variiert, verdichtet die Bewegung um das tonale Zentrum, als würde dadurch die Distanz und gleichzeitig gefühlte Verbindung der Liebenden ausgedrückt. Die Dramatik eines möglichen Zusammentreffens wird erhöht:

Im dritten Teil kommt der Durchbruch oder der Ausbruch aus dem inneren Gefängnis zum ausgedrückten Wunsch nach Begegnung. Die Melodie wird weiter und löst ganz neue Harmonien aus, um am Schluß wieder zum tonalen Zentrum zurückzukehren:

S'isch äbe ne Mönsch uf Är-de daß i möcht bi n ihm si.

Diese überlieferte Melodie ist wahrscheinlich nicht durch einen einzelnen Komponisten einmal aufgesetzt worden, sondern scheint sich wie aus der immer wiederkehrenden Erzählung unerfüllter Liebe herausentwickelt, aus der Sprachmelodie dieses zeitlosen Themas abgeleitet zu haben.

Eine Übereinstimmung zwischen Text, Meinung und Melodie ist natürlich weder für den Komponisten noch für den improvisierenden Liedersänger bzw. -spieler ein Formgesetz. Es ist vielmehr umgekehrt, daß eine sich spontan ausdrückende Meinung Melodien hervorbringt, welche unbewußt den Gesetzen der inneren Haltung folgen und deren Gemütsbewegung be-tonen. Dabei soll aber nicht ausgeschlossen werden, daß gewisse Entsprechungen ganz anders ausgedrückt werden können (z. B. eine Sehnsucht zur unerfüllten Liebe in einem Tonsprung nach oben). Die Zuverlässigkeit der eigenen Empfindung kann in der Wiederholung der Melodie aufgespürt bzw. angehört werden. Bei Unsicherheit über die eigene Haltung wird sich in ihrer gespielten oder gesprochenen Wiederholung von selbst etwas verändern, wenn sich die innere Ausformung und die Emotionalität frei bewegen können. Solche Veränderungen zeigen dann immer deutlicher in die Richtung betont eigener Meinung. Je mehr Melodie und Sprache, Meinungsmelodie und Tatsachensprache sich widerspruchsfrei decken, desto deutlicher und eindringlicher wird die Aussage, sei es nun ein Satz oder ein Lied. Wir bewegen uns hier auf einem ähnlichen Feld wie die Kommunikationsforschung, welche zwischen digitalen und analogen Zeichen, zwischen dem „was" und dem „wie" einer Mitteilung unterscheidet (vgl. *Watzlawick* u. a. 1969). In der therapeutischen Situation ist das „wie" oft wichtiger, weil es den Schlüssel zu einer Lösung liefern und zum Konflikt im „was" hinführen kann. Die Musiktherapie hat im Melodienverständnis die einzigartige Chance, Meinungen, Ansichten, Haltungen usw., die aus der unbewußten oder verschütteten Tiefe der Empfindung kommen und meist indirekt, analog ausgedrückt werden, zu hören und sie ins reale Bewußtsein zu übersetzen. Wer Empfindung und Realität trennen muß, wird vom Gespenst der Neurose in Schach gehalten. Wer sie zu verbinden vermag, findet Raum für kommunikativen und künstlerischen Ausdruck. Damit die Rückübersetzung einer

Melodie in eine reale Mitteilung nicht völlig subjektiv bleibt, braucht es einen theoretischen Hintergrund für diese These.

3.3 Strukturen der Melodie

Gehen wir einmal von der Geschichte der Melodien in unseren Volksliedern aus. Sie bilden seit jeher die Wurzeln und sind Fundgrube der meisten andern Musikgattungen: Klassik, Populärmusik, Jazz, Rock usw. Alle beziehen immer wieder Impulse aus der traditionell weitergegebenen Musik. Die Volkskunst, z. B. die Fähigkeit der Kinder, Lieder zu erfinden, ist die Basis einer Kulturentwicklung. Die Struktur unserer Lieder und Melodien ist im Grunde seit Jahrtausenden dieselbe. Wir hören schon in früher Kindheit Schlaflieder, Abzähl-verse, Spottlieder, Reim-Spiele usw. Ihre typischen Abläufe graben sich ein und tauchen in neuen Erfindungen, Wiederholungen und Ab-änderungen immer wieder auf. Ich meine, daß der zur Verfügung ste-hende Atembogen und die Bewegungsmöglichkeiten eines Lebewesens das Muster und die Struktur aller Melodien prägen. Sehen wir uns diese Struktur einmal an, zuerst die Atembogen.

Jedes vollständige Lied hat zwei oder mehr Teile, die in ihrer Länge jeweils etwa einem Ausatmungsbogen eines Sängers oder Melodiespielers entsprechen. Wir bezeichnen die Teile mit großen Buchstaben (A, B, C usw.) und stellen die unterschiedliche Melodieführung mit verschiedenen graphischen Linien dar. Ein einzelner Teil ist zuerst nur ein Motiv, ein unfertiger Satzteil, dem eine Ergänzung, ein Subjekt zum Objekt oder umgekehrt folgen muß, damit eine ganze Aussage entsteht. Unter der beliebigen Zusammensetzung von Lied-Teilen ist die dreiteilige Form mit Wiederholungen eines Teils die häufigste.

Schema der Liedformen:

Im wiederholten Teil wird der Schluß meistens etwas variiert. Vierteilige Lieder können wie folgt aussehen:

Lieder mit noch mehr Teilen sind selten, weil sie dann eher unübersichtlich und nicht mehr leicht nachahmbar werden. Auch der 12-taktige Blues kann als 5-teilige Liedform aufgefaßt werden: (A/B/A/C/A)

Dem Wechsel der Teile entspricht ein Wechsel der Stufe und damit der Harmonie. Beim C-Teil, welcher wieder auf die Grundstufe zurückführt, kommen aber zwei Stufen vor, und man könnte streng genommen darin auch zwei Teile hören, die dann allerdings nicht jedesmal einen Atembogen umfassen.[22]

Daß die Teile in ihrer Länge etwa einem Atmungsbogen entsprechen, ist eine sehr grobe Feststellung. Sie gilt etwa so relativ, wie Atmungsbogen in verschiedenen psychischen und physischen Zuständen eines Menschen auch sehr verschieden lang sein können (M 1). Ein Lied klingt spannend, wenn die Teile untereinander eine Beziehung haben, miteinander spielen, in Gegensatz, in Kontrast zueinander stehen oder in ihrer Folge jeweils eine Überraschung darstellen. „Kontraste" und „Überraschungen" sind zwei kategoriale Gruppen von Möglichkeiten, Melodien bzw. ihre Teile miteinander in Beziehung zu setzen. Unter diesen zwei Sammelbegriffen führe ich nun diejenigen Teil-Merkmale auf, welche sich in der Improvisationspraxis als deutlich unterscheidbar erwiesen haben:

	Kontraste	
Teil A		*Teil B* (oder C, D usw.)
Aufwärts-Tendenz	—	Abwärts-Tendenz (I)
weit	—	eng
laut	—	leise (Echo)
schnell	—	langsam
lang	—	kurz

Überraschungen: (Von Teil A zu B zu C etc.)
Wiederholung (oft als Echo)
Tonraumwechsel (II)
Taktwechsel
Spiegelung (III)

(I) „Tendenz" einer Melodie meint die Richtung oder das Streben ihrer Bewegung, ob ihre Linie insgesamt aufwärts bzw. abwärts führt, auch wenn zwischendurch die umgekehrte Bewegung vorkommt. Sehr oft verlaufen Melodieführungen wellenartig, die Tonschritte gehen auf- und abwärts, lassen aber insgesamt eine Tendenz nach oben oder unten erkennen (siehe Liedbeispiele weiter oben).
(II) „Tonraum" bedeutet die Wahl von Tönen zwischen einem oberen und unteren Grenzton, z. B. in der Pentatonik zwischen dem 1. und 5. Ton einer Skala.
(III) „Spiegelung" bezeichnet die ungefähre oder genaue Umkehrung einer Melodielinie in ihrer Auf- und Abwärtsbewegung (wie sie z. B. in *Bach*s Fugen oft vorkommen).

Jeder Melodie-Teil kann natürlich auch Kombinationen dieser Merkmale aus beiden Gruppen enthalten: z. B. A-Teil: Aufwärts-Tendenz und langsam; B-Teil: Abwärts-Tendenz und schnell und Taktwechsel usw. Während Wiederholungen, Auf- und Abwärtstendenzen sowie kurz-lang-Kontraste fast in jedem Lied vorkommen, sind Taktwechsel, Spiegelung und reiner Tonraumwechsel ohne Berührung der beiden Tonräume eher selten, ganz einfach, weil sie schwierig zu realisieren sind. Öfter treffen wir Tonraumwechsel an, wo der obere Grenzton des einen Teils mit dem unteren Grenzton des anderen Teils identisch ist, was auch bei der Spiegelung der Fall ist.
Es ist aufschlußreich und spannend, eine Volksmelodie, einen Schlager, ein Jazz- oder Rockthema oder eine klassische, vor allem aber eine improvisierte Melodie in ihren einzelnen Teilen zu hören. Wir gewin-

nen durch solche Übung einen tieferen Einblick in die Struktur, in die Bedeutung und Meinung einer Musik. In der Improvisationspraxis haben wir dadurch einen Ansatz für die Abwandlung eines Themas, in der Therapie erhalten wir so Hinweise auf die innere Bewegung des Spielers, und für das eigene Spiel ist das Bewußtsein von Melodie-Merkmalen ein Schlüssel zur Umsetzung von Einfällen und Meinungen in Ausdruck. Die Be-deutung einer Melodie liegt also einmal in ihrem Gesamteindruck, in ihrer Stimmung, die sie hinterläßt, dann aber auch in der Wahl und Kombination ihrer Teile, dem charakteristischen Verhältnis der Teile untereinander.

Wenn in einer Tanzmelodie das Merkmalpaar „*langsam — schnell"* bevorzugt wird (Tarantella), so deutet dies eine Herausforderung an die Tänzer an und bewirkt eine engere Bindung zwischen Musik und Bewegung, da die Tänzer meist sofort auf einen solchen Wechsel reagieren. Ein improvisierender Spieler, der dasselbe tut, verstärkt dadurch eine (rhythmische) Abhängigkeit, die Bindung der Mitspieler und auch der Zuhörer an sein Spiel. Die Bestimmung des Tempos drückt Dominanz aus und provoziert Anpassung oder Auseinandersetzung (M 4). Die Abfolge von „*laut — leise"* (als Wiederholung das Echo, wie es natürlich in Bergliedern oft vorkommt) löst Raumgefühle aus, erweitert die Dimension des Empfindungsraums und trägt, besonders als *Wiederholung* mit einer anderen Qualität, einen eindringlichen Appell zum Mitspieler oder Zuhörer. „*Kurz — lang"*-Teile finden wir oft in lustigen, rätselnden oder spottenden Liedern. Die Teile decken sich meist mit „*schnell — langsam"*, also „kurz — schnell" und „lang — langsam", so daß eine Verstärkung der Herausforderung und der Konzentration auf ein Frage-Antwort-Spiel, eine erwartungsvolle Interaktion entsteht. Der *Tonraumwechsel* löst ähnliche Gefühle aus, betont noch mehr die Trennung von zwei Seiten einer Sache, die Polarität eines Austauschs. Der Wechsel von *weit zu eng* kann, wie ich am Beispiel des „Guggisberg-Liedes" weiter oben gezeigt habe, den Wechsel von nach-außen-gerichtet und nach-innen-gerichtet andeuten. Er zeugt von Gefühlen der Spannung, des Zurücknehmens und Ausbrechens. Ebenso kann er den Unterschied zwischen objektiver Meinung und subjektiver Meinung symbolisieren. *Taktwechsel* in den Teilen können in Momenten von Stimmungsänderungen auftreten. Sie gehen meistens einher mit Tempowechseln und erweitern das rhythmische Erlebnis zu einem Ganzen, wodurch polare Elemente wie weiblich-männlich, Feuer-Wasser, Leben-Tod u. a. m. ausgesprochen und vielleicht zusammengeführt werden können. *Spiegelungen* schließlich tragen die treibenden Kräfte von Kontrasten, die Tendenz zu Vereinigung, Harmonisierung oder Ergänzung in sich. Sie machen Neugierde hörbar oder spielen mit der Experimentierfreude, welche als belohntes Risiko erscheint.

Bedeutungshinweise zu den Melodie-Merkmalen

Kontraste

Aufwärts-Tendenz: Erwartung, Anfang, Glück, Entwicklung, Lebendigkeit, Ausgelassenheit, Spielfreude, Aufstieg, Licht.

Abwärts-Tendenz: Traurigkeit, Melancholie, Abschied, Abschluß, Tod, Untergang, Abstieg, Dunkel, Schlaf.

Aufwärts- und Abwärts-Tendenz: geschlossene Form, Kreisbewegung, Dialog, Rückkehr, zwei Seiten einer Sache, Darstellung eines Prozesses, offenes Suchen.

laut — leise: Kontakt-Rückzug, Nähe-Distanz, Ästhetik, Wunsch nach Verdoppelung (Echo), Spiegelung, Frage-Antwort, zwei Bedeutungen einer Sache, Traurigkeit, Geheimnis.

eng — weit: Konzentration-Zerstreuung, außen-innen, objektive-subjektive Meinung, Verschwendung-Bescheidenheit, Beschränkung-Erweiterung, Vorsicht-Risiko. Im Extrem gespielt: Übergänge zu Klang.

langsam — schnell: Abhängigkeit-Freiheit, Bindung-Loslassen, Relativität der Zeit, Ruhe-Unruhe, Erwachsen-Kind, Ungeduld, Spannung, Übertreibung, Fortbewegung, Tanz, Verdoppelung-Halbierung, Übergänge zum Rhythmus.

lang — kurz: dasselbe wie bei „langsam — schnell", Frage-Antwort, Entschlossenheit, Eröffnung, Erwartung, Herausforderung.

Überraschungen

Wiederholung: Vertiefung, Betonung des Wertes, dazu stehen, Ritual, meditatives Bewußtsein, eine Wiederholung ist eine Wieder-Holung = Bewußtheit, Spannung durch minimale Variation, Überzeugung, strukturierendes Bedürfnis, Abschlüsse, Leben und Tod, Minimalismus, Übergänge zum Rhythmus.

Tonraumwechsel: Entscheidung, Wechsel, Brücke, Sprünge, Widersprüche, Nebeneinander, Raum-Erlebnis, Raum-Erweiterung, Integration einer Überraschung, Zwiegespräch, Auseinandersetzung, Unvereinbarkeiten.

Taktwechsel: potentielles Ganzes, Spiel von polaren Gegensätzen, Zeitspielerei, sprunghafter Wechsel von Stimmungen, Dominanz des Rhythmischen.

Spiegelung: umgekehrte Wiederholung und Tonraumwechsel, Neugierde, Experimentierfreude, Risiko-Belohnung, Bestätigung, Ausgleich von Gegensätzen, Harmonie, Symmetrie, Ergänzung.

Eine solche Phänomenologie von Merkmalen in Melodie-Teilen soll uns nicht zur akademischen Analyse einer Melodie verleiten, vielmehr soll sie zu einem bewußten, vergleichenden und deutenden Zuhören hinführen, welches die Teile als Figur mit Hintergrund versteht und im Ganzen schließlich mehr als die Summe der Teile hört. Die hier vorgenommenen Zuschreibungen zu den Teilen sind weder verbindlich noch objektiv. Sie beruhen auf langjährigen Erfahrungen als improvisierender Musiker in und mit Gruppen. Jeder Spieler kann und soll aber seine eigenen Merkmale entwickeln. Wir haben hier lediglich einen Ansatz zur Verfügung, Melodiemerkmale und Melodieauffassungen miteinander zu vergleichen. Melodiestrukturen tauchen ja nicht nur in der Sprache und in Liedern auf, sondern auch in ganz freien Improvisationen, in der Abwandlung von Liedern und Versen, beim Summen, Trällern und Pfeifen, beim Lachen, Weinen und Schreien, im Übergangsbereich von Melodie zu Klang, Geräusch oder Rhythmus. Wo eine Melodie auftaucht, ist eine Bedeutung, eine Bewegung der Meinung zu hören (**M 7**).

3.4 Die eigene Melodie finden

Wenn jemand eine bekannte Melodie singt, nachspielt oder abspielt, so hören wir nicht nur die Ideen oder Überzeugungen des Komponisten, welche zu dieser Melodie führten, sondern auch die momentane Haltung der Person, die die Melodie jetzt gewählt hat. Sie kann damit genauso viel aussagen, wie wenn sie eine Melodie erfunden hätte. Die Frage an uns selbst gestellt könnte lauten: „Was singe oder spiele ich da aus mir heraus?" / „Was bedeutet mein Summen oder Pfeifen?" / „Was meine ich dazu, daß mir eine Melodie einen ganzen Tag nachläuft?" / „Wieso ist diese Melodie jetzt meine Melodie?" Eine solche Verbindung zu einer Melodie und zu ihrer Aussage kann zu etwas Wichtigem, Schönem oder auch zu etwas Bedrohlichem werden. Eine Melodie, die uns nachläuft, deutet an, daß im Innern etwas mit ihr verwandt, verstrickt, verbunden oder verliebt ist. Eigentlich läuft dieses Wichtige dann der Melodie nach, nicht umgekehrt! Ist es der besondere Tonsprung (Intervall) oder die Tonfolge eines Teils? Ist es der Kontrast bzw. die Überraschung in den Teilen der Melodie? Was fasziniert, läßt mich nicht los, die Aufwärts-Tendenz, der Tonraumwechsel oder die „lang-kurz"-Teile daran? Ist es die Geschlossenheit der Form, das Ganze oder etwas Herausgebrochenes, eine Stelle darin? Oftmals macht eine Melodie einen bestimmten Rhythmus erlebbar, drückt einen Puls aus, oder sie läßt ein Intervall, eine Harmonie, eine Stimmung anklingen, welche in ihr als Ganzes versteckt sein kann. Wenn wir uns der Melodie-Merkmale bewußt sind, spüren wir schnell, ob es wirklich die Melodie, vielleicht auch der Rhythmus oder Klang oder ob es die Form oder Dynamik ist, was uns nicht losläßt, also fesselt (**M 8**).

Um das Phänomen des Fesselns erklären und das Finden einer eigenen Melodie beschreiben zu können, muß hier nochmals auf die spezielle Bedeutung der Wiederholung eingangen werden. Die Wiederholung ist zuerst einmal das Grundmerkmal alles Rhythmischen. Sie hängt jedoch mit dem Reich der Melodien zusammen wie die Blätter eines Baumes mit seinen Ästen. Es gibt kaum eine Volksmelodie, welche in ihren Teilen nicht eine Wiederholung aufweist, abgesehen davon, daß ja die Strophen eines Liedes lauter Wiederholungen der Melodie mit anderem Text sind. Wieder-holen heißt bewußtes Wiederbenützen von etwas Wertvollem, das Wieder-erleben von etwas Wichtigem. Wenn wir eine Meinung vertreten und sie wird nicht gleich bestätigt, verstanden oder akzeptiert, so wiederholen wir sie so oft, bis wir eine Echo gefunden haben, sei es ein positives oder negatives. Eine Meinung wiederholen heißt auch, zu ihr stehen.

Dasselbe geschieht bei einer Melodieidee, einem Motiv oder auch einer rhythmisch bestimmten Tonfolge: Wenn wir überzeugt sind davon, wiederholen wir den Einfall, auch wenn wir die Überzeugung nur ahnen. Wir können ihn unzählige Male, fast magisch-eindringlich, in derselben Form oder mit Variationen repetieren (M 3). Ein Einfall wirkt so lange spannend, wie die Verbindung zwischen Ausdruck und Meinung besteht, so lange, wie ein solches musikalisches Element unsere momentane innere Bewegung ausdrückt, kurz und alltagssprachlich: so lange dieses uns gefällt! Mir gefällt, wozu ich eine innere Entscheidung ge-fällt habe. Dies ist das Geheimnis des Melodien-Findens. Die innere Entscheidung ist der Punkt, wo Einfall und Ausdruck sich treffen, wo der Körper seine Eindrücke verarbeitet, in der Intuition. Intuition, das ist „unmittelbar ganzheitliche Sinneswahrnehmung" und „Erkennen des Wesens... in einem Akt ohne Reflexion" (Duden). Intuitiv entstandene Melodien bleiben länger bestehen als eine verbal geäußerte Meinung. Sie werden zu bekannten Melodien oder zu Schlagern oder zum Symbol für etwas. Erkennungsmelodien, Signete, Hits usw. sind, soweit sie nicht vom Musikbusiness gemacht sind, Einfälle eines „kollektiven Körpers", einer Gemeinschaft oder kulturellen Gruppe gleicher Haltung, Überzeugung oder Leidenschaft. Das „Wacht auf, Verdammte dieser Erde" der Arbeiterklasse, das „Zyt isch do" gewisser Radiohörer oder „So ein Tag, so wunderschön wie heute" der (deutschen) Fußballfans sind Beispiele dazu.

Die persönliche Melodie kann allerdings im eigenen Umfeld auch auf Unverständnis stoßen. Wenn wir sie dann unterdrücken, wird ein Stück des Selbst in den Hintergrund zurückgedrängt. Wenn wir dazu stehen können, trotz Spott, der ja so empfindlich trifft, wird sie uns mit dem Gefühl der Identität belohnen. Eine Melodie gefunden zu haben, die hier und jetzt einfach stimmt, macht sicher und ruhig. Eine Melodie (Meinung) *haben* und sie gleichzeitig *sein*, in ihr leben und spüren, was die Bewegung und Betonung der Melodie jetzt bedeutet, das ist Bewußtheit[23] (E 1, P 2, P 8).

Die Musikimprovisation (und darin vor allem das Melodien-Spiel) vermag die verschüttete Fähigkeit wieder zu entdecken, der Musik in uns zuzuhören. Rhythmen, Klänge, Melodien, Harmonien, Geräusche usw. werden nur als das akzeptiert und genossen, was sie im Moment der Entstehung sind. Eine Melodie kann unser Lied sein, ein Klang kann unser Gefühl oder ein Rhythmus unser Tempo angeben. Wenn wir unsere Lieblingsplatten spielen, nähern wir uns diesem Ziel auch etwas, erreichen es aber nicht, weil diese Musik meistens mehr unserer Idealvorstellung als unserer Realität im Jetzt entspricht. Das schmerzliche Loch zwischen Ideal und nicht eingestandener Realität macht die Musikkonserve zur Droge, welche uns per Knopfdruck dahin bringt, wo wir sein wollen und manchmal noch weiter. Zum Er-leben, Loswerden, Be-greifen gelangen wir jedoch nur, wenn wir nicht das Mittel be-greifen, das heißt ein Instrument *be-herrschen* lernen oder die richtige Platte er-greifen, sondern wenn wir die Musik in uns loslassen, von Musik entlastet werden, von unausgedrückten Gefühlen durch eigene Musik befreit werden. Es geht darum, das Ding, die Ware Musik in den Prozeß Musik zurückzuverwandeln.

Zurück zur Wiederholung einer Melodie. Wiederholung und Erfahrung im Jetzt muß kein Widerspruch sein, dann nämlich, wenn die Wiederholung das Drinbleiben in der Gegenwart verstärkt. Bevor aber eine Melodie wiederholbar ist, muß sie ge-holt werden. Wie holen wir Melodien heraus? Ich habe weiter oben die Erweiterung der Sprache durch die Melodie hervorgehoben. Nun hat die Beschränktheit unserer Stimme, alle möglichen Vokal- und Klangbereiche zu erreichen, gepaart mit der Angst vor der direkten Äußerung starker Gefühle, zur Entwicklung einer Vielfalt von Instrumenten geführt. Hier soll nicht darauf eingegangen, sondern lediglich erwähnt werden, daß die eigentlichen Melodie-Instrumente die Blas-Instrumente sind, weil sie die Verlängerung unserer Stimme, der Sprache, der Ausatmung, des erzählenden Ausdrucks darstellen. Die guten, inspirierten Bläser der improvisierten Musik sind nicht die Super-Techniker, es sind die ausdrucksstarken, ganz persönlich geprägten Melodie-Erzähler oder Klang-Sprecher. Ihre Finger machen die kleinste Arbeit; Lippen, Atmung und Bauch sind in voller Bewegung. Ein intuitiver Tanz der Finger auf den Löchern eines Blasinstruments und der (Aus-)Druck der Atmung, be-

gleitet von emotionaler Bewegung, kann zur Melodie „des ersten Gedankens" führen, von dem ja bekanntlich gesagt wird, er sei (immer) der beste! Gehen wir also mit den Tönen, welche so vom Instrument hörbar werden, den Prozeß zurück von den Fingern über die Lippen und mit der Atmung in den Bauch oder in den Kopf (Geist), so finden wir unsere Stimme als das vollkommenste Melodie-Instrument wieder (M 8, P 3, S 11).

Wir können unsere Melodien im Körper „vorhören" oder aus unserer Aura aufgreifen — die innere Stimme ist die eigene Melodie. Wenn wir immer wieder daran arbeiten, uns selbst zuzuhören und unsere Gefühle mit Melodien zu befragen, dann geben wir unserem Befinden eine Stimme. Melodien sind die treuesten Begleiter des Allein-Seins. „Ich geh durch die Straßen und bin ein Lied." Oder wie ein Kind einmal sagte: „Zum Glück kann ich singen, dann bin ich nie mehr allein!"

3.5 Kultur und Melodie-Gestalt

Die unendliche Vielfalt möglicher Melodien verwirrt uns auf der Suche nach der eigenen. Welche Melodien, die uns bekannt sind, mögen wir und weshalb? Welche Melodienlinien bevorzugen wir, welche entsprechen unserer Haltung? Jede Kultur ist reich an Melodien. In wenigen werden sie heute noch gepflegt. Unsere mitteleuropäischen Volksmelodien vermitteln leider kaum noch erhörte Volksweisheiten. Sie sind im musikalischen Alltag nebensächlich und werden manchmal sogar belächelt. Eine immer noch lebendige Melodienkultur können wir in der indischen Musik entdecken. Sie ist noch heute von Lebensphilosophie durchdrungen und gibt ein Beispiel dessen, was mit Melodie-Gestalt gemeint ist. Die *Ragas* (typische Tonfolgen = Melodien), von denen mehrere Tausend bekannt sind, bilden den melodiösen Reichtum. Von den bekannteren Ragas werden Variationen gespielt, welche ganz bestimmte Bedeutungen erhalten. Da der Sänger bzw. der Instrumentalist nur diejenigen Töne genau anspielt, die zum entsprechenden Raga gehören, ist der Grundraga als solcher erkennbar. Im Zwischentonbereich entfaltet sich dann eine improvisierte Melodienwelt mit glissando-ähnlichen Melodielinien, mit von unten oder oben „angespielten" Viertel- und kleineren Tonschritten (M 6). Unser auf das abendländische Tonleitersystem eingestellte Gehör kann diese indischen Tonschritte oft gar nicht hören, obwohl sie dort eine genau bestimmte Bedeutung haben und von dem eingeführten Zuhörer auch verstanden werden. Dieses weit entwickelte Spiel mit allen Möglich-keiten der Melodie auf dem Hintergrund eines uralten, vor-gestalteten Bedeutungsmusters ist der Grund für die magische, empfindungsbe-rauschende Wirkung der indischen Ragamusik. Melodie und Meinung sind dort so selbstverständlich ineinander verwoben, daß sie aus-tauschbar an der Wert-Gestaltung in der Kultur teilhaben.[24]

Dies könnte neidisch machen, und ich meine, daß der Melodien-reichtum verarmt, wenn wir nicht einen Teil unserer kulturellen Be-deutungswelt in der Musik zurückerobern können. Solche Verarmung ist in der Punk- und New Wave-Musik teilweise bereits geschehen, wenn von einer Melodie-Gestalt nur noch eintönig gesprochene oder geschriebene Sprache übrigbleibt.

Hier verarmt ein Ast der Gesangskultur und stirbt schließlich ab, und dort taucht eine ganz neue Melodie-Gestaltung wie aus dem Nichts auf. Im „Rap", dem Sprechgesang aus den Slums von New York (S 13), ist die rhythmische Betonung und Wiederholung der Worte, in Bruchstücke zerlegt, „sinnlos" vervielfacht, verdreht und abgewandelt, das eigentliche Stilmittel. Das Spiel mit allen Betonun-gen und Bewegungen, welche ein Wort zuläßt, legt noch nie gehörte Melodien frei. Die Faszination, welche der Rap-Gesang auslöst, be-steht neben dem rhythmischen Feuer in der bestechenden Originalität der Melodien, welche durch das „Betonungs-Sprechen" zustande-kommen.

Ich habe hier zwei extreme Beispiele von Melodie-Kulturen ange-führt, die zeigen, daß die melodiösen Gestaltungsmöglichkeiten noch lange nicht ausgeschöpft sind (auch wenn die Komponisten von Schla-gern schon gegenseitig Prozesse wegen „Melodienraub" führen). Ein für unser Thema vielversprechendes Feld tut sich z. B. dort auf, wo die fixierten Skalen und die Tonalität überhaupt aufgegeben werden, wo das Tonreich zwischen Sprache, Heulen, Schreien, Lachen bis zu Atemgeräuschen der Melodiesuche geöffnet wird. Die Gestaltung sol-cher Ausdrucksformen ist sowohl künstlerisch als auch therapeutisch aufschlußreich. Wenn Schreien oder Lachen, Murmeln oder Hauchen Mitteilungen innerer Bewegung sind, enthalten sie auch Melodien, auf die wir hören und entsprechend antworten können, als Mitspieler oder als Kommunikationspartner (P 2, S 4, S 6, S 9).

Eine Melodie ist ein gestaltetes Ganzes. Wenn sie zerlegt wird, wir-ken ihre Teile nur noch wie Bausteine. Umgekehrt wird eine Melodie erst als ein Ganzes empfunden, wenn ihre (Bau-)Teile aufeinanderpas-sen, miteinander korrespondieren, wie ich bereits (im Abschnitt 3.3) mit den Kontrast- und Überraschungsmerkmalen angeführt habe.[25]

3.6 Das Intervall

Bisher habe ich die Melodie als Ganzheit und als Struktur von Aussagen, Meinungen, Haltungen etc., also wie die Struktur und Ganzheit eines grammatikalisch vollständigen Satzes dargestellt. Ich will nun noch genauer hinschauen und sozusagen die kleinsten Elementarteile der Melodie auffinden, diese einzeln wie die Stücke eines Essens genießen lernen, um dadurch das Ganze wieder neu und reicher zu finden.

Ein Elementarteil einer Melodie ist ein Intervall, der Sprung von einem Ton zu einem zweiten. (Ein Elementarteil eines Klangs ist ein Ton mit seinen Obertönen und dasjenige eines Rhythmus ist die Polarität zwischen Ereignis und Pause.) Worin besteht nun der Charakter der verschiedenen Intervalle, wie steht es mit der Wahl eines Intervalls, und wie wirkt es sich in der Melodie aus?

Das Verständnis der Intervalle und die Fähigkeit, sie in Melodien und Klängen zu unterscheiden, öffnet die Türen zur harmonikalen Grundordnung der Musik überhaupt. Die sogenannten Harmonien sind zusammengesetzte Intervalle. Die Intervalle selbst sind aus dem

Obertongebäude herausgegriffene Tonschritte. Ein oder mehrere Intervalle gleichzeitig gespielt, ergeben den Akkord, dessen Zusammensetzung den Charakter einer Harmonie bestimmt. Das Hintereinander der Intervalle als Tonsprünge in einer Melodielinie deutet die Harmonie, die Stimmung an, welche in der Melodie anklingt. In seiner Gleichzeitigkeit und Zusammensetzung wird das Intervall zum Klang, in seiner Trennung, beispielsweise der zeitlichen Trennung zweier Töne (oder ihrer mehrfachen Wiederholung), wird es zum Rhythmus. Das eigentliche Intervall aber, der Tonsprung, ist ein Bauelement der Melodie mit rhythmischen und klanglichen Anteilen. Wir schauen also hinter die übliche Intervallehre, welche eine Lektion in einfachen ganzen Zahlen sein kann. Uns interessiert ihre Tradition, Entdeckung und Bevorzugung, die Wirkung der Intervalle.

Die sieben charakteristischen Intervalle Sekund, Terz, Quart, Quint, Sext, Septime und Oktave (= Prim) sind, ohne deren Varianten groß, klein, übermäßig, vermindert, als Grundintervalle vom Gehör eindeutig voneinander zu unterscheiden. Sie haben denn auch alle vielfältige und archaische Verbindungen zum menschlichen Grundverständnis archetypischer Symbole. Als Beispiele seien die Zahlensymbolik, die Planeten, die Yin-Yang-Philosophie oder die Alchemie genannt. Es ist schon sehr viel darüber geforscht und teilweise Widersprüchliches ausgesagt worden (*Haase* 1980; *Glaser* 1973; *Pontvik* 1962; *Steiner* 1975; *Schneider* 1979).

Die folgenden Umschreibungen der sieben Intervalle sollen weder als objektive Tatsachen noch als empirische Wahrheiten gelten. Es sind philosophische, psychologische und parapsychologische Erfahrungswerte und Bedeutungsverflechtungen, welche sich aus verschiedenen Schulen treffen und welche meinen eigenen Erlebnissen entsprechen. Es geht daher nicht um die durchaus physikalische Meßbarkeit der Intervalle, sondern um alles, was beispielsweise *wie* eine Septime oder Terz oder Sext klingt. Wichtig ist die Auffassung oder der „zurechtgehörte" Klang. Schon oft habe ich mit jemandem den Kuckucksruf angehört, und der eine faßte ihn als Terz, der andere als Quart auf. Er lag wohl „objektiv" dazwischen, aber beide Hörer haben ihn für sich „zurechtgehört". Deshalb interessiert uns nicht, was objektiv meßbar ist, sondern wie jemand ein Intervall aufnimmt und es empfindet. Dabei ergeben sich doch überraschend viele Gemeinsamkeiten:

Die Oktave (bzw. die Prim) trägt die genaue Halbierung ihrer Schwingungszahl in sich, hat also immer ein Schwingungsverhältnis von 1:2 und bildet den ersten Oberton in der Reihe. Sie wird dadurch eigentlich immer „mitgehört", wirkt absolut verläßlich in der Stimmung, klingt abgeschliffen und objektiv wie ihr Gegenpol, die Prim, welche ja kein Tonschritt ist. Eine Oktave ist durchschnittlich gesehen der Abstand zwischen männlicher und weiblicher Stimme. Sie symbolisiert die Teilung von 1 in 2 und stellt dadurch die Ganzheit des Männlichen und Weiblichen bzw. der damit zusammenhängenden Polaritäten dar.

Die Sekunde ist die erste Form der Abweichung, der Schritt aus der Einheit heraus. Sie erzeugt Spannung, Reibung und Differenz. Sie ist der Konflikt oder die Vibration zwischen zwei Positionen. Dadurch erzeugt sie Bewegung, gibt *Feuer* und löst Entwicklung aus. Sie symbolisiert Entstehung, Experiment, Veränderung. All dies könnte in einem Bild auch Kindheit, Aufstand oder Aufbruch genannt werden.

Die Terz entscheidet über den Dur- oder Mollcharakter einer Melodie oder Harmonie. Sie ist das Tongeschlecht, das Subjektive eines Klangs. Als solches prägt sie alle komplexeren Klänge, verbindet die emotionale und rationale Grundarithmetik harmonikalen Empfindens (Dreieck-Viereck) und vermag mit einem Halbtonschritt von kleiner zu großer Terz (auch Dur-Moll) die eigenwilligsten Stimmungen zu unterscheiden: hell-dunkel, fröhlich-traurig, beschwingt-bedrückt und andere mehr. Es sind Stimmungen, die, wie man im Volksmund sagt, „in der Luft liegen". Die Terz hat eine starke Verbindung zum Element *Luft* und dadurch zu den ausschweifenden Bereichen der Gefühlswelt. Deshalb war sie lange verpönt.[26]

Die Quart ist zusammen mit der Quint das offenste, in gewisser Weise unverbindlichste, man sagt auch reinste Intervall. Auf ihnen baut das harmonische Prinzip der abendländischen Musik auf (Quarten- und Quintenzirkel). Die Quart füllt zusammen mit der Quint die zweite Oktave des Obertongebäudes auf. Dieser Wiederanfang auf dem Grundton scheint ein Anhaltspunkt zu sein für die Empfindung, daß die Quart neutral und doch auffordernd wirkt. Sie leitet ein, beginnt eine neue Stufe, setzt Anfänge. Viele Lieder und Stücke beginnen mit dem Quartsprung auf den Grundton. Der erste und wichtigste Wechsel in der Harmonik des Blues spielt sich von der ersten zur vierten Stufe, also der Quart, ab. Sie klingt weich und sicher wie ein guter Anfang, strebend, erweiternd und gleichzeitig offen wie die Zufriedenheit.

Die Quint klingt nach der Oktave als zweiter Oberton der Reihe. Vielleicht empfinden sie deshalb viele als perfekt wie die Natur und fast ebenso rein wie die Oktav. Sie wirkt abschließend, zu Ende führend. Viele Melodien und Harmonieabläufe enden mit dem Quintensprung nach unten oder oben auf den Grundton (Kadenzen, Blues-Abgang von Stufe V zu IV zu I und Wiederholung des V-I-Sprungs im Schlußtakt). Die meisten Saiteninstrumente haben Quintabstände von Saite zu Saite. Der Spielraum einer Saite ist also nach einer Quinte abgeschlossen, die fünf (!) Finger einer Hand haben dann eine neue Saite zur Verfügung. Viele Pflanzenformen und Mineralien weisen in ihrem Aufbau die 5 als Vollendung ihrer Gestalt auf. Die 5-Tonleiter, die Pentatonik, ist ein archaisches und in sich abgeschlossenes Tonsystem (deshalb verwenden es die Kinder in ihren Liedern oft, ohne davon zu „wissen"). Die Quint taucht als 5. Oberton der Reihe ein zweites Mal auf, in dem die beiden Terzen, die Dur-Terz und die Moll-Terz, aufeinander aufgebaut erklingen und die Vollendung des Dreiklangs in der Quint schaffen. Schließlich ist die „Quintessenz" das (fünfte) Wesen einer Sache, der Hauptgedanke, das Endergebnis.

Die Sext bildet die Ergänzung bzw. Umkehrung einer Terz in der Oktave. Sie verbindet, füllt auf, hat eine starke klangliche Tragfähigkeit und vermittelt eine flächige, oft leicht melancholische Stimmung. Sie ist das erwachsene, reife, ruhige, fast weise unter den Intervallen und löst durch das umfassende und verbindende Element in ihrem Klangcharakter oft die Assoziation *Wasser* aus.

Die Septime, das letzte Intervall in diesem Kreis und die Ergänzung bzw. Umkehrung der Sekund in der Oktave, hat erst durch die Entwicklung des Blues und Jazz im 20. Jahrhundert große Bedeutung erhalten. Die Sept wurde dadurch vom abgelehnten, als dissonant aufgefaßten Intervall zum allgemein akzeptierten, heute schon fast wohlklingenden Intervall umgewertet. Sie vermittelt ungeheure Spannung und wirkt drängend, zwingend, indem sie z. B. in der ersten Stufe, das heißt auf dem Grundton gespielt, die vierte Stufe geradezu ruft. Sie ruft nach Erlösung, Auflösung, Entspannung. Sie hat eine erotische Ausstrahlung und ist „geladen" wie lebendige Haut oder das Element *Erde*.

Musiker haben phasenweise oder manchmal zeitlebens eine Bevorzugung für ein Intervall. Ich selbst liebe die Septime — ich mag vor allem die Musik, welche mit Septimen Spannungen schafft und entlädt, deshalb wohl meine Vorliebe für den Jazz. Meine eigenen Improvisationen sind voller Septimen, manchmal bis zu einem Sättigungspunkt, der dann in eine andere Bevorzugung überleitet, die Sekunde, welche ja das Komplementärintervall zur Septime bildet. Ich empfinde eine solche Bevorzugung nie als langweilig. Sie ist ein Reiz zum Ausleben und verrät ein Stück des eigenen Charakters, wie er im Grunde gleichbleibt, sich aber in allen Farben zeigen will.

3.7 Figur und Hintergrund in der improvisierten Melodie

Das bevorzugte Erscheinen oder Heraushören eines Intervalls im Spiel entspricht in der Gestalttherapie einer „Figur". Eine Figur ist die kleinste abgeschlossene Form, die an einer Oberfläche oder im Vordergrund erscheint. Sie besitzt einen oft nicht bewußten Hintergrund und drängt nach Vervollständigung, um ihn zu entdecken. In der Musik kann dies auf folgendem Weg geschehen: Mehrere Figuren derselben Art oder dieselbe Figur in Abwandlungen und Wiederholungen ergeben eine Melodie, welche dann eine Gestalt, ein Ganzes wird. Der Stimmungs-Hintergrund einer Melodie ist ihre Harmonie, der Klang. Er bildet sich aus den Gesetzen des bestehenden Figur-Hintergrund-Zusammenhangs. In der Musik heißt das Harmonielehre, beim Menschen könnten es die jeweils gemachten Erfahrungen sein. In einer freien Improvisation stellt das auffällige Erscheinen eines bestimmten Intervalls eine Figur im Vordergrund dar, ein Stück aktuelle Erfahrung. Sie ist vielleicht gesetzlos und ungebunden als Erscheinung, aber verknüpft mit der inneren Bewegung, dem Erfahrungshintergrund. Eine Improvisation, welche diese innere Bewegung erforschen will, löst sich Schritt für Schritt vom Ausgangsthema, der Figur, sieht sie von allen Seiten an und macht raumgreifende Expeditionen, um sich schließlich wieder zum Ausgangspunkt zurückzubewegen (F 4, F 12, G 8, G 9).

Wenn die Verbindung zwischen Figur und Hintergrund, zwischen Thema und Improvisation abreißt, entstehen entwurzelte Aktionen, die entweder belanglos oder verwirrend sind. Ein sicherer Hintergrund wirkt wie eine Heimat oder eine gute Mutter: zuverlässig, tolerant, vertraut. Sie (er) muß nicht dauernd präsent sein, aber verschwindet auch nie ganz. Eine Figur, eine Melodie oder eine andere „Profilierung" kann Bestandteil einer vom Hintergrund immer mehr unabhängigen Identität sein. Auf dem Hintergrund sicherer und behüteter Verhältnisse läßt sich eine chaotische, aggressive oder unstrukturierte Figur besser ausleben. Wenn eine Verbindung zum Hintergrund besteht, ist ein gewagtes Thema allenfalls ein kreatives Risiko, wenn sie gerissen ist, stellt es aber ein gefährliches Risiko dar (I 6, T 9).

Im ersten Fall lernen wir eher das Abenteuer kennen, im andern Fall eher das Unglück. Improvisation mit Melodien ist wie eine Erkundung der Umgebung, die Entdeckung neuer Wege oder, mit dem „Mutter"-Spiel ausgedrückt, die Ablösung von der Mutter in die Unabhängigkeit und gleichzeitig der bleibende Rückhalt der Mutter für die Ausbrüche in persönliches Neuland (Q 2). Danach wäre das Thema in seiner rhythmischen, melodischen und klanglichen Ganzheit die Mutter. Das Kind findet durch Ausprobieren der Arten und Eigenarten der Mutter, also durch Wiederholen, Abändern, Entwickeln und Verspielen der Tonsprünge, Rhythmen und Klänge, vor allem aber der Melodiebewegungen, ein Stück eigene Identität, eigenes Profil, um beim Wendepunkt oder bei der Rückkehr von diesem Abenteuer wieder auf das Thema, die Eigenarten des Ausgangspunktes zu hören und dadurch die Gestalt der Erfahrung zu schließen.

Die Melodie-Improvisationen von Jazz-Musikern wie *Ornette Coleman, Don Cherry, John Coltrane* oder *Eric Dolphy* (alles Bläser) sind u. a. deshalb so eindrucksvoll, weil sie wie Kinderlieder oder beliebige Ausflüge ins Melodienlabyrinth daherkommen, aber gleichzeitig eine tiefe Verwurzelung in einer musikalischen Heimat ausdrücken und die

Verbindung zum Thema fast unmerklich spüren lassen. Solche Improvisationen sind Reiseberichte, Erlebniserzählungen, Gefühlsbeschreibungen, Leidenschaftszeugnisse, Überzeugungshandlungen, Bewegungsabläufe (**M 1, M 7, M 8**).

Die musikalische Gestaltung von Melodien oder Themen verrät deren Hintergrund, deren kulturelle Heimat. Wir können gewöhnlich, ohne den Text zu verstehen, zwischen einem Liebeslied, einem Totenlied, einem Kriegslied, einem Fruchtbarkeitslied oder einem Arbeitslied unterscheiden. Die Melodiebewegungen, der Charakter der Intervalle und die Zusammensetzung der Teile deuten den Hintergrund an. Dabei denken wir nicht so sehr an die Liedstruktur mit A, B, C-Teilen (wie weiter oben beschrieben), sondern vielmehr an die vielfältigen Möglichkeiten und Formen von Gesangs-Spielen, mit welchen auf der ganzen Welt die Kulturen ihre Werte, Haltungen, Meinungen, Religionen, Hoffnungen usw. heraussingen. Wir finden da auch den Wechselgesang (Frage-Antwortmelodien), den Wettgesang (die bessere Melodie wird irgendwie honoriert), den Vorsänger mit Chorantwort, den Gesang mit Refrain, den Erzählgesang (Ballade), den Sprechgesang (Rap) und schließlich die Poesie, die bildhaften Texte, die nur noch der Überhöhung der Sprachmelodie bedürfen, um ein Lied zu werden (**S 13**).

Das folgende Beispiel entstand im Frühjahr 1984 in den Bergen. Die darin versteckten Melodien können bei jedem Leser und jeder Leserin andere Tonbewegungen und Formideen auslösen. Ich will deshalb diese Poesie der jedem eigenen Betonung (E 5) und Vertonung überlassen:

Jahreszeiten-Lied

Schmilzt der Schnee im Frühling,
weil er sein weißes Wissen
dem Wandel überläßt
wie die Träne
das Salz
dem Kissen
?

Im Sommer heißt der Schnee anders.
Sehnsucht und Zerfall tanzen
das Ritual
von Rausch und Stille.
Muß denn loslassen
schmerzhaft sein
?

Der Herbst hat Ahnung. Er vergißt
nicht so schnell den zu frühen Schnee.
Sein Saft erfindet jedesmal
die Farben neu
und das letzte Blatt schreit -
schneit.
...

Im Winter ist Eis, weil die Sonne müde ist
von soviel Geburten der Natur.
Sie liegt beim Schnee im Bett
und feiert den Tod
atem-pausen-los.

4. Die Dynamik

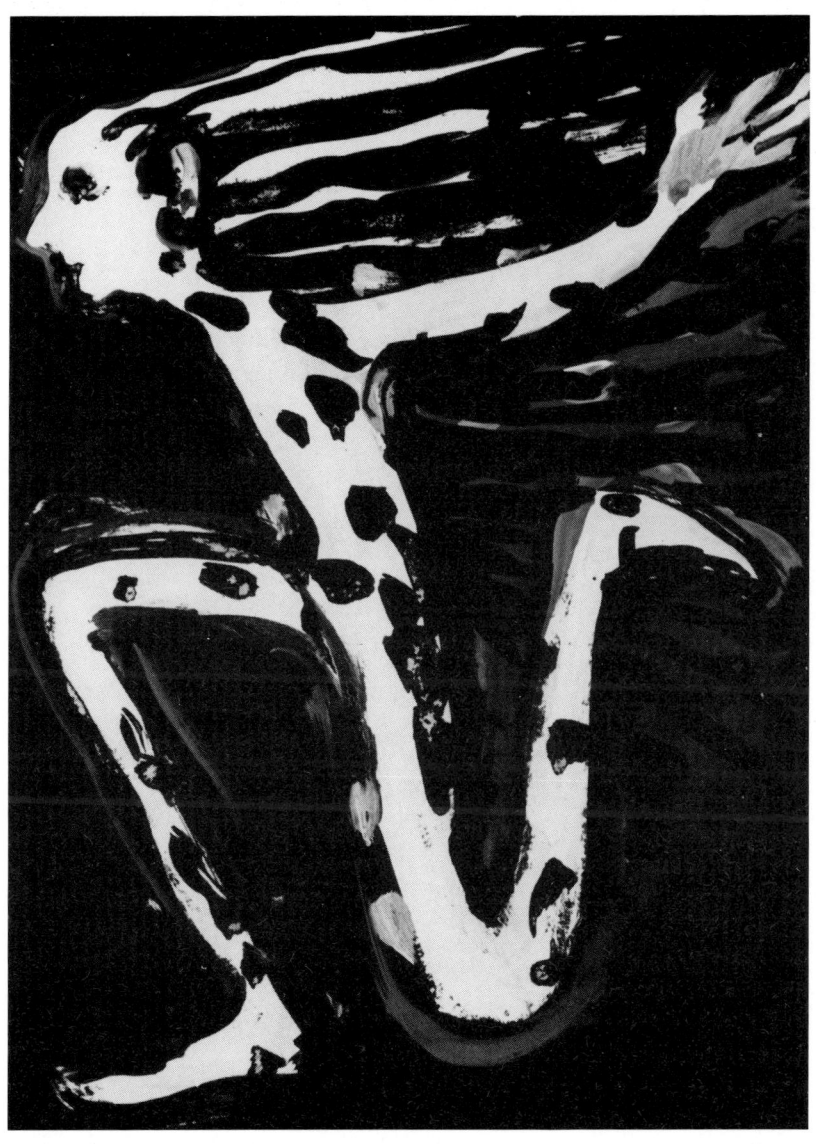

4.1 Einführung

Dynamik bezeichnet das Spiel und die Wirkung von sich gegenüberstehenden Kräften. Sie ist Bewegung der Kräfte, gegeneinander, ineinander, voneinander weg.

Dynamische Kräfte wirken in allen drei bisher behandelten Schaubzw. Hörplätzen musikalischen Geschehens, in Rhythmus, Klang, Melodie als Bewegungen der Stärke, der Wirkung, der Dichte, der Spannung, der Energie und der Pause. Sie geben diesen Hörplätzen durch dauernd wechselnde Beeinflussung die volle Gestalt. Ein Rhythmus beginnt erst zu leben, wenn sich die leichten Schwankungen des energetischen Haushaltes einer spielenden Person auch in solchen des Tempos und der Stärke ausdrücken, ohne daß dabei das rhythmische Muster oder das verbindende Metrum verlassen werden muß. Ein Klang schwingt erst, wenn sich Lautstärke und/oder Dichte dauernd verändern, anschwellen, verklingen, schwanken — wie Meeresrauschen, Wolken oder Wind. Und eine Melodie gewinnt erst Ausdruckskraft, wenn Tempo und Lautstärke der Melodieführung entsprechen, das heißt diese unterstützen, verdeutlichen, unterstreichen und verstärken, kurz: wenn die Dynamik die Melodie be-tont (siehe auch Kap. „Melodie").

4.2 Die Pause

Wir betrachten hier vor allem drei dynamische Faktoren: *Tempo* und *Lautstärke* und den Gegenpol von beiden: die *Pause* (F 6, I 4, T 1). Eine Pause hat kein Tempo und keine Lautstärke. Trotzdem ist sie ein dynamisches Element. Sie ist groß oder klein und hat Dauer und Intensität. Ohne Pause gibt es keine Dynamik — sie ist die rhythmische Partnerin der Aktivität, wie der Schlaf derjenige der Wachheit ist. Die Pause ist also nicht bloß der Zwischenraum von zwei Ereignissen, sondern selber ein Ereignis. Wer sie nicht so behandelt, verliert die Energie für die Ereignisse zwischen den Pausen. Ohne die Pause vor dem Anfang (Einschwing- oder Vorhörphase) und nach dem Schluß (Ausschwing- oder Nachhörphase) sowie die vielgestaltigen, aufeinander bezogenen, zur Aussage gehörenden Pausen innerhalb des musikalischen Geschehens wäre Musik ein Brei oder ein gestaltloser Zustand. So betrachtet sind die Pausen für die Musik mindestens ebenso wichtig wie die Musik selbst.

Dieser Gedanke wird noch deutlicher, wenn wir uns ins Bewußtsein rufen, daß Musik als harmonikale Ordnung in Elementarteilchen und Kosmos dauernd schwingt (vgl. *Berendt* 1983, S. 89 ff.). In jedem Raum und in jeder Materie ist Musik bereits da. Sie braucht nur abgerufen, er-hört, mit Instrumenten in Szene gesetzt, durch uns als Medium zum Klingen oder in Unordnung gebracht zu werden. „Die Sterne lauter ganze Noten; der Himmel die Partitur; der Mensch das Instrument" (*Morgenstern*) oder „die Sonne tönt nach alter Weise"

(*Goethe*) sind poetische Belege dieser längst bekannten Tatsache (vgl. *Berendt* 1983, S. 101, 92). Das Schweigen in der Musik ist vergleichbar mit dem Samen einer Pflanze oder eines Lebewesens: Schon darin enthalten, bekommt er erst Gestalt, wenn er Nährboden findet. Für die Entstehung eines Tones ist die Pause der Nährboden, für den Rhythmus ist sie die Gestalterin der Struktur, für den Klang ist sie integrierter Bestandteil, und für die Melodie ist sie der Spielpartner.

4.3 Tempo und Lautstärke im Quadranten-Schema

Die dynamischen Faktoren Tempo und Lautstärke können auf zwei Skalen dargestellt werden: Hohes bis geringes Tempo oder schnell-langsam; und große bis kleine Lautstärke oder laut-leise. Legen wir die zwei Skalen im Kreuz übereinander, so erhalten wir vier Felder (Quadranten) von dynamischen Ausprägungen, wie sie in der Improvisation als musikalische Mitteilung einer Kraft zur Verwandlung vorkommen:

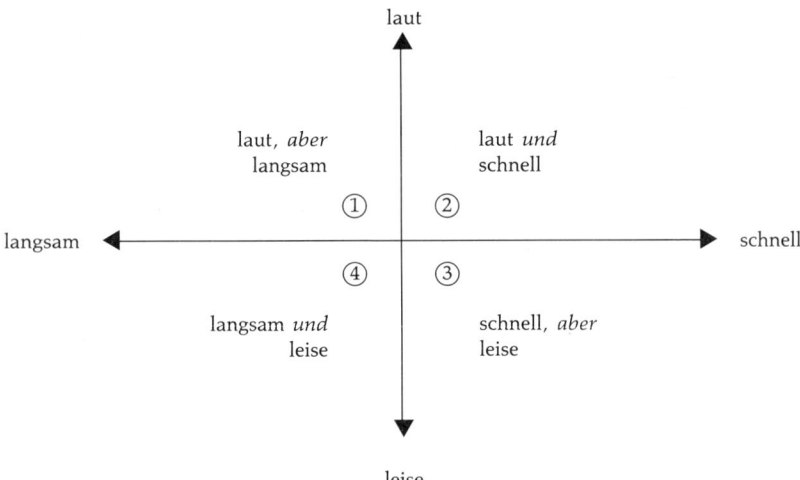

In den Quadranten 2 und 3 sind die dynamischen Bezeichnungen der zwei das Feld begrenzenden Achsen mit dem Wörtchen „und" verbunden. Erfahrungsgemäß sind solche Kombinationen häufiger oder gewöhnlicher, jedenfalls leichter spielbar. Es sind dynamische Entsprechungen. In den Quadranten 1 und 4 sind die dynamischen Bezeich-

nungen mit dem Wörtchen „aber" verbunden, was besagt, daß diese Kombinationen ungewöhnlicher oder anspruchsvoller, jedenfalls schwieriger zu spielen sind. Es sind dynamische Spannungen.
Sehen wir uns diese vier Quadranten einzeln etwas genauer an und nehmen die Richtung vom Mittelpunkt des Achsenkreuzes zu den äußeren Eckpunkten der vier Felder, also die Diagonalen als „dynamische Absicht" einer gegebenen spielenden Person an, so erhalten wir alle dynamischen Bewegungen des freien Spiels, ausgedrückt in der Steigerungsform der dynamischen Eigenschaft: lauter, schneller, leiser, langsamer sowie lauter aber langsamer, lauter und schneller, schneller aber leiser, langsamer und leiser.

Diese acht dynamischen Bewegungen übersetzen wir nun vom rein musikalischen Material in psychodynamische Kräfte wie die bewußte oder spontane Absicht oder wie der Wunsch. Sie sagen etwas über die innere Bewegung der spielenden Person aus. Ein gesteigerter Wunsch wird zu einem Willen, und der umgesetzte Wille wird zu Kraft. Die Dynamik der Improvisation verrät also etwas über die Kette Wunsch — Wille — Kraft. In einem Satz: *Dynamik ist die Kraft des Wunsches oder der Wille zur Bewegung und Verwandlung.*

4.4 Der Versuch einer Entschlüsselung

In welche Richtung einer Entschlüsselung von Willensäußerungen zeigen die vier sich ergänzenden Quadranten tendenziell? Die Dynamik des Quadranten 1 (laut, aber langsam) deutet auf eine gewisse Schwerfälligkeit hin. Aber auch düstere Spannung, Widerstand, Macht, Vollendung oder Potenz kann zum Ausdruck kommen. Die Dynamik des Quadranten 2 (laut und schnell) weist hingegen auf Beweglichkeit, Ungeduld, Druck, Dominanz, Kraft, Angriff, auch auf Steigerung, Dichte, Intensität, Ende und Höhepunkt hin. Die Dynamik des Quadranten 3 (schnell, aber leise) verrät Aufmerksamkeit, Präsenz, Aufregung, gespannte Erwartung, Gewandtheit, aber auch Mißtrauen, Gewappnet-Sein, ängstliches Agieren, zurückgehaltene Ag

gression, Unruhe, Anspruch, Anfänge. Die Dynamik des Quadranten
4 (langsam und leise) belegt Zurückhaltung, Vorsicht, Hemmung,
Trauer, Sensibilität, aber auch Ruhe, Versenkung, Endlosigkeit,
Raum, Zärtlichkeit.

Diese emotionale Zeichensprache der Dynamik darf nicht als voll-
ständig oder absolut, sondern nur als relative Hilfe im Verstehen musikalischer Symbole angesehen werden. Es sind Willensäußerungen, offene und hintergründige Absichten, innere und äußere Beweggründe.
Manchmal dringen sie in die eigenen oder fremden Ohren ein wie un-
verhüllte Aussagen, manchmal bleiben sie völlig unverständlich. Sie
sind zwingend und eindeutig oder unberechenbar und sprunghaft, genauso wie es der menschliche Wille ist. Dieser besitzt immer eine vor-
wärtstreibende Kraft der Veränderung.

Dynamik entzieht sich der Wiederholung, wie ich sie bei den rhythmischen und melodischen Elementen fast beschwört habe. Sie ist als
Wirkung einmalig und dadurch dem Klangereignis verwandt. Dynamik und Klang sind situationsabhängige Prozesse oder Zustände wie
auf der psychologischen Ebene der Wille und das Gefühl. Die Dynamik verschmilzt oft mit dem Klanggeschehen, ist amorph wie dieses
und kann von ihm verstärkt werden, wie auch ein Gefühl den Willen
zu stärken vermag.

In der Kunst der Betonung und Phrasierung spielt die Dynamik eine
entscheidende Rolle. Sie belebt und färbt den Ausdruck, und sie eröff-

net fast grenzenlose Veränderungs- und Erweiterungsmöglichkeiten von bestehenden Mustern. — Ein Klavierschüler sagte mir einmal, daß alle seine Improvisations-Erfindungen gleich klingen würden, und war nahe am Aufgeben, obwohl er ein reiches Vermögen an Themen, Ideen und technischem Handwerk besaß. Er vergaß die Dynamik, und als er sie entdeckt hatte, verwandelte sich sein Spiel in eine unverhoffte Flut neuer Einfälle. Seine Phantasie wuchs mit den Möglichkeiten der Dynamik, und seine Motivation erlosch nicht mehr.

Dazu fällt mir auch die Sage von dem Bauern ein, der, unzufrieden über das launische Wetter, vom lieben Gott die Erlaubnis bekam, für ein Jahr das Wetter selbst zu gestalten. Er machte dies seiner Meinung nach leidlich, bekam auf den Herbst ein hochgewachsenes Kornfeld und freute sich. Als er aber nachschaute, befand sich keine Frucht in den Hülsen seiner Ähren. Erstaunt fragte er den lieben Gott, was er denn falsch gemacht hätte, und dieser antwortete: Du hast Regen und Sonne gut gemischt, du hast Wärme und Kälte zu ihrem Recht kommen lassen — aber du hast den Wind vergessen. Der Wind befruchtet im Frühling, stärkt die Wurzeln im Sommer und will im Herbst mit den schweren Halmen schaukeln! Darauf überließ der Bauer dem lieben Gott das Wettermachen wieder. — Und wir überlassen die Dynamik in der Improvisation unserem eigenen, spontanen Willen, der immer wieder den frischen Wind ins Spiel bringt.

5. Die Form

Erschreckend, ja tragisch ist diese menschliche
Neigung zum Versteinern der Form.
(*Kandinsky* in einem Brief vom 6. 2. 1911 an
Schönberg)

5.1 Einführung

Form hat viele Gewänder. Die Sprache hält dementsprechend verschiedene Begriffe bereit: das Gefäß, das Gehäuse, der Rahmen, die Figur, der Körper, die Schale, die Fassung, die Kontur, das Äußere und andere mehr. Ebenso ist die Form vielgestaltig und wandelbar: Es gibt feste und bewegliche, aufgelöste und verhärtete, entstehende und zerfallende, aufgebrochene und geschlossene, innere und äußere Eigenschaften einer Form. Es wäre falsch, sich Form als den starren Gegensatz eines beweglichen Inhalts vorzustellen. Sie entsteht und zerfällt, sie zwängt ein und wird gesprengt, sie dient und stört.

All dies trifft in besonderem Maße auf Formen in der Improvisation zu, ohne die sie genauso unbrauchbar wäre wie eine Gemeinschaft ohne Regeln. Wie schon erwähnt, führt der Zwang zur Formlosigkeit in die Unfreiheit. Kulturelle und politische Strömungen haben dies auf der Suche nach Freiheit immer wieder ausprobiert. Ihr Widerspruch zeigt sich dort, wo sie in aller Form, mit Regeln und Gesetzen, Formlosigkeit anstreben. Solche Zwänge führen zu einer Verselbständigung und Erstarrung von Form und Inhalt. Jede Freiheit hat also eine Form, allerdings eine wandelbare. So auch die freie Improvisation, in welcher Formen selbst ein Mittel zur Verformung, zur Improvisation werden. Der folgende Gedanke liegt nahe: Das Formulieren ist die Freiheit, mit Sprache zu improvisieren. Die Zusammenstellung und Verwandlung von Formen folgt beim Sprechen, Schreiben und beim Improvisieren demselben Prozeß (**F 1**).

5.2 Ein Vergleich zwischen Kunst und Therapie am Beispiel der Form

Am Beispiel der Form und ihrer Wandelbarkeit läßt sich eine nötige Abgrenzung zwischen Kunst und Therapie bzw. Künstler und Patient ziehen: Künstler suchen für jeden Ausdruck die entsprechende, einzigartige Form. Sie sind Form-Geber, Form-Vollender und Form-

Verwandler. Solange sie sich noch im Inhalt bewegen, sind sie suchende Menschen wie du und ich. Unsere Bewunderung gilt aber ihrer Fähigkeit, einem Aspekt des Lebens jetzt die aussagekräftigste Form zu geben, die ihre Anhänger und Kritiker je auf ihre Weise verstehen.

Ein Patient ist in Formen gefangen, in verhärteten Formen seiner unerfüllten Bedürfnisse. Er klammert sich an diese Formen, weil er Angst vor deren Inhalt hat. Sein Körper oder Geist entwickelt laufend starre Formen (Symptome), weil der Fluß des Inhalts zu bedrohlich, zu träge oder zu schmerzhaft geworden ist. Er wird dann vom kranken zum heilbaren Patienten, wenn er bereit ist, diese Formen aufzugeben und den Inhalt, wie er jetzt ist, anzusehen.

Ein gelingender Therapieprozeß verwandelt — vor allem in der Musiktherapie — Kranke zu Patienten und diese zu schöpferischen Menschen. Die Psychotherapie-Patienten verlassen die alten, starren Formen, ihr Gefängnis, und finden Schritt für Schritt im Jetzt gültige Formen für ihre Persönlichkeit. Aus ihrem sie deformierenden Leiden heraus entwickeln sie die Gestaltung ihrer selbst, die Komposition ihres Selbstbewußtseins. Die Musik dient dazu als Material, als Werkstoff. Der Therapeut gleicht einem Instrument, das zurückklingt und -spiegelt, wenn man es benutzt. Die Beziehungsfähigkeit und der Wachstumsprozeß der Patienten entsprechen dem sich formenden Kunstwerk. Und das Ziel ist die volle Per-son, durch welche ihre eigenen Wurzeln, Gefühle und Meinungen, eben Rhythmus, Klang und Melodie hindurchklingen.

Die Patienten verlieren also starre Formen, um neue zu finden, und die Künstler finden die stimmige Form, weil sie die starren verloren haben. Die Improvisation läßt beide Prozesse zu: Form verlieren und Form gewinnen. Der Anspruch, ohne Formen auszukommen, ist deshalb unergiebig, weil er der Angst vor den zwei Instanzen, dem Künstler und dem Patient in uns, entspringt. Es ist eine Frage der Form, wie wir unserem eigenen Inhalt Gestalt geben oder wie wir unsere Ausdruckshemmungen durch Formverwandlung zu befreien versuchen. Die Inhalte, die Künstler und Patient verbinden, bestehen in derjenigen kreativen Phantasie und Spontaneität, welche sie ihrer speziellen Lage außerhalb fester gesellschaftlicher Formen abgewinnen können. Diese Lage macht Künstler manchmal zu „Spinnern" und Psychopatienten zu schöpferischen Menschen. Sie beide suchen für ihre gegenwärtigen, unbewältigten, geistigen Inhalte eine Form, die sich gesellschaftlichen Formen ja entgegenstellen muß; bei den Künstlern als Auftrag und Berufung, bei den Patienten als Notschrei und Leidensbewältigung.[27]

5.3 Spontaneität und Form

Spontaneität und Form — ist das nicht ein Widerspruch? Es sind Polaritäten, die sich dauernd gegenseitig herausfordern. Spontaneität hat ihre „Wurzeln in der persönlichen Vorbereitung", sagen die Psycho-Therapeuten (vgl. *Polster, Polster* 1975). „Das unbewußte Formen aber, das die Gleichung: ‚Form = Erscheinungsform' setzt, das allein schafft wirklich Formen; das allein bringt jene Vorbilder hervor, die von dem Unoriginellen nachgeahmt und zu ,Formeln' werden", sagt der Künstler *Schönberg* im Briefwechsel mit *Kandinsky* (1983, S. 21). Wenn beide recht haben, ist ein ständiger Wechsel zwischen Spontaneität und Form nötig, um einen lebendigen Prozeß in Gang zu halten. Und tatsächlich können wir in vielen Improvisationsbeispielen hören, wie Spontaneität und Form einander dauernd ablösen, wie die Spontaneität die günstigen formalen Gegebenheiten nützt, um sich Luft zu verschaffen, und wie die Form ein Gefäß für ungebundenes oder beziehungsloses Spontan-Material werden kann.

Deshalb ergibt auch die scharfe Trennung zwischen Komposition und Improvisation keinen Sinn. Komposition ist zwar auf die Vollendung der Form ausgerichtet, und Improvision strebt nach der ungebremsten Spontaneität. Aber beide brauchen und befruchten einander. Eine rein formale Komposition auf dem Reißbrett oder Computer ist denkbar (und wird längst gemacht), ohne Improvisationsanteile im Gestaltungsprozeß entsteht jedoch weniger eine Form als vielmehr eine Formel.[28] Und allein auf die spontane Improvisation zu vertrauen, ist deshalb eine Sackgasse, weil der Zustand der Formlosigkeit unfrei, also auch unspontan macht. Der Zwang, frei sein zu müssen, ist uns sicher allen bekannt. Umgekehrt ist es genauso unfruchtbar, sich einer festen Form zu verschreiben. Eine fixierte Form stirbt ab, weil sie ihre Wandelbarkeit ausschließt und eine zwanghaft freie Improvisation erstickt in ihrer eigenen Widersprüchlichkeit.

Uns ist einerseits der spontane Umgang mit der Formgebung, der Verformung und der Formauflösung wichtig und andererseits die Entdeckung von persönlichen Formen der Spontaneität, von Umgangsformen der Spontaneität. Für diese beiden polaren und ineinandergreifenden Erfahrungen haben wir vielfältige Spielformen zur Verfügung (einige ausgewählte Beispiele: F 5, D 7, G 2, G 6, E 2, I 5, P 2, P 4, T 8, T 9).

5.4 Lernen und Fehlermachen

Kaum ein Lern- und Erfahrungsfeld ist so belastet vom Mythos der Fehlerlosigkeit, des „Keine-Fehler-machen-Dürfens" wie die Musik. Unzählige wurden gequält mit dem immer wiederkehrenden Anspruch, daß ein Stück fehlerlos gespielt werden muß. Viele haben allein durch die Tatsache, daß ihnen doch noch Fehler unterlaufen, mit der Musik aufgehört — für immer! Das scheint fast kriminell, vergleicht man es mit den Fehlern, die auf dem Gebiet der Wissenschaften oder der Politik gemacht werden, ohne daß deswegen jemand für immer das Handwerk aufgeben würde. Kriminell deshalb, weil dadurch einem Menschen eine lebenswichtige Ausdrucksmöglichkeit geraubt wird und er durch deren Verlust zum Konsumenten verurteilt ist. Und die zu Nur-Hörern Verurteilten sind bestimmt die Mehrheit der Bevölkerung! Es könnte umgekehrt sein, würde die Musik als spontanes und nicht als fehlerloses Ereignis verstanden.

Die heutige Musik-Erziehung und Kultur-Justiz (die Entscheidungsträger, Schulplaner, Geldgeber, Kritiker usw.) sind immer noch darauf aus, in einem erfolglosen Lernprozeß Schuldige zu finden und diese irgendwie zu bestrafen. (Wer viele Fehler macht, hat nicht aufgepaßt oder gilt als faul!) So versuchen wir schon von früher Kindheit an, uns nicht erwischen zu lassen. Erwischtwerden ist demzufolge eine Schwäche, und Nicht-Erwischtwerden gibt den einzigen Spielraum, etwas Unerlaubtes zu tun, einen sogenannten Fehler wirklich zu machen, ein Gesetz zu brechen. Höchstens der unbewußte Ausweg des Irren aus diesem Netz, der den Wahnsinn benutzt, um Fehler machen zu dürfen, wird von der Gesellschaft dafür entschuldigt. Und das auch nur, weil Verrücktheit sich letztlich auf die Person selbst richtet, im Gegensatz zur Raffinesse, welche die Fehler der anderen ausnützt.

Ich meine, diese sogenannten Fehler sind immer nur Fehler in bezug auf ein autoritäres Wertsystem. Einige Stilrichtungen der neuen Musik (z. B. Free Jazz oder Punkmusik) entwickeln dadurch eine Freiheit, daß sie einen derartigen Fehler zum spontanen Einfall aufwerten. Er wird so zum produktiven Treffer, zum stilisierten Ausdruck des Protestes.

Das Entdecken, das Fehlermachen und das Lernen gehören zusammen, sie gehen ineinander über. Der sogenannte Fehler verschwindet im entdeckenden Lernen, weil er ja nicht störend und noch weniger zerstörend ist, sondern im Gegenteil die eingeschlagene Richtung einer noch nicht vollendeten Bewegung anzeigt. Es gibt also in der Improvisation keine falsche Bewegung, es gibt sinnvolle und sinnlose, effektvolle und kräfteraubende, gewollte und ungewollte Bewegungen. Aber auch sinnlose, kräfteraubende und ungewollte Bewegungen geben Hinweise oder sind Auslöser für neue Ideen, sind Anfangspunkte lebendiger Improvisation.

Die Abblockung einer Bewegung, weil sie falsch oder ungeschickt sein könnte, führt zur Unbeweglichkeit, welche dann auch Ideen, ja sogar den Atem behindert. Eine Bewegung laufen lassen, ihr zuhören und zusehen, heißt lernen. Etwas Neues lernen heißt, die Bewegung dazu ausführen können. Die Fähigkeit, eine Bewegung zu wiederholen, bedeutet Fertigkeit. Nicht das „was" ist dabei wichtig, sondern das „wie". Dieser letzte Gedanke ist der Improvisation, der Kunst, der Therapie und den alltäglichen Beziehungen gemeinsam.

5.5 Figur und Hintergrund als Formelemente

Die Improvisation ist ein Abbild, eine Behandlungsform der Phantasie und der Spontaneität. Sie ist als solche ein unteilbares Ganzes. Um aber hinter die Erscheinungsformen dieser Ganzheit zu sehen, um den Inhalt der übernommenen oder sich ergebenden Formen zu ergänzen, müssen wir in einzelne Zeichen, Aspekte und Bedeutungen hineinhorchen, die in Rhythmen, Klängen, Melodien, in Dynamik und Verwandlungen von Formen erscheinen.

Nehmen wir eine bekannte Melodie, z. B. „Yesterday" von den Beatles. Wenn wir sie ein paar Mal wiederholen, beginnen wir zu spüren, daß Text und Melodie-Form zu einer Figur werden, die sich auf einem bereits vorhandenen Hintergrund abzeichnet. Diesen Hintergrund können wir fragend aufdecken: „Warum fällt mir gerade diese Melodie jetzt ein? Hab ich das Stück kürzlich gehört? Nein. Gefallen mir Melodie und Klang darin? Vielleicht, aber nun? Was klingt an? Was bewegt mich daran? Wort und Melodie erscheinen mir zusammen wie eine Erinnerung. Vielleicht ist es das melancholische Gefühl, daß das Fest von gestern schon vorbei ist und das Leben leider nicht dauernd wie ein Fest weitergeht, die Erinnerung aber noch besteht? Ja, diese Melodie ist zur melancholischen Erinnerung geworden!" In diesem Moment haben sich Figur und Hintergrund durch das Bewußtsein der Erinnerung verbunden. Das Schlüssel-Thema heißt „Melancholie". Es ist ein unbewältigtes Gefühl und drängt zur Vervollständigung. Eine Improvisation über dieses Thema kann den Hintergrund nochmal Figur werden lassen und die Erfahrung so gestalten, daß das Gefühl verdaubar und damit im (Hinter-)Grund integrierbar wird[29] (F 4, G 8, M 7, M 8).

Eine (Solo-)Improvisation auf dem Hintergrund einer tragenden Begleitung durch das eigene Gefühl oder auch durch das von Mitspielern ist ein abenteuerliches Erlebnis. Sich vom Hintergrund ablösen, ohne ihn zu verlieren, direkt aus dem Unbewußten Figuren herausformen und dabei eine Gestaltung der persönlichen Lebensgeschichte im Jetzt erleben, darin liegt die ungeheure Selbstdarstellungskraft der freien Musik. Eine Improvisation, welche diese Verbindung von Figur und Hintergrund erreicht, hat dieselbe Bedeutung wie viele kleine und große Ereignisse im Leben. Sie gestalten unmerklich unseren Körper und unser Gesicht zu dem, was er/es jetzt ist. Der Körper bildet die Form unserer Geschichte ab, und die Improvisation verrät die Form unserer Person im Jetzt. Körperzeichen sind die sichtbaren, Improvisationen die hörbaren Figuren des persönlichen Hintergrundes.

Weil schöne oder ausgestaltete Formen und Figuren so befriedigend, so erregend wirken, erliegen sie der Gefahr, daß man sie behalten oder aufbewahren will. Wo Formen jedoch zur Routine oder Ware werden, töten sie den Inhalt ab. Wenn sie Gewohnheiten sind, können sie als gute Gewohnheiten das Leben erleichtern, als schlechte dieses zerstören. Sucht ist schlechte Gewohnheit.[30]

Starre Formen verfallen schnell dem Zwang, immer wieder mit neuen Inhalten gefüllt werden zu müssen. In lebendigen Prozessen kann der Inhalt die Form entwickeln, kann die Figur den Hintergrund aufwühlen. Es gibt dennoch Formen, die über Epochen hinweg beständig und gleichzeitig verwandlungsfähig bleiben. Ein eindrückliches Beispiel dazu ist der Blues. Er hat als Form sowohl die Geschichte des Jazz wie der Rock-Musik grundsätzlich und durchgehend beeinflußt. Er stellt die Ur-Form eines harmonischen Ablaufs, sozusagen einen

Hintergrund der musikalischen Strömungen im westlichen 20. Jahrhundert dar. Dieser Hintergrund sind Trauer und Protest der schwarzen Afrikaner in der sogenannten neuen Welt, der archaische Überlebenskampf des Alten im Neuen. Die entwickelten Figuren und verwandelten Formen des Blues reichen vom New Orleans-Jazz durch alle weiteren Jazz-Stile, vom afro-indischen Volkslied über den Tango, Samba, Salsa und von der Country-, Rock-, Beat- und Pop-Musik bis zum Reggae, Punk und sogar in die 12-Ton-Musik oder in die serielle Musik der zeitgenössischen Strömungen hinein. Traurigkeit und Protest im kollektiven Unbewußten benutzen und verwandeln die archaische Form des Blues und gestalten mit ihr Zeitgeschichte. Dies ist — so meine ich — der beständige Hintergrund, die unsterbliche Form des Blues.

5.6 Formen des methodischen Handwerks

Die Art und Weise, wie wir musikalisches Geschehen aufnehmen, ist entscheidend für den selbstbewußten Ausdruck. Das Ohr verfügt als Sinnesorgan über zwei Wahrnehmungsarten oder Aufnahmeformen. Es kann ganz in der Sache, dem akustischen Geschehen drin sein, und es kann um das akustische Geschehen herum kreisen, ihm „voraushören" oder „nachhören". Das „Voraushören" besteht in der Fähigkeit, mit der Einatmung (Inspiration) nach *innen* zu *hören*. Es umfaßt das Hören auf innere Stimmen und Melodien, die abrufbaren Klänge im Körperraum oder die rhythmischen Impulse von Herz, Atem und Bewegung. Es ist das Abhören der „inneren Natur", der Emotionalität oder der kreativen Phantasie vor der Handlung: das Wollen, Wünschen, Drängen. Es bedarf eines gewissen Schonraums, Selbstschutzes oder Rückzugs, um solche Hörräume wachsen zu lassen. Dieses Hören ist vor-bereitendes Hören, ähnlich wie *Freud* und *Perls* das Denken als Probehandeln und zielgerichtete Phantasietätigkeit bezeichneten.[31]

Das „Nachhören" ist die nachvollziehende, integrierende Form des Hörens und gelingt durch die Fähigkeit, nach *außen* zu *hören*. Es ist das Hören auf die Umgebung, die laufenden Beziehungen und Spannungen, es ist Kontakt und Reaktion auf das akustische Geschehen, seine „äußere Natur". Bedingungen für dieses Hören sind eine Öffnung für das Ganze, ein Sich-Einlassen auf ein Gesamtgeschehen sowie Wachheit und Präsenz der Sinne.

Während das Nach-außen-Hören in gruppendynamischen Prozessen wichtig und notwendig ist, gewinnt das Nach-innen-Hören beim Alleinspielen, in Solos, Dialogen oder Erzählungen mit Instrument oder Stimme an Bedeutung.

Von einer Methode oder Wirkung aus gesehen, lassen sich die Improvisations-Formen in drei Kategorien unterscheiden: Beziehungs-Improvisation, themenzentrierte Improvisation und übungszentrierte Improvisation.

Die *Beziehungs-Improvisation* umfaßt alle Spielformen, deren Leitfaden oder Ablaufmuster die Beziehung der Spieler untereinander betrifft: Dialoge, Ablösespiele, Kontakt- und Trennungsspiele, Aufteilungs- oder Phasenspiele. Die musikalischen Prozesse, Formverwandlungen, Entscheide, Impulse oder Abläufe sind darin von Faktoren wie Nähe und Distanz, Intimität und Fremdheit, Kontakt und Rückzug der Spieler untereinander abhängig. In folgenden Spielen geht es um Beziehungs-Improvisationen:

B 2, B 5, B 9, D 1, D 2, D 3, D 6, D 8, D 9, D 11, E 1, E 2, G 1, G 2, G 3, G 4, G 5, G 6, G 10, G 11, G 12, H 2, I 2, I 4, I 5, K 2, P 1-P 11, Q 1, Q 2, S 1, S 2, S 10, S 12, T 2, T 3, T 4, T 6, T 8, T 10.

Die *themenzentrierte Improvisation* umfaßt alle Spielformen mit Vertiefungsabsicht von Themen im Umfeld oder im Innenleben der Spieler. Es geht dabei um Bilder, Prozesse, Erinnerungen, Ideen, Befindlichkeiten, Gefühle, Stimmungen, Meinungen oder Teile der Person selbst. Die musikalischen Prozesse sind darin entweder von der Beweglichkeit, Ausdruckskraft und Persönlichkeit der spielenden Person in bezug auf ein Thema abhängig, oder das Thema vermag die Beweglichkeit, Ausdruckskraft und Persönlichkeit derselben zu vertiefen. In folgenden Spielen geht es um themenzentrierte Improvisationen:

B 3, B 6, B 12, D 4, D 5, D 7, D 10, D 12, F 6, F 9, G 7, H 1, I 1, M 2, M 6, M 7, M 8, S 6, S 8, S 9, S 11, S 13, T 1, T 11.

Die *übungszentrierte Improvisation* umfaßt alle Spielformen, die vom musikalischen Material ausgehen, den Regeln und Gesetzmäßigkeiten des Zusammenklingens folgen, rhythmus-, melodie- oder harmoniebezogene Aufgaben stellen, also die Musik selbst thematisieren. Gleichwohl appellieren auch diese Spiele an Beziehungen oder persönliche Themen wie die ersten zwei Kategorien. Sie erzielen oft gerade dadurch eine Wirkung, daß sie als Musikübung vorgestellt werden und die spielende Person die Selbstkontrolle und Selbstbeobachtung zugunsten eines Musikerlebnisses aufgeben kann. Meist ist auch die Bereitschaft zu solchen Spielen größer, denn Üben ist allseits akzeptiert und unverfänglich. Fähigkeiten durch Übungen zu erlangen erhöht die Sicherheit. Die Gefahr besteht darin, sich hinter solchen erworbenen Formen zu verstecken, die themen- sowie beziehungszentrierte Improvisation dadurch zu vernachlässigen und die Sicherheit über die Risikobereitschaft zu stellen. In folgenden Spielen geht es um übungszentrierte Improvisationen:

A 7, F 1, F 2, F 3, F 4, F 5, F 8, F 12, G 8, G 9, I 6, I 7, K 1, M 3, R 1-R 7, S 4.

5.7 Form-Muster der Improvisation

Wie Sicherheit aus dem Risiko, so entsteht Ordnung aus der Unordnung, dem Chaos und kehrt wieder zu ihm zurück. Das gilt für die Ordnungsformen einer Gruppe, Gemeinschaft, Einrichtung oder eines Staates genauso wie für die inneren, psychischen Ordnungsprozesse beim Erwachsen-Werden eines Menschen. Improvisation bewegt sich immer im Spannungsfeld Ordnung — Chaos. Eine dritte Kraft darin ist der *Zufall*. Unter Zufall soll hier einmal verstanden werden, was förmlich an-, ein- oder zu(sammen)-fällt, wenn zwischen Ordnung und Chaos Dynamik herrscht. In derart offenen Prozessen lassen sich Einfälle und Zufälle ohne weiteres gleichsetzen. Sie können verglichen werden mit den zufälligen Ereignissen auf einer Reise, wenn beispielsweise der Einfall, die Straße links zu nehmen, mit dem Zufall einhergeht, dort einen alten Bekannten zu treffen. So kann der Einfall, diese oder jene Melodiewendung spontan einzuschlagen, den Zufall eines bisher unentdeckten Rhythmus bescheren. Das Risiko erhöht dabei einerseits die Chance von Entdeckungen und andererseits die Gefahr der Enttäuschung von Erwartungen. Das Chaos wiederum macht erfinderisch und risikobereit, während die Ordnung die nötige Sicherheit vermittelt, Zufälle und Einfälle überhaupt zuzulassen.

Die derbe Schönheit des Chaos, die vermittelnde Provokation der Ordnung und die antreibende Selbstverständlichkeit des Zufalls sind drei gleichwertige Form-Muster der Improvisation, die Eckpfeiler eines Freiraums, in dem Formen wandelbar bleiben.

Ein anderer Ansatz, die Improvisation als Form-Muster zu verstehen, liegt in dem Gedanken, daß Musik als Phänomen und daß Sprache als Phänomen denselben Gesetzen folgen. Also muß es zwischen Musik und Sprache Übergänge geben, die als Kommunikationsmuster für beide gültig sind. Wir haben in diesem Buch bisher ausführlich die Sprache der Musik (-Improvisation) zu erhellen versucht — und wir können durch lautes Lesen die Musik in der gesprochenen Sprache hören. Das sind Übergänge (E 5, S 13). Poesie auf der Sprachseite und Sprechgesang auf der Musikseite machen diese noch deutlicher. Wenn sich nun das eine in das andere verwandeln soll, so haben wir es mit morphologischen Prozessen zu tun. Der eine Verwandlungsprozeß könnte als *Sprach-Gestaltung erlebter Musik* umrissen werden, der andere als *musikalische Umsetzung sprachlicher Vorstellungen*. Solchen Fragen geht seit einigen Jahren eine „Forschungsgruppe Morphologie der Musiktherapie" nach.[32]

5.8 Improvisation, eine Lebensform?

Improvisation ist nicht nur Ausdruck innerer Verhältnisse einer spielenden Person, sondern auch ihrer politisch-gesellschaftlichen Lebensbedingungen. Ein städtischer Rhythmus pulsiert in der Regel dichter als ein ländlicher. Die Melodien aus technisierten Ländern und Kulturen erscheinen gleichförmiger als die aus nicht-industrialisierten Gegenden. Die Klänge des nüchternen Nordens sind klarer als jene des pathetischen Südens. Oder das musikalische Selbstverständnis aus einem Arbeitermilieu stellt sich meist härter dar als das aus einer Freizeitszene. Die Lebensformen beeinflussen als Verarbeitungs- und Bestätigungsversuch die jeweiligen Improvisationsstile.

Weniger klar zu beantworten ist, ob die Improvisation als künstlerische Haltung auch die Lebensform der spielenden Person beeinflußt. In den Portraits bekannter frei improvisierender Musiker der europäischen Szene (vgl. *Noglik* 1983) fällt das große Spektrum der Verbindungen von Musik und sozialer Realität auf. Es reicht von einer gewünschten Anerkennung durch ein möglichst breites Publikum bis zur distanzierten Selbstgefälligkeit des „reinen" Künstlers, von engagierter Emotionalität bis zu intellektualisiertem Konzept, von berechneter Arbeit bis zu unbegrenzter Hingabe. Improvisation läßt alle möglichen Lebensformen offen. Sie bildet aber zwangsläufig die jedem eigene Spielhaltung heran und liefert nicht eine schnelle Identifizierung mit einer sozialen Lebensweise, sondern entwickelt diese heraus, je länger man sich damit auseinandersetzt.

Diese Auseinandersetzung kann auch zum radikalen Gegensatz der nach außen gerichteten Lebens- und Überlebenshaltungen, zu den Pausen im treibenden Aktivismus des Alltags führen. Eine solche, äußerlich bewegungslose Erfahrungswelt ist die Meditation. In der Meditation verschmelzen äußere Bedingungen und innere Verhältnisse. Sie nähert sich dem Zustand des „Absolut-nichts-tun-und-nichts-Seins". Dieser ist eine erlebbare Form des Todes und gleichzeitig vielleicht die inhaltsreichste Art der Wahrnehmung von inneren und äußeren Veränderungen des Lebens. Für den Geübteren führt Meditation zu ständigen Verwandlungen von Lebensformen und Geisteshaltungen — im Nirwana sogar zur Aufhebung einer Daseins-Form im materiellen Sinn. Für die präsente Bereitschaft zu Verwandlungen (eine Grundvoraussetzung der Improvisation) ist die Meditation äußerst hilfreich.

Ein anderer wichtiger Faktor in der Spielhaltung der improvisierenden Person ist die geistige Beweglichkeit der Phantasie. Sie vermag mit Hilfe der Symbole die Wirklichkeit beliebig zu behandeln. Geistige

Phantasie will „absolut alles tun und alles sein". Sie kann in Grenzbereiche der menschlichen Existenz vorstoßen und ist dadurch Ausgangspunkt von Neuerungen in der Musik wie überhaupt in allen Bereichen, welche das Menschenbild und die Lebensformen einer Zeit prägen. Die Improvisation ist durch ihre Symbol-Gestalt der Wirklichkeit so etwas wie ein Treibhaus der Phantasie. Wer improvisiert, spielt sich nicht nur von der tätigen Phantasie frei, sondern setzt auch neue in Gang. Diese prägt, mehr als wir uns bewußt sind, die zukünftigen Gefühle, Gedanken und Handlungen.

Teil II

Musiktherapie
Ein Begriffsmuster und
Praxisbeispiele

6. Das Begriffsmuster

6.1 Einführung

Musiktherapie als psychotherapeutische Methode ist der Versuch, geistige, psychische oder körperliche Leiden bei einem Patienten mit dem Mittel der Musik fühlbar und bewußt zu machen und sie dadurch einer Heilung zuzuführen. Unsere hier dargestellte Musiktherapie verwendet musikalische, sprachliche und Körperbewegungs-Zeichen als Mittel zur Erkenntnis und Einsicht. Dieser Weg führt über die Entdeckung von Spannungsbeziehungen zwischen Bewußtem und Unbewußtem, Realem und Irrealem, innerer und äußerer Bewegung, Ruhe und Unruhe, Eindruck und Ausdruck, Verschleiß und Verdrängung u. a. m. in der Welt des psychisch kranken bzw. suchenden Menschen. Er kann Verwirrungen mit rhythmischen, melodischen oder klanglichen Ausdrucks- oder Eindrucksmustern ordnen, Widersprüche zwischen Gefühl und Handlung darstellen und aufdecken, Konflikte ausspielen und die Dynamik psychischer Zustände hörbar machen.

Als tiefenpsychologische Methode (vgl. *Strobel, Huppmann* 1978; *Klausmeier* 1984) vermag die Musiktherapie ganz frühe, symbiotische oder sogar embryonale Einflußstörungen vor allem mit rhythmischen Nachempfindungen zu verarbeiten: Einer der ersten sinnlichen Eindrücke eines werdenden Lebewesens ist der gehörte und als Druck empfundene Herzschlag der Mutter. Ein ähnlich tiefer Eindruck ist ihre Atmung in der sogenannten symbiotischen Phase, wenn der Säugling mit seinem eigenen Saugrhythmus an der Mutterbrust mit ihrem Atemrhythmus zusammentrifft. Aber auch die in späteren Phasen der Entwicklungsgeschichte eines Menschen liegenden Störungen können durch Erinnerungsbrücken in musikalischen Strukturen aufgefunden werden. Die befreiende Kraft der mit Musik-Symbolen ausgedrückten Gefühlserinnerungen baut oftmals genau die Mauern ab, welche ein Bewußtwerden der zurückgehaltenen Ängste, Schmerzen, Aggressionen oder Freuden und Wünsche verhindern. Für viele gerade frühe Empfindungen gibt es gar keine treffenden Worte, aber es gibt für jede menschliche Regung musikalische Entsprechungen.

Die Musik als symbolische Gestalt beginnt dort, wo die Sprache mit ihrer Verständniskraft aufhört. (Gemeint ist im folgenden die Gebrauchssprache des zwischenmenschlichen Kontaktes, während die Poesie eine Form zwischen Sprache und Musik darstellt.) Die Sprache schafft *Kontakt* zur Realität, wo die Musik ins Unendliche, Unfaßbare wachsen, also über die Realität hinausgehen kann. Die Sprache ist einem Bedeutungsnetz verhaftet. Dieses Bedeutungsnetz haftet für ein gemeinsames Verständnis. Jede Sprachkultur oder jede Kulturszene, jedes politische oder wirtschaftliche System hat ihr Wort-, Ausdrucks- und Syntaxverständnis, welches Absicherung, Zusammengehörigkeit und immanente Entwicklungsmöglichkeit garantiert. So auch die Sprache der Therapie. Die Musik kennt in der Improvisation kein solches *Behaftungssystem*. Sprache ist relativ geübt, oft vorgefertigt, schnell verbraucht und wegen der Inflation von übermäßig gebrauchten Wörtern manchmal der Oberflächlichkeit ausgesetzt. Demgegenüber ist improvisierte Musik grenzenlos, ungeordnet, verführend; sie ist ungeübt, immer wieder neu und entzieht sich teilweise der Reproduzierbarkeit. Eine Improvisation ist so einmalig *und* wiederholbar wie das Wetter, wie Stimmungen oder geschichtliche Ereignisse. Sie wirkt in die Tiefe von Geist, Psyche und Körper, weil sie die vereinigende Ganzheit einer Erlebnissituation erfaßt, wo Sprache als zerteilendes, bezeichnendes Zeichensystem mehr die konkreten Einzelheiten zu erfassen vermag. Wenn Musik das ganzheitliche, vereinigende Ohr des Psychischen ist, so ist die Sprache das zerteilende, analytische Auge. Mit der Musik hinhorchen und mit der Sprache hinweisen, das sind die Arbeitsinstrumente der Musiktherapie.

Wichtige Prinzipien unserer hier nur kurz vorgestellten Methode sind die polaren Gegensätze von Erscheinungsformen der Gefühle sowie der Wechsel und die Gleichzeitigkeit von Ebenen der Erfahrung. Durch die Sicherheit und das Vertrauen in die therapeutische Situation können Angst und (psychische) Schmerzen als grundlegende Behinderungen deutlich gemacht werden. Der Wechsel und die Gleichzeitigkeit von Musik, Körperbewußtsein und Sprache treiben die Auseinandersetzung mit den Polen *Realität — Irrealität (Rhythmus), Harmonie — Disharmonie (Klang), Meinung — Verwirrung (Melodie), Wille — Gleichgültigkeit (Dynamik) und Verlieren — Gewinnen (Form)* voran. Polare Gegensätze sind Spannungsbogen, in denen Konflikte durchgearbeitet werden können, ohne in die Nähe von Rezepten oder schnellen Lösungen zu geraten. An einigen Beispielen sollen diese Gegensätze in den Gleichzeitigkeiten dargestellt werden.

Vergangenheit — Gegenwart — Zukunft: Ein Stück ungelöster Vergangenheit, ein alter Schmerz, eine verborgene Angst, eine zurückgehaltene Wut oder eine versteckte Freude werden in eine nur gegenwärtig gültige und fühlbare Improvisation gesetzt, und diese trägt in sich bereits die Richtung der Lösung. Mit der tönenden Verarbeitung beginnt der zukünftige Umgang mit etwas Ungelöstem. Improvisation baut auf vergangenen Erfahrungsmustern, gegenwärtiger Bewußtheit und zukünftiger Wirkung ihrer ureigenen Kraft gleichzeitig auf.

Symbolik — Gegenständlichkeit: Sowohl die Sprache als auch die Musik sind Symbol und Gegenstand gleichzeitig. Sie stehen *für* etwas und *sind* etwas. Symbolik und Gegenständlichkeit treffen sich in der Form-Bildung von Musik und Sprache.

Realität — Irrealität: Der Riß zwischen Realität und Irrealität, z. B. in der Sucht, in einer Fehlhandlung durch Illusionen oder in einem Wahn durch Verbindungsverlust zur Umwelt, wird in der Musik aufgehoben, weil Musik gleichzeitig reales Ereignis und irreale Dimension darstellt. Die musikalische Phantasie kann solche Kraft und Schärfe annehmen, daß sie die Realität an Deutlichkeit übertrifft. Aber sie könnte ebenso von bedrohlicher Realität ablenken, wenn sie nur als Harmonisierungs- oder gar Fluchtversuch benützt wird.

Nähe — Distanz: Eine Improvisation kann so nahe gehen, daß sich die ausgesendeten Zeichen zweier Spieler ineinander verschlingen, symbiotisch vereinigen und gleichzeitig so distanziert bleiben wie eine unverbindliche Begegnung. Der Musik folgt keine Behaftungskonsequenz wie der Sprache.

Hören — Gehörtwerden: Improvisation verlangt, daß der Spieler zuhören kann, sich selbst, den Partnern und der Stille rundherum. Ein improvisierender Spieler weiß, daß er als Gestalter gehört, vielleicht erhört, mindestens aber wahrgenommen wird. Dabei horcht man gleichzeitig auf sich, gehorcht sich selbst und nimmt für wahr, was man spielt. Je mehr hören / zuhören und gehörtwerden zusammenfallen und gleichzeitig sind, desto intensiver und verbindlicher wird das (Zusammen-)Spiel.

Innen — Außen: Ein Ton, sei er von der Stimme oder von einem Instrument, versetzt gleichzeitig den inneren Körperraum in (Gefühls-) Schwingungen wie den äußeren Klangraum in Luft- bzw. atmosphärische Schwingungen. Die Körperhaut wird dadurch zur Kontaktgrenze der von außen und innen einwirkenden Gefühle. Der Eindruck gehörter Musik nach innen und der Ausdruck gespielter Musik nach außen bedingen sich gegenseitig wie bei einer Osmose. Eine solche Verschränkung wirkt sich auf das Spiel- bzw. Kontaktverhalten bezüglich Vorlieben, Auswahl und Entscheidungen aus (vgl. *Frohne* 1981, S. 330: „Die Kunst Musik macht eine Verschränkung von Innen und Außen im Verhalten möglich").

Durch diese und weitere Gleichzeitigkeiten polarer Gegensätze besitzt die Musiktherapie die spezielle Chance eines weitgehend unkontrollierten, unzensurierten Zugangs zu den Gefühlen. Der musikalische Zugang zu erleichternden Gefühlen wie Bewegungslust, angeregte Stimmung, Freude usw. ist uns vertrauter, derjenige zu den belasten-

den Gefühlen wie Angst, Schmerz, Wut usw. wird gern verdrängt —
denn Musik soll doch etwas Schönes sein! Der verschüttete Zugang zu
den negativen Gefühlen ist eine der häufigsten Ursachen psychischer
Krankheitssymptome oder deren Vorstufe, den unmerklichen Selbst-
behinderungen. Die polare Dimension der Improvisation kann hier
wie ein Stück unbewußte Ehrlichkeit in zurückgehaltene Gefühle vor-
dringen.

Wie jeder Künstler seinen persönlichen Stil des Ausdrucks findet, sollte jeder Therapeut seinen persönlichen Weg zu den Wirkungsweisen dieser gegensätzlichen Gleichzeitigkeiten kennen. Mein persönlicher Weg ist die Verstärkung von angedeuteten Zeichen, das Deutlichmachen von unklarem, aber vorhandenem „Stoff", die Betonung dessen, was jetzt existiert, und die Unterstützung der positiven, gesunden Kräfte bis zu einer sich dadurch ergebenden Lösung. Meine Stilmittel bestehen zur Hauptsache aus drei Bausteinen: Körperarbeit / Bewegungsbeobachtung; musiktherapeutische Improvisation und Gesprächsgestaltung. Diese sollen nun einzeln genauer betrachtet werden.

6.2 Körperarbeit, Bewegungsbeobachtung

Ihre Bedeutung läßt sich in diesem Zusammenhang keinesfalls genügend beschreiben. Sie sind ein eigenständiges therapeutisches Feld,[33] von dem nur der Teil einbezogen werden soll, der für den musikalischen und verbalen Ausdruck Verstärkung bringt. Außerdem bedarf es im Umgang mit Körperarbeit einer ähnlichen Kompetenz, wie sie in der musikalischen Improvisation nötig ist. Auf das Zentrale konzentrieren — hier die Musik in der Therapie — und die Randgebiete zuhilfe nehmen, wo sie dem Zentralen dienen, nicht aber, wo sie davon ablenken oder dem Widerstand gegen schmerzhafte Einsichten Vorschub leisten, das ist der Leitfaden im Urwald von Therapiemöglichkeiten und ihrer ergänzenden Anwendung.

Ohne Bewegung gibt es keine Musik. Kein Ton, kein Rhythmus, kein Klang entsteht, ohne daß die Bewegung damit beginnt. Ohne Atem gibt es keine Bewegung — innere und äußere. Der Atem ist der Kraftstoff für alles Lebende, sich Bewegende. Ohne Puls gibt es keinen Atem. Der Puls unterhält und ernährt die Atmung, er versorgt alle Körperteile mit Energie in rhythmischen Folgen von Druck und Entlastung, und er reagiert auf die Dynamik der Bewegungen mit entsprechender Arbeitsleistung. Puls, Atmung und Bewegung sind also ein rhythmisch voneinander abhängiges System des Körpers.

Wenn eine von diesen drei Grundfunktionen des Körpers gehemmt oder gestört ist, werden die zwei anderen davon beeinflußt und verstärken die Abwehr oder die Panzerung des Ausdrucks, z. B. durch Muskelverspannungen einzelner Körperpartien wie der Schultern, der Kopfhaut oder des Bauches. Dies wiederum mindert sowohl die Wahrnehmungsfähigkeit und Sensibilität als auch die Schmerzempfindlichkeit und Reaktionsfähigkeit des Körpers — der Kreislauf der Panzerung von Ausdruck ist geschlossen! Der gepanzerte Körper hat demzufolge eine minimale Kontaktbereitschaft, eine eingeschränkte produktive Präsenz und wenig Ausstrahlungsaura. Musik bleibt so zwischen Wunsch und Angst, zwischen Druck und Abwehr stecken. Und schließlich gehört auch die gymnastische Einsicht hierher, daß steife, schlafende, verspannte Glieder die bewegungstechnischen Möglichkeiten verringern, welche die gewünschte Musik ja erzeugen sollen. Auch wenn vor einer Improvisation oder einem Gespräch solcherlei Verspannungen nicht immer zu lösen sind, wichtig ist zu realisieren, in welchem Zustand sich das Instrument „Körper" befindet, wenn es für die Ausdrucksarbeit in Bewegung gesetzt wird.

6.3 Musiktherapeutische Improvisation

Sie ist das Werkzeug, die Quelle und das Experimentierfeld, die Methode und Technik sowie die Wirkungspotenz unserer Musiktherapie. Wir meinen vor allem die aktive, produktive, freie und strukturierte Improvisation, schließen aber das passive, aufnehmende, beeinflussende oder reaktive Hören auf Rhythmen, Klänge, Melodien, Dynamik und Form nicht aus, wenn dadurch ein weiterführender Kontakt zu einem Gefühl hergestellt werden kann. Beide Wege, der aktive und der passive, verfolgen die direkte Aktion oder Reaktion auf empfundene, gefühlte oder gedachte Reize mit oder durch Musik. Angelernte, vorgeformte Fähigkeiten und Fertigkeiten des Musik-Spielens sollen möglichst zweitrangig bleiben. Dadurch verringern sich die Fälle, in denen unangenehme Gefühle, Einsichten, Gedanken und Phantasien hinter der Fassade musikalischer Floskeln und präsentierfähiger Klischees versteckt werden. Solche eignen sich nämlich viele Spieler deshalb an, weil sie sich dadurch eine vordergründig garantierte Bestätigung oder Anerkennung und damit eine Zufriedenheit einhandeln, die wiederum einen Veränderungs- oder Leidensdruck zuzudecken vermag. Dies aber hilft keinem suchenden Menschen. Musiktherapeutische Improvisation beginnt einmal bei der inneren Bewegung, überträgt sich auf die äußere Bewegung und von dieser auf das Instrument oder die Stimme. Nicht die Technik oder das Wissen machen hier die Musik, sondern die durch Gefühle oder Impulse ausgelöste Bewegung. Der Bauch und die Hände, das pulsierende Herz, die wachen Füße oder

der starke Rücken wissen dann mehr als der Kopf. Musiktherapeutische Improvisation kann aber auch im Kopf beginnen. Die denkende Verarbeitung von äußeren Ereignissen, unfaßbaren Eindrücken, drohenden Gefahren oder vorbereitenden Handlungen setzt, angesichts instrumentaler Umsetzung, motorische Bewegungen oder einen direkten Impuls in Gang. Hierbei kommen eher technisch gelernte oder wissentlich eingesetzte Bewegungsabläufe zum Zuge. Sie sagen etwas über die verfügbaren Schutzmechanismen verletzender, angsterzeugender oder überfordernder Einflüsse von außen aus. Der Kopf und die motorische Intelligenz können gefährliche Situationen vorausfühlen und ihnen entgegentreten.

Ich habe im ersten Teil dieses Buches fünf Felder, in denen sich Improvistion bewegt, theoretisch unterschieden: Rhythmus, Klang und Melodie werden in Verbindung mit körperlichen, psychischen und geistigen Kräften gesehen; Dynamik und Form erscheinen als treibende und bändigende Bewegungskräfte. Ich werde im letzten Teil das Spiel mit seinen Varianten als Schauplatz der Beziehungen zum eigenen Körper, zum Instrument, zu Mitspielern und zur Umwelt darzustellen versuchen. Jetzt folgen einige Gedanken über die Entschlüsselung dieser Zeichenfelder in der Therapie. Diese Dechiffrierung von symbolischen in sprachliche Mitteilungen ist allerdings nicht in einem Buch vermittelbar, da sie speziell von der persönlichen und fachlichen Identität des Therapeuten abhängt.[34]

Jede Improvisation ist ein *Experiment* der Selbstwahrnehmung und Grenzüberschreitung. Die allgemeinen Fragen dazu lauten etwa: Ist Kontakt zwischen Spieler und seiner Musik, zwischen Spieler und Mitspieler da, oder wird etwas vorgemacht, werden potemkinsche Dörfer, Fassaden mit leerem Hintergrund gezeigt? Wird der Hintergrund, die Gefühlswelt, hörbar, oder verschüttet oberflächliches, nur figürliches Können und Wissen diesen? Können Grenzen überschritten werden, oder bestimmt die Vorsicht den Verlauf? Haben Phantasie, Spontaneität, Träume und Wünsche ihren Raum, oder beherrschen Struktur, Ablauf, Anpassung und Erfüllung von Erwartung das Geschehen? Können Wagnis und Risiko mit Wachstum verbunden werden, oder leitet Überforderung eine Blockierung ein? Das Experiment löst solche Fragen und Widersprüche nicht auf, es macht sie deutlich, es verstärkt den Konflikt darin, aktualisiert die unerledigte Geschichte. Die Figur, welche wie gestaltlos erscheint, weil sie keine Verbindung zum Gefühl besitzt, bekommt durch das Experiment den Boden für eine Erledigung, für die Verdauung eines harten Brockens. Das Experiment schafft eine Brücke zwischen Bewußtem und Unbewußtem, zwischen

Figur und Hintergrund, und es verdichtet das zufällige Spiel durch auffällige emotionale Einflüsse, welche die Macht der Musik wie von
selbst hineinspielt. Das Experiment Improvisation ist also eine Erfahrungswelt, in der sowohl alte Gefühle wiederbelebt als auch neue Gefühle geweckt werden. Beide Prozesse sind nötig, um neue Lebensenergie, Ideen, Phantasie, Wünsche usw. überhaupt figürlich werden und
zum Ausdruck kommen zu lassen.

Figürliche Mitteilungen können in allen Feldern der Improvisation
erscheinen, in Rhythmen, in Klangfetzen, in Melodieteilen, in einer dynamischen Idee oder in einem Formeinfall. Auch vor einem chaotischen Hintergrund wird eine Figur auftauchen. Ist sie nicht vollstän-
dig, drängt sie dazu wie ein Melodieteil ohne Schlußton oder wie dieses offene Dreieck:
Der menschliche Organismus und seine Wahrnehmung suchen die Ergänzung in allem. Eine musikalische Figur ist erst Teil eines Ganzen, eine offene Gestalt. Sie will vervollständigt werden. Im Kapitel
„Melodie" habe ich schon gezeigt, wie sich verschiedene Figuren zu einem Ganzen, zu einem Lied formen, und gesagt: Eine Melodie ist ein
gestaltetes Ganzes. Ebenso können Klänge, Rhythmen, Dynamik und
Form im Vordergrund eines zu gestaltenden Ganzen stehen. Improvisation ist ein dauerndes Suchen nach *Gestaltbildung* und *Gestaltverwandlung*. Dieser Prozeß durchdringt psychische, körperliche und soziale Fragen gleichermaßen. Einige Aussagen, wie dasselbe
Improvisations-Spiel von verschiedenen erwachsenen Patienten (depressive, süchtige, psychotische u. a.) aufgefaßt wurde, dokumentiert
dieses Suchen: Sie sagten, sie hätten das Spiel erlebt als „Eingriff in den
Körper", „Wagnis ohne große Gefahr", „Komplizierte Umarmung",
„Welt in der Welt", „Ordnung von Irrealem", „gestischer Umgang mit
der Wirklichkeit", „Zwischenwelt von Traum und Alltag", „Belebung
von Schlafendem, Traumphantasie", „Zusammenfügung von Bruch-
stücken der Wahrnehmung", „Grenzüberschreitung mit dem Selbst",
„Verbindung mit dem Unendlichen", „Nähe und Distanz ohne Verlet-
zung", „wortlos verstandene Symbole".

Es liegt eine grundsätzliche Kraft in Improvisationsprozessen, das
gegenwärtige Erleben zu aktivieren und zu vervollständigen. Schlafende, vernebelte, unbewußte, diffuse oder verkehrt verbundene (neurotische) Gefühle und unbewältigte, übermächtige, unkontrollierbare,
vom Selbst abgespaltene (psychotische) Gefühle können unmittelbar
jetzt und in symbolischer Gestalt dargestellt werden. Sie erscheinen
dann entweder wie ein Treffer („genau so empfinde ich") oder wie ein

Spektrum, in dem der Punkt des Experiments aufgefunden werden kann. Was will ich? Was empfinde ich? Was höre ich? Was beschäftigt mich zuvorderst? Was klingt an? Das sind einige Fragen zur Auslotung des Experiments. Ein unklares Gefühl liegt zwischen zwei Polen, welche möglichst eindeutig dargestellt (improvisierend herausgearbeitet) werden müssen, um die Skala zu entdecken, auf der dann ein klares Gefühl erscheint. Um dies verständlich zu machen, wollen wir ein konkretes Beispiel hinzuziehen:

Eine jüngere Frau beklagt sich über „schwerlastende Unzufriedenheit". Die erste Improvisation mit genau diesem Thema brachte auf der einen Seite „nagende Traurigkeit" und auf der anderen Seite eine „plötzlich durchbrechende Wut" zutage. Beim darauffolgenden Spiel, in welchem sie beide Gefühle abwechslungsweise auf verschiedenen Instrumenten darstellte, drängte zuerst die Wut die Traurigkeit zurück, und nachdem die Wut sich volles Gehör verschafft hatte, kam eine sanfte Traurigkeit zum Vorschein, welche dann genau dem Gefühl des „Verlassen-Seins" entsprach, über welches die Frau nun weinend erzählen konnte. Ein klares Gefühl gewann dadurch Gestalt und half, ein altes, unerledigtes und deshalb diffuses, zerstörerisches Gefühl zu verarbeiten.

6.4 Gesprächs-Gestaltung

Sie obliegt vor allem der Sprach-Kunst und -Phantasie des Therapeuten. Das aufarbeitende und fokussierende Gespräch ist das Orientierungsnetz der Musiktherapie: Es muß auf der Grundlage einer therapeutischen Theorie, eines zusammenhängenden Begriffssystems geführt werden, um einen Gegenpol zur metaphorischen Freiheit der Musik zu setzen. Ein solches Begriffssystem existiert für die Musiktherapie noch nicht einheitlich. Für unseren Ansatz ergänzen die gestalttherapeutischen Grundlagen und Erfahrungen aufs beste die musiktherapeutischen Möglichkeiten. Wir halten uns an die folgenden Prämissen, welche weitgehend mit denen von Erv und Miriam *Polster* (1975) übereinstimmen:

(1) Die Betonung der Gegenwart, der erlebnisorientierte Einstieg in eine Problematik.
(2) Erfahrung zählt am meisten.
(3) Der Therapeut ist sein eigenes Instrument.
(4) Therapie ist zu wertvoll, um nur den Kranken vorbehalten zu sein — Therapie ist auch intensiver Alltag.

Diese vier Punkte will ich nun aus musiktherapeutischer Sicht kurz erläutern:

*(1) Die Betonung der Gegenwart, der erlebnisorientierte Einstieg in
eine Problematik*
Unmittelbar nach einer Improvisation treten gegen das anschließend
nötige Gespräch zuerst fast immer Widerstände auf. Das Erlebnis will
in der symbolischen Gestalt belassen werden. Die spürbare Gegenwart
problematischer, unklarer oder störender Teile wehrt sich gegen die
sprachliche Behaftung. Das erste Wort nach der verklungenen Musik
fühlt sich, etwas zu dramatisch ausgedrückt, wie ein kleiner Ge-
burtsschmerz an: Vom umfassend geborgenen und versorgenden, um
Leben ringenden und doch sich selbst genügenden Geschehen in die
Realität der Welt fallen — das Erwachen vom bildhaft oder träumend
Klingenden in das bezugnehmende Vernünftige der Erwachsenenwelt.
Das erste Wort ist also eine Brücke zwischen Gefühl und Vernunft.
Dementsprechend soll zuerst das Gefühl und dann vernünftige Er-
kenntnis, Einsicht usw. thematisiert werden: Wie fühle ich mich jetzt?
Was passiert in dieser kleinen Geburt von Sprache? Welche Empfin-
dungen leben über die Musik hinaus weiter? Daraus heraus entwickeln
sich von selbst Fragen wie: Was ist alles geschehen? Wo war Kontakt?
Wo Distanz? Welche Bilder und Assoziationen, welche Erlebnisse und
Erinnerungen treten hervor? Welche Fragen stellen sich nun? Möglichst
wenig soll rückwirkend interpretiert werden. Dies überlassen wir den
Analytikern. Wir bleiben auf der Suche nach der Jetzt-Gestalt. Wer-
tungen der Beteiligten sind nur als Statements nützlich: Mir hat gefallen... mich hat gestört... ich habe gehört... usw. Als Erklärungen und
Rechtfertigungen führen sie vom Jetzt-Erlebnis weg.

Der Beginn des Gesprächs kann eine Fortsetzung der musikalischen
Symbolik mit verdeutlichender Absicht sein und sich bereits wieder
auf eine nächste Improvisation zubewegen, die dem nun fokussierten
Thema noch näher kommen, d. h. mit ihm noch spezifischer verbunden werden sollte. Dies wird gelingen, wenn wir nie vergessen, daß
alle Mitteilungen, sprachliche und musikalische, ihren Grund haben
und in eine Richtung zeigen. So brauchen wir bloß diese Richtungsan-
zeiger zu erkennen, um auf unserem Weg weiterzukommen.

(2) Erfahrung zählt am meisten
Das musiktherapeutische Gespräch zieht die Formulierung von Jetzt-
Erfahrungen denjenigen von erlebten Geschichten vor. „Geschichten"

bergen die Gefahr, in das „Wissen um das Was" abzuleiten, welches in der Musik als geübte Virtuosität eine Entsprechung hat. Damit kann man andere und sich selbst blenden. Es ist viel lebendiger, die Unmittelbarkeit der Erfahrung zu üben, weil diese ja auch die einzige Fähigkeit ist, welche in der Improvisation durchgehend benötigt wird.

Ein Kind sieht einen Vogel und erzählt die Begegnung spontan: Schau ein Vogel! Wenn ich ihm erkläre: Das ist eine Amsel! so habe ich das Kind aus seiner Erfahrungswelt in die erwachsene Behaftungswelt gerissen. Es verliert einen Teil der Erfahrung, weil es statt einer Annäherung ans Erlebnis eine wissende Distanzierung erfährt. Ist der Vogel weggeflogen und kann ich dem Kind den Namen geben, wenn es danach fragt, so entsteht ein neues Erfahrungsfeld, welches das direkte Erlebnis nicht mehr stören muß: die sprachliche Zwischenwelt zwischen erlebter Erfahrung und Sprachphantasie: Amsel, Drossel, Fink und Star...

Zwischen sprachlicher Phantasie und behaftender Einsicht steht die Bedeutung als therapeutisch wertvolles Bindeglied. Die Bedeutung einer sprachlichen Einsicht bleibt als Erfahrung bestehen. Wir können unseren Erfahrungen mit Sprache Bedeutung verleihen, anstatt sie mit behaftbarem Wissen zu töten. Eine zusammenhängende Reihe von bedeutenden Erfahrungen führt dann auch zu Erfahrungswissen: aus Erfahrung weiß ich... Wissen aus Erfahrung belebt die Erinnerung, welche wiederum Erfahrungen in die Gegenwart holen kann: Ich mag den Gesang der Amsel!

(3) Der Therapeut ist sein eigenes Instrument

Therapeut und Patient sind in einem kontaktreichen Gespräch wie ein gespieltes Instrument. Der Patient ist dabei der ton-, klang- oder rhythmusangebende Teil. Er hat die Aufgabe der arbeitenden Hände und/oder des Mundes am Instrument und ist vergleichbar mit den schwingenden Saiten, Fellen oder Lufträumen. Der Therapeut wirkt dann dementsprechend als „Resonanzkörper" für alles, was sich zwischen ihm und dem Patienten abspielt. Er nimmt auf und gibt wieder, was in dieser Interaktion geschieht (*Polster, Polster* 1975). Dadurch ist er auch der tragende Körper, der Form und Wirkung des „Instruments" ausmacht.

Musiktherapie ist, wie die meisten neueren Therapieformen, durch menschliches Engagement von beiden Seiten geprägt. So wie ein Therapeut in der Improvisation nicht nur das mächtige Klavier spielen soll (wie das leider immer noch gewisse musiktherapeutische Schulen vertreten), verwendet er auch nicht nur sein Erfahrungswissen und die

162

therapeutische Technik allein, sondern ebenso seine Freiheit, aktuelle Gefühle und Erfahrungen als Resonanz, als „Zurück-Klang", einzubringen. Zu den problematischen Verhaltensweisen, in denen er noch nicht frei ist, soll er bewußt stehen. Dann wird er diese nicht auf die Patienten projizieren, sondern stehen lassen, wie sie nun halt sind. Nobody is perfect!

In einer Improvisation sind solche ungelösten, mit Schwierigkeiten behafteten Mitteilungen auch von Seiten eines Therapeuten zu erwarten, weil in ihr eben beide, Patient und Therapeut, als Spieler relativ unkontrolliert Agierende sind. Sie begeben sich in die Erfahrung eines Experiments. Die Sprache des Therapeuten, seine Übersicht und Distanz zum Problem, nicht aber die Distanz zum Partner/Patienten, entwirrt dann die möglichen Verstrickungen, in die vielleicht sowohl Therapeut als auch Patient durch leidenschaftliches Spiel geraten sind. Während der Patient jedoch im Experiment mit sich selbst drin bleibt, muß der Therapeut die Verantwortung der Begleitung nach dem Experiment voll übernehmen. Er ist wieder Beobachter, Spiegel, Assistent, Zuhörer, eben Resonanzkörper des Instruments Musiktherapie.

(4) Therapie ist zu wertvoll, um nur den Kranken vorbehalten zu sein
— Therapie ist auch intensiver Alltag

Der rhythmische Wechsel zwischen Musik und Gespräch ist nicht nur für ein Therapeuten-Patienten-Verhältnis in der Musiktherapie fruchtbar. Die Einsichten, die daraus gewonnen werden, waren schon immer der Antrieb für zeitgemäße Musik, avantgardistische Versuche und musikalische Selbsterfahrung. Improvisation ist die Fundgrube neuer Musik. Die Worte und Zeichen dafür führen oft zu Erfindungen neuer Symbole für diese Zeit. Das Wort „Improvisation" selbst macht im gesellschaftlichen Alltag einen Wandel durch. Bezeichnete es in der Barock-Zeit einmal eine hohe Kunst, so steht es heute oftmals zu Unrecht für die Rechtfertigung von Versäumnissen oder Fehlern: Man muß halt improvisieren!

Da heute immer mehr Menschen unter einer zunehmenden Kommunikationsunfähigkeit im direkten Kontakt leiden, gewinnt die Verbindung symbolischer (analoger) mit behaftungs-sprachlicher (digitaler) Interaktion mehr und mehr an Bedeutung. Die Symbolwelt der Musik und die dazugehörige Sprachkultur nehmen vor allem in der Jugendszene oft den Platz des Redens über Beziehungen ein. Die Verschränkung kann hier soweit gehen, daß die Musik zur digitalen Sprache wird und das „Reden darüber" zum analogen Spiel. Die selbstdarstellende Aussage: „Ich steh' auf heavy metal music" verpackt symbolisch die direkte Aussage, zu den harten Typen zu gehören. Die kommunikationsverunmöglichende, symbolische Lautstärke in einer Disco sagt beispielsweise direkt aus: Ich gehöre auch zu eurer sprachlosen Gemeinschaft! Die symbolische Vorliebe für die 50er-Jahre-Schlager will unter Umständen sagen: Ich kann es nicht zugeben, daß mir die letzte Epoche zeitgemäßer Musik Angst macht, ich sehne mich zurück, als ich noch wohlbehütetes Kind war! So kann für jeden Musiktherapie schon dort beginnen, wo seine Sprache nicht das meint, was sie sagt.

Das gestalttherapeutische Konzept von *Figur — Hintergrund* ist für die Verarbeitung vielschichtiger Prozesse zwischen Symbolik und Konkretion wie geschaffen. Die Figur erscheint in der Improvisation, wie bereits erwähnt, in einem der fünf Ausdrucksfelder. Sie hebt sich jeweils deutlich hörbar von ihrem Hintergrund ab, wie sich z. B. die Figuren in der wunderschönen Bilderreihe von *Kandinskys* „Improvisationen" (1913) abheben. (Sie sind ein Musterbeispiel dafür, wie in der abstrakten Malerei figürliche Symbole mit dem Hintergrund zusammenspielen und durch ihr subjektiv verschieden erlebtes Hervortreten jeweils andere Phantasie-Gestalten wachrufen.)

Im Gespräch nach der Improvisation oder dem Experiment wird eine nun herausgehörte Figur zum Thema, zum Fokus, zum Punkt, um den „es" geht. Diese wird immer wieder auftauchen, solange das Geschäft „drum herum" nicht erledigt ist. Die Figur wird in der Improvisation gestaltet, im Gespräch bewußt gemacht und über die Erfahrung integriert. Dann wird sie wieder in den Hintergrund treten, als fertige Gestalt verschwinden. Der Hintergrund ist die Summe der gemachten Erfahrungen, seien sie nun verdaut, integriert oder nicht.

Die Vielzahl der auftauchenden Figuren und die unverdaute Schwere ihres mitschwingenden Hintergrundes kann, wenn sie nicht aufgearbeitet werden können, der Grund sein, weshalb eine freie Improvisation so ermüdend oder verwirrend wirkt. Die Improvisation ist durch ihre offensichtliche Figürlichkeit ein Abbild des alltäglichen Lebens: Wenn sie die kleinen Begebenheiten beachtet, wird sie lebendiger als wenn sie mit verschwenderischer Vielfalt darüber hinwegsieht. Einfachheit und Klarheit sind immer wieder die Voraussetzungen für einen Kontakt, in dem Ausgeglichenheit und Vitalität miteinander vorkommen.[35]

6.5 Die Verbindung von Gespräch und Improvisation

Drei Definitionen von Schlüsselbegriffen der Gestalttherapie, die alle den Wachstumsprozeß im Austausch von Spiel und Sprache von einer jeweils anderen Seite beleuchten, werden hier wichtig: Experiment, Bewußtheit und Kontakt.

Das *Experiment* legt es darauf an, in einer gemeinsam geformten Situation spielerisch oder symbolisch eine ernsthafte Frage zu behandeln und ihre Ausmaße zu erkunden. Das Experiment gilt immer nur für die Jetzt-Situation. Es können daraus keine Handlungskonsequenzen oder Verallgemeinerungen abgeleitet werden (vgl. *Schneider* 1979).

Die *Bewußtheit (awareness)* ist die erlernbare Fähigkeit, Gefühle, Gedanken, Phantasie, Befindlichkeit, also alles Erleben ins Jetzt zu holen, anstatt dieses in vergangene Taten oder zukünftige Vorhaben und Erwartungen zu verschieben. Die der Bewußtheit entgegenlaufende Kommunikationsart des „darüber Redens" wird in eingeweihten Kreisen respektlos als „mind fucking" oder „Hirnwixen" bezeichnet (vgl. *Perls* 1981).[36]

Kontakt ist das entscheidende Moment in der Therapie. Mit ihm ist es im Grunde einfach: Er wird gefunden oder verfehlt. Verfehlter Kontakt hat aber verschiedene Ansätze: Er kann durch zu große Distanz wie durch zu große Nähe, durch Widerstand wie durch Aufgeben, durch Hemmung wie durch Arroganz oder durch Angst ebenso wie durch Zorn geschehen. Rückzug muß nicht, wie man vielleicht annimmt, Kontaktverlust sein. Im bewußten Fall bedeutet er Kontakt zu sich selbst und gilt als berechtigter rhythmischer Ausgleich zum Kontakt mit der Umwelt. Auch in der Musik sind hörende Abgrenzung oder Pause-spielen die notwendigen Schutzräume für den Kontakt zu sich selbst, wenn dieser verloren zu gehen droht. Rückzug kann auch eine Vorbereitung für neue Kontaktaufnahmen sein. Wer aber Kontakt sucht und ihn gleichzeitig stört, leidet an einer Kontaktstörung.

6.6 Kontaktstörungen in der Improvisation

Im Folgenden wollen wir fünf in der Gestalttherapie entwickelte Kontaktstörungen (vgl. *Perls* 1976, 1978; *Polster, Polster* 1975) für die Anwendung in der Musiktherapie übersetzen.

In der *Introjektion* wird alles geschluckt, was kommt, ohne daß es verdaut wird. Dadurch hat man nichts Eigenes entgegenzusetzen und

zieht sich aus dem Kontakt zurück, schon bevor dieser auffordernd oder provozierend wird. Sie erscheint in der Improvisation in einer Form der *Vorsicht*. Die Vorsicht ist eine Kontrolle oder Unterdrückung von Erregung, ein Zurückhalten und Aufsparen von aufgeladener Energie, aus Angst, sich selbst bei einer Lebendigkeit zu ertappen, welche die Konsequenz von bedrohlichen Reaktionen der Anderen sowie eigene ungeliebte Züge in sich trägt. In der Vorsicht meint man, zu stark oder deplaziert zu sein. Dabei hat man sich tatsächlich selbst geschwächt und deplaziert, weil man die Grenze zwischen dem Selbst und der Umwelt in sich hineinverlegt hat.

In der *Projektion* hört man sich selbst nicht zu, akzeptiert sich nicht, verdrängt seine schwierigen Seiten, wird unzufrieden und wirft diese Unzufriedenheit dann seiner Umgebung hin: Ihr seid schuld... du hast wieder... die tun immer... usw. Dies erzeugt bloße Erwartungen an andere und gleichermaßen Blockierung der eigenen Veränderbarkeit. Ein Kontakt besteht anscheinend dann, wenn der andere auf solche Erwartungen reagiert. Er läuft aber bald leer, weil die Erfüllung der Erwartung seinerseits Unzufriedenheit auslöst. Es ist nie genug. Die nun

fixierten Rollen des Anklägers und des Verurteilten verhindern einen Kontakt. In der Improvisation erscheint die Projektion als *Manipulation*. Die Manipulation ist eine Gratwanderung zwischen Macht und Isolation. Man plant, berechnet, benutzt die anderen und sendet Erwartungen aus, welche die eher unsicheren, abhängigen Partner als Machtunterstützung, die eher unabhängigen Partner als Isolierung erwidern. Aber auch die erlebte Macht ohne Widerstand führt letztlich in die Isolation. Durch Manipulation wird die Umgebung zum Austragungsort eigener Konflikte.

In der *Retroflektion* spielt man mit sich allein, hat vielleicht Kontakt mit dem eigenen Leiden, bleibt aber abgeschirmt und frißt sich schließlich selbst auf. Man ist ausgehöhlt und kontaktunfähig, weil im Wunsch verhaftet, von anderen zu bekommen, was man sich aus Enttäuschung nun selbst gibt. In der Improvisation ist dies der Schweigend-Leidende mit *Verstopfung*. Die Verstopfung ist die unbewußte, geheuchelte oder blockierende Pause. Sie entsteht als Reaktion auf nicht erfüllte Wünsche und Erwartungen, man wirkt trotzig und ungeduldig. Man läßt trotz Passivität den anderen keinen Raum und fügt sich selbst zu, was man gern von anderen verlangen würde, z. B. zu pausieren. So strahlt man unruhige und unangreifbare Destruktivität aus. Man meint, sich oder den anderen zuzuhören, in Wirklichkeit wartet man jedoch die Chance ab, sich selbst massiv einzubringen. Die

Verstopfung zieht nach unten, sie macht einem jeden Austausch schwer, weil die eigene Verhinderung auch die Wahrnehmung der Umgebung verhindert.

In der *Deflektion* ist man wahllos, verschwenderisch und ungezielt. Man versucht Kontakt, trifft ihn aber nicht, spielt immer wieder an ihm vorbei und verliert die Energie. Dadurch erscheint man reichhaltig und bleibt trotzdem unzufrieden, weil kein Austausch stattfindet. Man liefert und gibt und schießt über das Ziel hinaus, ohne zu verstehen, weshalb all die guten Absichten kein Echo finden. Die Deflektion ver-

rät sich in der Improvisation als musikalische Verschwendung, als *Durchfall* des Ausdrucks. Der Durchfall ist das ewig plaudernde Gegenstück zum still leidenden Schweiger. So kann man nicht einteilen und steigert sich aus Verzweiflung bis in Mitteilungswut, trifft ins Leere und wiederholt sich aus enttäuschter oder ausbleibender Rückbestätigung unablässig. Man meint, produktiv zu sein, und verliert sich im Nichts, weil keine Antwort kommt.

In der *Konfluenz* paßt man sich sofort an, schwimmt mit dem Strom, unterscheidet nicht mehr zwischen Person und Umgebung und wird für einen Kontakt uninteressant. Man ist geduldet, weil man keine Probleme macht, man wird sogar als Begleitung und Unterstützung gebraucht, aber man hat kein eigenes Profil und stirbt in der Vitalität langsam ab. Konfluenz zeigt sich in der Improvisation als abhängige *Anpassung* an die Stärkeren und führt zu einer Verwirrung des Ausdrucks, weil das Eigene darin verlorengeht. Die Anpassung ist das Resultat vielfacher überfürsorglicher Erziehungs- und Bildungsversuche, welche aus Bedenken gegenüber Veränderungen die Anpassung

immer wieder als vernünftigsten oder sinnvollsten Weg des Lernens vermittelten. Anstatt bei jedem Menschen die ihm eigenen Stärken zu fördern, verfolgt man ein konfliktfreies Übernehmen von Werten und Normen bis zur Gleichmacherei. Man meint, allen einen Dienst zu tun, es allen recht machen zu können, niemandem auf die Füße zu trampeln, und weiß immer weniger, wer man selbst ist, was man will, wie man etwas überhaupt anfangen und nachher dazu stehen könnte. Durch Anpassung werden die eigenen Grenzen, dadurch auch der Kontakt zu sich selbst, verschüttet. Ebenso macht sie anfällig für sekundäre Störungen.

Vorsicht (Introjektion), Manipulation (Projektion), Verstopfung (Retroflektion), Durchfall (Deflektion) und Anpassung (Konfluenz) sind Abwehrmechanismen gegen bestimmte Austauschprozesse im Zusammenspiel und im Gespräch. Sie lassen einem die eigenen Grenzen nicht bewußt werden; dadurch bleibt man weit vor seinen Möglichkeiten zurück oder schießt über sie hinaus. Das verhindert ein Kennenlernen der Kontaktfähigkeiten, die jedem Menschen verschieden gegeben sind.[37)] Die fünf beschriebenen Kontaktstörungen können nun allerdings auch als konstruktive Widerstände, als „positive Kraft des Widerstehens" verstanden werden (vgl. *Petzold* 1984). Durchfall kann z. B. einer Verstopfung, Vorsicht einer Manipulation und Anpassung einer Verwirrung entgegentreten und umgekehrt. Dann sind diese Kontakt-Störungen weiterführende Impulse, provokative Momente oder aufwühlende Ereignisse im Prozeß auf einen lebendigen Kontakt hin. Musikmachen kann z. B. ganz allgemein als eine Form der Manipulation von Gefühlen, als Projektion innerer Zustände nach außen verstanden werden (vgl. *Frohne* 1985).

Wie weiter oben am Beispiel des Rückzugs schon angesprochen, meint Kontakt nicht nur Zusammen-, sondern auch Getrenntsein von anderen. Kontaktabbruch ist manchmal nötig, um Kontakt zu sich selbst (im Rückzug) zu finden. Nicht nur Konsonanz und Mitspielen, sondern auch Dissonanz und Pause-machen kann Kontakt sein oder ihn vorbereiten. Es kommt darauf an, ob ein Kontaktpartner seinen Wünschen gegenüber wach und ehrlich, also eigenständig und deshalb kontaktfähig bleibt, auch wenn er sich zurückzieht und mit sich selbst beschäftigt ist. Kontakt wird oft als Aufhebung der eigenen Grenzen mißverstanden. Aber gerade wenn die Grenzen gezeigt werden und auch bewußt sind, entstehen erst Kontaktmöglichkeiten. Ein Kontakt ist die gleichzeitige Erfahrung von „Ich" und „Nicht-Ich". Das gilt für den Kontakt zu sich selbst wie zur Umwelt. In der Improvisation ereignen sich solche Kontakterlebnisse beispielsweise in einem gemeinsam empfundenen Rhythmus, einem sich wie von selbst verstärkenden Klang, einer Melodieübereinstimmung, einer dynamisch gleichgerichteten Bewegung oder einer identischen Formempfindung — sowie durch die bei verschiedenen Partnern bewußt gesetzten Gegensätze in diesen Feldern. Dabei können sich die „Ich-Grenzen" auch einmal aufheben: Man weiß nicht mehr, wer was spielt, und hört sich selbst durch die anderen. In solchen Kontaktmomenten fließt Über-einstimmung zusammen und wird zu etwas Neuem, etwas Ganzem, welches mehr als die Summe der Teile ist — vielleicht eine kollektive Gestalt oder ein symbiotisches Erlebnis. Die Geheimnisse der Erdung und des Obertonraumes in der Musik stellen uns immer wieder in ein größeres Ganzes, als wir es selbst erfassen können. Vergleichbare Erfahrungen sind im „Einswerden mit der Natur" oder in einer erotischen Begegnung möglich. Auch davon ist die Musik ein ständiges Abbild.

6.7 Hören und Sehen

Zurück zum Kontakt, zur Frage, welche Rolle Ohr und Auge in den Kontaktfunktionen spielen. Da ja Berührung und Riechen durch den Umgang mit Instrumenten und Stimme/Sprache eher nebensächliche Bedeutung haben, richtet sich unsere Aufmerksamkeit auf das Hören und Sehen. Zuhören ist eine aktive und anstrengende Tätigkeit in zwei Richtungen: Als „dem anderen zu-hören" und als „mir-zu-(ge-)hören". „Gehorchen" drückt beides aus: Dem anderen zuhören, ihm folgen und in mir abhorchen, welchem Impuls ich folge. Eine Steigerung solcher Abhängigkeit wird zur „Hörigkeit", und führt zum verkehrten Satz: „wer nicht hören will, muß fühlen". Wer nicht „erhört" wird, verschafft sich oft mit zwingenden Mitteln „Gehör". Und ein letztes Wortspiel: Wer nicht auf sich hört, gehört sich nicht.

Während Körper- und Gestalttherapie auf der Kontaktsuche vorwiegend dem Auge, der optischen Wahrnehmung vertrauen, stellt die Musiktherapie das Ohr in den Vordergrund. Das Ohr hat gegenüber dem Auge hervorragende Eigenschaften, die ich kurz herausstreichen will: Das Ohr ist in bezug auf psychische und physikalische Schwingungen genauer als das Auge. Es kann sowohl subjektive Wertigkeiten wie die Klang- oder Stimmfarben als auch objektive Verhältnisse wie die meßbaren Schwingungszahlen, die Frequenzen von Tönen wahrnehmen. Das Auge kann die Schwingungszahlen der Farben nicht feststellen. Man sagt dazu in Anlehnung an das Ohr Farb-ton. Das Ohr hört über mehrere Kilometer noch unterschiedliche Töne in menschlichen Stimmen, während das Auge auf dieselbe Distanz von den Farben derselben Menschen nur noch einen schwarzen Punkt erfaßt. Dieser

Unterschied ist in den Bergen besonders „augenscheinlich". Ein weiterer, wenig bewußter Unterschied in unserem Alltag: Das Ohr hört um die Ecke, das Auge braucht einen Spiegel dazu (vgl. *Portmann* 1984).

Das Auge ist nach außen gerichtet, er-fassend, besitzergreifend, begreifend, auswählend, feststellend („ein Auge werfen"), aggressiv („ins Auge fassen"). Es ist symbolisch eher das männliche Organ, der Yang-Sinn (bei den Chinesen), der Adler unserer Wahrnehmung. Das Ohr ist nach innen gerichtet, gewährend, er-hörend, empfangend, vereini-

173

gend. Es ist symbolisch eher das weibliche Organ, der Yin-Sinn, die Muschel unserer Wahrnehmung. (Die negativ gefärbt erscheinende Bewertung der Ohr-weiblich-Symbolik deutet nicht etwa auf eine Unterlegenheit des Ohres hin, ganz im Gegenteil, die patriarchalische Gesellschaft hat es, vielleicht im Wissen um dessen Überlegenheit, sprachlich in die allgemeine Unterdrückung des Weiblichen miteinbezogen. Nicht die Begriffe sind negativ, sondern die geschichtlich-assoziative Verbindung mit gesellschaftlichen Werten.)

Das Auge bezieht sich sprachlich oft auf Vagheiten: „Ich bilde mir ein" oder „es scheint mir". Es wählt sich die Realität viel mehr aus (selektive Wahrnehmung), bleibt aber dann in dieser gerichteten Optik wieder unsicher, wie die folgenden Wortbeispiele zeigen: „versehentlich", „offensichtlich", „absehbar", „anschaulich", „anscheinend" usw. Das Ohr hingegen nimmt alles auf einmal und ganzheitlich auf: „Es kommt mir zu Ohren", „ohrenbetäubend", „ein offenes Ohr haben", „gehörig", „verliebt bis über beide Ohren" usw.

Solche und viele andere Feststellungen führen denn auch zur musiktherapeutischen Überzeugung, daß der Gehörsinn leichteren Zugang zu den Gefühlen hat als der Augensinn. Wir können das Gehör deshalb als „das Tor zur Seele" bezeichnen, während wir den Augensinn in unserem Zusammenhang mehr als „das Tor zur Umwelt", als Kontakt nach außen betrachten.

Das menschliche Wesen nimmt schon im embryonalen Zustand, also schon vor der Geburt, mit dem Ohr den Herzschlag der Mutter wahr und kann von da an dieses Gehör nie mehr ganz verschließen. Die Augen bilden sich zwar ebenso früh, aber der Sehsinn wird erst nach der Geburt geöffnet. Zudem können sich die Augen immer wieder schließen, wenn sie wollen. Die Einheit zwischen Mutter und Kind beim „Stillen" ist, wie der Name sagt, eine hörende Einheit. Das Erlebnis der Ganzheit bei Erfahrungen der Stille oder des Stillstands (vgl. meine Ansicht über Meditation im Abschnitt 5.8) ist deshalb oft mit der Erfahrung des Aufgehobenseins und der Zufriedenheit verbunden. Demgegenüber steht die einseitige Belastung durch optische Reize in unserer Welt oder die aggressive Nervosität voyeuristischer Eroberung der Umwelt mit den Augen. Augen und Ohren werden in manchen Aussagen sogar gegeneinander ausgespielt: „Ich will nichts mehr hören — ich brauch jetzt Übersicht", „deine Absicht ist unerhört!" Und die optischen Informationsaufputscher Zeitungen, Zeitschriften, TV, Computerbildschirme, Video und Film werden durch akustische Informationsdämpfer wie Hintergrundmusik, Verkehrslärm, Raumbeschallung, Disco-Rausch und Walkman kompensiert.

Musiktherapie hat also auch auf dieser gesellschaftspolitischen Ebene einen Auftrag: Sie emanzipiert das Ohr gegenüber dem Auge und damit die Innenwelt, die unterlegenen Stimmen der ganz persönlichen Gefühle gegenüber der Außenwelt, den unpersönlichen Forderungen sicht-baren Funktionierens.

Der therapeutische Kontakt läuft in der Musiktherapie stärker über das Sinnesorgan Ohr und seine ihm verwandten Wahrnehmungs- und Bewußtseinsstrukturen als über die uns vertrauten Organe des Begreifens: Auge, anfassen, anpacken. Diese Tatsache macht musiktherapeutische Prozesse oft unbe-greiflich, schwierig erfaßbar mit Worten, Fakten oder meßbaren Veränderungen. Der musikalische und sprachliche Kontakt hat in unserer Arbeit eine allegorische Kraft: Er wirkt wie das Gehör auf vielen Ebenen gleichzeitig, als ganzheitliche innere Gestalt-Verwandlung.

Musik und Sprache sind „Nahrungsmittel" des Ohres. Das Ohr verarbeitet, was in Improvisation und Therapie passiert. Wer hört, zuhört und auf-hört, wer spricht, aus-spricht und wider-spricht, der improvisiert. Er läßt zu, was zu ihm ge-hört, und drückt aus, besser: läßt los, was ihm ent-spricht. Improvisation ist der hörende Austausch von innen und außen. Therapie ist das Gehör des Innenlebens.[38]

6.8 Zusammenfassung des Begriffsmusters

Kontakt ist die therapeutisch wirksame Komponente der hier vorgestellten Musiktherapie (vgl. *Polster, Polster* 1975, S. 101 ff). Weil der Kontakt zum eigenen *Körper* die Grundlage für alle weiteren Kontaktmöglichkeiten darstellt, beginnen wir die Arbeit oft mit einer Körperübung, die das Bewußtsein über das Körpergefühl vermittelt, mit dem eine therapeutische Situation beginnt. Auch im Wechselprozeß zwischen der Musik als *symbolische Gestalt* therapeutischer Themen und dem *Behaftungssystem* der Sprache in der fokussierenden Aufarbeitung achten wir immer wieder auf Körperzeichen und -bewegungen, also auf die Körpersprache.

Die *Improvisation* ist unser wichtigstes Entdeckungsfeld; sie ist das Instrument der Therapie. *Rhythmus, Klang* und *Melodie* sowie *Dynamik* und *Form* sind wie psychische Landschaften, in denen wir Störungen, Behinderungen und unausgeschöpfte Lebendigkeit aufspüren. Eine Entdeckung im Jetzt heißt *Bewußtheit*. Sie kann sich auf verschiedenen Wegen einstellen: Rhythmus und *Puls* machen Teile der Lebensbedingungen, des Körpers und der aktuellen Realität oder Zeit bewußter; Klang und *Atmung* helfen der Verbindung zur Bewußtheit des Gefühls; Melodie — *Bewegung* — *Haltung* sind die bewußten Ausdrucksformen in Beziehungen. Dynamik ist in der Improvisation als *Willensäußerung* der Spontaneität und Intensität, als Kraft der Verwandlung zu hören, während *Form* die Grenzen des jeweiligen Erfahrungsfeldes steckt oder sie erweitert. Diese Verbindung musikalischer und psychologischer Parameter führt uns weiter zu einer Besonderheit der Bewußtheitserfahrung in der Improvisation: die *Gleichzeitigkeit* polarer Gegensätze. Die gebräuchlichsten Gegensatzpaare wollen wir so benennen:
- *Vergangenheit — Gegenwart — Zukunft,*
- *Zeitbewußtsein — Zeitlosigkeit,*
- *Symbolik — Gegenständlichkeit,*
- *Realität — Irrealität,*
- *Nähe — Distanz,*
- *Innen — Außen.*

Sie alle können zur Ortung eines klaren Gefühls spielerisch erfahren oder in ihrer Synthese, im „sowohl als auch" erlebt werden. An das Paar „Innen — Außen" wurde die symboltheoretische Erweiterung geknüpft, welche das „Innen" als *Ohr*, das aufnehmende, empfangende, vereinigende Tor zur Seele bezeichnet und das „Außen" als *Auge*, das an-sehende, be-greifende, fest-stellende, zer-teilende Tor zur Umwelt betrachtet. An dieser Stelle fällt auch die Parallelität Ohr — Improvisation und Auge — Sprache auf.

Improvisation ist das *Experiment*, sich auf eine Form des musikalischen Ausdrucks einzulassen, welche der vorhandenen Situation angemessen ist und diese erweitert. Es soll geeignet sein, einer unerledigten Geschichte, einer unfertigen Gestalt, einem blockierten Konflikt, kurz: einem unklaren Gefühl näherzukommen. Im Experiment wird dieses symbolisch durchlebt, auf einer verbal-bildhaften Ebene gegenständlich gemacht und damit auch der sprachlichen Aufarbeitung zugänglicher. Tritt aus der Improvisation eine Figur, ein Thema oder ein Kontakt hervor, so ist das Experiment gelungen (zum „Experiment" in der Gestalttherapie vgl. *Schneider* 1979).

Das *Gespräch* kann an ein Improvisations-Experiment anschließen oder direkt Einstieg in ein aktuelles *Erlebnis* sein. Wichtig ist der Kontakt zur *Jetzt-Erfahrung* (das Bewußtheitskontinuum in der Gestalttherapie). Transfer und Fortschritte äußern sich in einer Annäherung an das Bewußtsein des Lebens-Künstlers. Während ein Patient Formen verlieren muß, gewinnt sie der Künstler. Er ist Erzeuger einer gültigen Form im Jetzt. Der therapeutische Weg verläuft von blockierenden, fixierenden Formen des Hilfesuchenden zum ausdruckserzeugenden Künstler in jedem Menschen. Der Therapeut ist dabei spiegelnder Resonanzkörper, sich selbst bewußter Begleiter und zuverlässiger Assistent des Wachstumsprozesses. Therapie ist auch vergleichbar mit einer Begegnung zwischen Künstler und Publikum, zwischen Selbst-Darsteller und dem interessierten, zurückgebenden Zuhörer — ein Stück symbolischer und verdichteter Alltag.

Das gestalttherapeutische Konzept von *Figur — Hintergrund* ist direkt in das Experiment Improvisation übertragbar. Der Prozeß: Figur — *Gestaltbildung — Gestaltverwandlung* — Hintergrund tritt in jeder Improvisation teilweise oder ganz auf. Das Gespräch soll diesen Prozeß, welcher die Integration der Figur in den Hintergrund zum Ziel hat, in Gang halten. Wir können aus dieser Sicht verschiedene Formen von *Kontaktstörungen* entdecken, welche von der Gestalttherapie (*Perls, Polster, Polster*) übernommen und hier zum Gebrauch in der musiktherapeutischen Praxis ummodeliert wurden. Die Introjektion wird dabei zur *Vorsicht*, Projektion zur *Manipulation*, Retroflektion zur *Verstopfung*, Deflektion zu *Durchfall* und Konfluenz zur *Anpassung*. Diese ersetzten Ausdrücke sind Improvisations-Spielern und Alltags-Gebrauchern geläufiger. Sie führen im Gespräch bildhafter und lustiger an ernste Kontaktstörungen sowie an konstruktive Widerstände heran.

Demgegenüber verschaffen die drei uns zur Verfügung stehenden Kontaktbedingungen, die *Musik-Improvisation*, das *Jetzt-Gefühl* und die *Hier-Beziehung* dann Befriedigung, Lebendigkeit, also Kontakt, wenn sie als solche nicht festgehalten, nicht zu Besitz werden. Sie behalten dann ihre Kraft, wenn sie im Entstehen wieder losgelassen werden — wie der Ton auch! Und ihnen ist gemeinsam, daß sie alle drei als Jetzt-Bewußtheit diejenige Energie erzeugen, welche wir „leben" nennen!

7. Praxisbeispiele

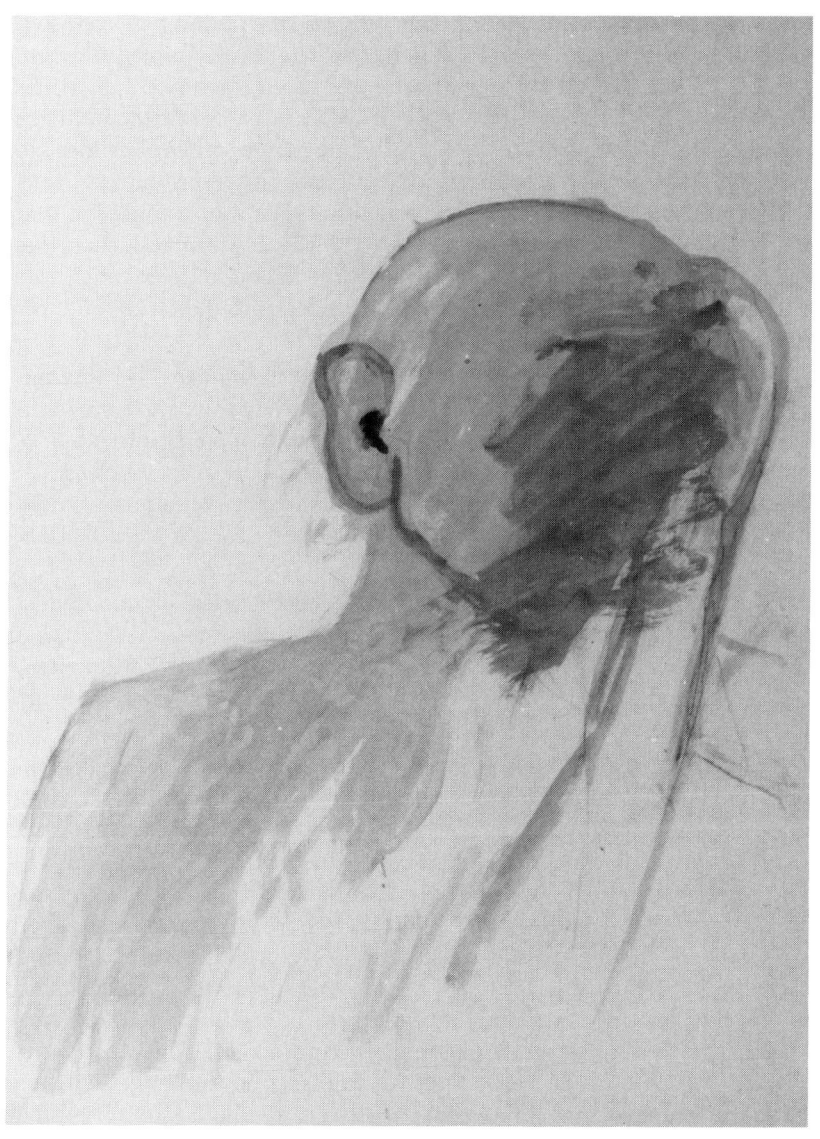

7.1 Einführung

Einige Fallberichte sollen nun das Verständnis vertiefen, wie gezielte Improvisationen mit dem Körper und mit Musikinstrumenten in den therapeutischen Prozeß eingeflochten und wie die dadurch ausgelösten Gefühle aufgearbeitet werden können. Die Titel der einzelnen Berichte weisen auf das Begriffsmuster des theoretischen Teils hin. Die Stichworte nach Name und Altersangabe in Klammern bezeichnen die aktuelle Thematik, in welcher die Betroffenen gerade stehen. Die hier getroffene Auswahl ist aus Einzel-, Paar- und Gruppensitzungen, aus Kinder-, Jugendlichen und Erwachsenentherapien, aus klinischen und ambulanten Beispielen zusammengesetzt. Die Einzelsitzungen sowie die Kinder-Kleingruppen dauerten gewöhnlich 1 oder 1,5 Stunden wöchentlich; die Paarsitzungen 1,5 bis 2 Stunden und die Gruppen 2 bis 3,5 Stunden.

Bei den bereitgestellten Instrumenten habe ich in allen Therapieräumen darauf geachtet, daß von den charakteristischen Instrumentengruppen, den Saiten-, Tasten-, Blas-, Fell- und Schlaginstrumenten jeweils mindestens zwei Exemplare vorhanden waren. In den eigenen Räumen ist das Angebot jedoch weit reichhaltiger. Wenn immer möglich, lief ein Tonbandgerät mit, so daß die Ereignisse zur Verarbeitung und Kontrolle herangezogen werden konnten.

Die Mehrheit der Patienten sind musikalische Laien — und das ist gut so. Die mit einem Instrument Vertrauten unter ihnen spielen dieses eher selten, weil sie begriffen haben, daß es hier nicht um Fertigkeiten, sondern um ganz persönliche Entdeckungen geht. Da gehört die Wahl des jeweils zu spielenden Instruments bereits dazu.

Teilweise sind die Berichte einzeln herausgegriffen, teilweise erscheinen sie als Fortsetzungen eines Verlaufs. Mir kam es bei dieser Auswahl auf die Darstellung der Vielseitigkeit, auch der Schwierigkeit und Langatmigkeit therapeutischer Prozesse an. Es handelt sich durchweg um authentische Sitzungsprotokolle aus meiner Praxis der letzten sieben Jahre. Personennamen und identifizierbare persönliche Angaben sind verschlüsselt, die Bemerkungen zur Vorgeschichte auf das Nötigste reduziert. Die ausgewählten Teile des therapeutischen Ablaufs sind in Gegenwartsform, begleitende Gedanken, Interpretationen und weitere Zusammenhänge in Vergangenheitsform erzählt. Therapeutische Schlüsselbegriffe als zu betonende Ausdrücke sind kursiv gesetzt. Ich verkehre grundsätzlich mit allen Patienten auf „du". Die nötige Distanz wird durch das Herausarbeiten unserer verschiedenen Positionen und nicht durch Höflichkeitsformen erreicht.

Einigen Lesern wird die knappe Vermittlung der einzelnen Konflikt-geschichten nicht genügen. Ihnen möchte ich anraten, diesen Beispiel-Teil insgesamt als Auseinandersetzung mit einer therapeutischen Auf-fassung aufzunehmen. Die Leitlinien des Vorgehens sind das Vertrauen in die musiktherapeutische Methode, das Verstärken der anklingenden Gefühle und die Intensivierung der realen Beziehung während der The-rapie sowie die Entwicklung des vorhandenen Potentials eines Men-schen.

7.2 Die Pole Depression und Manie, „Verstopfung" und „Durchfall"

Alex (31): Widerspruch zwischen Selbstbild und Gefühlen

Alex ist bereits mehrere Jahre mit kürzeren Unterbrechungen in der Musiktherapie. Immer wieder überfallen ihn schwere depressive Kri-sen, zwischen denen jeweils manisch-aktive, von Druck und Unruhe getriebene Phasen stehen. Er spielt mit Suizidgedanken. Das Thema, unter das wir die therapeutische Zusammenarbeit stellen, heißt „Ab-schied". Abschied von fordernden Eltern, Abschied von einer langjäh-rigen Freundin, Abschied von einer Psychoanalytikerin, die ihn unter-forderte. Dann der vorweggenommene Abschied von mir als Schutz vor der Angst, sich in die neue Therapie einzulassen, und letztlich der Abschied von ihm selbst. Es liegt in der Natur der Paradoxie, Wider-sprüche aufzudecken. Mit diesem Gedanken beginne ich diese schwie-rige Ausgangssituation.

Alex' Vater war ein fast aufdringlich bestimmender, feste Wertvor-stellungen vermittelnder Mann, der auf ihm „herumgetrampelt" sei. Noch heute sucht Alex die Anerkennung von ihm. Sein älterer Bruder ist so, wie er auch hätte werden sollen, erfolgreich, angepaßt und äu-ßerlich glücklich. Die Mutter war ihm eine liebe, aber emotional etwas unzuverlässige Person. Er bezeichnete sie einmal als „Chamäleon". Seine Jugend verlief in zwei völlig verschiedenen Phasen: In der Schul-zeit war er überall gut und hat positive Erinnerungen, in der Pubertät mißlang ihm vieles, seien es Freundschaftsbeziehungen oder Berufsver-suche. Er hat dabei zahlreiche Kränkungserlebnisse erdulden müssen.

Seit seiner Ablösung von zuhause leidet Alex regelmäßig unter zer-mürbenden Entscheidungsschwierigkeiten und auch demütigenden Autoritätskonflikten, die er jedoch zu beherrschen gelernt hat. Durch unrealistische Ansprüche an sich selbst und gleichzeitig durch eine zurückgezogene Lebensweise bringt er sich in verwirrende und bedrückende Zustände, die oft seine ganze Energie brauchen. Die letzten Jahre versucht er, diesen Angriffen auf seine Identität mittels spiritistischem Durchblick zu begegnen. Er macht gelegentlich den dritten Schritt vor dem ersten und verarbeitet Enttäuschungen, indem er äußere Instanzen, z. B. astrologische Einflüsse oder andere metaphysische Gedankengebäude, dafür verantwortlich sieht. Er will z. B. zu einem ersten öffentlichen Auftritt als Amateur-Musiker auch seine Eltern einladen, gleichwohl aber am Rande der Bühne stehen, denn er sei kein „Sonnentyp". Oder er baut unmittelbar nach der Trennung von seiner Freundin einen Motorradunfall, um ihr zu zeigen, wie sehr der Abschied schmerzt.

In der heutigen Stunde nimmt Alex gleich zu Beginn das Geschehen in die Hand und erzählt, daß er jetzt seine Grenzen kenne und mit Aggressionen statt mit Rückzug auf Angriffe reagiere. Er wolle über das Thema Abschied arbeiten, dies mit Musik und zwar so und so...! Seine Vorschläge könnten die Zeit glatt ausfüllen. Ich sitze fast ohne Kontakt zu ihm da und fühle, daß er vor der Angst davonläuft, ich würde ihn nächstens mit einer Frage in eine ungemütliche Lage bringen. Er redet weiter, sein „Durchfall" kostet Energie, und plötzlich hält er wie ausgepumpt inne.

Ich beginne eine Ausatmungsübung (A 5) und lade ihn ein, mitzumachen. Nach einiger Zeit sagt er: „Ich glaube zu ersticken an meinem Atem." Ich fordere ihn auf, eine Reise durch seinen Körper zu unternehmen, so als wenn er mit seinem Atem in alle möglichen Körperplätze fließen könnte, und zu berichten, was er dabei erlebt (D 9). In seinen nun spärlicheren Worten fallen die Hinweise auf, die er mit kurzem Atem schnell übergeht: „die Füße sind zu schmal und zu klein, zu weiblich", „der Hoden schmerzt", „Kopfdruck". Alles Körper-Plätze, die keinen Atem erhalten, psychosomatische Schlüsselstellen! Als er anschließend auf seinen Füßen stehen soll, wird er unruhig, will weggehen, ertappt sich bei seinem Fluchtgedanken und schlägt als Ausweg vor, doch jetzt Musik zu machen — ein Indiz, gerade das jetzt nicht zu tun, da eine Improvisation in dieser Situation zur Abwehr bedrohlicher Gefühle mißbraucht und unser Vorankommen zurückwerfen könnte. Mich interessiert mehr, wie seine von ihm abgelehnten Füße jetzt gehen würden. Er watschelt wie eine Ente, was er sonst nicht macht. Es ist eine augenblicklich geniale Lösung, die Schwindelgefühle, die er beim Bewußtsein seines geringen Standes bekommt, mit den überbetonten Schwankungen des Entenganges auszugleichen! Vielleicht erfahren so auch Hoden und Kopf eine gewisse Entlastung.

Ich weiß noch wenig. Darüber zu reden, würde aber jetzt einen weiteren Gestaltungsprozeß wahrscheinlich unterbrechen. So sehe ich den Zeitpunkt für die Musik gekommen. Um den Schwindel und das Schwanken noch tiefer zu fühlen, um eine Verbindung zu unerledigten Geschichten in diesem Zusammenhang aufzuspüren, sollte er nun das „Entenwatscheln" auf einem Instrument seiner Wahl improvisieren (D 9). Das Spiel gestaltet sich so, daß er anfängliche Ausbrüche in erregte Dynamik und rhythmische Spannungspausen zurückdosiert und mit weichen Linien immer langsamer wird. Hinter dem aggressiven, brüskierenden Spiel erscheint ein getragenes, sehnsüchtiges Taumeln. Alex' Hintergrund wird hörbar! Er sucht im schwerelosen Raum nach Gefühlen des Aufgehoben-Seins. Ein Widerspruch? Sein Widerspruch zwischen Erwachsensein und Körpererinnerungen an eine ganz frühe, vielleicht sogar embryonale Einheit mit der Mutter. Die andere, väterlich-symbiotisch erwachsene Seite dieses Konflikts wird in der späteren Verarbeitung deutlich. Die dabei fallenden Kernsätze verraten den enormen Druck auf seine Selbstkontrolle: „Ich habe Mühe gehabt, mich durch die Musik zu dirigieren," und: „Ich lasse mich gehen, ich muß mehr Verantwortung für mich übernehmen."

Alex versucht mit hohem Anspruch, seine zur Zeit somatisch aktiven Zentren, die Füße, das Geschlecht und den Kopf unter Kontrolle, in Grenzen zu halten. Dabei unterdrückt er seine Wünsche, getragen, geliebt und verantwortungsfrei wie ein Kind zu sein. Die im Hintergrund lauernden, ungelebten Gefühle und seine starke Ideologie, eine sichere Autorität, ein potenter Mann und ein weiser Kopf zu sein, rauben ihm als entgegenlaufende Energien den Atem und verhindern dadurch mehr und mehr, einen Schritt auf das gesetzte Selbstbild-Ziel hin voranzukommen. Dieser Widerspruch wird uns noch viele weitere Stunden „in Atem halten", denn ich bin mir der Schwierigkeit bewußt, daß eine zu schnelle Stabilisierung seiner männlichen Anteile immer wieder in die manisch-überaktive Phase führen wird, welche dann wiederum einen neuen Absturz in die Depression einleitet.

7.3 Suizidplan — ein Grenzexperiment

Alex (32): Kampf um das Selbstbild

Alex' Zustand hat sich verschlechtert. Die Pole seines Konflikts scheinen ihn zu zerreißen. Eine Stimme mahnt wie der Vater: „Alles im Griff haben, Gefühle sind Abgründe, wo man(n) verlorengeht!" Eine andere Stimme ruft wie die Mutter: „Friede, keine Auseinandersetzung, alles in Ordnung bringen!" Beiden ist er wie ausgeliefert, sie verstopfen seine letzten Reste freier Entscheidungen. Seine Ohnmacht verkehrt sich in dieser Not ins Gegenteil. Er beklagt sich: „Nicht einmal scheißen kann ich, wann ich will!" Genauso wie er diese natürliche Tatsache durch den Kontroll-Anspruch übergehen will, tastet er sich an die allmächtige Phantasie heran, seinen Tod frei bestimmen zu können. Wenn er tatsächlich über die Freiheit, sich das Leben zu nehmen, selber verfügen könnte, so würden alle anderen Freiheiten dagegen belanglos sein!

Alex hat Vorbereitungen für einen „bewußten Freitod" getroffen: Literaturstudium über geplante Selbsttötungen mit genau dosierten Medikamenten, Abschiedsbriefe, Vermächtnisse, Spuren verwischen, Ort bestimmen … Er schildert diese Handlungen und Absichten betont distanziert, fast überheblich. Ich höre im Klang seiner Sprache eine Beziehungsfalle. Die Worte sind inhaltlich klar, senden aber eine Botschaft mit versteckter Drohung: Wenn jetzt keine Notbremse gezogen wird, würde ich ihn eben verlieren. Seine kühle Sachlichkeit klingt listig und spielt bei mir auf eine geheime Komplizenschaft an. Würde ich ihn abzuhalten versuchen, könnte er sich gegen meine diesbezüglich hilflose Autorität wehren und beweisen, daß sein Vorhaben stärker ist. Würde ich ihm nur annähernd mein Verständnis zeigen, könnte er versuchen, mich als wissenden und sorgenden Freund in die Inszenierung einzubeziehen und meinen Einsatz für ihn manipulierend zu regeln. In beiden Fällen gerate ich in eine Helferrolle seines allmächtigen Plans. Ich spüre deutlich wie nie zuvor: Hier sind die Grenzen eines therapeutischen Experiments! Ich hänge eine Stufe vorher ein: Alex hat Angst vor der Angst. Die Behandlung der bodenlosen Lebensangst liegt nicht in meiner Macht. Die Angst vor dem „riskanten Lösungsversuch" jedoch ist Teil eines Kampfes um sein Selbstbild. Der Suizid als geplanter Akt kommt als Verschwörungsversuch, als riskantes Beziehungsspiel und als Erprobung einer maximalen Freiheit daher.

Er fragt mich nach meiner Ansicht, meinen diesbezüglichen Erfahrungen. Er will also Entscheidungshilfe. Auf dieser Ebene ist das Thema wieder ungefährlich, eine Sache von Begriffen. Nach einigen Geschichten meiner um Jahre zurückliegenden Drogenexperimente, in denen ich seiner existentiellen Frage sehr nahe war, merke ich: Es geht mir um die Absage an eine Komplizenschaft. Ich ringe um die richtigen Worte: „Ich und du können jederzeit über das eigene Leben entscheiden. Diese Entscheidung ist aber ganz allein meine bzw. deine eigene. Ich nehme dir nichts davon ab, und du nimmst mir nichts davon ab. Wer diese Verantwortung fühlen kann, weiß, was zu tun ist."

Ich erinnere mich, diese Sätze fast melodielos, ohne Betonungen und mit ruhigem Rhythmus gesagt zu haben. Sie entsprachen meinem Boden, meiner Realität, aber ich wollte mit ihnen keine gültige Haltung für andere vermitteln. Ich blieb in der Meinung leidenschaftslos und grenzte meinen Standpunkt wie einen eigenen Rhythmus ab. Dafür muß im Klang, in der Stimmfärbung Trauer mitgeschwungen haben, denn ich spürte meine feuchten Augen. Ich übergab ihm die volle Verantwortung für diese Entscheidung und nahm das Risiko in Kauf, jetzt Abschied genommen zu haben, zumindest Abschied von einer Verschwörungs-Beziehung. Ich nahm seine existentielle Frage ernst, ohne sie zu ‚behandeln'. Aus seinem Verwirrungsspiel wurde Klarheit, aus meinem Verantwortungsgefühl wurde Distanz und Trauer gleichzeitig. Unser Bündnis war aufgehoben, um ihm die Freiheit einer solchen Entscheidung zu ermöglichen. Ich nahm an, daß uns die Einsicht über diese Grenzen nun gemeinsam und unausgesprochen begleitete.

Plötzlich holte mich eine neue Verunsicherung ein. Durfte ich mich so aus der Affäre ziehen? Ging es um einen tatsächlichen Entscheid über Leben und Tod, oder ging es mehr um ein Herantasten an Grenzen des Möglichen in Alex' Phantasie und in unserer Beziehung? Konnte er in diesem ungleichen Kampf zwischen ein bißchen Leben und der erdrückenden Macht großartiger Lebensvorstellungen überhaupt Verantwortung übernehmen? Und könnte nicht der Zusammenbruch solcher Illusionen, wenn er damit allein gelassen ist, gerade das Sich-selbst-Aufgeben fördern? Aber die Zweifel waren zu spät. Ich habe darauf gesetzt, daß Alex den Wendepunkt selbst auslotet, und wollte nun dabei bleiben. Sein reales Verantwortungsgefühl sollte jetzt seinen irrealen Selbstbildentwurf besiegen. Jede Form der Fürsorglichkeit würde nur seine noch lebendigen Reste in ihm weiter abbauen. Ich atmete auf, als im Schlußgespräch ein Zipfel dieses restlichen Mutes zu entdecken war:

Alex (traurig und aufgeweicht): „Meine Eltern ließen mich nie so sein, wie ich sein wollte, keine Ermutigungen, immer nur Kritik und: Du bist ja blöd... usw."

Fritz (augenzwinkernd): „Wo bist du denn wirklich blöd?"

Alex (überrascht): „Ich habe Schuldgefühle, einfach aus der Beziehung zu Hildegard abzuhauen. Sie ist für mich eine zuverlässige Stütze. Aber sexuell läuft immer weniger und..."

Fritz (vorwurfsvoll): „Du gehst an deine wichtigsten Lebensgüter von außen heran, nicht in sie hinein! Du schaust dir deine Gefühle von außen an... so findest du nicht heraus..."

Alex (ins Wort fallend): „Das weiß ich schon seit sieben Jahren!"

Fritz: „Dann hast du mit Wissen sieben Jahre nichts daran verändert? Willst du überhaupt etwas verändern?"

Alex: „Die Beziehung zu Hildegard schon, aber..."

Fritz: „Dann bring sie in die nächste Sitzung mit!"

Alex (mit Tränen in den Augen): „Das hab ich genau auch fragen wollen, aber heute nicht herausgebracht, weil..."

7.4 „Spielverderber" — ein Nähe-Distanz-Spiel (Paarsitzung)

Hildegard (37), Alex (32): Auf der Suche nach einem Beziehungsmuster

Hildegard beginnt zu weinen. Sie hätte riesige Angst wegen Alex' Suizidabsichten. Alex reagiert unerwartet klar: Er spürt Druck, für Hildegard Verantwortung übernehmen zu müssen, wenn sie nicht stark ist.

Angst und Verantwortungsdruck! Ich stelle ihnen die Aufgabe, sich gegenseitig etwas zu sagen, das sie noch nie gesagt hätten.

Alex zu Hildegard: „Deine Füße, ich bin neidisch, sie sind so fest; eine gute Sohle, ein sicherer Stand, um Verantwortung zu tragen!"

Augenblicklich vergißt Hildegard die gestellte Aufgabe und geht auf Alex Reizwort „Verantwortung" ein.

Hildegard: „Ja, aber ich sehne mich auch nach Geborgenheit!"

Fritz: „Gib dieser Sehnsucht nach, was will dein Körper?"

Hildegard zieht sich in Embryo-Stellung zusammen und legt ihren Kopf in Alex' Schoß. Er tut dies seinerseits, so daß beide jetzt ineinander verschlungen sind, löst sich aber sogleich wieder und fragt leicht verstört: „Was soll das?" (Diese Nähe kam zu schnell.)

Fritz: „Spiel du den Therapeuten und mache mit uns, was du willst."

Alex: „Musik machen ist für mich die richtige Distanz. Hildegard und ich spielen auch zuhause zusammen; das war noch gut."

Fritz: „Wie willst du jetzt spielen?"

Alex: „Hildegard ans Klavier, ich selbst ans Saxophon (das sind die angestammten Instrumente), du, Fritz, kannst einsteigen, wenn du willst." (Das werde ich nicht tun, da er mir keine Rolle entwirft, sondern aus Verlegenheit freundlich ist oder die Verantwortung des Eingreifens zurückgeben will.)

Das folgende dialogische Spiel zeigt zwei völlig verschiedene Stimmungen. Alex ist führend, verspielt, farbig, manchmal clownesk. Hildegard ist verantwortungsvoll angepaßt, dadurch vorsichtig zurückgenommen und sucht öfter einen Schluß, ohne ihn zu setzen. Das bremst ihn auch etwas, und so verliert sich das Stück in gegenseitiger Rücksichtnahme.

Ich schlage vor, ein zweites Mal zu spielen, wobei Hildegard die Rolle einer „Spielverderberin" **(H 2)** übernehmen soll. Nun spielt sie lockerer, leichter, frecher. Sie deutet sogar an, daß sie imstande wäre, ganz auszubrechen, daß sie Lust dazu hätte, es aber jetzt nicht wagt. Durch diese nur angedeutete Initiative hat Alex weniger Spielraum. Dort, wo sie den zuverlässigen, selbstlosen Boden mit „flips" durchbricht, zeigt er Momente von Verunsicherung und Angst.

Diese zwei Stücke deckten ein eingespieltes und ein verborgenes Beziehungsmuster auf. Das eingespielte Muster heißt etwa: Sie bereitet den zuverlässigen Boden vor und übernimmt auf starken Füßen mütterliche Verantwortung, worin sie auch geübt ist (sie hat aus einer früheren Ehe zwei Kinder). Er ist frei, will keine verbindliche Rolle. Es geht ihm gut oder schlecht, und dies bestimmt die Intensität und Atmosphäre des Zusammenseins.

Das verborgene Beziehungsmuster heißt: Wenn Hildegard ausbrechen würde, wären ihre eigenen Kinder und das Kind in Alex die Opfer. Das ist unvorstellbar, außerdem verlöre sie dann den „flippigen Sohn" in Alex, den Vaterersatz in Alex und den Partner in Alex. So bleibt sie lieber die unbewegliche, dafür zuverlässige Mutter. Die Vorstellung, daß er einmal nicht mehr jederzeit zu ihr gehen könnte, sie nicht einfach da wäre, macht ihm Angst und verunsichert seine bewegliche Freiheit. So nimmt er auch auf ihre Bedürfnisse Rücksicht.

Wir treffen für die nächste Zeit eine Abmachung, welche das eingespielte Muster verstärken soll, um das Verborgene ins Bewußtsein zu holen: Hildegard soll sich nicht auf Alex zubewegen, ihn nicht besuchen usw. Er soll, da er ja beweglich sei, die Besuche bei ihr auswählen und die Verantwortung für die Kontakte übernehmen.

7.5 Eine offene Improvisation als symbolische Beziehungsgestalt

Hildegard (37), Alex (32): Zwei Wochen später

Hildegard hat sich über die „ungerechte" Abmachung geärgert, wonach sie Alex nicht besuchen konnte und er sie hätte besuchen können, es aber nicht tat. Sie telefonierte mit ihm ein- oder zweimal, beide schrieben sich, aber gesehen haben sie sich erst eine Stunde vor dieser Sitzung wieder.

Hildegard: „Ich hatte solche Angst, daß etwas passiert. Alex, ich will, daß du dableibst!" (Sie weint.)

Alex: „Ich will dir nicht weh tun, aber ich muß etwas auf Distanz gehen. Ich brauche diesen Freiraum jetzt. Trotzdem will ich dich immer treffen können."

Fritz: „Du hast dir in letzter Zeit bis ins Extrem Freiräume geschaffen. Du kannst jetzt alles tun, was du willst!? Bist du bereit, die Verantwortung dafür zu übernehmen?"

Alex: „Ja, ich glaube schon."

Fritz: „Laß sehen oder hören! Wir können eine Improvisation machen, in welcher der ganze Raum und darüber hinaus alles Verfügbare auch außerhalb miteinbezogen wird. Außer Zerstörungen sind alle Bewegungen, Spieleinfälle, Verweigerungen, Ungerechtigkeiten, Abgänge und anderes erlaubt."

Es herrscht große Spannung im Raum. Was wird geschehen? Wer wird etwas anfangen? Wie dann reagieren? Zuviel Freiheit macht unfrei! Auf die leichte Schulter nehmen!? Doch die Angst! Derartige Stimmungen durchzucken spürbar die Atmosphäre. Damit hat die Improvisation schon begonnen. Nun durchbricht Alex mit freundlichen Melodien am Klavier die allgemeine Verunsicherung. Hildegard hört zu und verläßt nach einer Weile den Raum. Da entwickelt er sein Spiel plötzlich freier, er wird lauter und wilder. Hildegard kommt zurück, hört eine Weile zu und geht dann ans Marimba-Xylophon. Nun hört er auf und hört zu. Sie spielt, wie sie nachher erklärt, zuerst „kalten Ärger" und dann „warme Mutter". Dann wechselt sie ans Klavier, spielt ein gut tragendes Ostinato und lädt ihn mit dem Saxophon geradezu ein. Der Kontakt mißlingt jedoch.

Sie wechselt das Ostinato. Es ist auf einem geraden Dur-Dreiklang aufgebaut. Er spielt bewußt dieselben Dreiklangtöne, jedoch auf Moll dazu. „Dur finde ich blöd", verrät er später. Das Spiel wird nun sehr spannend. Die Reibung der kleinen Sekunde zwischen Dur- und Mollton stellt den Konflikt zwischen zwei Positionen dar, gibt aber gleichzeitig Energie und löst Entwicklung aus. Außerdem eröffnet die Klangwelt von Moll und Dur Ansätze des weiblichen bzw. männlichen Empfindens — hier jedoch mit vertauschten Rollen. Hildegard spielt die verantwortungsvollen, strukturierenden, rational bestimmten Ostinati und Dur-Klänge, Alex die gefühlsbetonten, weichen Moll-Linien — eine wirklich geladene und tief-symbolische Gestalt dieser Beziehung. Aber diese musikalische Entblößung war offenbar zu überraschend! Sie halten ihre hörbare Spannungsbeziehung nicht länger durch — der Schluß zerfällt.

Alex eröffnet Hildegard sogleich: „Könnten wir nicht wie in dieser Improvisation miteinander leben? Das war gut für mich." Hildegard ist etwas verwirrt. Nachdem der Ablauf von allen einigermaßen erläutert wurde, stellte ich den beiden die Frage, an welchem Punkt des eben gespielten Prozesses sie sich je befinden würden. Hildegard sieht sich am Marimba-Xylophon allein, Alex am Klavier allein! Beide also in der Phase, wo sie sich etwas *vorspielen*. Die Doppeldeutigkeit dieses Wortes war schlagend! Indem sie sich vorspielen, zeigen sie etwas, um et-

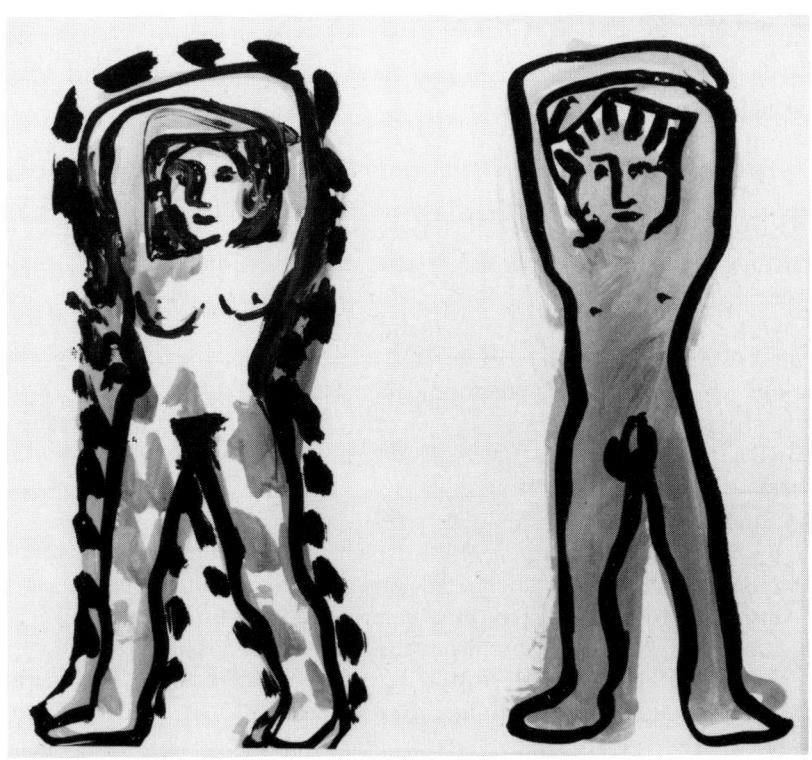

was anderes zu verbergen! Sie hören einander auch zu, aber sie berühren sich nicht. Beide halten voreinander ein Stück Leben zurück, das sie zwar kennen und erzählen können, aber nicht miteinander ins Spiel bringen: er seine Freiheitsvorstellungen und sie ihre Verbindlichkeitswünsche.

Die Gleichzeitigkeit von Symbolik und Gegenständlichkeit in der Metapher dieser Improvisationsphase bleibt als Gefühlseindruck mit seiner ganzen Vielschichtigkeit hängen. Die Übertragung in den Beziehungsalltag vollzieht sich als Ganzheit: Ich höre, wenn der Partner mir etwas vorspielt (im doppelten Sinn), die Figur *und* den Hintergrund darin. Diese hörende Einsicht ist vielleicht das wirksamste Mittel der Musiktherapie: Sie hat eine direkte Veränderungskraft über das Gefühl.

7.6 Realität und Irrealität in der Sucht

Rolf (24): Größenphantasien und Rückzug, Manipulation und Vorsicht

Rolf kommt wöchentlich aus einer therapeutischen Wohngemeinschaft für sozial schwierige Jugendliche zu mir. Er ist ein Gratwanderer zwischen Aussteigen aus der Fixerszene und dem „goldenen Schuß", also dem Suizid mit Drogen. Von Zeit zu Zeit ertränkt er diese „inneren Schlachten" mit Alkohol. Sein idealisiertes Selbstbild ist der „starke Typ, den nichts umhaut und den man bewundert". Er kann dieses Wunschbild in seinem Bruder sehen, der sich vor einem Jahr mit einer Überdosis Heroin, dem goldenen Schuß, umgebracht hat. Rolf verarbeitete dies so: „Er ist immer noch da — er ist durch Vertrauen (in die Irrealität des Drogenversprechens, F. H.) umgekommen. Ich bin noch da, weil ich mißtrauisch bin!"

So schlage ich Rolf vor, über ein ausgewähltes Instrument mit seinem Bruder zu sprechen (D 9 b). Er spielt nach kurzem Anlauf kräftig, impulsiv und unkontrolliert Schlagzeug, so als müßte er etwas ganz Außergewöhnliches leisten. Ein Trommelstock zerbricht. Dann wechselt er in kurze, stille Phasen, um sogleich wieder loszuschreien. Er ist erschöpft. Wut und Hilflosigkeit, unerreichbare Stärke und schmerzhafte Schwäche sind die Botschaften an seinen toten Bruder *und* an sein irreales Selbstbild.

Rhythmus-Spiel erinnert immer augenblicklich an das eigene Realitätsverhältnis, an die Zuverlässigkeit des Bodens, auf dem wir stehen. Rolf hält einen regelmäßigen Rhythmus nicht aus. Er muß Extreme ausprobieren, um seinen irrealen Boden abzustützen.

Für mich selbst überraschend, stelle ich ihm die Frage: „Was ist das, das Leben?" Er antwortet ohne zu überlegen: „Mit power rein — den Kopf anschlagen und die Finger verbrennen — sich nicht bewegen und vor einem Bild sitzen." Das sind die lauten und leisen Extreme seines vorherigen Spiels.

Wie die Geschichte der meisten Süchtigen ist diejenige von Rolf durch unzählige sich wiederholende Enttäuschungen gekennzeichnet. Die Erwartungen an das Leben sind extrem ambivalent. Die Droge selber wird als hochkonzentriertes *Da-seins-er-lebnis* und durch eine unverkraftbare Enttäuschung gleichzeitig erfahren. Süchtige sind gerade deshalb depressiv, weil sie die große Illusion, daß die Droge eine Problemlösungsstrategie sei, verloren haben. Sie bleiben süchtig, solange sie dies nicht zugeben können. So überschwemmen sie ihre blockierten

Gefühle mit Realitäts- Killern (Drogen) und „drehen durch", weil diese Selbst-Killer zu ihrer Realität werden. Darin verirren sie sich in Größenphantasien und Rückzugsträumen. Diese Gefühlsextreme verhindern systematisch die reale Frage: Was ist das, das Leben?

Wir hören die Tonbandaufnahme dieses Schlagzeuggesprächs mit dem verstorbenen Bruder zusammen an. Rolf ist resigniert: „Ich jage mir den Goldenen... Wenn ich selbständig werde (ohne therapeutische Wohngemeinschaft), erwarten mich Schulden; wenn ich arbeite, Lohnpfändung — und überhaupt: Wie soll ich in dieser schlechten Luft atmen?" Auf die Frage, was er denn suche, steigt er zuerst irreal ein: „Den Tod oder das Gegenteil von dem, was ich bin." Dann ergänzt er: „...das Meer, das weiblich ist." Dort könne er am besten schlafen, weil es „schaukelt, ruhig ist, alles in sich aufnimmt und Leben gibt..." Diese Bilder verraten, daß hier das Thema „Mutter" anklingt. Das will ich jedoch in diesem Moment nicht aufnehmen. Ich vermute, daß die tiefe und weitgehend unbewußte frühe Kränkung durch die Mutter jetzt auf zu starke Abwehr stoßen würde.

Stattdessen ist er bereit, auf seine männlichen Suchbilder einzugehen: „Dichter Wald, inmitten ein Fels, glänzend von frischem Regen, daraus heraus eine Faust, die einen Regenbogen ergreift." Dies ist seine Vater-Einbildung. Von ihm sprach er nie konkret. Denn er hat ihm ebenso gefehlt wie den meisten Abhängigen. Wieder einmal wird mir bestätigt, daß das Leiden an der Drogen-Abhängigkeit nicht so sehr durch liebe, überfürsorgliche Mütter prädestiniert wird (wie dies oft angenommen wurde), sondern vielmehr durch abwesende, schwache oder wegen ihrer Schwäche autoritäre Väter. Ein solcher Vater vermag eben nicht „im dichten Wald und mit starker Hand (Faust) einen (Regen-)Bogen in die weite Welt zu schlagen". Er läßt das suchende Kind „am nassen und glänzenden Fels abgleiten und im dichten Wald allein zurück".

Diese zwei treffenden Bilder, das weiblich-mütterliche des Meeres und das männlich-väterliche des Waldes, wurden durch die improvisierte Identifikation mit dem Bruder ausgelöst. Sie hätten sich hervorragend geeignet, um auf demselben Weg weiter zu den unverarbeiteten Elternbeziehungen vorzustoßen, welche dieser Suchtgeschichte zugrundeliegen. Da Rolf aber bald darauf in ein ausländisches Rehabilitationsprogramm wechselte, blieb der Prozeß in seinem Anfang stecken. Das Kind in ihm schreit nach dem starken Bruder und Vater sowie nach der aufnehmenden Mutter oder Droge. Der Schrei hat sich bloß in gleichzeitige *Manipulation* und *Vorsicht* der Gefühle verwandelt.

7.7 Sucht, Rhythmus, Realität (Gruppensitzung)

Randa (26), Georg (29), Martin (25), Frank (24):
Abweichen und Anpassen

Diese Gruppenmusiktherapie in einer staatlichen Drogenklinik verlief über ein Jahr wöchentlich drei Stunden. Das Erscheinen war obligatorisch, innerhalb der Gruppenarbeit blieb jedoch jegliche Teilnahme freiwillig.

Der Raum ist schulzimmergroß und mit einem dicken Teppich ausgespannt. Kissen und Instrumente liegen und stehen herum. Eine ruhige Atmosphäre. Aber jedesmal, wenn die Gruppe kommt, spüre ich bei allen rundum unruhige Vibrationen. Sich einlassen auf Gefühle und Beziehungen mit Musik und ohne Drogen macht Angst. Sie wird zuerst mit lautem und chaotischem Trommel- bzw. Perkussionsspiel abreagiert. Die Instrumente werden dauernd gewechselt. Alles geschieht unkonzentriert. Der sonst übliche, ruhige Beginn soll diesmal offensichtlich verhindert werden. Rhythmen vermögen Energien zu befreien und sie auch zu ordnen.

Ich schlage vor, einen Improvisationsprozeß vom Chaos zu einem gemeinsamen Rhythmus zu versuchen (**E 2, D 12 e**). Es beginnt ein langes Suchen. Frank schlägt sofort stur einen einfachen Rhythmus durch, ein Anpassungsangebot, das ohne Profil und deshalb unbeachtet bleibt. Martin manipuliert mit gelernten, zu anspruchsvollen Rhythmen. Niemand will sich seinem Diktat unterwerfen. Randa und Georg unterhalten das Chaos: Georg durch viel zu viele Schläge (*Durchfall*) und Randa durch hilflose, ungeordnete Einzeleinwürfe (*Vorsicht*). Ich versuche, den gemeinsamen Puls herauszuhören und den Prozeß voranzutreiben. Somit manipuliere auch ich, um das Spiel zu Ende zu bringen. Über ein gemeinsames Stampfen mit den Füßen kommt dann doch langsam ein Rhythmus zustande. Frank paßt sich zuletzt und widerwillig an. Martin verkompliziert nochmals sein Spiel, Randa und Georg lassen sich mittragen. Trotzige ,*Manipulation*', *Durchfall*, *Anpassung*, *Vorsicht* stehen im Raum. Bei allen wäre nun in Einzelarbeit ein Stück Vertiefung nötig. Stattdessen entscheide ich mich eher intuitiv für ein intensiveres Weiterspielen, so daß mit der Zeit alle auf demselben „drive mitdrauf" sind, wie es in der Szenen-Sprache heißt. Nun aber beginnt Georg so laut zu hämmern, daß er den gefundenen Puls arg stört. Der Rhythmus und das Gemeinsame brechen zusammen. Er erntet Kritik und verteidigt sich: „Ich mußte so laut spielen, um gut drauf zu bleiben!" Ich taste ihm den Puls am Handgelenk ab: Wie ein 100-Meter-Sprinter nach dem Rennen! Wir lachen, und er fällt mit lauter Stimme ein: „Sonst hört mir ja niemand zu!"

Mit dieser Bemerkung begann ein aufschlußreiches Gruppengespräch über Georgs Jugend im Elternhaus. Er mußte am Tisch schweigen, und wenn er sich mit dem Vater stritt, war dieser so wortgewandt und kränkend, daß Georg sich völlig von ihm zurückzog. Er landete in der Drogenszene und verschaffte sich vor allem mit Speed-Drogen (Aufputschmittel, Kokain usw.) das Gehör, das ihm entzogen wurde. Im „Trommel-Gespräch" holte ihn nun die Angst ein, daß er wieder an die Wand gespielt werden könnte. Er wehrte sich mit Lautstärke, und da er sich dabei überforderte, wurde er langsamer, fiel aus dem Rhythmus. Je lauter er spielte, desto langsamer wurde er, und je mehr er darunter litt, daß er aus dem Rhythmus fiel, desto lauter wurde er wiederum. Er war ein Gefangener des dynamischen Verhaltensquadranten 1: lauter und langsamer (vgl. Abschnitt 4.3). Er stand unter großer Spannung, sich zu behaupten, und zerstörte sich dieses Vorhaben gleichzeitig. Sein ganzer Selbstwertkonflikt reduzierte sich auf die Angst, überhört zu werden. Seine aufgeputschten Lösungsversuche schlugen ins Gegenteil um, damals in der Drogenszene genauso wie heute in der Gruppenimprovisation. Statt Akzeptation fiel er aus den Beziehungen heraus, statt laut und deutlich wurde er unverständlich und langsam. Die Einsicht über diese Widersprüchlichkeit drückte ihm die Tränen in die Augen.

Nun wollte ich die Gruppe aktiv in einen symbolischen Verdeutlichungsprozeß einbeziehen: Georg sollte mit Trommeln anfangen und die Gruppe seiner Lautstärke und seinem Tempo genau folgen (R 2, T 10). Durch diese verstärkende, vervielfachende Imitation seines eigenen Spielverhaltens beginnt Georg zuerst, das Machtgefühl, von allen erhört zu werden, auszunützen. Das Problem verdichtet sich. Er spürt die Isolation in der kollektiven Anpassung und übergibt phasenweise die Führung wieder anderen Gruppenmitgliedern. Des gegenseitigen Aufeinander-Reagierens überdrüssig, pendelt sich nun der Rhythmus auf einen mittleren, gemeinsamen Puls ein. Dabei hat sich das Verhaltenskreuz der Gruppe etwas zur lauteren und langsameren Dynamik von Georg hin verschoben und sich dort stabilisiert, so daß wieder ein tragendes Spiel, das Gefühl des „Gut-drauf-Seins" entsteht. Aber genau dann wiederholt sich Georgs Kontaktstörung: Er fällt unbemerkt in lauteres und langsameres Spiel und somit aus dem Rhythmus. Die alte Spannung ist wieder da — und das alte Gefühl, daß niemand (der Vater, die Gruppe) ihn versteht. Neu ist, daß der Vorwurf, die anderen würden nicht auf ihn hören, nun auf ihn selbst zurückfällt.

Mit dieser Erfahrung ist er zu Korrekturen bereit. Anstatt mit *Durchfall* und *Manipulation* die anderen zu zwingen und dabei durchzu-fallen, hört er nun die verschiedenen Spielformen seiner trotzigen Abweichung. Seine zwanghafte Dynamik, um jeden Preis gehört zu werden oder unterzugehen, kann aufgelöst werden. In späteren Gruppensitzungen bearbeitet er zuerst ein für ihn neues Gefühl: „Ich höre, was ich spielen will" und schließlich auch: „Ich höre, was ihr spielen wollt."

Durch mehrere gleiche Erfahrungen sollte Georg seine gespaltene Vorstellung von Hören und Gehörtwerden durch deren Gleichzeitigkeit in der Musikimprovisation zusammenfügen können. Seine zwanghaft-dynamischen Abweichungen waren Figuren seines Kampfs gegen die tiefsitzenden Kränkungen, von seinem Vater nicht angehört worden zu sein. Die Gruppe kann in diesem Fall, ohne mehr über hintergründige Zusammenhänge zu wissen, die Rolle des Vaters einnehmen und diese von einer zerstörenden in eine aufbauende Gestalt verwandeln.

7.8 Rauschmittelerfahrung und die Schwierigkeit, Bedürfnisse zu erkennen (Gruppensitzung)

Theres (28), Britta (22), Claudia (24), Bernd (29), Fabio (31): Passiver Widerstand

Diese Gruppe von eher älteren ehemaligen Fixern kommt heute zum dritten Mal in die Musiktherapie. Es bestehen dieselben Bedingungen wie im vorangegangenen Beispiel. Aber im Gegensatz zu jener Gruppe herrscht hier die betont lässig-überhebliche Grundstimmung, den Nutzen der Therapie anzuzweifeln. Die Urteile schwanken zwischen „respektvoller, aber uninteressierter Distanz" und „Kinderspiel". Hinter der provokativen Frage „Was bringt's?" steht die generelle Frage des Süchtigen: Bekomme ich genug? Da alle Teilnehmer musikalische Laien sind und ihre Erwartung an eine „nährende" Musik von Idealbildern verschiedener Rockstars geprägt ist, kann ohnehin angenommen werden, daß sie unersättlich bleiben.

Aus diesem passiven Widerstand heraus gelingt es gerade noch, eine Atemübung einzuführen (A 11). In deren Verlauf stelle ich die im Raum stehende Frage zurück: Bekommt ihr genug? Was brauchst du eigentlich? Siehst du in einem Bild, was dir wirklich fehlt? Alle vertiefen sich nun mit Hilfe des Atems in ihre Wunschphantasien, wobei außer Rauschmitteln alle Einfälle für zulässig erklärt wurden.

Es entsteht eine spannende Bekenntnisrunde. Ich entschließe mich, die einzelnen Ideen aufzunehmen und diesen folgend jeweils eine Gruppenimprovisation zu entwerfen, welche den Kern der Idee verdeutlichen soll. Denn, so überlege ich, sie haben jetzt ernsthaft mitgeteilt, was sie bekommen wollen, und ich will nun auch geben, was mein Job zu geben vermag. Ein riesiger Haufen unbefriedigter Bedürfnisse steht einer Palette spannender Experimente gegenüber. Was bringt's? Die Situation ist komplex, ein Bedürfnis nach dem anderen soll nun behandelt werden. Der Übersicht halber stelle ich jeweils den aus dem Gespräch herausformulierten Kernsatz jedes einzelnen, das darauf angenommene Spielangebot sowie das anschließende Feedback des betreffenden Teilnehmers in einer Tabelle dar:

Teilnehmer	Kernsatz	Spielangebot	Feedback
Theres	Ich brauche ein Zuhause, wo ich mich wohl, sicher und akzeptiert fühle.	Mit Kissen gemütliches „Haus" bauen. Gruppe spielt im Kreis darum herum „Hausmusik" (T 11 d).	„Ich hab's kaum ausgehalten, so im Mittelpunkt zu stehen."
Fabio	„Eine fröhliche Familie um mich haben (F. hat wirklich Familie und 2 Kinder).	F. sitzt im Polsterstuhl. Alle anderen Teilnehmer übernehmen mit einem Instrument eine Rolle der Familie. Sie probieren nun, den Vater zum Spielen zu verführen (D 11 c).	„War aufgestellt — endlich mal unbeschwert mit der Familie!"
Britta	„Freunde haben — Verständnis mit wenig Worten bekommen — feelings!"	Im abgedunkelten Raum und verstreut, spielen alle einzeln, wie die „Eulen im Wald" (G 1).	„Weshalb ist das schon fertig, ich könnte noch lange zuhören!"
Claudia	„Man soll auf mich hören, ohne etwas zu wollen."	Wenn C. spielt, ist die Gruppe still, und umgekehrt. C. diktiert den Wechsel (P 7).	„Ich wurde aggressiv, es war mir unwohl, bestimmen zu können."
Bernd	„Möchte mich zurückziehen. Nicht immer etwas anfangen müssen."	B. soll den Raum verlassen und dann wiederkommen, wenn er Lust hat. Gruppe spielt eine freie Improvisation.	B. verläßt den Raum und bleibt weg! (Er rauchte zuerst eine Zigarette vor der Türe und ging dann aufs Zimmer!)

Mein Gefühl nach dieser Gruppensitzung war zwiespältig: Da geschah einmal eine durchaus positive Aktivierung und Erlebnisvertiefung der Teilnehmer. Bei genauerem Hinsehen hat jedoch ihr hintergründiges Suchtverhalten mich und das musiktherapeutische Angebot zu einer Ersatzdroge manipuliert, der Ersatzdroge „Unterhaltung — unterhalten werden". Die Figuren, die in den unerledigten Wünschen der Kernsätze erschienen, sollten über die Spiele eine deutlichere Gestalt gewinnen. Sie blieben aber teilweise unbegreiflich, manchmal verschwommen und wurden auch wieder verschüttet. Die Gestaltverwandlung konnte nicht greifbar eingeleitet werden. In den Feedbacks kommt zum Ausdruck, daß kaum neue Einsichten in den Hintergrund eingehen werden. Vielmehr erscheinen darin gewisse Verschiebungen des Suchtverhaltens, welche als Konfliktvermeidung herangezogen werden. Zeit und Energie reichten nicht mehr, um diese Mitteilungen in den Feedbacks anzugehen.

So erreichte diese Gruppenarbeit zwar eine weitere Motivierung zur Therapie, aber sie verlor ein Stück Klarheit in der Konfrontation. Der Widerstand wurde kurzfristig aufgelöst durch die Anpassung der Gruppe an die Spielangebote und meine Anpassung an ihre Reste von Bereitschaft. Ich fühlte mich als Dealer, und sie waren für diesmal zufrieden. Ihre Szenenideologie errang einen Sieg über meine Therapeuten-Ideologie. Der Kampf ging weiter zwischen meinem Angebot, mit Hilfe der Musik ihre reale Gefühlswelt entdecken zu lernen und dem kollektiven Widerstand dagegen. Deutlich wurde mir bewußt: In dieser Situation wären mit weniger Angeboten mehr weiterführende Gefühle verfügbar geworden.

Der Grat zwischen *Aufdecken* und *Befrieden* ist in der Musiktherapie oft sehr schmal. Da die Musik in der therapeutischen Situation eine konzentrierte Empfindung darstellt, gilt es, einen Spielvorschlag genau zu dosieren. Wenn er trifft, ist weniger meistens mehr, weil zu viel Musik eine Empfindung wieder überschwemmen und Gefühle inflationär behandeln könnte.

7.9 Sogenannte normalneurotische Identitätskrise: Vorsicht und Verstopfung

Ruth (32): Links-rechts-seitige Spaltung

Ruth lebt und arbeitet in „normalen", d. h. in alltäglichen Verhältnissen. Sie erscheint äußerlich zufrieden, nagt aber innerlich seit längerem am Widerspruch von Ausdruck und Verdrängung. Der Kampf zwischen „nicht genügen, unbeholfen" und „ich will in Frieden trötzeln" verbraucht ihre Energie so, daß sie sich wirklich behindert, sich nicht genügt und daran leidet.

Die Therapie verfolgt in diesem Fall den umgekehrten Weg, der zu einer Neurose führt: Der spielerische Ausdruck verdrängter Gefühle und Erinnerungen soll durch Improvisation wieder hervorgeholt und das Bewußtsein von unnötigem Ballast und Energieverschleiß befreit werden. So wird Kraft gewonnen für die Entfaltung der produktiven Persönlichkeitsanteile. Das verschüttete Potential verfügbar zu machen, ist hier besonderes Ziel der Arbeit. Ein Stück davon gelang auch in dieser Stunde mit Ruth.

Wir fanden heraus, daß sie die linke Seite ihres Körpers vielmehr leben ließ, während sie ihre rechte verkrampfte und möglichst nicht beachtete. Linkes Bein und linker Arm gingen meist voraus, wagten etwas, mußten alle wichtigen und schwierigen Aufgaben bewältigen. Die entsprechenden rechten Teile bremsten gleichzeitig, waren nicht spürbar oder meldeten körpersprachlich: „Sei vorsichtig; was soll das? Gib auf!" oder ähnliches. Dies drückte sich wiederholt am Spielen von einfachen Gleichschlag-Rhythmen aus (R 2, R 3, R 7, T 2, T 3). Dabei zerstörte die Rechte jeweils, was die Linke zustande brachte. Die Rhythmen zerfielen, und sie bezeichnete sich als unfähig. Die Folge davon war *Vorsicht* in vielen ihrer Ausdruckshandlungen sowie *Verstopfung* durch Zurücknehmen und Verdrängen vorhandener Impulse.

Nach einem improvisierten Tanz, den ich bei ihr durch Conga-Trommeln zu entfesseln versuche, stellen wir fest, daß ihre linke Hand rot durchblutet ist, während die rechte weiß bleibt. Diesem Körperereignis folgt die Idee, mal die Hände allein tanzend miteinander sprechen zu lassen. Die Linke stellt sich „zart, gefühlvoll, verspielt, naiv" dar und die Rechte „ordnend, fordernd, erwachsen". Die Linke darf fliegen, die Rechte macht eine Faust. Der Widerspruch zwischen lebendig-kindlicher und toter-erwachsener Seite liegt wortwörtlich auf der Hand.

Nun hat sie für jede Hand die entsprechenden Instrumente zu suchen. Die Linke läßt sie durch helle Perkussion, eine Flöte und durch eine Reihe von Gongs vertreten. Die Rechte durch — sie zeigt sich selbst erschrocken über das Klischee — Pauken und Trommeln (D 9 c). Im daraus folgenden Spiel soll sie immer dann sofort die Seiten wechseln, wenn sie einen Impuls dafür empfindet, auf beiden Seiten aber mit beiden oder frei gewählten Händen vorgehen. Meine Beobachtung richtet sich vor allem auf Wahl und Umgang mit dem Links-Rechts der Instrumentenplätze und der Hände.

Sie beginnt mit den links-seitigen Instrumenten und spielt auch links: kindlich, lustig, leicht! Mit den rechts-seitigen Instrumenten antwortet sie rechtshändig: zaghaft und verängstigt, so daß die Paukenschläge zerbrechlich klingen. Viel mehr Kraft, fast Autorität, drückt sie anschließend auf den links-seitigen Instrumenten aus, dies jetzt mit beiden Händen. Ohne es zu merken, spielt sie die nächste Phase auf den rechts-seitigen Instrumenten linkshändig, mit viel Gefühl und verträumt, als würde sie ihrem eigenen Verwandlungsprozeß lauschen. Damit hat sie nämlich ihre lebendig-kindliche Hand in die ordnend-erwachsene Seite integriert. Die nächsten Wechsel sind durchmischt, sowohl was den Gebrauch der Hände als auch die Ausdrucksmodi zwischen zerbrechlich oder bestimmt betreffen. Den Schluß jedoch setzt sie wieder auf den links-seitigen Instrumenten, wo sie aber mit der rechten (erwachsenen) Hand auf einem tiefen Gong (kindlich-linke Seite) einen klaren und sicheren Rhythmus und einen eindrücklichen Endschlag erklingen läßt. Somit ist sie also auch umgekehrt zu einem Integrationsschritt der erwachsenen Hand in die kindliche Seite bereit.

Das Ganze ist die sicht- und hörbare Darstellung einer sich verwandelnden und integrierenden Gestalt. Da sie während des Spielens nicht alles bewußt erlebte, hören wir das Band ab und rapportieren wie ein sprechender Spiegel diesen ereignisreichen Musik- und Bewegungsprozeß. Wir erleben zusammen noch einmal, wie sich Teile ihrer Links-Seitigkeit, das Zarte, Gefühlvolle, vorsichtig in die rechte Seite einfügen. In der nächsten Phase überträgt sie Teile von ihren rechts-seitigen Fähigkeiten, der fordernden Instanz in ihr, in die linke, emotionale Seite. Abschließend sagt sie: „Das ist jetzt Musik!" und drückt so die Freude darüber aus, daß es wirklich gut klang, wo sie doch von sich glaubte, zum Musikmachen völlig unbegabt zu sein. Ob sie mit dieser Bemerkung die eigene Überraschung über ein zusammenwachsendes, ganzheitlicheres Körpergefühl tarnte? Jedenfalls begann mit diesem Musikdokument das Ineinandergreifen zweier getrennter Seiten in ihr.

In den folgenden Stunden legten wir dann eine Verbindung zu den beiden Seiten frei, welche als Linke das nicht ausgelebte Kind, als Rechte die überforderte Erwachsene darstellen. Sie hatte in ihrer Jugend wegen großer Unzuverlässigkeit der väterlichen Gegenwart in der Familie (er wurde als Bohemien bezeichnet) zuviele erwachsene Aufgaben übernehmen müssen. Das Kind in ihr wurde von der Versagensangst erdrückt, welche sich durch die nun laufend überhöhten Ansprüche noch verstärkte und einprägte. Die beiden Seiten spaltete sie in der Folge so deutlich voneinander ab, daß die unverarbeitete psychische Spannung einen körperlichen Ausdruck suchen mußte. Das fröhliche Kind in ihr ertrug die drohende Faust der Erwachsenen in ihr nicht. Sie wurde vorsichtig, und zwar in dem Maße, wie sich die (links-seitigen) Ausdruckswünsche hinter die (rechts-seitigen) Ordnungsansprüche ihrer Persönlichkeit zurückziehen und sich voneinander schützend trennen mußten. Der dennoch aufkeimende kindliche Trotz störte immer wieder die mühsam aufrechterhaltene erwachsene Sicherheit. Ihr Selbstbewußtsein verstopfte sich, und diese ungleich starken Kräfte erzwangen einen Scheinfrieden, der sich wohl bald durch ein auffälligeres psychosomatisches Symptom als die einseitige Durchblutung der Hände bemerkbar gemacht hätte, wenn sie darin verharrt wäre.

7.10 Verlustangst und „Durchfall"

Esther (33): Ein Geheimnis behalten

Esther kommt mit einem auffällig älter scheinenden Gesicht in die Stunde. Am vergangenen Wochenende habe der Kontakt mit ihrer Freundin Ereignisse ausgelöst und Spuren hinterlassen, die verletzend wie ein Schlag ins Gesicht gewesen seien. Betroffen verrät sie: „Ich wollte geben, was ich habe, und wurde damit nur schlecht gemacht, abgewehrt, zurückgewiesen."

Ich schlage ihr vor, das Thema *„Ich habe etwas zu geben"* musikalisch darzustellen (D 11). Sie spielt am Klavier sofort verschwenderisch viele Töne, überladene Klänge und ständig neue Ideen — wie ein überlaufendes Faß! Dazu verwendet sie ein alles verschmelzendes Pedal, findet lange keinen Schluß und reißt ihr Spiel dann fast verzweifelt und ausgepumpt vom Mitteilungsfluß ab.

Ich bitte sie, nochmals anzusetzen und einen für sie guten *Schluß* zu finden. Sie sucht ihn ausschließlich mit aufwärtssteigenden Quarten. Das sind Anfänge, denke ich, und prompt kommentiert sie ihren Versuch: „Ich will doch noch etwas, bevor es Schluß ist — ich habe Angst, daß die Beziehung auseinandergeht, wenn ich nicht immer wieder anfange!"

Neben der Ausdrucksflut fiel in ihrem Spiel auch das Fehlen von erkennbaren Rhythmen auf. Ich wollte mit ihr nun entdecken, wo sie denn etwas Wichtiges zu sagen hätte und ob dies eine Struktur, eine Wiederholung oder einen Rhythmus besitzt. So sollte sie nochmals spielen und dort, wo ihr etwas bedeutend erschien, mit Wiederholungen desselben verweilen, um sich ganz darauf zu konzentrieren (I 1, I 3). Für sie ist es eine harte Arbeit, etwas herauszulösen, was überschaubar ist, und dieses auch noch zu wiederholen. Wiederholungen (und Pausen) erfährt sie als Ungenügen, ja Versagen. Sie machen ihr Angst, sich selbst zu verlieren. Daher muß sie dauernd herauslassen und alles, was sie hat, weggeben. Sie deckt ihre Verlustangst mit *Durchfall* zu. So überschwemmt sie ihre Freundin, treibt sie in die Enge und erstickt deren befürchtete negativen Reaktionen. Schließlich treibt sie ihre Freundin in die Flucht, ohne daß beide sich eines Grundes der Distanzierung bewußt werden können. Esther ist doch so lieb gewesen! Zuwendung und Vereinnahmung können nicht mehr getrennt werden.

Esther verliert infolge dieser ihr unverständlichen Konfusion den rhythmischen Boden ihrer selbst. Sie ertrinkt in ihren Versuchen, Beziehungen aufzunehmen, die alle durchfallen: „Das zieht mir den Boden weg, da verlier ich meinen Rhythmus, mir wird schwindlig, wenn ich nur zurückgewiesen werde!" So überschüttet sie auch mich mit Bekenntnissen.

Dadurch, daß ich sie stoppe im Bestreben, mir alles zu erzählen, was in ihr vorgeht, kommen wir auf das Wort „Geheimnis". Das wird das Thema für die nächste Improvisation (D 11). Dabei realisiert sie verblüfft, daß Geben in nahen Kontakten wie eine Droge sein kann, bei der es auf die richtige Dosis ankommt, damit sie heilend und nicht tödlich wirkt. Auch unser Duo-Zusammenspiel wird immer sparsamer, die Pausen werden spannender und unsere aktuelle Beziehung geradezu in rhythmischen Phasen begreifbar.

Das war ein wichtiges Erlebnis für Esther und eine Entlastung für ihre atemlose Überproduktion von Äußerungen. Nun konnte sie auch sehen, daß die Verletzungen von ihrer Freundin nicht Ablehnung bedeuteten, sondern Schutz vor dem Erstickt-Werden. Das Zauberwort „Geheimnis" gab beiden Seiten mehr Raum und der Rhythmus von Pause und Aktion der Beziehung ein Stück Boden zurück.

7.11 Der Klang als Symbol-Gestalt eines Gefühls

Irma (27): Depressive Krise

Irma hat eine Jugend ohne Vater, aber mit einer durchschlagskräftigen Mutter und einer gewieften jüngeren Schwester verbracht. Seit sie von zu Hause weg ist, besucht sie regelmäßig ihre Mutter, liebt sie aber nicht besonders. Zu ihrer Schwester hat sie kaum Kontakt, bewundert sie jedoch für ihre unabhängige Lebendigkeit und ihren Eifer im Theologiestudium.

Nun hat Irma folgenden Traum: Mutter, Schwester, deren Freundin und sie selbst sind mit anderen, jedoch unidentifizierbaren Leuten in einem gemütlichen Chalet zusammen. Anlaß ihres Treffens ist die Verteilung der vielen Zimmer des Hauses durch die Mutter. Irma sind sie durchweg zu eng, zu bieder. Nur ein großes Dachstockzimmer gefällt ihr. Es ist in grün-weiß gehalten, hell, und in der Mitte steht eine prächtige Pflanze mit lilienartigen, weißen Blüten. Auch auf Irmas Drängen hin verweigert ihr die Mutter dieses Zimmer: „Das bleibt der

Raum deiner Schwester." Diese würde es ihr bestimmt abgeben, ist aber im Moment der Entscheidung nicht in der Nähe. Selbst die Unterstützung der anwesenden Freundin vermag die Mutter nicht umzustimmen.

Dieser Traum beinhaltet hochsymbolisch Irmas immer noch vorhandenes Leiden an der Ungerechtigkeit der mächtigen Mutter und der bedrohlich agilen Schwester, die erreicht, was sie will und außerdem die heimliche Prinzessin des Hauses zu sein scheint. In der Verarbeitung redet Irma abwechslungsweise mit Mutter und Schwester. Dabei entdeckt sie schrittweise, daß ihr diese zwei Frauen einerseits Eindruck machen, andererseits aber auch etwas vormachen. Beide schieben eine Maske vor ihre eigentlichen Wünsche: Die Mutter hält ihre kalte Stärke vor ihren Jungmädchen-Traum, (Räume) geben zu können, alle (geliebten Menschen) im richtigen Abstand bei sich zu haben und bewundert zu werden. Die Schwester hält ihre Betriebsamkeit vor ihr unerreichtes Selbstbild, ohne große Anstrengung schön, hell und rein wie ihr Mädchenzimmer dazustehen.

Irma merkt nun, daß sie Mutter und Schwester in diese Bilder hineinmanipuliert hat. Sie ist fähig, diese zwei Masken ebenso aufzusetzen, um ihren Wunsch, schwach sein zu dürfen, zu verbergen.

All diese Entdeckungen führen auf das zentrale Symbol dieses Traumes hin: auf den weißen Lilienbaum. Eine sprachliche Dialog-Begegnung mit ihm wäre Irma jetzt unmöglich, weil er mit verschiedenen schmerzhaften Gefühlen verbunden ist. Er stellt den unbewußten Schlüssel ihrer verborgenen Wünsche dar: die zarte, jedoch beeindruckende Blüte, das reine, bedrohliche und unerreichbare Weiß (Schwester); der starke, grüne Baum in der Mitte, der nicht so recht zu den Blüten paßt (Mutter), und der große, helle Raum darum herum, der leer bleiben soll (Mutter und Schwester).

Eine Improvisation zu diesem „weiß-grünen Lilienbaum" (D 11) gelingt ihr jedoch auf eindrückliche Weise. Wie durch eine geschenkte Komposition vermag sie auf dem Klavier Macht und Schwäche, Helligkeit und Bedrohung sowie Eigenständigkeit und Liebenswürdigkeit durch hohe und tiefe, helle und starke Klänge gleichzeitig auszuspielen. Die hohen und hellen Klänge sind dynamisch von Bestimmtheit geprägt, die tiefen zuerst von Unsicherheit und später im Zusammenspiel mit den hohen von lebendiger Farbigkeit. Sie wirkt gelöst und klarer.

Ohne anschließend darüber zu reden, nimmt sie dieses ganze Bild mit auf den Weg. Ein zeitlich kurzes Musikstück am Ende der Stunde fügte eine lange Verarbeitungsgeschichte im richtigen Moment zusam-

men und öffnete somit das Bewußtsein über den Ausgang aus dem Konfliktraum. Irma hält mit diesem gefühlten Eindruck den Schlüssel zum Erleben weiterer Eigenständigkeit selbst in der Hand.

7.12 Das Bewußtheitskontinuum bei Kindern: Im Fluß der Ereignisse bleiben (Kindergruppe in Sonderschule)

Anna (10), Marlies (13), Silvan (9): Soziale Auffälligkeiten (Aggressivität, Verschlossenheit, Lernstörungen, Kontaktbehinderungen, Psychoorganische Syndrome = sogenannte POS, usw.)

1. Phase

Anna ist den Tränen nahe, weil sie zu Beginn der Stunde von Marlies und Silvan ausgeschlossen wird. Sie sitzt weit weg von den anderen — allein. Dabei beschimpft sie ihre „Gegner" grollend und provokativ. Diese geben brutal-direkt, wie Kinder in solchen Situationen sein können, zurück: „Du dicke, blöde Sau — hau doch ab!"

Ein klärender Gesprächs- bzw. Vermittlungsversuch wäre in einer derart geladenen Atmosphäre zu mühsam, auch zu langsam und deshalb wenig sinnvoll. Ich schlage autoritär und ohne zu zögern dieselbe Situation als Spiel vor: „So, jetzt spielen wir ‚Ausgeschlossen'!" (**P 7**) Dabei wird die Lage der jeweils Ausgeschlossenen überdeutlich, diese haben aber gleichzeitig das spielgestaltende Mittel in der Hand. Sofort steigen die sich stark fühlenden Verbündeten Marlies und Silvan auf dieses Angebot ein. Um sich zu rächen, spielt Anna nun die Position der „Ausgeschlossenen im Zentrum" genüßlich und für die anderen

zwei viel zu lange aus. Diese schlagen mit denselben Mitteln zurück und spielen noch länger. Aber mit der Zeit geben sich beide Seiten angemessen Raum und erfahren, daß sie Spielpartner sind, ohne sich anbiedern zu müssen. Sie genießen sichtlich bzw. hörbar den Zustand, gleichzeitig in trennendem Streit und verbindendem Spiel zu sein. Anna verwandelt ihre desolate Lage in eine starke Rolle. Die anderen wollen jetzt auch einmal in dieser „Allein-bestimmen-können-Position" sein. In der nun folgenden zweiten und dritten Fassung des Spiels ist Anna ohne Probleme einmal mit Marlies, einmal mit Silvan zusammen. Der Kontakt ist durch diese Improvisation sogar über die augenblickliche Situation hinausgewachsen.

Hinterher berichten alle drei, daß sie dieses Gefühl des Ausgeschlossenseins bestens kennen und wie sie es im Alltag anstellen, um aus solchen Sackgassen herauszukommen: Sie probieren jeweils neue Koalitionen aus, und das Positionsspiel beginnt von Neuem. Die symbolische Gestalt der Improvisation traf also ihr tatsächliches Verhalten und ritualisierte es. Das mögen Kinder! — Hier war einmal die *Form* der Improvisation, ihre sichernde Begrenzung und lösende Verwandlung therapeutisch wirksam.

2. *Phase*

Offenbar ist damit die Geschichte noch nicht für alle vollends ausgebadet. Anna trotzt gegen die fast vorschnelle Versöhnung. Sie richtet ihren Unmut nicht mehr direkt gegen die anderen, sondern zerrt und kratzt an Saiten von Instrumenten und wirft Trommel-Schläger herum, so daß sie stört und sich wieder ins Abseits manövriert. Mein Vorschlag ist nun: Marlies, Silvan und ich spielen als eine Gruppe, Anna soll außerhalb der Spielfläche mit ihren momentanen Geräuschaktionen „stören" (H 2). Kaum begonnen, ergibt sich eine überraschende Umkehrung der Situation. Marlies und Silvan spielen eigenmächtig störend, Anna spielt mit mir zusammen. Alle wollen *ihren* Trotz ausleben, indem sie die Spielregel durchbrechen. So will nun auch ich! Wir spielen immer genau das, was die anderen stört. Die Grenzen der gewohnten Umgangsformen werden jetzt dauernd gesprengt, der Spaß wächst im selben Maß. Es entwickelt sich eine lebendige Improvisation voller lustiger Ereignisse, die wir paradoxerweise mit einem aufgeräumten Gefühl neuer Zusammengehörigkeit beenden.

Das konsequente und unmittelbare „*im Fluß der Ereignisse bleiben*" vermochte Abwehr und Trotz bei den Kindern sowie bei mir in Spaß zu verwandeln. In symbolischer Gestalt vermittelte die letzte Improvisation die gleichzeitige Erfahrung von „stören ohne zu zerstören". Das

ist eine Grundlage für konstruktive Provokation unter Einbezug des „Gegners".

Besonders Anna hat erfahren, wie sie trotzige und (selbst-)zerstörerische Impulse in wieder-eingliedernde Aktivität umwandeln kann. Marlies und Silvan haben zweimal Annas Verhalten nachgespielt und dabei wortlos verstanden, wie sich Anna gefühlt haben muß. Auch dadurch entstand die neue Gemeinsamkeit.

7.13 Mißlungenes Experiment „Manipulation"

Markus (14): Bewußtseins-Spaltung

Markus hat seit seiner Schulzeit, wo die Gleichaltrigen-Kontakte vorherrschen, und seit Beginn der Pubertät, wo die Kontakte zu den Mädchen wichtig werden, eine Spaltung in seinem Beziehungsverhalten entwickelt. Da ist einmal die Welt der beliebten und bestimmenden Jungs und Mädchen, die ihn nach seinem Empfinden alle ausschließen. Dagegen setzt er die Welt des beobachtenden und mit geheimen Mitteln lenkenden Agenten, den Superman als stiller Herrscher. In dieser seiner Welt gibt es nur noch Feinde, gegen ihn verschworene, ihn bedrohende Jugendliche und Cliquen derselben. Seine Freunde und Verbündeten sind hingegen Video-Spiele, Synthesizer, Computer usw., die faszinierenden und mächtigen Technologien, die er immer erfolgreicher zu beherrschen lernt. Er besitzt verschiedene Geräte, studiert Programme und „erfindet" die für ihn wichtigen Weiterentwicklungen seiner strategischen Möglichkeiten. Er entwickelt ein eigenes System, um Positionen „anzugreifen und zu zerstören", wie er sagt. Dabei manipuliert er seine ehemaligen Freunde in die unterlegenen Positionen und macht sie zu seinen Opfern. Vor allem der eine Freund U. muß auf diesem Weg aus seinem Leben verschwinden. U. hatte ihn vor Jahren vor den Augen der Mädchen zusammengeschlagen und so erniedrigt, daß seither seine pubertäre Ehre gebrochen ist und er gar an seiner Existenzberechtigung als Junge zweifelt. Wie in Notwehr macht er nun U. einerseits zum Objekt seiner eigenen Zerstörungskräfte, andererseits zum allmächtigen Diktator von Beziehungen, Leben und Zerstörung: Wenn er leben will, muß er U. vernichten! Aber auch andere, ihn bedrohende Personen muß er entweder in eine fremde, phantastische Welt manipulieren oder sich selber soweit von ihnen entfernen, daß eine Distanz wie zwischen Leben und Tod entsteht.

Dieser Zwang zur Selbstzerstörung rührt wahrscheinlich von einem massiven frühkindlichen Trauma her, z. B. als unerwünschtes Kind abgelehnt worden oder möglicherweise sogar den einmal ausgesprochenen „Verdammungs"-Absichten seiner Eltern ausgeliefert gewesen zu sein. Die oben erwähnte, normalerweise harmlose Schulhof-Balgerei muß bei ihm das tief verwurzelte Gefühl existentieller Bedrohung wieder ausgelöst haben, aufgrund derer er einen lebenswichtigen Teil der Selbstachtung verlor. Das Gefühl, nicht akzeptiert, nicht erwünscht zu sein, wird somit gerade bei Beginn der Pubertät wieder zu schmerzhaft, um es ertragen zu können. So übertrug er seine Lebensperspektive auf die unbegrenzten Möglichkeiten der neuen elektronischen Technologie, mit der er seine Phantasie und damit seine inneren und äußeren Feinde am Programmiertisch manipulieren und beherrschen kann.

Markus behält in der heutigen Stunde seine Ein-Weg-Glas-Sonnenbrille auch im Zimmer an. Er will nicht gesehen werden, sondern aus der persönlichen Immunität und anonymen Unverletzbarkeit heraus agieren können. Er will U. und alle anderen Mächtigen (die Stichworte „Gott", „Eltern", „Hitler" sind schon gefallen) zerstören. Seine Stimme ist scharf, zähneknirschend. Ich frage ihn, wie denn U.s Stimme klinge. Er bringt kein Wort heraus und scheint geschockt. Das ist die Chance, denke ich, zur Musik zu wechseln. Ich brauche nur in Richtung der Instrumente zu zeigen, und er versteht. Das stellt sich nun allerdings als überstürzte Intervention heraus. Blitzschnell setzt er sich ans Schlagzeug und zerschlägt mit dem ersten Schlag ein Trommelfell. Er hat U. symbolisch erschlagen! Meine Reaktion darauf ist erschrocken, aber nicht strafend. Er schaut mich mit angstvollem und etwas leidendem Gesicht an: „Wenn ich ihn nicht zerstören kann, muß ich mich selbst zerstören." Er realisiert, daß er nicht sein Objekt, sondern sich selbst getroffen hat. Es tut ihm weh, und er gerät in einen gefährlichen inneren Konflikt: „Ich habe keine Lust mehr zu leben, ich will sowieso ins Totenreich, dort habe ich meine Freiheit, niemand bedrängt mich mehr," so klingt sein trauriger Versuch, aus dem gerade gefühlten Schmerz seiner Ohnmacht einen Ausweg zu finden.

Die Figur des U., das gehaßte Objekt, wurde wortwörtlich mit einem Schlag erledigt. Die Gestalt zerstörerischer Wut verwandelte sich nach der symbolischen Erfüllung in resignative Trauer. Diese verwies auf den Hintergrund, durch den er fühlt, daß er sich keine Existenzberechtigung zubilligt. Die Unerträglichkeit dieser schmerzhaften Spaltung, zu sein und nicht sein zu dürfen, trieb seine Phantasie zuerst in einen „Endschlag" und dann ins eigene Totenreich. — Es war die *dyna-*

mische Kraft der Musik — sie vermag solche Willensäußerungen umzusetzen —, welche Markus zu derart aufdeckenden Extremen verlei-
tete. Er fühlte seine eigene blockierte Dynamik zwischen „Auf-leben"
und „Ab-töten".

Wie sollte ich nun diese zu schnelle, noch unverarbeitete Identifikation seines Haß-Objektes mit sich selbst verdaubar machen? Ich frage
ihn, was er von den Instrumenten zerstören würde, wenn er sich damit
selbst zerstören wollte. Er nimmt ein kleines, elektronisches Rhyth-
musgerät in die Hand und zögert einen Moment. Ich bin in höchster
Spannung. „Ich will U. zerstören, das ist eine Aufgabe von Gott!"
überdeckt er sein Dilemma. Als ich ihm sage, er habe jetzt aber sich
selbst in der Hand, übergibt er mir das Gerät (!), ich solle darauf spielen. Er geht an die zerschlagene Trommel zurück und spielt einen ent-
scheidenden Gefühlsmoment lang auf ihr, während ich das Gerät mit
einem scharfen, aber trockenen Pieps-Puls laufen lasse.

Diese skurrile Improvisation war musikalisch nicht von Bedeutung.
Die Tatsache jedoch, daß Markus für eine kurze Zeit den zerstörten U.
klanglos und doch liebevoll spielte sowie sich selbst durch mich zusammenspielen hörte, machte ihm seine gespaltene und zerrissene Lage
sehr viel deutlicher. Er war verwirrt, schien aber auch erleichtert, daß
er eine derart kritische Situation dennoch so schadlos, ja erträglich
überwunden hatte. Er hielt auch eine lebendige Dynamik aus. Diese
zwei Improvisationen, die mißlungene und die skurrile, wurden zu
Schlüsselexperimenten der ganzen Therapie, zu einem Leitfaden für
uns beide. Die wechselnde Dynamik von Beziehungen bedeutet Leben,
das Totalitäre daran tötet sie.

7.14 Zwischen „Durchfall" und „Verstopfung"

Markus (15): Ein knappes Jahr später: Kontaktversuche

Auch in dieser Stunde trägt Markus, trotz trübem Wetter draußen,
wieder eine Sonnenbrille. Diese ist aber durchsichtiger als frühere. Er
redet durchfallartig, wie er seinen neuen „Freunden" nachspionieren
könnte, ohne daß sie es merken, wie er Dritte beeinflussen könnte, damit diese seine unerreichbaren „Freunde" verschwörungsähnlich schä-
digen und sie zu manipulierbaren „Feinden" machen.

Ich überrede ihn aufgrund dieser kontaktlosen Phantasieergüsse
zum Spielen (D 9, I 5). Er akzeptiert ein Zwiegespräch und will am

Schlagzeug sich selbst darstellen, während ich am Gambang (ein balinesisches, hängebrückenartiges Stabspiel) ein beliebiges Mädchen in seinem Alter darstellen soll. Zuerst spielt Markus sehr aggressiv und ich uneingeschüchtert selbstbewußt. Dann nimmt er sich zurück, verfällt in zärtliche Musik und sogleich auch in ein selbstbezogenes, von mir isoliertes Spiel. Mir blitzt der Gedanke auf, daß ihm derart zärtliche Gefühle zu nahe gehen könnten, und kurze Zeit später „verstopft" er sich auch. Er drückt diesen Sprung zurück in seiner bereits erwähnten Kriegs-Spiel-Sprache aus, indem er fragt, ob ich „Feind" oder „Freund" gewesen sei. Als ich bemerke, ich sei einfach interessiert ge-

wesen, inszeniert er dasselbe Spiel nochmals und gibt mir die Position eines von ihm bewunderten, aber meist unerreichbaren Nachbarjungen. Dazu überläßt er mir drei Congas und aus seinem Schlagzeug-Set die kleine Trommel, die sogenannte „Snare-drum" sowie die Schlagzeugbesen — die zarten und feingliedrigen Schlagwerkzeuge! Es ergibt sich ein lautes, aber differenziertes Schlagzeug-Gespräch, in welchem er einerseits verschwenderische, andererseits zurückgehaltene Figuren entwickelt. Wieder fragt er, ob ich „Freund oder Feind" gewesen sei. Ich antworte, mit ihm gestritten zu haben, ohne daß wir uns deshalb hätten trennen müssen. Mit gesteigertem Eifer will er ein nächstes Stück angehen, wobei ich seine Wunschfreundin D. spielen soll (die er noch nie persönlich getroffen hat!). Er teilt mir mein bisheriges Instrumentarium zu und ergänzt es noch mit einer Holzflöte, einer Mundharmonika und einigen Stabtönen. Zuletzt legt er für sich ebenfalls eine Mundharmonika zusätzlich bereit.

Bisher wollte er immer mich beginnen lassen, nun einigen wir uns, es offen zu lassen, und fangen nach längerem Warten praktisch gleichzeitig auf unseren Mundharmonikas mit sehr feinen Atemgeräuschen und Piepsern an. Dieser erste Kontakt entwickelt sich zu einer lebendigen, ungeahnt rhythmischen und gleichwertigen Beziehung. Seine Augen leuchten. Ich frage ihn, ob er Feind oder Freund gewesen sei, und er antwortet mit einem Augenzwinkern: „Feind natürlich!"

Diese drei Zwiegesprächs-Improvisationen ermöglichten verschiedene symbolische und gegenständliche Formen einer Hier-Beziehung: Die symbolische Freundschaft mit drei Personen, denen er begegnen will, aber nicht kann; die Entwicklung eines Gesprächs, das er sich sonst nur als überlegener, allwissender Agent vorstellen kann; dann die gegenständliche Inszenierung von drei Spielsituationen mit den Instrumenten und schließlich das tatsächliche Zusammengehen mit mir im Rhythmus. In allen Spielen konnte er mit dem Wunsch in Berührung kommen, ein Partner, ja sogar ein Freund zu sein. Verbal blieb er bei seinem „Feindbild", das er mir gegenüber aufrechterhalten mußte, um sein Leiden zu verteidigen. Aber die Fronten und die starre Dynamik hatten sich aufgeweicht, und es machte Spaß, in rhythmischem, d. h. realem Kontakt zu *sein*, sei es als Freund oder als Feind.

7.15 Autoritäten, Angst und Anpassung

Fredi (30): Die Angst, (sich selbst) zu verlieren

Fredi hat einen vier Jahre älteren Bruder, der als lustiger Mensch allseits beliebt ist und außerdem als Rock-Musiker einigen Erfolg hat. Auch der Vater war aktiver Volksmusiker. Deshalb stand Fredi schon immer unter dem Druck, auch *seine* Musik zu haben. Seit einigen Jahren versucht er, über das Klavier-Jazz-Spiel zur entsprechenden Bestätigung zu kommen. Dabei erlebt er jedoch, daß er sich verkrampft, sobald Ansprüche auf ihn zukommen, und folglich mit dem Gespielten unzufrieden bleiben muß. Er hört in solchen Momenten immer wieder den Satz nachklingen, den ihm sein Bruder einmal vermeintlich spaßend zusteckte: „Hör doch auf mit deiner Musik!" Fredi leidet darunter, ungenügend, minderwertig, vielleicht ein Verlierertyp zu sein, zumindest, was seine wichtigsten Wünsche anbetrifft: die Musikeridentität und die feste Beziehung zu einer Freundin. Solche Verlustängste machen ihn unfrei im Auftreten, im persönlichen Kontakt, und sie sind hörbar in der Stimme. Seine Sprache wird dann jeweils leicht nasal, als würde er die gefundenen Worte aus Angst vor Enttäuschungen nur teilweise hergeben wollen.

Heute beginnt er mit dem Satz: „Ich habe Angst, etwas zu verlieren." Ich weise ihn an, doch gleich im Raum sich bewegend, den körperlichen Impulsen folgend, zu suchen, was er verloren glaubt (B 9). Vielleicht würde der Körper wissen, was er zu verlieren befürchtet, und es halten. Er richtet sich auf, fängt zaghaft an zu tanzen, verliert aber immer wieder einen ihn unterstützenden Rhythmus und sucht bei den Congas Hilfe, indem er mit Händen und Füßen einen Puls durchhält. Ich steige ins Trommelspiel mit ein, imitiere, reagiere, verdoppele und stütze seine Suche (F 2). Plötzlich bricht er ab und sagt: „Verdammt, ich kann einfach nicht folgen!"

Was wollte er damit sagen? Ich war doch gerade *ihm* gefolgt! Er empfand das Zusammenspiel als Überforderung und hörte die bekannte Stimme: „Hör doch auf!" Obwohl ich bewußt auf ihn reagierte, unterzog er sich in dem Moment meinem Spiel, als er glaubte, besser spielen zu müssen, und fiel in verkrampfte *Anpassung*. Er hörte meine Begleitung in Leitung um, war aber auch nicht in der Lage, dieser einfach zu folgen, weil er von solchen Autoritäten ja meist gekränkt wurde. Es tauchten der „jüngere Bruder", der „Schüler" und der „Ungenügende" zugleich in ihm auf. Er geriet in Gefahr, den Boden zu verlieren. Um sich nicht noch ganz zu verlieren, setzte er sich entweder unter enormen Druck oder brach den Kontakt ab. Er konnte also weder führen noch folgen, weder den Kopf verlieren noch ein Körpergefühl gewinnen. So muß Rhythmus eine Qual sein!

Auch ich war in einer Zwickmühle: Wie konnte ich diesem Konflikt so Gestalt geben, daß Fredi selbst aus dem Dilemma herausfand, ohne für ihn führende oder folgende Autorität zu sein? Verschiedene Spiele gingen mir durch den Kopf: „Führen und Führenlassen" (B 10) baut auf gegenseitigem Vertrauen auf, zielt auf Gleichwertigkeit und verlangt lockeres Reaktionsvermögen. Dafür war es zu früh! „Heraustreten — Gewährenlassen, Übergeben — Übernehmen" (G 4) ist eher für Gruppen geeignet. Hingegen das Kinderspiel „Fangis (T 10) entspricht etwa dieser Situation und könnte zudem blockierten Kontakt wieder aufheben: Jeder versucht, dem anderen durch hakenschlagende Rhythmen davonzulaufen. Wir setzen uns in größerem Abstand gegenüber an die Trommeln. Er beginnt sofort auf eine lebhaft-spielerische Weise mir zu entwischen und mich auch durch Überraschungen zu ver-führen. Dies braucht unsere volle Konzentration, und erst nach einiger Zeit vermag ich seine Fluchtbewegungen mit denselben Schlägen aufzudecken: „Ich hab' dich!" Dann drehen wir um, er verfolgt mich. Ich mache ihm die Aufgabe etwa so schwer, daß er mit seinem technischen Können (welches er ohne Selbstkontrolle viel besser herausbringt) auch mein Spiel einholen kann. Dadurch faßt er bei jedem Rollenwechsel neuen Mut, wird kokett und witzig. Der Abtausch folgt immer schneller und endet lustig und gelöst. Beide haben gewonnen, das Verlieren verschwindet dabei überhaupt.

Nach diesem Erfolgserlebnis wollte ich noch einen Schritt weitergehen und dasselbe Spiel wiederholen, diesmal aber mit ununterbrochenem Augenkontakt. Ich werde nicht vergessen, welche Verwandlung dabei in Fredis Augen stattfand! Zuerst von Angst und Unsicherheit gezeichnet, erhielten sie zunehmend Glanz, wurden listiger, schelmisch und frech. Sein Gesicht zeigte plötzlich ungeahnt viel Humor, und seine Wendigkeit im Spiel übertrug sich auf Gestik und Mimik. Fredi fand neue Mittel, um solch selbstbestrafenden Blockierungen gegenüber Autoritätspersonen zu entrinnen: Direkter Kontakt und Witz sind die besten Waffen gegen Angst und Zittern vor Mächtigen. Denn autoritäre Leute haben keinen Humor und entlarven sich dadurch selbst, daß Witz sie verunsichert. Natürliche Autoritäten jedoch freuen sich über Direktheit, sie lachen gerne mit!

Es war eine neue Erfahrung für Fredi, daß er mir in die Augen schauen konnte, während er mir entwich oder folgte. Dadurch befreite er ein Stück seiner verborgenen Heiterkeit, verlor einen Teil der Angst, immer der Schlechtere zu sein, und gewann eine Portion Mut, sich im direkten Kontakt selbst zu finden.

Das bedrohliche Rhythmus-Spiel, welches ihm die Angst signalisierte, sich selbst zu verlieren, wurde in ein Formen-Spiel verwandelt, innerhalb dessen der rhythmische Inhalt wie von selbst lebendig werden konnte. Der lockere Rhythmus blieb weiterhin musiktherapeutisches Ziel, aber nur die aufgebrochene Form konnte dazu verhelfen.

7.16 Traumarbeit

Fredi (30): Autoritätskonflikt

Der Traum: Fredi nimmt mit seiner Freundin an einer militärischen Übung teil, die darin besteht, mit einem Boot auf einen See hinauszufahren. Er ist mißtrauisch, ob dabei nicht eine bedrängende Situation entstehen könnte: Mit all den Soldaten und seiner Freundin in einem Boot! Aber sie fahren unbehelligt ans Ufer zurück, seine Angst schien unbegründet. Wieder an Land, wird eine gemeinsame Schlafstätte vorbereitet. In dem Moment, wo sich alle hinlegen sollten, ziehen die Männer die Freundin an Fäden, die an ihren Finger- und Zehennägeln befestigt sind, wie eine Marionette weg. Er muß dabei hilflos zusehen, und seine vorsichtigen Proteste werden mit hämischem Gelächter quittiert. Ihr selber passiert sonst weiter nichts, aber ihm bleiben Entrüstung und Demütigung im Halse stecken.

Unsere Verarbeitung wird dadurch eingeleitet, daß die ganze Szenerie über die Erinnerung von Gefühlen und ihre entsprechenden akustischen Begleit-Geräusche vergegenwärtigt werden soll (D 9). Die Szenenplätze „Wasser", „Boot", „Soldatengruppe", „Schlafstätte", „Marionette" und „Fredi allein" werden durch sorgfältig ausgewählte und szenisch bereitgelegte Instrumente nachgestellt. Er setzt die Gitarre für die Szene im Boot, das Xylophon für die Schlafstätte und verschiedene Spielweisen am Klavier für die ganze restliche Sequenz, nämlich für die Entführungs-, die Protest- und die Einsamkeits-Szene. Indem er nun von Instrumentenplatz zu Instrumentenplatz geht, deren Symbolik durch Klänge vergegenwärtigt, also der jeweiligen Stimmung der Er-

eignisse nachlauscht, durchwandert er den Traum gefühlsmäßig nochmals. Hörend macht er sich die dabei ausgelösten Phantasien und Gefühle bewußt.

Während er auf dem Xylophon Melodien, also Meinungen oder Haltungen spielt, wendet er sich, gleichzeitig sprechend, leise und zärtlich
an seine Freundin: „Paß auf! Geh nicht weg!" Unruhig rhythmisch,
also verunsichert, spielt und spricht er angriffig laut am Klavier: „Was
fällt euch ein — ihr könnte doch nicht einfach...", stockt darauf und
geht zur Gitarre, um mit ängstlichen Klängen und nasaler Stimme be-
schwichtigende Worte, wie „es ist schon in Ordnung" oder „wir kommen doch gleich zurück", an seine Freundin zu richten. Nochmals am
Klavier, aber diesmal vorsichtig, kämpft sich ein gequältes Lachen,
vermischt mit einem Schrei durch die Kehle. Der zurückgehaltene
Atem läßt jedoch beides nicht eindeutig zum Ausbruch kommen. Die
ersehnte Auflösung erstickt in der Stimme.

Die Traumarbeit von Fredi bestand darin, sich in drei Schritten an
die innere Stimme der Traum-Plätze heranzutasten sowie darin, die
Art der Angst vor den übermächtigen Männern und vor dem Verlust
der Freundin nochmals zu fühlen. Stimmigkeit, z. B. die Übereinstimmung von Instrumentenspielart und Ereignis, war dabei ein zentrales
Leitmotiv. Die nach Handlungsorten gruppierten Instrumente bestimmten mit ihren Rhythmen, Melodien und Klängen die nachemp-
fundenen Stimmungen im Traum. Die das Spiel begleitenden oder un-
terbrechenden Worte unterstützten seine dadurch ausgelösten Phantasien. Er fand heraus, daß die Soldaten, die Autoritäten, mit seiner Unsicherheit spielten, ohne daß er es zugab. Sie manipulierten ihn und
seine geliebte Freundin wie eine Marionette. Sein vorsichtiger Behaup-
tungsversuch „es ist schon in Ordnung" konnte sich nur nasal, d. h.
zurückgenommen, ohne Widerstandskraft und selbstbeschwichtigend
äußern. Seine Ohnmacht drückte sich im erstickenden Ausbruch aus.

Unter der Spannung, die für Fredi in diesem Traum von Autoritäten
ausging, versagten je nach Stärke der Bedrohung abwechselnd Ge-
dächtnis, Reaktionsfähigkeit, Stimme oder Atem. Die abstrakte Macht
einer feindlichen und organisierten Gruppe (Soldaten) ließ ihm als Ein-
zelperson keine Chance zur Gleichwertigkeit. Sein Aufschrei zwischen
Qual und Wut blieb ihm in Brust, Hals oder Kopf stecken, dort, wo
ihm alle Autoritäten als seine „besseren Brüder" den Weg in die Welt
eines Mannes immer noch verwehren.

7.17 Versteckte Aggression in der Gestaltverwandlung
Fredi (30): Selbstwert-Krise

Fredi will sich heute nicht wie gewöhnlich zuerst setzen. Er bleibt stehen und signalisiert mir durch seine hochgezogenen Schultern und den gleichzeitig vorgeschobenen Kopf Angriffigkeit. Wie ein Blitzlicht sehe ich das Bild von gewissen Schlagzeugern vor mir: Genauso sitzen sie doch jeweils hinter ihrer Batterie, bevor sie loslegen!

Er erzählt — immer noch stehend, da ihm das Sitzen wohl das Rückgrat seiner Erregung brechen würde — den heute morgen erduldeten Halbwach-Traum: Sein Lehrer in der Primarschule schlägt ihn, weil er etwas nicht kann. Er lernt von da an alles auswendig, was äußerst mühsam ist, ihn aber vor Bestrafung schützt. Nun muß er mitansehen, wie seine Kameraden geschlagen werden. Er ist fein raus, dadurch daß er schweigt, klagt aber dafür um so mehr zu Hause. Enttäuschenderweise verbünden sich jedoch seine Eltern mit dem Lehrer, er ist ausgespielt und machtlos. Das zwingt ihn, seine Methoden zu verfeinern, um nicht aufzufallen. Er erfüllt seine Aufgaben fast streberisch und wird immer kleiner, immer mehr der wertlose, jüngere Bruder. Dabei verliert er die Stimme. Wieder endet ein Traum auf diese Art. Stimme, Stimmung und Gefühle werden verschüttet.

Ein wichtiger Hintergrund für dieses Traumerlebnis ist die Geschichte, daß Fredi in der vergangenen Woche aus der Jazz-Schule ausgestiegen ist, weil er die sich wiederholenden Versager-Erlebnisse nicht mehr ertragen konnte und weil ihm seine Freundin sagte, er werde es mit seiner Musik doch nie auf den Stand bringen, den er sich selbst vorstelle. Das war eine doppelte Enttäuschung: Ein demütigendes Urteil und ein Aufgeben von Hoffnungen!

Der Lehrer, der ältere Bruder und die Eltern haben ihm schon immer angedeutet, daß er nicht genüge, etwas verpasse, durchfalle usw. Nun kommt auch noch die Freundin damit. Er weiß im Moment nicht mehr, wem nun eigentlich seine Wut gilt. Traum und Realität vermischen sich, Hintergrund und Figur greifen ineinander. Um Klarheit zu bekommen, schlage ich vor, daß er am Schlagzeug „zurückschlagen" und vielleicht auch mit der Stimme *eingreifen* soll (P 1). Ich würde mich bereithalten, ihn zu *unterstützen*, wenn dies nötig erscheine.

Er beginnt mit dichten Schlägen auf Pauke und Trommeln und fügt in unregelmäßigen Abständen harte Schimpfwörter in synchron dazu gespielte, den Rhythmus der Ausdrücke unterstützende Schlaggruppen ein: „Du Drecksau", „laß mich in Ruhe", „schleimiges Arschloch", „Quäler", „und ihr seid genauso", „Saupack" usw. Ich greife zum elektrischen Baß und übernehme seinen Grundschlag mit Rock'n Roll Figuren, laut und hart (I 6). Sogleich geht Fredi in off-beat-Schläge über, und seine vorher fast abgewürgte Stimme wird kräftiger. Er entdeckt, daß in den off-beat-Schlägen noch mehr Oppositionskraft drin ist, und steigert sich mit Ausrufen wie: „Ich zeig's euch", „da hast du's" zu einem Höhepunkt aggressiven Ausagierens. Er wird schneller und lauter (vgl. Verhaltensquadrant 1, S. 92). Die Angst, nicht zu genügen, durchzufallen, zu langsam oder zu wenig clever zu sein, treibt diese Dynamik an. Außerdem reißt der Kontakt zur Umwelt ab; Fredi ist wie in Trance, der Schmerz aufgestauter Aggression nimmt ihm beinahe das Bewußtsein. Ein kleines Tor ist geöffnet, und eine große Flut gefangengehaltener Kraft(-Ausdrücke) möchte hindurch. Immerhin: Seine Stimme gegen Vater-Bruder-Lehrer-Autoritäten hat sich erhoben; das Gefühl dazu klingt aggressiv und stimmt so!

Hinterher wußte er nicht mehr genau, was er gesagt hatte, nur: „Dies war erst ein Bruchteil der Wut, die ich spüre!" kam leise und mit gepreßter Stimme aus ihm heraus. Das klang wieder nach einem irrealen Anspruch. Wir waren also nicht hindurch, die Gestalt war noch nicht fertig. Mit etwas boshafter Ungeduld, aber auch mit dem guten

Gefühl einer Intuition, fiel mir das Herausforderungs-Spiel „bellender Hund" ein (**P 10**). Es entwickelt sich relativ mühelos ein bewegtes Hin und Her, bis Fredi plötzlich lachend aussteigt: „Das ist komisch, lächerlich!" Er fühlt sich unwohl, verlegen und grinst dabei. Mir scheint, er wolle sich vor der verwirrenden Erkenntnis zurückziehen, daß Aggressionen auch lebendig, spielerisch, eine Form des Kontakts oder der Berührung sein können. Ich erkläre ihm, daß er gar keine andere Möglichkeit hätte, als zurückzubellen, wenn ich ihn anbelle. Alles andere als Bellen wäre lächerlich. So steigt er nochmals ein, und wir kläffen uns an in einem Gemisch von wirklichem Zorn (auf alles Böse in der Welt) und befreiendem Angriffsspiel, das mehr und mehr gegenseitig wird.

Fredis Figur, zurückschlagen zu wollen, erschien zu Beginn wie im Halbwach-Zustand und äußerte sich dann fast „blind" am Schlagzeug. Sie gewann durch die Schimpfworte an Gestalt, die beschimpften Personen verloren ihre absolute Bedeutung, und seine Angst, einem Angreifer ebenbürtig zu begegnen, verwandelte sich im „Hunde-Spiel" in Kraft und Bewußtheit. *Ad-gredi* (lat.) heißt: aufeinander zugehen. Aggressionshemmung ist ein Kampf zwischen Angst und Druck. Bei alldem hat seine Stimme immer wieder verraten, wie weit die neue Erfahrung selbst-bewußter Präsenz jetzt schon in seinen Hintergrund gelangen konnte.

Diese Improvisationsreihe vermochte eine Gestalt des Zurückgebens zu schließen. Fredi wirkte erleichtert, er hatte offene Augen und einen aufgerichteten, entspannten Körperausdruck. Er erfuhr die Kraft des Zurückgebens im Kontakt! Dadurch hatte er ein Stück Überwindung seiner Hilflosigkeit gegenüber überraschenden Angriffen integriert und fühlte sich besser gewappnet gegen alle Autoritäten, die ihm die Stimme verschlagen.

Schlagender Rhythmus und klingende Stimme bildeten die Hilfsmittel zur Erkenntnis, daß ausgelebte Aggressionen ihn nicht zerstören mußten, sondern ihn von Ängsten befreiten und seinen realen Selbstwert stärkten.

7.18 Verlauf einer Depression

Wanda (23): Hintergrund und Stundenbeispiele der fünf Phasen
Der Hintergrund

Wanda ist in den letzten zwei Jahren unserer Zusammenarbeit eine schwere Depression durchgegangen. Zuvor hatte sie verschiedene sogenannte „Nervenzusammenbrüche" und auch Klinikaufenthalte hinter sich. Ihre *Depressivität* zeigte sich, als in der Pubertät ganz allgemein ihre Wünsche, *Erwartungen* und Träume an „das" Leben *zusammenbrachen*. Plötzlich erschien ihr alles als *Illusion*: Freunde zu haben, beliebt zu sein, Abenteuer zu erleben usw. Sie verlor die *Fähigkeit*, auf die verschiedensten Beziehungssituationen zu *reagieren*, weil diese ja „keinen Sinn hatten". Die daraus resultierenden *negativen Gefühle* wie Mißachtung, Ausgeschlossensein, Frustration oder Bestätigungsmangel mußten *unterdrückt* werden. Sie glaubte, es ginge ihr gut, sie lebte, als wäre alles normal. Aber gleichzeitig kämpfte sie gegen ihre schwindende *Selbstachtung*. Diese zwei widerstreitenden Kräfte raubten den Rest ihrer *Energie*. In solchen „schwarzen Löchern" gefangen, wollte sie ihrem Leben auch schon mal ein Ende setzen, empfand dies aber zum Glück als zu dramatisch und blieb deshalb im Kollaps der Gefühle und Nerven stecken.

Ihre Mutter war eine überfürsorgliche, die Lebenslust tabuisierende, ängstliche und abhängige Frau. Der Vater stand immer unter Streß, auch zuhause. Er hatte kaum Zeit für die familiären Kontakte, war oft gereizt und dämmte mit solchen Mitteln alle aufkeimenden Auseinandersetzungen ein. Wandas um zwei Jahre älterer Bruder lebte auch immer noch im elterlichen Haushalt. Sie schafften es beide nicht, aus den mütterlicherseits behüteten und väterlicherseits abhängig-absichernden Familienbanden auszubrechen. Besonders Wanda wurde gut kontrolliert, da sie ja gefährdet sei, ihr Leben zu mißachten. Sie geriet zeitweise auch in gefährliche Nähe einer Medikamentenabhängigkeit und bewältigte einen täglichen Rhythmus nur mit äußerem Druck. So wollte die Mutter mit ihr das erfüllen, was diese selbst nicht ganz verwirklichen konnte: Wanda sollte Psychologin oder Sozialarbeiterin werden und deshalb zuhause unter besten Bedingungen viel lernen. Sie fiel jedoch durch die Aufnahmeprüfung einer entsprechenden Schule und schlug sich nun mit Gelegenheitsjobs durch. Sie lebte ein beziehungsarmes „Haus-Tier-Dasein". Ihr einziger guter Kontakt war ihr Hund, dem sie exakt das weitergeben konnte, was sie selbst unverdaut ertragen mußte: mit fürsorglicher Überfütterung und täuschender Sicherheit sinnleer gewordene Abhängigkeit.

Der Therapieplan bestand darin, den anfangs geschilderten Prozeß des Zusammenbruchs von Lebensenergie umzudrehen und vorerst Situationen zu schaffen, die etwas *Energie im Augenblick* zurückbringen konnten. Rhythmische Spiele sind dazu besonders geeignet (Q 2, T 1, T 4, T 5, T 6). Im nächsten Schritt ging es darum, die verschütteten *Verbindungen* zu den *Gefühlen* wieder zu entdecken, Kontakt zu ganz speziellen Gefühlserfahrungen im Moment herzustellen (A 1, D 7, D 10, D 11, D 9, K 1, P 2, P 6, P 8). Die dritte Phase bezog nun das *Reaktionsverhalten* und auch die Konfrontation mit ein (E 1, E 2, I 2, H 2, P 1, P 4, P 5). Mein mitunter provokatives Verhalten und ihr Stehvermögen sollten eine neue *Selbstwerteinschätzung* aufbauen. Die letzte Phase galt dann schließlich den Veränderungen in ihrem Leben (Auszug von zuhause, Beziehungen, Beruf) und dem *Vernetzen* dieser Aspekte im Alltag.

1. Phase: Energie für den Augenblick (Stundenbeispiel)
Wanda ist müde, es lief wenig die letzte Zeit, und sie hat Angst vor der Therapie. Sie ist sauer auf ihren Bruder, der alles besser weiß und ihr sagt, was sie zu tun hätte, ohne daß sie ihm etwas entgegnen könnte. Sie glaubt, der „Satan sei in ihr", alles wende sich gegen sie und alles würde ihr mißlingen. Ich setze ihr einen „Satans-Thron" hin und bitte sie, mir diesen Satan einmal mit ihrer Stimme vorzustellen (P 1). Sie beginnt mit einem leisen bis fürchterlichen Brummen und Kreischen. Dazwischen wirft sie Sätze ein wie „laß mich los", „hau ab", „du bist so mächtig" oder „ich bin wütend, daß ich nicht böse sein kann". Anschließend ist Wanda völlig erschöpft. Nachdem sie sich etwas erholt hat, schlage ich vor, zusammen auf Instrumenten das Thema zu entwickeln: *„Ich bin wütend, daß ich nicht böse sein kann."* Ich füge noch bei, daß es bei ihr liege, mit einem abgemachten Zeichen das Spiel zu beenden. Nun beginnt ein stufenweise immer stärker geladener Dialog mit lauten, häßlichen und schrägen Einwürfen beiderseits. Wanda steigert sich in virtuose, auch körperlich anspruchsvolle Aktionen mit hoher Intensität. Sie ist noch mittendrin, als ich bereits müde bin und mein Spiel abbrechen muß. Ihre Energie hat sie selbst überrascht. Böse sein können, das war ein ganz neuer Ausblick!

2. Phase: Verbindung zu Gefühlen (Stundenbeispiel)
Die zu Beginn dieser Stunde von mir vorgeschlagenen Atemübungen (A 7, A 9) machen Wanda Angst. Sie will ausweichen und geht immer wieder an die Oberfläche ihrer Empfindungen. Sie tut dies mit gequältem Lachen, Rückfragen zur Ausführung oder der Bemerkung, sie

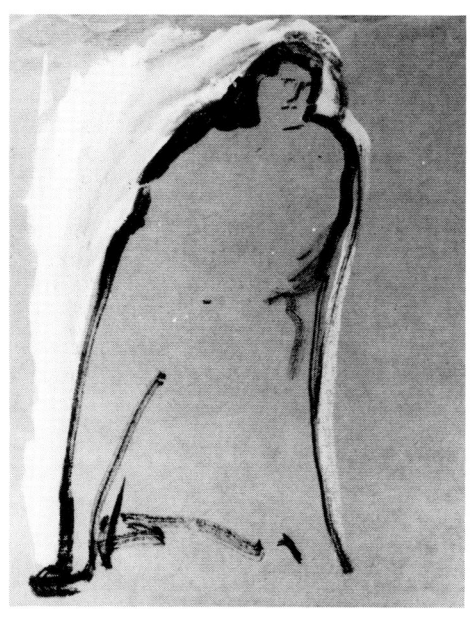

könne das nicht. Nach einem weiteren Versuch sagt sie, sie fühle sich komisch, verwirrt, wisse nicht, wo sie sei usw. Ich sage ihr, sie solle sich den Ort, wo sie jetzt sei, mit Instrumenten einrichten, diese wie Plätze einer Landschaft ansehen und sich zuhörend vorstellen, wie sie klingen könnten, vorerst ohne darauf zu spielen (D 9).

Im Laufe der nun emsigen Arbeit von Aussuchen, in die Hände nehmen, wieder zurückstellen und sich entscheiden, fängt sie an, Stichworte vor sich hin zu murmeln: „Angst", „Chaos", „Leere", „Vulkan". Am Ende hat sie vier Plätze geschaffen: Ein Plastik-Tambourin bedeute „Chaos-Angst-Schmerz"; eine Gußeisenglocke sei „Aggression-Zorn-Schärfe"; ausgewählte Palisander-Tonstäbe stünden für „dumpfe, leblose Leere", und eine sehr laute Kalebassen-Rassel wäre die „brodelnde Energie, gefangenes Leben". Sie probiert alle Plätze aus und kommt schließlich zum ersten zurück, bei dem sie spielerisch auch alle anderen miteinbezieht: Das brodelnde Leben kann sie nur kurz zulassen, die dumpfe Leere wäre ihr allzu vertraut und die Aggressivität würde ihr guttun. Klar wie eine Entdeckung gesteht sie dann: „*Ich habe Angst vor dem Chaos meiner Gefühle!*" Einen derart treffenden Kernsatz lasse ich meistens mit dem Auftrag wiederholen, aus ihm noch den entsprechenden Klang, die angemessene Stimmfarbe, herauszuholen (S 6). Es wird daraus ein ebenso kleines wie wichtiges Sprech-Kunstwerk, welches sie selbst einer letzten Bearbeitung unterzieht. Dabei kann sie fühlen, wie zwischen ihrer Angst und der Gefühlsverwirrung eine Verbindung besteht. Sie hört die Verwirrung in der Stimmelodie und die Angst im Stimmklang. Die Figur der Verwirrung weist auf den Hintergrund der Angst vor ihren Gefühlen.

3. Phase: Reaktionsfähigkeit (Stundenbeispiel)

Nach einer Körper-Atem-Stimmübung (B 3), die sie heute mehr als früher zuläßt und auch zuhause für sich macht, erzählt Wanda folgende Geschichte: „Ich hatte Streit mit meiner Mutter. Sie gibt sich immer so lieb und sagt gleichzeitig giftige Dinge. Ich kann mich dagegen nicht wehren und mache dann irgendetwas anderes. Ich habe dabei zwar auch kein gutes Gefühl, aber ich laufe einfach weg. Dann kommt mir die Mutter hinterher, sie fängt mich ein und will wieder etwas von mir, das macht mich rasend!" Damit schildert Wanda ihre Lage zwischen unausgedrückter Wut und wehrloser Abhängigkeit. Sie hat Schuldgefühle, da sie sich von ihrer Mutter nicht auffressen bzw. in Beschlag nehmen läßt. Zu meiner Verblüffung formuliert sie das treffende Bild dafür auch gleich noch: „Ich bin die Fliege im Netz der Spinne!"

Wir komponieren dieses Bild wieder mit Instrumentenplätzen (D 9): Die Spinne ist die Geige, zwei Schlaghölzer sind das abwechselnd zappelnde und lahme Insekt und eine Leier das Spinngewebe. Sie versetzt sich in alle drei Rollen, beginnt bei der Spinne (Mutter) mit kratzender, greller Falschheit, läßt das Netz bildlich gut nachvollziehbar mit schönen Saiten-Arpeggios erklingen und setzt sich mit unregelmäßigen Rhythmen der Hölzer selbst in Szene: „Ich will hier raus, du läßt mich nicht sein, wie ich bin!" Ich übernehme ihr vorheriges Geigenspiel und störe sie mit umspielenden, umgarnenden Linien. Nach einigen Versuchen, sich mit den zu knappen Mitteln zu wehren, bricht sie plötzlich aus und schlägt auf einen großen Gong, so daß meine Geige darin praktisch untergeht. Hinterher erschrickt sie darüber und fragt mich, ob sie dies hätte tun dürfen. Das verarbeitende Gespräch deckt auf, daß sich ihr Schuldgefühl, etwas zu tun, was sie nicht darf, und ihre Lust, auszubrechen, etwa die Waage gehalten haben.

In einer späteren Stunde spielten wir dann einmal „Ausbrechen", wo sie so oft wie möglich etwas für sie *und* mich Unerwartetes anstellen sollte. Es gab eine äußerst spannende Musik-Bewegungs-Improvisation, in der sie jedesmal und mit wachsendem Mut den Widerstand gegen das „darf ich?" überwinden mußte, wenn sie etwas Neues begann.

4. Phase: Selbstwerteinschätzung (Stundenbeispiel)
Wandas neuer Mut, verbunden mit der Fähigkeit, besser auf Beziehungssituationen zu reagieren, zeigte sich an ihrer heute mitgebrachten Geschichte: Sie machte erstmals mit ihrem Vater allein einen Spaziergang, der sich „einfach so" ergeben habe. Dabei unterhielt sie sich mit ihm, und sie sangen sogar zusammen. Aus dem Nachspielen dieser Situation geht hervor, daß Wanda ihren Vater rhythmisch und bestimmend erlebte, wo er doch sonst meist fahrig und unberechenbar war. Sie scheint überrascht und verunsichert von dieser plötzlichen Nähe zu ihm.

Später erzählt Wanda einen kürzlich zurückliegenden, sexuellen Traum, in dem möglicherweise ihre zu große Distanz zum Vater in eine Inzestphantasie umgeschlagen hatte: Sie saß mit ihm in einem stehenden Auto und niemand sprach ein Wort. Draußen lag, in Zeitungspapier eingewickelt, ein riesiger Penis. Sie konnte weder aussteigen noch weiterfahren und fand sich in einem Dilemma gefangen. Nähe und Distanz waren gleichzeitig extrem.

In der instrumentalen Verarbeitung (**D 9**) gibt sie ihrem Vater als Ausdruckssymbol für diese Situation eine große Conga. Sich selbst stellt sie mit der Flöte dar. Er erscheint ihr übermächtig, und ihre Unmöglichkeit, mit ihm eine Verbindung einzugehen, löst sie damit auf, daß sie die Conga umstürzt, also unspielbar macht. Jetzt ist sie in der Lage, mit ihm zu sprechen. Dabei fällt der Vorschlag, wieder einmal einen Spaziergang zu unternehmen und zu singen.

Wanda erlangte über die Symbolsprache der Musik ein neues Selbstwertgefühl, welches sie in die Lage versetzte, auf ihren Vater als zur Zeit vielleicht wichtigste Bezugsperson aktiv zuzugehen. Das war ein unschätzbarer Fortschritt.

5. Phase: Musikmachen als Beziehungserlebnis, Therapieabschluß (Zwei Stundenbeispiele)
Musikmachen ist voller Kontaktfunktionen: Abenteuer, Erotik, Aufgehobensein, Räume schaffen, Zeit erleben. All dies entdeckte Wanda wie von Neuem. Sie begann zu singen, trat in einen Jazz-Chor ein, wo sie Kontakte knüpfte und suchte eine Wohngemeinschaft, um endlich von zu Hause auszuziehen. Zum Problem wurde nun das Thema „Ablösung". Welche Gefahren begegnen einem ohne die zubereitete Welt in der Abhängigkeit, ohne wachsame Eltern und begleitende Therapie?

Manchmal lassen sich solche inneren Auseinandersetzungen in vermeintlich ganz anderen Geschichten und Zusammenhängen auffinden.

Warum erzählte Wanda plötzlich so viel von ihrem Hund? Sie würde ihn allein im Wald laufen lassen — ohne Leine —, ihn zeitweise aus den Augen verlieren, und dann käme er doch wieder; das sei manchmal ein kribbeliges Gefühl! Sie übte „an der langen Leine halten", sie probte ‚Ablösung' mit ihm.

Ablösung verlangt die Kraft, Abschlüsse einzugehen, ohne dem Verlust dabei das größere Gewicht beizumessen als dem erhofften Gewinn. Mit diesem Gedanken spielen wir zusammen „Schlüsse" (F 10). Jeder von uns steigt dann aus dem Spiel aus, wenn wir gerade Lust haben, und kümmert sich nicht darum, ob der andere Spieler auch bereit dazu ist. Der Verbleibende muß dann mit dieser Situation allein zurechtkommen. Die Pause soll dazu benützt werden, sich über die verschiedenen Gefühle bewußt zu werden, welche die Schlüsse auslösen. Es passieren überraschende, lustige, traurige, gemeinsame, bestimmte, unbestimmte, unsichere und störende Schlüsse. Jeder ist anders. Alle sind sie schmerzhaft und erwartungsvoll zugleich. Bei jedem Abschied stirbt etwas, bei jedem Tod kann etwas Neues zu leben anfangen.

Unser Spiel vertiefte wie eine philosophische Reise die Weisheit dieser Einsicht gefühlsmäßig und zeigte ihre vielfältigen Formen auf. Seit diesem Erlebnis probierte sie solche Schlüsse auch im Alltag aus und erzählte später verschmitzt eine Erweiterung davon: „Ich kann mit meiner Meinung einer anderen gegenübertreten — und damit fertig!" Sie konnte sich abgrenzen ohne Schuldgefühle.

So schlägt sie denn in der letzten Stunde selbst vor, den Schluß mit einer Improvisation anstatt mit einer Floskel wie „auf Wiedersehen und alles Gute" oder ähnlich zu vollziehen. Sie spielt Klavier, ich Congas, dann hört sie hin und wieder auf, ich auch. Plötzlich steht sie auf und geht mit einem Kopfnicken. Ich schaue ihr nach und bin traurig, unvorbereiteter auf diesen Abschied als sie selbst!

Teil III

Spielkartei

Eine systematische
Zusammenstellung von Spielen
für Musikimprovisation und
Musiktherapie

Einführung

„Der moderne Mensch (...) meint allem An-
schein nach, daß die Zeit des Spaßes, des
Vergnügens, des Wachsens und des Lernens
die Kindheit und die Jugend sind und gibt
mit der ,Reife' das Leben auf."
(Fritz Perls, 1976)

Spiele sind, ob für Kinder, Jugendliche oder Erwachsene, ob für Gesunde oder Kranke, ein Feld der Freiheit zum Ausprobieren von Einfällen und Reaktionen, zur Erweiterung von Grenzen des Handelns und
der geistigen Beweglichkeit, zur Erkundung von Wahrnehmung und
Empfindung. Wir spielen nur, wenn wir Lust dazu haben. Diese archaische Kraft des Spiels erklärt sich beispielsweise aus den Tatsachen,
daß das Spiel älter ist als die Kultur, daß Spiele einen Hang zum Schönen haben und daß sie fast immer Beziehungen darstellen. Das „als
ob" eines Spiels ist seine Freiheit, die Wiederholbarkeit seine Eigenschaft.

Spiele leben von Spannungen, Bewegungen, Begeisterungen und
Witz, aber auch von Instinkt, Geheimnis, Ordnung und Ernst. Der
Zauber liegt darin, daß Spiele Wirklichkeit abbilden und gleichzeitig
eine eigene Wirklichkeit bilden. Dies gilt auch für die Musik. Sie sind
Schauplätze von Beziehungen zu Partnern, zum eigenen Körper und
Verhalten, sowie zum (Spiel-) Instrument und zur Umgebung. Die Mu-
sikimprovisation ist deren kunstvoller Ausdruck, die Musiktherapie
deren wirkungsvolle Kraft.

In den vorliegenden Spielen sind die Übergänge von „Übung" zu
„Experiment", von „Ritual" zu „Aufführung" oder von „offener" zu
„geregelter Abmachung" oft fließend. Wichtig ist, daß der Spielleiter
oder Therapeut weiß, welche Art Spiel er jeweils betreibt und was die
Beteiligten damit wollen: Lust, Erkenntnis, Zeitvertreib, tiefe Einsicht
oder Lernen.

Spielregeln sind zerbrechlich wie Glas. Sie bilden nötige Einschrän-
kungen, Ordnungsmuster und Ablaufformen, aber sie provozieren
auch zur Übertreibung, zum Falschspielen und Spielverderben. Ihre
Anwendungsmodi zwischen stur und wirkungslos müssen jeder Situation eigens angepaßt werden. Ihre Erklärung darf weder zu ausführlich
noch zu knapp ausfallen. Der Umgang mit Spielregeln ist selbst ein
Spiel, ein Spiel zwischen Begrenzung und Ausweitung. In diesem Sinne
ist das folgende „Schema der Spielformen" zu benützen: als Orientie-

rung unter den Möglichkeiten, als Spielraum von Begrenzung und Ausweitung und als Hilfe für die klare Besprechung von Regeln.

Schema der Spielformen

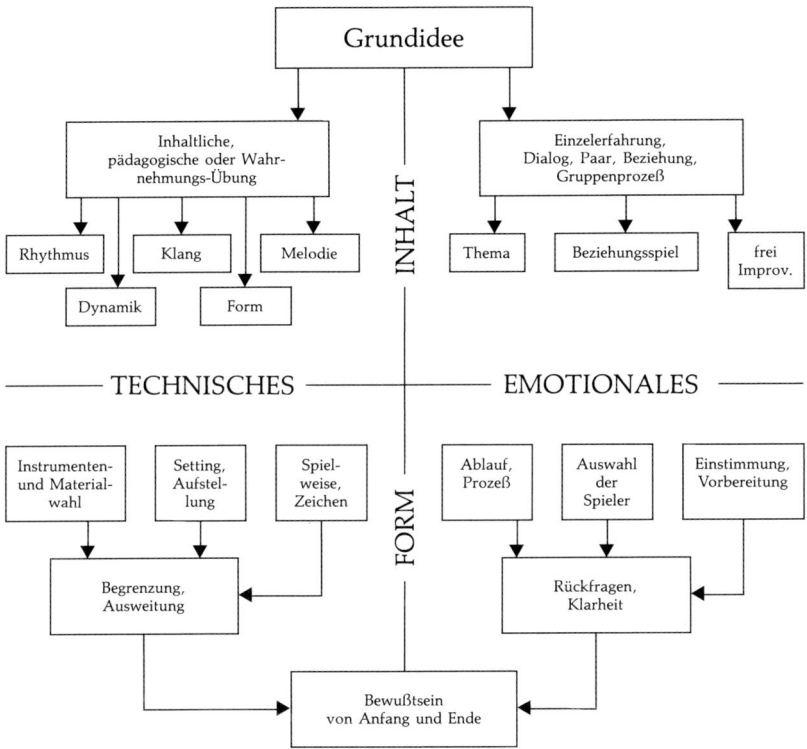

Nach jedem Spiel soll grundsätzlich Zeit eingeräumt werden, um etwa entstandene Probleme, gewachsene Spannungen oder sonst besondere Ereignisse aussprechen zu können, sich von diesen wenigstens mit Worten zu entlasten, wenn es durch die Improvisation nicht gelang. Die wichtigsten Fragen, welche jedesmal eine Antwort finden sollten, sei es laut oder still für sich, heißen etwa:
— Wie habe ich mich gefühlt?
— Zu wem / was hatte ich Kontakt?
— Was gefiel / gefiel nicht — an mir / an anderen?
— Entsprach die Spielregel den Bedürfnissen?

Jede Spielform ist bloß als Vorschlag, als Angebot und nicht als Gebot aufzufassen. Regelverstöße können die schönsten Weiterentwicklungen einleiten. Zwar sind die vorliegenden Ideen allesamt wiederholt ausprobiert und als gewinnbringend erfahren worden. Aber jede Gruppe und jede Situation hat wieder ihre eigenen Gesetze und ihren besonderen Charakter. Davon muß ausgegangen und die Einführung eines Spiels diesbezüglich abgewandelt oder angepaßt werden. Die Kunst des Spielleiters besteht darin, die gute Mitte zwischen Unterforderung und Überforderung der Spieler zu finden. Immer gilt aber: niemand *muß* mitspielen; zuhören oder aussetzen sind genauso wichtige Funktionen und können auch als solche eine Präsenz darstellen.

Die vorliegende Spielsammlung will ein möglichst offenes, unvollständiges und zu weiteren Anregungen animierendes Arbeitsinstrument für den Praktiker sein. Deshalb sind die einzelnen Vorschläge halbseitig wie Karten gedruckt und sollen wie in einem Karteikasten-System zu ständiger Ergänzung, Veränderung, Auswechslung oder Eliminierung anregen. Jeder Buchstabe des Alphabets entspricht einer Spieltypus-Gruppe. Die Buchstaben L, N, O und U bis Z sind noch unbesetzt, können also mit eigenen, neuen Spielideen belegt werden (siehe Inhaltsverzeichnis).

Die einzelnen Darstellungen sind so strukturiert, daß in einem Kopfbalken zuerst der Titel einer Spielidee steht. Er ist als Sammelbegriff oder Merkbild aufzufassen und bezeichnet teils das angesteuerte Ziel oder die inhaltlichen Schritte dahin, teils im übertragenen Sinn ein einprägsames Symbol der Spielsubstanz. Rechts davon stehen jeweils die ein bis drei Großbuchstaben E, P, G, welche eine Eignung für das „Einzel-", „Paar-" oder „Gruppen-"Spiel hervorheben. Darunter erscheinen die Ziffern für die Abschnitte, in denen das betreffende Spiel thematisiert oder erwähnt wird. Rechts außen steht schließlich die Spielbezeichnung mit Buchstabe und Zahl, die Such-Ordnung der Kartei.

Im unteren großen Feld der Darstellung folgen nun die einheitlich gegliederten Beschreibungen. Es war nicht ganz einfach, all die komplexen Aspekte, die in Improvisationsspielen eben zusammenkommen, für verschiedene Anwendungssituationen sprachlich verfügbar und verständlich zu machen. Jedes einzelne Spiel würde, dem Gehalt entsprechend, eine viel längere Beschreibung vertragen. Die hier gewählte stichwortartige Kürze läßt aber gewollt der Phantasie von Lesern und Gebrauchern mehr Raum. Es liegt in der Natur der Improvisations-Erfahrung, daß derselbe Einfall in jeder Situation anders ausfällt und auch klingt. So ist hier nur das Gerüst der einzelnen Spieleinfälle ablesbar und deren Aspekte mit immer denselben Untertiteln gegliedert.

Bei „*Idee*" werden jeweils die Grundgedanken oder Ziele eines Spiels bzw. einer Spielkette umrissen. Bei „Vorbereitung" sind die wichtigsten Bedingungen, manchmal auch bloß Anregungen oder hilfreiche Hinleitungen erwähnt. „*Idee*" und „*Vorbereitung*" gehören zum Vorfeld eines Spiels wie das Stimmen zum Wohlklang eines Instruments. Nun folgt der eigentliche „*Ablauf*". Meist ist er in einzelne Ablaufschritte (a, b, c etc.) gegliedert, welche methodisch sinnvoll sind oder das ganze Erfahrungs- bzw. Übungsfeld zusammensetzen. Wenn statt Schritten jeweils verschiedene Spielvarianten vorgeschlagen werden, steht dafür „Ablaufvarianten" oder „Ablaufmuster", und wenn die Idee auch auf andere Weise anzugehen ist, steht „Varianten" oder „Spielvarianten". In den meisten Fällen sind aber die Varianten Zusätze zu einem „Ablauf".

In einzelnen Beschreibungen kommt der Hinweis „Beachten" vor. Dieser steht deshalb nicht bei „Idee" oder „Vorbereitung", weil das betreffende Spiel zuerst einmal auch ohne diesen Punkt erfahren werden kann, um dann im zweiten Versuch eventuell diese beachtenswerte Korrektur einzubeziehen. In der Weise muß ohnehin an vielen Spielen gearbeitet werden: Um sie ganz zu entdecken, brauchen sie mehrmalige Wiederholungen, in denen jeweils die zu beachtende Änderung genügt, um das Spiel anregend zu halten und es zum Stimmen zu bringen.

Zum Schluß ist in jeder Darstellung die „Quelle" der Spielidee angegeben. Dabei handelt es sich mehrheitlich nicht um die ursprüngliche Quelle, sondern um diese des Autors. Es erschien mir wichtig, die eigenen Spieleinfälle zu unterscheiden. Deshalb sind die als Quellen aufgeführten Personen meist auch diejenigen, bei denen ich das betreffende Spiel erstmals erfahren oder einen entsprechenden Impuls erhalten habe.

Die nun folgenden etwa 130 Spielfelder, wie ich diese Ideen mit ihren jeweiligen Abwandlungen und Varianten nennen möchte, sind also als Quellen „unterwegs" zu verstehen. Wer ein Spiel abändert oder weiterführt, erfindet selbst wieder neues Material. Die Urquelle all dieser Spiele ist nicht bei Personen, sondern hinter den Kulturen insgesamt und letztlich wohl beim Sinn des Lebens überhaupt zu suchen, denn: Spielen ist eine Quelle sinnvollen Lebens.

Atem, Puls, Bewegung	E P G	A 1
	1.1, 1.3, 2.8, 7.18	

Idee: Bewußtwerden der körpereigenen Rhythmen; Beobachtung ihrer Verschiedenheit.

Vorbereitung: Ruhiger, geerdeter Sitz oder Stand.

Ablauf:
a) Eigenen Atem, wie er jetzt fließt, beobachten, nicht beeinflussen. Seinen Rhythmus abhorchen und bei Ausatmung mit Oberkörper nach vorne schaukeln, bei Einatmung wieder zurückbewegen. Eigenes Ausmaß der Schaukelbewegung finden.
b) Pulsstelle an Handgelenk, an Halsschlagader o. a. O. abtasten und diesen Rhythmus auf Kopfnick-Bewegung und / oder Ellenbogen-Bewegung (wie Kiemen öffnen und schließen) übertragen.
c) Diese zwei Bewegungen unabhängig voneinander spielen lassen. Bei Verlust der einen oder anderen diese einzeln wieder zurückholen. Bei guter Einspielung Augen öffnen und in der Bewegung bleiben! Beobachten, wie andere Teilnehmer sich wie ein Ährenfeld bewegen.

Beachten: Durch Gedanken, Ängste, Körperenergien usw. kann sich spontan der Atem und noch unerwarteter der Puls verändern. Dies nicht steuern oder durch Koordinierung der beiden Rhythmen beeinflussen. — Der Atemrhythmus ist eher ein 3er, der Puls eher ein 2er!

Quelle: Hegi.

Atem-Bereitschaft	E P G	A 2
	2.6	

Idee: Abbau von Körperpanzern für freien Fluß der Atmung durch den ganzen Körper.

Vorbereitung: Stehend (als Variante sitzend), keine dicken Schuhe.

Ablauf:
a) Bodenkontakt: Füße parallel, leicht auseinander, ganze Fußsohle ablegen. Eigenes Gewicht und Gegenkraft des Bodens ergeben Kontakt (Erdung).
b) Körper-Aufrichten: Energie von Boden über leicht durchgedrückte Knie bis Steißbein heraufließen lassen. Von da Rückgrat aufrichten (wie Gummisäule). Empfindung des Wachsens. Kopf als Fortsetzung daraufsetzen und Linie über den Hinterkopf-Scheitel als Verlängerung oder Aufhängung im Kosmos vorstellen.
c) Körper-Loslassen: Die Rückgratsäule trägt; alles, was daran hängt (Becken, Bauch, Brust, Schultern, Arme, Kopfhaut, Gesicht und die dazugehörigen Muskeln) loslassen, entspannen.
d) Atmung durch ganze Körperoberfläche aus- und eintreten lassen. Einatmen heißt *Zulassen,* Ausatmen heißt *Loslassen,* und die kleine Atempause danach heißt *Seinlassen.*

Quelle: Middendorf, Boyesen, Hegi.

Atem-Raum	E P G	A 3
	2.8	

Idee: Wahrnehmung des inneren und äußeren Raumes, der Aura im Jetzt, durch die drei menschlichen Grundpositionen: liegen, sitzen, stehen.

Vorbereitung: Ruhiger Raum, genügend Platz, keine Bodenunterlage.

Ablauf:

a) Rückenlage, flach, geschlossene Augen und normal tief atmen. Atem anhalten an frei gewählten Punkten, und alle Schwingungen, Gefühle sowie den inneren und äußeren Raum erspüren, in die der Atem jetzt dringt.

b) Sitz- oder Knielage, geschl. Augen und normal tief atmen. Atem anhalten und dasselbe wie bei a.

c) Stehend, geschl. Augen und normal tief atmen. Atem anhalten und dasselbe wie a.

d) Stehend und gehend, offene Augen und normal tief atmen. Atem anhalten und stehenbleiben, dabei Augen zu, innere und äußere Aura erspüren. Augen wieder auf, Ort ändern und dasselbe einige Male wiederholen.

Beachten: Bei angehaltenem Atem nach Ausatmung können Ängste auftreten (Alleinsein, Panik, Tod usw.). Dies zulassen, nicht forcieren.

Quelle: Hegi.

Atem-Ton	E P G	A 4
	2.7	

Idee: Vertiefung der Atmung über den Klang *eines* Tones. Ton und Aura miteinander verbinden.

Vorbereitung: Übung A 2 oder A 3.

Ablauf:

a) Mit Stimme einen Ton auf a oder o suchen, der jetzt leicht fällt.

b) Diesen Ton wiederholen und ihn mit der Zeit etwas verlängern.

c) An der Offenheit, der Fülle und dem Klang dieses Tones arbeiten, bis er von der Mitte aus den ganzen Körper füllt.

d) Atmung und Ton eins werden lassen; eine Verbindung zum Klang-Gefühl suchen.

e) Unterbrechen oder aufhören, wenn die Verbindung Körper — Ton abreißt, wenn der Ton „außen" gehört wird.

Variante: Dasselbe statt mit Stimme mit einem Klanginstrument, v. a. Blasinstrument, aber auch Saiten- und Tasteninstrument.

Quelle: Hegi.

Dosierte Atmung (Musikeratmung)	E P G	A 5
	2.7, 7.2	

Idee: Dosierter und hörbarer Atemfluß. Auslösung tiefer, vom Körper ausgehender Gefühle. Ökonomie des Ausdrucks.

Vorbereitung: Übung A 2 in sitzender Variante. Sitzpunkt auf dem Steißbein wird wie drittes Bein empfunden.

Ablauf:
a) Durch Schaukelbewegungen vorwärts-rückwärts und seitwärts die Mitte finden. Bodenkontakt mit Füßen und Sitzfläche wie A 2.
b) Zisch-Atmung mit Zunge zwischen beiden Zahnreihen (wie engl. th). Einatmung über Rücken — Schädel und Ausatmung über Vorderseite in den Boden zurück.

Beachten: Es können Verspannungen, Schmerzen, Ängste, Nervosität usw. auftreten. Dann die Atmung mehr loslassen und die schmerzhaften Stellen bzw. bedrohlichen Gefühle „beatmen".

Varianten:
a) Einatmung durch ein Bein, indem dieses leicht vom Boden gelöst und angehoben wird, dann in einem seitlichen Bogen Atem durch den Körper und bei Ausatmung in anderes Bein zum Boden zurückfließen lassen. Über vorgestellte U-Bewegung Atem durch Boden leiten und Übung wiederholen. Bei U ist Atempause. Hände sind auf Knie gestützt und gehen den Bewegungen nach.
b) Vorstellungs-Bilder wie „Schaukel", „Waage", „Brandung" usw. in unterstützende Körperbewegungen übertragen.

Quelle: Bastian, Middendorf.

Bauch-Brust-Atmung	E P G	A 6
	2.7	

Idee: Vertiefung der „weiblichen" und „männlichen" Atmung zur Verbindung beider und Vervollkommnung.

Vorbereitung: Ausführender liegt auf Rücken, Partner seitlich daneben.

Ablauf:
a) Partner legt eine Hand auf Bauch, eine auf Brust und unterstützt den folgenden Ablauf: Einatmung: zuerst Bauch und dann Brust mit Atem füllen und ausdehnen. Ausatmung: zuerst wieder Bauch und dann Brust entleeren. Atempause nicht vergessen!
b) Den ganzen Bewegungsablauf als wellenartige, sich ablösende Folge empfinden und verstärken. Kalte, schlecht fühlbare Körperstellen „wärmen", bewußt mit Atem versorgen.
c) Nach Beendigung der Übung in eigenem Zeitmaß aufstehen und den Kopf zuletzt aufrichten.

Variante: Dasselbe in liegender oder stehender Stellung selbst, d. h. mit den eigenen Händen durchführen.

Quelle: unbekannt.

Funktionale Atmung	E P G	A 7
	2.7, 5.6, 7.18	

Idee: Bewußtwerden der verschiedenen Atemräume im Körper und deren unterstützender Einsatz für entsprechende Aufgaben.

Vorbereitung: Vorstellung verschiedener Lebens- oder Spielsituationen.

Ablauf:

a) *Bauchatmung:* Braucht rel. viel Blut. Dient tiefer emotionaler oder körperlicher Arbeit. Als eher weibliche Atmung bekannt.

b) *Bauchgürtel*(mit Zwerchfell und unter Rippenteil)-*Atmung:* Braucht zu gleichen Teilen Blut und Luft. Dient der energetischen Arbeit. Konzentration, Kampf, Ausdauer.

c) *Brustatmung:* Braucht rel. viel Luft. Dient der geistigen Arbeit, dem sofortigen Einsatz einer Reaktion, dem Kopf und der schnellen Handlung. Als eher männliche Atmung bekannt.

Quelle: Lisa Sokolov.

Atem und Körperpräsenz	E P G	A 8
	2.7, 2.8	

Idee: Körperenergien zusammenfassen und zentrieren.

Vorbereitung: Ruhiger Raum, bewußte Atmung. Aufklärung über Symbole Yin-Yang in Verbindung mit Elementen oder Symbolen des Taoismus.

Ablauf:

a)  Von Sonnengeflecht-Zentrum aus eine Kraft nach oben richten, Kopfdecke „öffnen". Mit einer Hand Bewegung unterstützen. Von Hals aus mit anderer Hand die Gegenkraft seitwärts runter — und von Zentrum aus auch durch Mitte runterziehen.

b) Von Zentrum aus zwei Dreiecke bilden: das luftbezogene, geistige zu den Fingerspitzen nach oben. Das erdbezogene, körperliche zu den Füßen nach unten. Empfindung von gutem Stand bei gleichzeitiger Offenheit: in seinem Zentrum stehen.

c) Atmungsbereitschaft für Körperpräsenz und produktive Arbeit: Oben und vorne bis Bauch ist *Yin* (weiblich, „der Tiger"); Rücken und Beine sind *Yang* (männlich, „der Drachen"). Zu den Taoismus-Symbolen vgl. *Berendt* 1983, S. 54.

Quelle: Lisa Sokolov, Polarity, Taoismus.

Gähnen	E P G	A 9
	2.7, 7.18	

Idee: Öffnung der „Pforten" für die Atemwege zwischen Brust und Kopf.

Vorbereitung: Guter Bodenkontakt. Morgen- oder Startübung.

Ablauf:

a) Gefaltete Hände während Einatmung nach oben ziehen und nach außen drehen.

b) Mund öffnen und mit Muskeln im hinteren Gaumen-Rachenraum Gähnen auslösen.

c) Hände lösen und seitwärts mit Gähn-Ausatmung nach unten bewegen.

Beachten: Mit Gähnen alle Töne, die dieses begleiten, herauslassen und den Körper erzählen lassen, was er braucht; Schmerzen, Verspannungen, noch „schlafende" Körperteile „beatmen".

Quelle: Verschiedene.

Fingerspitzen-Atem	E P G	A 10
	2.7	

Idee: Über teilweise geschlossene Körperenergiekreise das Bewußtsein der Atemräume wecken.

Vorbereitung: Guter Bodenkontakt, stehend. Übung A 7.

Ablauf:

a) Auf Brusthöhe der Reihe nach die gleichen Fingerkuppen beider Hände leicht aufeinander drücken. Die restlichen Finger jeweils locker wegstrecken.

b) Bei jedem Kontakt wird der Atem in eine Richtung verstärkt. Beobachten, wann er eher nach oben, wann eher nach unten, wann eher seitwärts streicht.

c) Wenn ein solcher Körperraum aufgefunden ist, den entsprechenden Vokal dazu denken (singen) und so den Atemraum erweitern. Siehe dazu A 12.

Quelle: Middendorf.

241

Atmungs-Einfall	E P G	A 11
	2.6, 7.8	

Idee: Mit Hilfe des Atems die mit dem Hier und Jetzt verbundenen Gedanken einfallen lassen.

Vorbereitung: Sitzend. Sich keine Gedanken machen, möglichst alles loslassen. Auf dem Wendepunkt der Einatmung, des *Zulassens* zur Ausatmung, dem Loslassen die Gedanken wie von oben einfallen lassen.

Ablauf:
a) Wenn ich einatme, wird mir bewußt, fällt mir ein ... (z. B. weshalb ich da bin, was ich will usw.)
b) Beim Atem-Wendepunkt fällt mir jetzt ein ...
c) Ton einfallen lassen: 1. Ton hören; 2. Ton vorstellen; 3. Ton singen. Auf Klang, Stimmruhe/-unruhe, Ausdrucksbogen hören.

Varianten:
a) Alle Teilnehmer denselben Ton.
b) Stehender Ton als Klangboden, einzelne Ton-Einfälle darüber.

Quelle: Sokolov und Hegi.

Vokal-Atmung	E P G	A 12
	2.6	

Idee: Die Vokale und ihre spezifischen Klangbereiche im Körper als Erweiterung der Atemräume einsetzen, durch unterstützende Bewegung verstärken.

Vorbereitung: Guter Bodenkontakt, stehend. A 10.

Ablauf: Die Vokale in ihrer bekannten Reihenfolge A, E, I, O, U durchspielen:

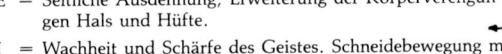

A = Volle Öffnung der Arme nach vorne, „Empfangsgeste", Öffnung des Herzens, des Gebens/Nehmens.

E = Seitliche Ausdehnung, Erweiterung der Körperverengungen Hals und Hüfte.

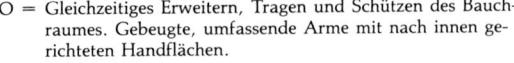

I = Wachheit und Schärfe des Geistes. Schneidebewegung mit vertikal gestellten Handflächen abwechslungsweise nach vorne.

O = Gleichzeitiges Erweitern, Tragen und Schützen des Bauchraumes. Gebeugte, umfassende Arme mit nach innen gerichteten Handflächen.

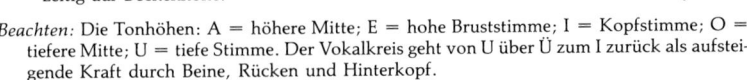

U = Alle Produkte des Menschen kehren zum Boden zurück. Nach unten stoßende Bewegung mit beiden Armen gleichzeitig auf Beckenhöhe.

Beachten: Die Tonhöhen: A = höhere Mitte; E = hohe Bruststimme; I = Kopfstimme; O = tiefere Mitte; U = tiefe Stimme. Der Vokalkreis geht von U über Ü zum I zurück als aufsteigende Kraft durch Beine, Rücken und Hinterkopf.

Quelle: Sokolov.

Bewegung, Atmung, Ton	G	B 1
	1.1	

Idee: Übungsreihe bis zu körperentspannter Wahrnehmung (von Musik).

Vorbereitung: Möglichst barfuß, größerer Raum.

Ablauf: Bewegung

a) Im Raum herumgehen. Normales Tempo. Atmung beobachten.
b) Schneller gehen, sich beim Begegnen kurz ansehen.
c) Möglichst schnell gehen. Ausweichen, reagieren.
d) Stop! Einige Zeit stillstehen, innehalten, wahrnehmen.
e) Ganz langsam gehen, Zeitlupe, Augenkontakte herstellen.

Atmung

a) Abwechslungsweise und hintereinander mit folgenden Körperdeformationen gehen (dabei den verdrängten Atem beobachten) und beim Loslassen der Deformation mit Atem Entspannung unterstützen;
   — hochgezogene Schultern (Angst),
   — zurückgezogene Schultern (Arroganz),
   — nach vorne zusammengezogene Schultern (Rückzug, Schutz),
   — nach hinten geschobenes Becken, Entengang (Naivität),
   — vorgeschobenes Becken (Übersättigung, Gefühllosigkeit).
b) Entspannte Körperstellen ansprechen und in ruhender Position beatmen: Füße, Beine, Becken, Bauch, Brust, Arme, Schultern, Hals, Kopf, Gesicht.

Ton

a) Inneren Ton suchen, singen und klingen lassen.
b) Rücken an Rücken sitzen, Wärme austauschen: Musik hören!

Quelle: Frohne.

Bewegung, Stimme	P G	B 2
	5.6	

Idee: Erfahrung der Verbindungen Bewegung—Musik und Musik—Bewegung.

Vorbereitung: Vorspieler A stellt sich gegenüber reagierender Person oder Gruppe B auf.

Ablauf:

a) A improvisiert mit Stimme zuerst einfache Figuren, dann je nach Reaktionsfähigkeit der Reagierenden immer bewegter. B versucht das Gehörte in Bewegungen an Ort umzusetzen.
b) A improvisiert Bewegungsfiguren, zuerst einfache, dann je nach Reaktionsfähigkeit der Reagierenden immer schwierigere. B versucht das Gesehene in Stimmfiguren umzusetzen.
c) B (als Gruppe) improvisiert mit Vorsänger einfache Figuren. A setzt das Gehörte in Bewegung im Raum um (allein oder in Gruppe).
d) B (als Gruppe) improvisiert mit vor der Gruppe postiertem Bewegungsleiter einfache Bewegungsfiguren. A setzt das Gesehene in Stimmfiguren um (allein oder in Gruppe).

Variante: A steht hinter B, beide sehen in dieselbe Richtung. A bewegt sich und macht diese Bewegung möglichst verständlich mit entsprechenden Stimmfiguren hörbar. B versucht, das Gehörte (und Gespürte) in Bewegungen nachzuahmen.

Quelle: Warren Muller und Hegi.

Aufwärmen (Warm up)	P G	B 3
	5.6, 7.18	

Idee: Lockern steifer Muskeln, Bereitstellung nötiger Beweglichkeit.

Vorbereitung: Freier Raum, leichte Kleidung.

Varianten (jeweils mit a) beginnend):
a) Aus Beinen und Becken heraus feine bis starke *Schüttel*bewegungen, auslaufend bis in den Kopf wie bei Schlangenbewegung. Mund, Zunge, Kehle ebenso schütteln und Töne kommen lassen, die von selbst geschehen.
b) Aus gleichzeitigem Körper- und Stimmimpuls heraus stark-impulsive Kurzaktionen loslassen und wieder in Schütteln übergehen.
c) Dasselbe aus dem Gehen und dann aus dem Schnellgehen heraus.

a) Hintereinander das Becken, dann die Hände/Arme und dann den Hals/Kopf in eine *Dreh*bewegung bringen. Alles mit Stimme unterstützen.
b) Bewegung verfeinern und gleichzeitig Stimme verstärken bis zu lautem, kreisendem Ton und schließlich zu Schrei.

a) *Spiegelboxen* (oder pantomimisch mit Partner) mit Unterstützung jedes Schlages durch Stimme.

a) *Ringkampf* mit imaginärem Partner und angriffigen Worten.

a) Mit Schnippen, Händeklatschen, Tanzschritten und Stimme gleichzeitig *Bewegungsmuster* vorgeben. Partner oder Gruppe imitiert.

Quelle: Verschiedene.

Bewegungsimitation über Schrittrhythmen	G	B 4
	1.15	

Idee: Optische und akustische Übernahme von Schritt- und Tanzrhythmen.

Vorbereitung: Holzfußboden, keine dicken Schuhe.

Ablauf:
a) Mit normalem Schritt im Raum herumgehen. Wenn ein Teilnehmer stoppt, tun dies alle — wenn einer wieder beginnt, tun dies alle.
b) Dasselbe, aber jeder neue Schritt hat eine rhythmische Betonung durch leicht verstärktes Fußaufsetzen.
c) Dasselbe, aber freies Betonen und Stoppen.
d) Einen durch ein Stimmostinato bewußt gemachten Rhythmus gemeinsam in den Schritt legen, bzw. in Tanz umsetzen.
   z.B.: $\bar{1}$,2 oder $\bar{1}$,2,3,4,$\bar{5}$,6 oder 1,2ü$\bar{3}$,4 oder mit Pausen: 1,2,3,4,.,.,.,., oder 1,2,3,.,.,., oder 1,2,.,.,5,6, usw.
e) Zwei Gruppen oder Partner mit verschiedenen Schrittostinatos.
f) Eine Gruppe mit festem Schrittostinato, ein Teilnehmer improvisiert darüber mit freien Einfällen und gliedert sich wieder ein.
g) Zwei Schrittostinato-Gruppen und ein Solist.
h) Freie Einfälle mit Schrittostinatos und Stimmimprovisation.

Quelle: Hegi.

Bewegungsimitation über Sehen und Hören	P G	B 5
	5.7	

Idee: Nachspielen von Bewegungen, wie dies auch bei (Unisono-)Melodien geschieht.

Vorbereitung: Sich im Abstand von ausgestreckten Armen gegenüberstehen. Dem Partner ohne Unterbrechung in die Augen sehen.

Ablauf:

a) Einer beginnt mit langsamen und einfachen Bewegungen. An Ort bleiben. Partner imitiert Bewegungen und Töne, die er sieht und hört.

b) Nach einiger Übung in etwas schnellere und/oder schwierigere Bewegungen gehen, diese aber wie ein rhythmisches Muster öfter wiederholen, so daß Partner in solche Abläufe hineinfindet.

c) Wiederholungen verlassen und frei erfundene Bewegungen in einem fort vorspielen, tanzen, bis an die Grenze des Imitierbaren gehen.

d) Rollen tauschen.

Beachten: Bewegungen nicht in den Raum des Partners ausdehnen. (Weil dabei Imitation als Spiegelung problematisch wird.) Vorstellung von Glas zwischen den Partnern.

Variante: Dasselbe mit Stimme anstatt Bewegungen.

Quelle: Hegi.

Stampfen	P G	B 6
	5.6	

Idee: Stampfen ist Ausdruck eines Willens (Kinder!). Es ist übertriebener Kontakt und Loslösung vom Boden sowie rhythmischer Nachdruck auf eine hier und jetzt gesetzte Realität.

Vorbereitung: Guter Bodenkontakt, schaukeln, Füße auf Stand zentrieren.

Ablauf:

a) Mit geschlossenen Augen leicht und rel. schnell auf Boden trampeln, beide Füße gleich.

b) Dasselbe, aber laut und stark.

c) Gleichlange rhythmische Phasen zwischen laut und leise, vorstampfen, zuerst ganze Gruppe zusammen, dann abwechslungsweise eine und andere Gruppenhälfte bzw. Partner.

d) Wildes, chaotisches Stampfen, Austoben.

e) Vom Boden wegspringen, möglichst keinen Bodenkontakt, kein Stampfgeräusch. (Kontaktverlust mit dem Wissen, daß man immer wieder auf dem Boden landet.)

f) Gehen und den jeweils jetzt eigenen Gehrhythmus mit leichtem Stampfen betonen. Nicht angleichen, beim eigenen Rhythmus bleiben! Mit der Zeit sich aufdrängende Angleichung zulassen und Händeklatschen sowie Stimme zur Unterstützung beiziehen.

g) Diesen Rhythmus beibehalten als Hintergrund und einzelne „Stampf-Solos" in Kreismitte improvisieren lassen (siehe auch B 4).

Quelle: Hegi.

Langsame Bewegung (Slow motion)	G	B 7
	2.7	

Idee: Aura und Kontakt. Ausmessen von Bewegungsraum und Körperkontakt. Annäherungen und Ablösungen mit Zeit erleben.

Vorbereitung: Dunkler Raum, Augenbinden oder einfach Augen schließen. Sehr ruhige Klangmusik spielen oder vorspielen. Hindernisse und gefährliche Gegenstände wegräumen. Leiter überwacht das Geschehen.

Ablauf:

a) Teilnehmer stehen im Raum verstreut und bewegen sich ganz langsam auf Zentrum zu, das der Leiter durch akustisches Zeichen vorgibt. Hände zum Abtasten bei Begegnungen leicht nach vorne strecken.

b) Nach ersten Berührungen sich in einen Körperknäuel verdichten. Jeder Teilnehmer so eng, wie er sich noch wohlfühlt. Musik aussetzen.

c) Musik wieder einsetzen und ebenso langsam wieder lösen. Eigenen Raum suchen. Keine Berührung, keine Stützen. Musik aussetzen und Bewegung zum Stillstand kommen lassen.

d) Musik nochmal einsetzen und freie Wahl der Bewegung mit offenem Ende ...

Quelle: Hamel und Hegi.

Rollenwechsel	G	B 8
	5.3	

Idee: Spontanes und spielerisches Einlassen auf verschiedene Rollen. Flexibilität im Ausdruck. Reagieren auf überraschende Wechsel.

Vorbereitung: Eine Zeitlang dramatische Musik laufen lassen (z. B. Pink Floyd „Meddle" oder Beethovens „Fünfte" oder Art Blackey „Orgie in Rhythm"), oder ein Teil der Gruppe bzw. der Leiter spielt selbst.

Ablauf:

a) Gruppe tanzt oder bewegt sich zu vorgegebener Musik.

b) Musik abrupt stoppen und Rollenvorgabe nennen oder auf Tafel schreiben, z. B.: „Gorilla", „kleines Baby", „eitler, arroganter Typ", „auf der Flucht", „gestreßter Geschäftsmann", „Maschine", „Adler", „Rauch" u. a. m.

c) Spontan setzt nun jeder Teilnehmer auf seine persönliche Art dieses eingegebene Bild in Bewegung oder einen Tanz um, pantomimisch ohne Musik.

d) Nach ca. 30 Sek. abrupter Stop und Aufforderung, für ca. 15 Sek. in der Bewegung innezuhalten, die beim „Stop" gerade entstand. Sich etwas umsehen, wie die anderen „versteinerten Figuren" aussehen.

e) Dann wieder Musik, sich lockern, leicht bewegen oder tanzen und sich für das nächste Bild bereithalten.

Varianten: Anstatt oben genannter allgemeiner Bilder subjektive Bevorzugungen eingeben: z. B. „Lieblingstier", „unerfüllter Wunsch", „so werde ich bewundert" u. a. m.

Quelle: Boyesen und Hegi.

Bewegungs-Verwandtschaft	G	B 9
	7.15	

Idee: Personen mit aktuell ähnlichen Bewegungsqualitäten nehmen Berührung auf und bereiten so eine musikalische Berührung vor.

Vorbereitung: Konzentration auf Körperzustand, ohne etwas daran zu verändern.

Ablauf:

a) Ausprobierend diejenige Bewegung finden, die dem aktuellen Gefühl entspricht: z. B. „müde", „erregt", „ausufernd", „still", „ängstlich", „gelassen" u. a. m.

b) Einen (oder zwei) Partner suchen, der/die sich in einer ähnlichen Bewegungsqualität befindet. Sich gruppieren.

c) Zusammen diejenige Körperstelle herausfinden, die gemeinsam dieser zentralen Bewegungsqualität entspricht; die den Bewegungsausdruck anführt; die am wichtigsten ist.

d) In dieser Untergruppe (diesem Paar) ein Bewegungsspiel entwickeln, welches über die abgesprochenen Körperstellen immer wieder Berührung, Körperkontakt aufnimmt bzw. ihn wieder löst.

e) In derselben Untergruppe Instrumente auswählen und zusammen spielen. In ähnlicher Weise versuchen, musikalisch Berührungen und Loslösungen zu entwickeln.

f) Ins Spiel der anderen Untergruppen eingreifen und Gruppen-Aufteilungen langsam auflösen.

Quelle: Frohne.

Führen und Führenlassen	P G	B 10
	7.15	

Idee: Sensibilisierung von Führen und Geführtwerden (Vertrauen). Sofortige Empfindung und Unterscheidung von Zug und Druck, von Eingreifen und Nachgeben, von Dominanz und Abhängigkeit.

Vorbereitung: Für jeden Teilnehmer zwei Bleischnüre, ca. 40-50 cm lang (aus Vorhang-Geschäft: Beschwer-Schnüre).

Ablauf:

a) Paar(e) bilden. Beide halten in freigewählter Hand zwischen Zeigefinger und Daumen die Schnur so stark, daß sie leicht durchhängt. Punkt herausfinden, wo Zug oder Nachlassen gerade noch spürbar ist.

b) Führender bewegt den wie an unsichtbarer Leine geführten Partner vor und zurück, aufwärts und abwärts. Geführter schließt die Augen.

c) Rollen wechseln.

d) Offen lassen, wer führt, geführt wird, freies paritätisches Spiel.

Varianten:

a) Dasselbe, aber mit zwei Schnüren in je beiden Händen.

b) Dasselbe, aber mit drei Schnüren und drei Leuten.

c) Dasselbe mit ganzer Gruppe. Freies Bewegungsspiel, auch Knäuel erfinden und wieder auflösen.

Beachten: Diese Arbeit braucht hohe Konzentration und deshalb absolute Ruhe. Nicht aus Verlegenheit lachen. Keine schnellen Bewegungen. Schnur soll immer durchhängen!

Quelle: Frohne.

Perkussions-Tanz	G	B 11
	1.14	

Idee: Perkussionsinstrumente wurden erfunden, um mit ihnen zu tanzen; ihr Einsatz kommt aus der Tanzbewegung heraus.

Vorbereitung: Alle vorhandenen Perkussionsinstrumente zusammen mit einer Tanzbewegung ausprobieren. Auch Klatschen, Schnalzen, Konsonanten der Stimme und Geräusch-Gegenstände sind Perkussion.

Ablauf:

a) Mit einem Tanz in Kreismitte beginnen und das Perkussionsinstrument einfach mitschwingen lassen.

b) Diesen nun entstandenen Rhythmus verstärken, unterstützen, imitieren, verdoppeln, etwas dagegensetzen usw. Den initiierten Tanz zusammen weiterentwickeln.

c) Der „Rhythmus-Spender" bleibt entweder in der Mitte und treibt den Tanz an, intensiviert das Tanzspiel oder fügt sich in den Kreis ein und schickt einen anderen Spieler in die Kreismitte; wieder wie (a) usw.

Variante: „Gasse": Der jeweils hinterste Spieler zweier sich gegenüberstehender Reihen tanzt mit seinem Rhythmus durch die Gasse und zieht die jeweils links und rechts stehenden Spieler in sein Spiel mit ein. Am Ende angekommen, reiht er sich wieder ein.

Quelle: Hegi.

Paukenablösung	G	B 12
	5.6	

Idee: Bewegungsmäßiges Übernehmen eines Rhythmus. Ritualisierung eines Tanzes. Grunderfahrung des Tanzmusikmachens.

Vorbereitung: Möglichst tiefe Pauke und weiche Schläge. Bei unsicheren Spielern Vorübung: Erster Spieler schlägt Gleichschlag in langsamem Tempo. Ablösender Spieler nimmt ihm über Bewegung erst den einen, dann den anderen Schläger aus der Hand und setzt das Spiel ohne Unterbrechung fort.

Ablauf:

a) Ein Paukenspieler findet einen regelmäßigen Gleichschlag (siehe R 2).

b) Er wird von nachfolgendem Spieler nach Muster in „Vorbereitung" (siehe oben) abgelöst, geht in die „Tanzfläche" vor der Pauke und tanzt.

c) Wer nicht mehr tanzt, muß wieder hinter die Pauke und über die „Paukenschleuse" zum erneuten Tanz oder zur Verstärkung des Paukenspielers mit einem anderen Instrument.

d) Paukenspieler kann auf Tänzer eingehen und dementsprechend den Rhythmus „anziehen" oder „lockern".

Variante: Zwei Paukenspieler auf beiden Seiten der Tanzfläche. Die Ablösungen erfolgen möglichst nicht zur selben Zeit, so daß ein Spieler immer bei den Tänzern ist. (Für größere Gruppen.)

Quelle: Friedemann.

Energie-Kreis	G	C 1
	2.7	

Idee: Konzentration auf vorhandene Energie; geben und nehmen.

Vorbereitung: Im Kreis sitzen oder stehen. Linke Gehirnhälfte (linkshemisphärisch) und rechte Körperseite sind zusammen die gebende, strukturierende, produktive, planende Seite des Menschen (auch Sprache). Rechte Gehirnhälfte (rechtshemisphärisch) und linke Körperseite sind zusammen die nehmende, empfangende, emotionale, kreative, spontane Seite des Menschen (auch Musikalität).

Ablauf:
a) Hände fassen, linke Hand nach oben geöffnet (empfangen), rechte Hand nach unten geöffnet (abgeben), Arme ganz fallen lassen.
b) Augen schließen und über Atem Körper völlig entspannen. Zulassen, was ankommt, abgeben, was möglich ist, und sein lassen, was da ist.
c) Energiestrom, der von linker Seite kommt, durch Körper fließen lassen und rechts wieder abgeben.

Variante:
a) Mit ebendiesem Strom einen Ton mitgeben und kreisen lassen.
b) Mit S 1 oder „Hu-Spiel" (P 11) kombinieren.

Quelle: Boyesen.

Körper-Energien	E P G	C 2
	6.2	

Idee: Wahrnehmung und Konzentration der jetzt vorhandenen Körperenergien. Vorbereitung für deren Umsetzung z. B. in Musik.

Vorbereitung: Stehend oder sitzend oder liegend. Guter Bodenkontakt. Bewußter Atem. Wenn nicht alle Kräfte des Körpers und des Geistes auf *eine* Aufgabe konzentriert sind, so behindern sich die vorhandenen Energien gegenseitig.

Ablaufvarianten:
a) Mit offenen Händen eine imaginäre Kugel vor Brust/Bauch-Bereich bilden. Kugel als Energieform spüren.
b) Fingerspitzen der geöffneten Hände vor der Brust aufeinanderlegen. Energieströme entdecken. Hände langsam lösen und wieder annähern. Mit Energiespannung spielen.
c) Auf Rücken liegend Beine anwinkeln und Fußflächen aneinanderlegen. Knie nach außen fallen lassen und alle Muskeln, die jetzt nicht von selbst gespannt sind, entspannen, loslassen. Öffnung des Becken- und Geschlechtsraumes. Energie des Gebens und Nehmens empfinden.
d) Selbst Übungen erfinden, welche die spürbare Energie bewußt machen und sie auf eine Aufgabe konzentrieren.

Quelle: Verschiedene und Hegi.

Boden-Energie	E P G	C 3
	1.1	

Idee: „Verwurzelung" mit Boden. Konzentration der Basis-Energie von Boden und Beinen.

Vorbereitung: Übung A 2a. Möglichst barfuß und Holz- oder Naturboden.

Ablauf:

a) Mit nach oben gestreckten Armen langsam nach vorne—unten bewegen bis zu Bodenkontakt mit den Fingerspitzen. Kurz vor Bodenkontakt, wenn Beine Widerstand bieten, die Knie so weit beugen, daß ausgeglichene, auf ganze Beine verteilte Spannung besteht. Nicht mit Händen stützen, lediglich Boden berühren.

b) In dieser Stellung bleiben und langsam die Knie strecken, aber nicht ganz nach hinten durchdrücken, sondern jenen Punkt finden, an dem Beine zu vibrieren beginnen. Vibration ist Energie. Unterstützung durch Atem.

Quelle: Lowen.

Lösung blockierter Energien	P G	C 4
	6.2	

Idee: Verspannte, schlafende oder falsch gestützte Muskeln blockieren den Energiefluß im Körper und hemmen dadurch die Wahrnehmung von Gefühlen und den kreativen Ausdruck.

Vorbereitung: Leichte Kleidung. Holz- oder Naturboden. Genügend Raum.

Ablaufvarianten:

a) Mit Einatmung die Arme hinten seitlich bis über den Kopf hochziehen und mit Ausatmung Arme und ganzen Körper nach vorne fallen lassen. Atem- und Stimmgeräusche voll mitgehen lassen.

b) Rückenlage: Beine gerade nach oben strecken, als müßte eine Decke gestützt werden, Füße angezogen. Bewußt atmen.

c) Rücklage: Beine gestreckt und langsam mit Strampelbewegung anfangen. Verstärkung der Bewegung evtl. mit Unterstützung derselben Bewegung mit den Armen. Atem- und Stimmgeräusche mitgehen lassen.

d) Rückenlage: Beine leicht angezogen. Hüfte heben und senken. Beim Heben einatmen, beim Senken ausatmen.

e) Partner: A in Rückenlage, B kniend an Kopfende und hält mit rechter Hand A's Kopf leicht hoch und legt linke Hand auf seine Stirn. B gibt Energie ab und löst in A Energien aus.

Quelle: Verschiedene.

Shakras	E P G	C 5
	2.8	

Idee: Shakras sind Energie-Zentren, die jeder anders einsetzt, zueinander in Beziehung setzt, für bestimmte Aufgaben belebt, Bedeutung gibt, mit Symbolen verbindet, öffnet und schließt.

Vorbereitung: Im „Normal-Zustand" sind nur *Krone* (Wahrnehmung) und *Pforte* (Atmung, Stimme, Blutzirkulation) sowie *Ausgang* (Verdauung, Handlungsbereitschaft) geöffnet. Die anderen Zentren sind (bewußt) geschlossen und werden für besondere Situationen bereitgehalten und geöffnet.

Krone: Eingang, Öffnung, Phantasie, Geist, Einfälle; Verbindung zur Luft, Transzendenz.

Drittes Auge: Ge-Sicht, Konzentration, Sinne, Übersicht, Einsicht.

Pforte: Verbindung Kopf—Bauch, Stimme, Verletzlichkeit und Angriffigkeit.

Herz: Offenheit, Geben und Nehmen, Moral; Verbindung zu Feuer, Liebe.

Solarplexus: Emotionen, Gefühle, Empfindungen.

Sex-Zentrum: Erotik, Sexualität, Triebe, Verbindung zu Wasser.

Ausgang: Ausstrahlung, Produktion, Ausdruck, Loslassen; Verbindung zur Erde.

Quelle: Shakra-Lehre.

TA — KI	P G	C 6
Schlag und Gegenschlag	1.13	

Idee: Körperliche und bewußtseinsmäßige Erfahrung der zwei rhythmischen Grundkräfte: TA = Schlag (beat) und KI = Gegenschlag (off beat). Spielerisch-tänzerische Gegenüberstellung der beiden (Identisch mit T 1).

Vorbereitung: Kreis- oder Gegenüber-Aufstellung.

Ablauf:
a) Mittelschnelle, wippende Bewegung durch Kniebeugen nach unten, gleichzeitig mit abwärtsgerichteten Handflächen synchron nach unten alle Energien in den Boden schicken und mit jeder Abwärts-Bewegung die Silbe TA aussprechen. Auf Regelmäßigkeit achten.
b) Ebensolche Bewegungen mit Knien und Händen, aber jetzt umgekehrt und mit nach oben gerichteten Handflächen die Energien nach oben, in die Luft schicken. Mit jeder Aufwärts-Bewegung die Silbe KI aussprechen. Auf Regelmäßigkeit achten.
c) Eine Gruppe übernimmt TA, die andere KI und umgekehrt; nachher frei wählen zwischen TA und KI und dabei im gegebenen Puls drinbleiben.

Beachten: Die KI-Energien sind meistens schwieriger in der Regelmäßigkeit, da wir in einer TA-betonten, d.h. grundschlagorientierten Musikkultur leben.

Quelle: Flatischler.

Blumenpflücken	G	D 1
	5.6	

Idee: Untergruppen-Zusammenstellung; Auswahl bestimmter zusammenpassender musikalischer Ereignisse.

Vorbereitung: Möglichst viele Instrumente zur Verfügung.

Ablauf:
a) Jeder Spieler wählt Lieblingsblume oder Pflanze, sucht dafür das/die passende(n) Instrument(e) und übt kurz eine mögliche Realisierung.
b) Alle stellen hintereinander ihr Stück vor.
c) Jetzt setzen alle nacheinander mit dem Stück ein und spielen miteinander. Ein Teilnehmer geht in die Mitte und wählt mit einem Zeichen (z. B. Triangel) diejenigen Spieler aus, die er zu einem für sein Ohr günstigen Strauß binden möchte. Die anderen winkt er ab. Stärker spielen deutet er mit Handbewegungen zu sich, schwächer spielen mit Handbewegungen von sich weg an.

Variante: Ganze Gruppe spielt einen gleichbleibenden Rhythmusteppich, der den Jahreslauf darstellt. Jede Blume/Pflanze spielt ungefähr dann und so lange, wie die Blume/Pflanze im Jahr erscheint.

Quelle: Friedemann, Variante Hegi.

Blumen-Mikrophon	G	D 2
	5.6	

Idee: Ritualisierte Form von Solo—Tutti. Dynamik von laut—leise in der Gruppe.

Vorbereitung: Wie bei D 1.

Ablauf:
a) Alle spielen ihre Blume/Pflanze und passen sie so gut wie möglich ins Gesamtgeschehen ein.
b) Ein Teilnehmer hält jeweils einem Spieler seiner Wahl die geschlossene Hand hin, als würde ein Mikrophon dargereicht. Der ausgewählte Spieler verstärkt sein Spiel (solo), bis er ausgespielt hat oder der Mikrophon-Träger sich wieder zurückzieht. Die restliche Gruppe reduziert das Kollektiv-Spiel während der Dauer eines Solos mit der Lautstärke auf ein günstiges Maß.

Variante: Mikrophon fängt durch entsprechende Distanz eine Untergruppe ein, welche dann ebenso solistisch in den Vordergrund tritt.

Quelle: Friedemann.

Dampflok	G	D 3
	5.6	

Idee: Entwicklung eines pulsierenden Rhythmusstückes mit Hilfe einer allen gemeinsamen Bildvorstellung.

Vorbereitung: Möglichst viele Rhythmus- und Perkussionsinstrumente. Spieler richten sich alle in Fahrtrichtung, um die Vorstellung der vorwärtstreibenden Kraft zu verstärken. (Nur bei Kindern wirkungsvoll.)

Ablauf:
a) Eine alte Dampflok mit unzähligen Rädern, Stangen, pustenden und schnaubenden Ventilen setzt sich langsam in Bewegung. Spieler setzen hintereinander ein.
b) Wenn alle im Spiel sind, erhöht die Lok das Tempo und geht in eine gleichmäßige Fahrt über.
c) Nach Ermüdungspunkt Fahrt wieder verlangsamen und nacheinander aussteigen wie bei Start.

Variante: Ein oder mehrere Spieler übernehmen zusätzlich die Rolle der Pfeife.

Quelle: Friedemann und Hegi.

Uhrenspiel	G	D 4
	5.6	

Idee: Durchhalten des eigenen Pulses unter vielen. Einfache Gestaltung einer kompositorischen Aufgabe.

Vorbereitung: Verschiedenste Perkussionsinstrumente, Klanginstrumente wie „Klingeln" oder „Glocken" und Raummaterialien.

Ablauf:
a) Jeder Teilnehmer sucht drei Instrumente: eines, das ein Aufzieh-Geräusch einer Uhr imitiert; eines, das ein entsprechendes Tick-tack (zwei Klangstellen eines Instruments) imitiert; und eines, das die dazugehörige Glocke imitiert.
b) Erste Phase: Uhren werden aufgezogen. Zweite Phase: eine nach der anderen beginnt zu laufen, die großen ganz langsam und bedächtig, die kleinen schnell. Dritte Phase: es schlägt 5 oder 11 oder . . . Da nicht alle genau gehen, schlägt jeder Spieler die Stunde nach eigenem Entscheid. Vierte Phase: die Uhren ticken weiter — auf ein Zeichen wird der Uhrenladen verlassen, mit dem Türeschließen hört das Spiel auf.

Quelle: Friedemann.

Meine Sonne	G	D 5
	5.6	

Idee: Ritualisierte Form von Solo—Tutti.

Vorbereitung: Persönliche Instrumente und möglichst vielfältiges Instrumentenangebot.

Ablauf:
a) Jeder Teilnehmer wählt zwei Instrumente: sein jetzt am meisten geliebtes als Sonnen- und sein(e) „Regen- bzw. Schlechtwetterinstrument(e)". Diese sollen vorzugsweise geräuschhaft sein für Imitation des Regens, des Windes, der Wolken etc.
b) Gruppe beginnt mit Schlechtwetter. Wenn ein Spieler seine Sonne spielt, geht die Gruppe langsam zurück. Sonne spielt ausgiebig allein und wird gegen Ende des Solos wieder von Wolken verhüllt, d. h. vom Gruppenspiel eingeholt. Wiederholung und Gestaltung dieses Ablaufs, bis alle Sonnen gespielt haben.

Variante: Für ältere Teilnehmer statt Sonne-Schlechtwetter-Bildhilfe auch einfach als Solo-Tutti-Wechsel oder als Solo-Applaus bzw. Solo-Hintergrund-Spiel durchführbar (Vgl. F 5).

Quelle: Hegi.

Bilder einer Ausstellung	G	D 6
	5.6	

Idee: Von Mussorgskys gleichnamigem Werk. Vorstellung eines Ausstellungsbesuchs und kollektives Erleben eines Bildes. Gestaltung mehrerer kleiner Stücke hintereinander.

Vorbereitung: Alle vorhandenen Instrumente bereitstellen und für jeden Teilnehmer frei zur Verfügung halten.

Ablauf:
a) Gruppe geht in der Phantasie gemeinsam von Bild zu Bild. Bei jedem Bild wird musikalisch darüber gesprochen, kritisiert, nachempfunden usw. Gestaltungshilfen von Bild zu Bild: vorherrschende Farbe, größeres — kleineres Bild, ruhiges — unruhiges Bild.
b) Nach jeder Bildgestaltung Ruhepause. Wechsel zum nächsten Bild usw.

Variante: Mit Hilfe obengenannter Gestaltungshilfen (oder anderer) kompositorisch vorstrukturierbar, z.B.:

1. Bild	2. Bild	3. Bild	usw.
-rot	-grün	-weiß	
-groß	-klein	-groß	
-unruhig	-unruhig	-ruhig	

Quelle: Hegi.

Die vier Elemente	G	D 7
	5.3, 5.6, 7.18	

Idee: Einfühlung in die Klangbild-Auffassung anderer Spieler. Entdeckung der Vorzüge in der eigenen Umsetzung anhand einer umfassenden Bild- bzw. Symbol-Reihe.

Vorbereitung: Möglichst vielfältiges Instrumenten-Angebot. Bereitschaft, archetypische Vorstellungen und Gefühle musikalisch hörbar zu machen. Vertrauensbasis in der Gruppe.

Ablauf:
a) Für jedes Element ein oder mehrere Instrumente suchen: Wasser, Feuer, Erde, Luft.
b) Der Reihe nach oder in freier Reihenfolge spielt je ein Spieler das Element seiner Wahl. Rest der Gruppe versucht still zu erraten, welches Element gespielt wird, und steigt mit dem entsprechenden seiner Auswahl in die Improvisation ein.
c) Am Schluß die Elementen-Wahl der einzelnen erraten bzw. verraten.

Variante:
a) Dasselbe statt mit vier Elementen mit vier Grundgefühlen: Angst, Schmerz (Trauer), Wut, Freude (Lust).
b) Dasselbe, aber statt mit vier Begriffen mit Auswahl eines Bildes aus gemeinsam abgesprochenem Großthema: z. B. Wetter, Reise(land), Farbe, Personen der Gruppe, Lieblingsessen, ein Tier usw.

Quelle: Hegi.

Reise	G	D 8
	5.6	

Idee: Gemeinsame Reise bzw. Ferien. Kollektive Entscheidungen betreffend „bleiben" — „weiterfahren". Dementsprechende klare Wechsel zwischen Klangmusik und Rhythmusmusik.

Vorbereitung: Bereitstellung einer Instrumentengruppe für Rhythmus und einer solchen für Klänge (Melodien). Grundsätzlich heißt rhythmisches Spiel Reisen, Fahren, Fliegen etc. und klanglich-melodisches Spiel heißt Erkunden einer neuen Landschaft oder eines Ortes zum Bleiben.

Ablauf:
a) Beginn mit Abfahrt von zuhause (gemeinsamen Rhythmus finden).
b) Sobald ein Spieler „aussteigen" will, kommen die anderen nach, indem deutlich ohne durchgehende Rhythmen, mit Klang gespielt wird.
c) Sobald ein Spieler „weiterreisen" will, kommen wieder alle mit, indem deutlich ein Rhythmus angezogen wird, usw.
d) Die Reise verläuft in einem Kreis, d. h., die Gruppe kommt am Schluß wieder zuhause an, indem der letzte Rhythmus ausläuft wie ein ankommender Zug (vgl. D 3).

Quelle: Hegi.

Unerledigte Geschichten	E P	D 9
	5.6, 7.2, 7.6, 7.9, 7.14, 7.16, 7.18	

Idee: Erinnerungen an unerledigte Gefühle, Plätze, Ereignisse, Personen, Träume etc. mit Instrumenten „besetzen" und spielend mit ihnen in Kontakt treten.

Vorbereitung: Vielfältiges Instrumenten-Angebot. Sprachlich genaue Bestimmung der unerledigten Situation. Bezeichnung mit einfachem Begriff oder Stichworten.

Ablauf:

a) Für jede Situation ein oder mehrere Instrumente auswählen, ihren Klang ausprobieren und hineinhorchen, ob die Stimmung des/der Instrumente der Atmosphäre der bestimmten Situation entspricht. Instrumentenplätze sind jetzt Plätze einer Gefühlslandschaft.

b) Über freies Spiel an entsprechenden Instrumenten Kontakt mit unerledigter Geschichte aufnehmen, die Geschichte musikalisch nochmals erzählen, sich ein Bild machen, in das Gefühl der Situation einspielen.

c) Wenn mehrere Instrumenten-Situationen aufgestellt wurden, zwischen ihnen wechseln, sie kontrastiv oder ergänzend in Beziehung zueinander setzen und möglichst lange ausspielen.

Variante: Auf dieselbe Weise mit einer nicht erreichbaren, nicht anwesenden oder verstorbenen Person reden, Unausgesprochenes spielen.

Quelle: Hegi.

Symbol-Verwandtschaften	G	D 10
	5.6, 7.18	

Idee: Verdichten der im Moment bei einzelnen Personen gemeinsam vorhandenen Stimmungen, Wünsche oder Einfälle.

Vorbereitung: Eine Zeitlang Stille bzw. Versenkung (mit Atmung), um Bilder, Symbole, Vorstellungen auftauchen zu lassen, die der gerade jetzt vorherrschenden Stimmung, dem Wunsch oder dem spontanen Einfall entsprechen.

Ablauf:

a) Teilnehmer schildern ihr gefundenes Symbol in Form einer Erzählung, eines Bildes, eines Stichwortes, einer Geste oder anderem.

b) Untergruppen-Bildung über gemeinsame Vorstellungen, verwandte Symbole, sich ergänzende Bilder (auch als Gegensätze denkbar).

c) Gewählte Untergruppen ziehen sich zurück und realisieren gemeinsam eine Gestaltung, indem sie das zentrale Symbol als Titel auswählen.

Beispiele:

Aus:	Rausch	oder aus:	Fallenlassen
	Motorradfahrt		Träumen
	Sonne		Erde
	↓		↓
wird:	Intensität	wird:	Hinter-Grund
			oder Nacht

Quelle: Hegi.

Beziehungs-Bilder	E G	D 11
	5.6, 7.8, 7.10, 7.11, 7.18	

Idee: Musikalische Gestaltung sprachlich schwierig auszudrückender Beziehungs- und Lebenssituationen, bedrohlicher Vorstellungen oder persönlich gehüteter Phantasien.

Vorbereitung: Bereitstellung entsprechender Instrumente, sprachlich gute Beschreibung des jeweiligen Bildes.

Varianten:
a) *Geburt* (eines Tieres, eines Werks, von sich selbst!)
b) *Die letzten 20 Min. des Lebens* (still? intensiv? abgeklärt?)
c) *Meine Familie* (Darstellung hintereinander und/oder miteinander)
d) *Fest/Party* (Kontakte, Phantasien, Stimmungen, Ereignisse)
e) *Schlechte Laune* (Zorn, Trauer, Hemmung, Rückzug, Koketterie)
f) *Gemeinsamer Kneipenbesuch* (Eintreten, Stimmung, Geräusche)
g) *Mein Weg bis hierher* (heute, in einer Beziehung, Ort, Arbeit)
h) *Mein Zimmer* (vorhandene und gewünschte Ausstattung, Ausblick)
i) *Ein Geheimnis* (zum Behalten, zum Verraten)
k) *Abschied* (von einer Person, Situation)
l) *Im Mittelpunkt* (eines Kreises von Leuten, der Welt, des Geschehens)

Quelle: Hegi.

Werden	E P G	D 12
	5.6, 7.7	

Idee: Prozeßhafte Entwicklung eines Stücks.

Vorbereitung: Auswahl möglichst nur eines Instruments.

Ablauf:
a) Von der Vorstellung ausgehen, daß zuerst nichts ist, Stille.
b) Feines, minimales Beginnen und Entwickeln eines Motivs, eines Rhythmus, eines Geräuschs usw.
c) Ständiges Verdichten, Verstärken und Entfalten des Bildes. Auch Rückschläge gehören zu einem Prozeß.
d) Bis zu maximaler Intensität entwickeln, sei es in bezug auf Vielfalt, Dichte, Geschwindigkeit, Lautstärke oder allem zusammen. Aber auch Ruhe, Weisheit, überwältigende Einfachheit können das Ende eines Werdeganges sein.

Varianten (Bildhilfen):
a) Menschenleben von Geburt bis Tod.
b) Fluß von Quelle bis Mündung.
c) Pflanze von Samen bis Verdorren.
d) Werk von Idee bis Vollendung.
e) Prozeß von Chaos zu Ordnung.

Quelle: Loos und Hegi.

Selbstdarstellung	G	E 1
	5.6, 7.18	

Idee: Gestaltung des Hier-und-Jetzt-Gefühls mit vier qualitativ verschiedenen Medien: Plastik, Gestik, Musik, Sprache.

Vorbereitung: Große weiße Papierfläche auf Boden, Farben, Stifte, verschiedene Instrumente, Zugang zu herumliegenden Materialien in Haus und Umgebung (günstig sind Materialien aus der Natur).

Ablauf:

a) Sich allein wegbegeben und mit irgendwelchen Materialien, Gegenständen und / oder Farbstiften eine bildnerische oder plastische Darstellung des gegenwärtigen Gefühls auf das weiße Papier im Gruppenraum zurückbringen. Nicht reden. 10-20 Min. Zeit.

b) Jeder Teilnehmer drückt seine Darstellung jetzt mittels einer Geste, einer Bewegung oder Pantomime aus. Dabei soll die innere Haltung, die Beziehung zu diesem Kunstwerk sichtbar werden. Es kann einbezogen oder daneben stehengelassen werden.

c) Jeder Teilnehmer sucht nun ein Instrument und versucht, dasselbe musikalisch umzusetzen. Kurze Zeit proben und dann einzeln vorspielen.

d) Aufgrund der drei Darstellungen Verwandtschaft der Gefühlsdarstellungen einzelner herausfinden und sich in solchen Untergruppen zusammenschließen (vgl. D 10).

e) Untergruppen improvisieren je zusammen: hintereinander, im Wechselspiel usw. Schluß: alle spielen zusammen.

f) Sprechen über den Prozeß.

Quelle: Verschiedene.

Babylon	G	E 2
	5.3, 5.6, 7.7, 7.18	

Idee: Freie musikalische Begegnung ohne aufgestaute Spielvorstellungen. Kontaktaufnahme nach „leergespieltem Kropf".

Vorbereitung: Am Anfang einer Zusammenarbeit oder nach einer (zu) langen Pause. Großer Raum.

Ablauf:

a) Spieler, sich frei im Raum bewegend, spielen so viel und so laut und so lang (Babylon), bis Erschöpfungspunkt erreicht ist.

b) In Begegnung mit anderem „leergespieltem" Partner treten und ohne Rücksicht auf übriges Geschehen einen improvisierten Dialog führen, wenn möglich, mit Augenkontakt.

c) Kontakt wieder loslassen und entscheiden zwischen: Pause machen, erneute Begegnung eingehen oder zulassen, erneut „Babylon" leerspielen.

d) Offenes Ende!

Variante: Als Prozeß von individuellem „Chaos" zu kollektiver Begegnung, oder von „viel und laut" zu „gezielt und dynamisch".

Quelle: P. K Frey.

Gerücht	G	E 3
	5.6	

Idee: Veränderungsprozeß einer musikalischen Mitteilung in einer Übertragungskette von Improvisation über Tonband zu graphischer Darstellung und wieder zu Improvisation usw.

Vorbereitung: Extra-Raum mit Aufnahme-Geräten (Mikrophon, Tonband) für Experiment-Teilnehmer.

Ablauf:
a) Spieler A improvisiert auf beliebigem Instrument eine „Kurzgeschichte", höchstens drei Minuten. Aufnahme machen!
b) Spieler B hört sich Aufnahme an und macht gleichzeitig auf etwa ein Meter langes Papierband eine graphische Darstellung (freie Notation, Phantasiezeichen) im zeitlichen Ablauf von links nach rechts. Mitteilung über Dauer des Stücks durch Spieler A.
c) Spieler C improvisiert auf Instrument die Darstellung von B. Etwa drei Minuten. Aufnahme machen!
d) Spieler D hört Aufnahme von C und zeichnet Improvisation auf (wie B bzw. b), um E die nächste Vorlage zu liefern usw.
e) Anfangs- und Schluß-Spiel/Darstellung in Gruppe miteinander vergleichen sowie die ganze „Gerüchte-Kette" betrachten.

Beachten: Erster Spieler soll möglichst auffällige, „sensationelle" Improvisation versuchen (Grund für Gerücht). Den Ablauf allen noch nicht einbezogenen Spielern geheimhalten.

Quelle: J. Widmer.

Schatten-Spiel	G	E 4
	5.4	

Idee: Sichtbarmachen der Bewegungen improvisierender Spieler durch Schatten.

Vorbereitung: Großes Laken in Raummitte aufhängen. Spielplätze möglichst nah und nebeneinander vor Laken aufstellen (scharfe Schatten). Starke Lichtquelle hinter die Spieler auf etwa Kopfhöhe in Richtung Laken (viele Varianten möglich).

Ablauf-Varianten:
a) Eine Gruppe spielt, eine Gruppe schaut zu.
b) Eine Gruppe spielt, eine Gruppe bewegt sich.
c) Zwei Spiel-Gruppen im Dialog, bzw. als Antwort-Reaktion Spiel.
d) Mit Lichtquellen auf beiden Seiten des Lakens alle Varianten. Jeweils die Lichtquelle auf der Seite der nichtspielenden Gruppe auslöschen.

Quelle: Verschiedene.

Poesie und Improvisation	G	E 5
	3.7	

Idee: Musikalische Umsetzung sprachlicher Vorstellungen.

Vorbereitung: Sichtbares Aufhängen des Textes; lautes Lesen; Experimentieren mit Sprachmelodie und Sprachrhythmus; Klangvorstellungen des Poesie-Bildes austauschen. Evtl. zuerst als reine Stimmimprovisation. Keine langen Gedichte. Geeignet sind Vierzeiler.

Beispiele:

a) Immer wieder
   geh ich diesen Weg,
   obwohl ich weiß,
   daß ich dir nie mehr begegnen werde.

b) Laut, als sähe sie
   ihres Käfigs Stäbe nicht,
   singt die Nachtigall
   lose Lieder.

c) Damit — frag nicht,
   wo —
   wär ich fast —
   sag nicht wo, wann, wieder.
   (Celan)

d)   Ding
        Dadaus Ding
        Du To Dong Da Die
        Duu Du Du

Quelle: Hegi nach Anregungen von Jandl, Konrad Bayer u. a.

Prozeß und Gegensatz	E P G	F 1
	1.2, 1.13, 5.1, 5.6	

Idee: Unterscheidung im Formempfinden einer Improvisation zwischen Prozeß- und Gegensatz-Entwicklung.

Vorbereitung: Motiv, Bild, Struktur, Idee eines zu realisierenden Stücks besprechen, z. B. „Stadt" oder „Hitze" oder „Zusammen" usw.

Ablauf:

a) *Prozeß:* Idee in einfache Form bringen und wiederholen. Jede Wiederholung ist intensiver oder komplexer bis zu Höhepunkt der möglichen Ausgestaltung. Idee nochmals spielen und Stück damit abschließen.

b) *Prozeß:* Idee in Einzelteile zerlegt, bzw. mit Pausen dazwischen, bruchstückhaft spielen und langsam immer vollständiger zusammensetzen. Nach Vollendung der Form Schluß finden.

c) *Gegensatz:* Idee ausspielen, Zäsur oder sofortiger Wechsel ins Gegenteil des vorherigen Spiels. Beliebige Wechsel.

d) *Gegensatz:* Idee und Gegenteil davon nebeneinander, d. h. in zwei Untergruppen spielen. Dynamischen Ablauf bestimmen.

e) *Gegensatz und Prozeß:* Idee von einem Pol zum anderen als Entwicklung des Stücks spielen.

Quelle: Hegi.

Imitation und Gegensatz	P G	F 2
	1.2, 5.6, 7.15	

Idee: Zwei extreme Möglichkeiten des Reagierens auf eine Mitteilung sind Imitation und Gegensatz. Dazwischen liegt das große Feld der Ähnlichkeiten.

Vorbereitung: Zwei Partner oder Gruppen einander gegenüber aufgestellt.

Varianten:

a) Partner/Gruppe A spielt kurzes Stück. Partner/Gruppe B imitiert oder setzt etwas ganz anderes dagegen (in Gruppen entscheidet der beginnende Spieler). Hat B imitiert, so wird A im nächsten Stück etwas dagegensetzen und umgekehrt. Dadurch bleiben die Rollen von A und B immer gleich. Deshalb soll im nächsten Spiel B beginnen.

b) Gruppe beginnt mit freiem Stück; ein Solist spielt im ersten Teil seines Solos zuerst Imitation und wandelt diese allmählich in einen Gegensatz um; die Gruppe reagiert wieder mit Imitation auf den Gegensatzteil des Solisten; der nächste Solist wiederum zuerst Imitation und dann Gegensatz; die Gruppe imitiert usw.

c) Alle spielen einander sogleich nach, was sie hören. Das Nachäffen verdichtet sich oder wird langweilig. An solchen Punkten bringt ein anderer Spieler wieder etwas Neues in die Runde, das wiederum von allen mit der ganzen Phantasie von Ähnlichkeiten wiederholt, imitiert wird — bis zum Sättigungspunkt. Dann ein neuer Spieler mit neuer Idee usw.

Quelle: Hegi.

Motiv-Verformung	G	F 3
	1.2, 5.6	

Idee: Behandlung eines Motivs von der Erfindung über die Imitation bis zur Weiterentwicklung oder Verfremdung.

Vorbereitung: Kreis-Aufstellung zwecks konzentrierten Aufeinanderhörens und ritualisierten Rundspielens der Übungen.

Ablauf:

a) Ein Spieler erfindet ein einfaches Motiv, welches im Kreis herum von jedem mit seinem Instrument auf seine mögliche Art imitiert, bzw. interpretiert wird. Ein Motiv ist nur *eine* musikalische Idee, z. B. ein Melodieteil, ein Rhythmus, eine Bewegung.

b) Ein Spieler führt Motiv ein, welches im Kreis reihum von jedem zuerst imitiert und dann um *einen* Einfall verändert wird. Der nächste Spieler tut dasselbe mit dem jeweils veränderten Motiv. So entsteht eine Verwandlung in kleinen Schritten.

c) Spieler A führt ein Motiv ein. Gruppe um A imitiert oder interpretiert dieses mit A zusammen. Zäsur. Spieler B führt ein Gegenmotiv ein. Gruppe um B spielt dieses zusammen mit B usw.

d) Ein Spieler führt Motiv ein. Gesamtgruppe übernimmt dieses und läßt es langsam ausgehen. In dieser Phase führt ein nächster Spieler ein nächstes Motiv ein (ein verwandtes oder ein gegensätzliches), und Gruppe übernimmt langsam dieses neue Motiv usw.

Quelle: Hegi, in Anlehnung an Friedemann.

261

Figur — Hintergrund	G	F 4
	3.7, 5.5, 5.6	

Idee: Vorstellung von Figur als Solo und Hintergrund als Begleitung in ihrer gegenseitigen Ablösung erfahren.

Vorbereitung: Offen lassen, ob Figur und Hintergrund, Solo und Begleitung mit demselben Instrument oder mehreren realisiert werden.

Ablauf:

a) Gruppe beginnt mit offenem, neutralem Klangboden (unbestimmter Hintergrund). Dynamisch möglichst gleichbleibend und ruhig.

b) Ein Spieler entwickelt daraus heraus eine Solo-Figur und wird damit möglichst bewegt, dynamisch, ausdrucksstark, deutlich, während der Hintergrund gleichbleibt oder sogar leiser wird.

c) Gegen Ende des Solos bewegt sich dann die Gruppe auf den Charakter des Solos zu, holt dieses gewissermaßen ein, hüllt es ein, integriert es in den neuen Hintergrund.

d) Während sich der neue Hintergrund beruhigt, d. h. dynamisch ausgeglichen und ruhig fließt, löst sich eine neue Solo-Figur heraus und entwickelt sich auf diesem Hintergrund.

e) Gruppe holt Solo ein, bzw. dieses integriert sich in den Hintergrund usw.

Quelle: Hegi.

Solo-Tutti-Formen	G	F 5
	5.3, 5.6	

Idee: Der Solo-Tutti-Wechsel gehört zu den wichtigsten Struktur-Formen der improvisierten Musik in der Gruppe.

Vorbereitung: Kreis-Aufstellung oder mindestens Sichtkontakt. Kästchen bedeuten Tutti (was nicht heißt, daß immer alle spielen sollen), Linien bedeuten verschiedene Soli.

Ablaufvarianten:

a)

Tutti   Solo

b)

3 Tutti hintereinander   Solo oder Duo   Pause

c)

Solos über Tutti hinaus

Quelle: Hegi.

Zurückhalten — Loslassen	G	F 6
	2.6, 4.2, 5.6	

Idee: Experimentieren im Spannungsfeld „zuviel zurückhalten" — „zuviel loslassen". Beide „zuviel" können sowohl künstlerische Aussage als auch Hemmnis sein.

Vorbereitung: Atembewußtsein, Konzentration, Präsenz.

Ablauf:
a) Lange Konzentrationsphase vor Beginn bis zu maximal aufgeladener Spannung. Wenn ein Spieler beginnt, beginnen alle mit größtmöglicher „Öffnung der Schleusen".
b) Prozeßhaftes „Ausfransen" der musikalischen Mitteilungen bei gleichbleibender musikalischer Qualität: z. B. lauter Töne oder rhythmische Fetzen oder dasselbe Motiv immer knapper usw.
c) Pausen vergrößern bis zu größtmöglicher Pausenspannung und wieder wie bei a.

Graphische Vorstellungshilfe:

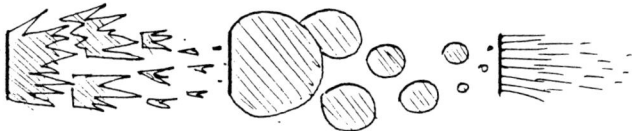

Quelle: Hegi.

Eindeutige Wechsel	G	F 7
	3.3	

Idee: Kollektive Wechsel von einer musikalischen Qualität in die andere sind improvisatorisch durch direktes Reagieren der Gruppe auf den deutlichen Wechsel eines Spielers möglich.

Vorbereitung: Keine.

Ablauf:
a) Auswahl zweier oder mehrerer musikalischer Qualitäten, die voneinander gut unterscheidbar sind.
   Beispiele: Rhythmus — Klang (siehe „Reise" D 8 und „Phasen" F 11),
   Spielen — Pause (siehe Bilder einer Ausstellung: D 6),
   Laut — leise,
   Bewegt — ruhig,
   Helle Instrumente — dunkle Instrumente,
   Hoher Tonraum — tiefer Tonraum,
   (Vgl. auch in Kap. 3.3: Übersichtstabelle zu den Melodie-Merkmalen).
b) Gruppe beginnt mit einer bestimmten Spiel-Qualität. Sobald ein Spieler die Qualität wechselt, heißt dies für die ganze Gruppe, die Qualität zu wechseln.

Beachten: Je eindeutiger die musikalische Qualität gespielt wird, desto hörbarer wird ein angespielter Wechsel, desto klarer wird der kollektive Wechsel.

Quelle: Hegi.

Katapultierte Stimme	G	F 8
	5.6	

Idee: Hemmungen gegenüber vollem Gebrauch der Stimme in der Improvisation durch instrumentale bzw. dynamische Unterstützung und ritualisierten Ablauf abbauen.

Vorbereitung: Atembewußtsein.

Ablauf:

a) Freier, langsamer Aufbau eines Klang-Stücks. Steigerung der Intensität bis zur Lautstärke von lauten Stimmen.

b) In diese Phase die eigene Stimme zum Instrumentalspiel dazumischen. Stimmklang wird von Instrumentenklang getragen. Mit Stimme vorzugsweise nur einen Ton wählen.

c) Nach nochmaliger dynamischer Verstärkung des Gesamtklanges setzt der Instrumententeil auf ein Zeichen mit einem Schlag aus, und die Stimmklänge bleiben eine Zeitlang allein stehen.

d) Zwei *Varianten* der Fortsetzung: a) mit Stimmimprovisation,
 b) mit Wiederholung von a-c.

Beachten: Das Zeichen beim Aussetzen der Instrumente (c) soll natürlich möglichst in eingeatmetem Zustand der Spieler erfolgen.

Quelle: Hegi.

Eigener Puls	G	F 9
	5.6	

Idee: Den gerade jetzt in mir pulsierenden Rhythmus realisieren und ihn gegen andere, ebenso selbstbezogene, stur durchgehaltene Rhythmen durchspielen. Gleichzeitig nach innen und nach außen hören.

Vorbereitung: Nicht zu lange nachklingende, gut voneinander unterscheidbare Rhythmus- bzw. Perkussionsinstrumente oder eine entsprechende Spielweise auf beliebigen Instrumenten wählen. Auch die Stimme ist gut geeignet.

Ablauf:

a) Jeder hintereinander wie ein Uhrwerk einen Puls spielen, der im Moment dem Körpergefühl, d. h. einer spontanen Bewegung oder einem Tanzeinfall, entspricht.

b) So lange durchhalten wie möglich. Wenn Zerfall- oder Anpassungsprozesse überhandnehmen, in unstrukturierten, völlig arrhythmischen Cluster oder einfach in chaotischen Klang ausbrechen.

c) Aus Chaos heraus wieder neuen (oder denselben) Puls ansetzen, so wie er dem jetzigen spontanen Bewegungsimpuls entspricht usw. Es können auch Untergruppen denselben Ostinato-Puls zusammen entwickeln.

Quelle: Hegi (vgl. Moiré-Music von Trevor Watts).

Schlüsse	P G	F 10
	7.18	

Idee: Gegen die Unart in Improvisationen, daß diejenigen, die mit ihrem Spiel unzufrieden sind, nie aufhören wollen. Jeder Schluß verlangt das Vertrauen, daß der durch ihn eingehandelte Verlust nicht größer ist als der zu erwartende Gewinn durch das Neue nach dem Schluß.

Vorbereitung: Beliebiges Spiel mit Einstellung auf den Schluß.

Varianten:

a) Jeder Spieler hört dann auf, wenn er nichts mehr zu sagen hat, und er tut dies klar, ohne Rücksicht auf Mitspieler und ohne deren Verpflichtung, dann ebenfalls aufzuhören.

b) Wenn ein Spieler aufhört, hören alle auf (siehe „Phasen" F 11).

c) Als Gruppe im Stück gemeinsam einen Intensitätsbogen empfinden und so gemeinsamen Schluß finden.

d) Ein musikalisches Signet, z. B. ein Motiv oder einen Rhythmusteil, bezeichnen und in dreifacher Wiederholung (beim ersten Mal gehört, beim zweiten Mal erfaßt, beim dritten Mal als Abschluß gespielt) als Schluß eines Stücks setzen.

e) Konventionell: Das Anfangsthema am Schluß wieder spielen und mit Ende des Themas schließen.

Quelle: Verschiedene.

Phasen-Spiel	G	F 11
	5.7	

Idee: Auf die anderen hören. Schnell reagieren. Mut zu Anfang und Ende setzen. Sensibilität für Lautstärke-Dynamik. Essenz einer kollektiven Komposition.

Vorbereitung: Kreis-Aufstellung mit genügend seitlichem Abstand. Fellinstrumente oder jegliche klingenden Flächen, z. B. Tische, Scheiben etc.

Ablauf:

a) Mit acht Fingern (ohne Daumen) auf Fell trommeln bzw. prasseln, als ob Regen auf ein Blechdach fiele. Alle mit derselben Lautstärke, ob großes oder kleines Fell! Einzige Regel: Wenn ein Spieler anfängt, fangen augenblicklich alle anderen auch an; wenn ein Spieler aufhört, hören augenblicklich alle anderen auch auf. Dies ist eine Phase, von der niemand vorher weiß, wie lange sie dauert, und jeder die Möglichkeit hat, dies zu bestimmen.

b) In Gruppen von drei Phasen experimentieren und mit folgenden Qualitäten, zuerst jede einzeln, dann Kombinationen davon:
lang — kurz; laut — leise; anschwellend — abschwellend; hell — dunkel.

Varianten:

a) Mehrere Phasen und Kombinationen. Auch Pausen sind Phasen!

b) Drei Phasen spielen und diese genau gleich wiederholen, als wären sie eine soeben entworfene Partitur.

Quelle: Friedemann.

Ostinato	G	F 12
	1.13, 1.15, 3.7, 5.6	

Idee: Feste Aufteilung von Rollen zu einem Geflecht, in dem jeder Spieler vom anderen musikalisch abhängt. Dadurch Verdichtung des rhythmisch-klanglichen Bodens und Basis für Freiheiten im Solo.

Vorbereitung: In möglichst übersichtlicher Aufstellung zuerst ein Ostinato-Instrument und ein Baß, dann zwei Rhythmusinstrumente; 1-2 Perkussions- oder Klanginstrumente und zuletzt den Solistenplatz besetzen.

Ablauf:
a) Auf Ostinato-Instrument (mit breiter, sichtbarer Skala der Töne, z. B. Xylophon, Klavier etc.) Bewegungsostinato erfinden, d. h. der Bewegungsablauf und nicht die Noten gewährleisten die dauernde, ungefähre(!) Wiederholung einer Ostinatofigur.
b) Baßinstrument oder Pauke unterstützt die Grundtöne bzw. -schläge des Ostinatos. Keine neue Idee einführen.
c) Ein Spieler an Trommel erfindet passenden Rhythmus, der zweite erfindet Gegenrhythmus (siehe Kap. 1.13).
d) Perkussions- oder Klanginstrumente setzen in das bisherige Geflecht Akzente bzw. füllende Klangbeiträge. Keine neuen Rhythmen oder Melodien einführen.
e) Ein Solist spielt vorzugsweise mit Melodieinstrument ein Solo in möglichst freier Auffassung als Kontrast zu festen Rollen. Nach Ende des Solos Abbau der Rollen in derselben Reihenfolge, d. h., am Schluß spielt nochmals der Ostinatospieler allein.

Quelle: Hegi nach Friedemann.

„Eulen im Wald"	G	G 1
	5.6, 7.8	

Idee: In der Gruppe jeden Spieler einmal einzeln und ungestört hören. Sich selbst ohne Einmischung der Gruppe musikalisch vorstellen. Die verschiedenen „Stimmen" der Spieler in einer Gruppe erfassen.

Vorbereitung: Jeder soll das Instrument wählen, das jetzt der Stimmung entspricht. Sich im Raum verteilen wie „Eulen im Wald". Wenn möglich völlig verdunkeln: Konzentration, Mut und unbeeinflußtes Hören werden dadurch gesteigert.

Ablauf:
a) Es spielt immer nur jemand allein und dies so lange, so kurz, so laut, leise etc., wie Lust und Laune dies wollen. Keinerlei Reihenfolge in der Gruppe. Auch Dialoge möglich. Nach jeweils einem Beitrag eine Pause lassen, damit jede „Eule" wirklich ausreden kann.
b) Schluß, wenn jemand Licht macht oder wenn plötzlich doch mehrere Spieler zusammenspielen.

Varianten:
a) Keine Pausen zwischen den Beiträgen. Direkt anschließen, wenn ein Spieler aufhört, bzw. aufhören, wenn neuer Spieler in eine Lücke fällt.
b) Schluß (auch für Ablauf a): wenn ein Spieler ins Spiel eines anderen fällt, setzen alle mit einem spontan gewählten Ton ein und lassen diesen ausklingen.

Quelle: Verschiedene und Hegi.

Pyramide	G	G 2
	5.3, 5.6	

Idee: Ein Spieler nach dem anderen fügt einen „Stein" zum anderen durch Einsteigen ins Gruppenspiel, und so ersteigt man zusammen den Gipfel der Pyramide im Tutti, um nachher wieder zusammen abzusteigen.

Vorbereitung: Freie Instrumenten-Wahl. Geeignet für Anfänge.

Ablauf:
a) Ein Spieler fängt an, legt die Basis.
b) Immer nur ein Spieler steigt jeweils neu ein, wenn der Impuls dazu auftaucht.
c) Alle spielen auf dem Höhepunkt. Intensivierung des Spiels und Überschreitung des Höhepunkts.
d) Immer nur ein Spieler steigt wieder aus, wenn der Impuls dazu auftaucht.

Beachten: Jeden neu eingestiegenen Spieler eine Weile spielen lassen, so daß der neu entstandene Klang wahrgenommen werden kann. Nicht dieselbe Reihenfolge beim Aussteigen wie beim Einsteigen. Mit klarer Entscheidung aussteigen, da sonst die Pyramidenstufen verflacht werden, kein Ausschleichen!

Quelle: Hegi.

Gruppe verstärkt mich	G	G 3
	5.6	

Idee: Meinen momentanen Improvisationseinfall, meine Lieblingsspielweise oder mein Thema von der Gruppe verstärken bzw. spiegeln lassen und dieses Gruppenfeedback auch noch nach meinen Vorstellungen korrigieren, arrangieren.

Vorbereitung: Freie Instrumenten-Wahl. Ensemble-Aufstellung. Solist etwas außerhalb, in „Dirigenten-Abstand".

Ablauf:
a) Solist beginnt mit seinem Thema, Einfall, Spielweise etc. und spielt bzw. wiederholt, bis die Gruppe einsteigt und einen Hintergrund spielt.
b) Solist läßt Gruppe allein und verändert Gruppenspiel nach seinem Ermessen mit Handzeichen: stärker, schwächer, mehr, weniger, gar nicht etc. Der Solist arrangiert also während des Spiels der Gruppe den entstehenden Hintergrund für sein Thema.
c) Solist steigt auf diesen so entstandenen Hintergrund wieder ein, spielt nochmals eine Weile und sucht dann zusammen mit Gruppe einen Abschluß.

Quelle: Hegi.

Gruppe-Duo-Ablöseritual	G	G 4
	5.6, 7.15	

Idee: Spiel auf verschiedenen Ebenen: Solist, sich aus Gruppe lösend; 2. Solist, in Duo einsteigend; 2. Gruppe in Duo einsteigend. Heraustreten — Übernehmen, Führen — Führenlassen in Übergängen.

Vorbereitung: Übung „Führen — Führenlassen" (B 10). Aufteilung in zwei Gruppen mit jeweils unterscheidbarer Instrumentierung, z. B. lang- u. kurzklingende Instrumente oder Blas- u. Rhythmusinstrumente usw. Aufstellung der beiden Gruppen gegenüber oder Rücken an Rücken.

Ablauf:
a) Gruppe A beginnt kollektiv. Beliebiger Spieler aus dieser Gruppe deutet mit verstärktem Spiel Solo-Wunsch an.
b) Gruppe A läßt diesen Solisten allein.
c) Beliebiger Solist der Gruppe B steigt in Solo des A-Solisten ein.
d) Nach einer Zeitlang Duo-Spiel übernimmt Gruppe B dieses Spiel. Solist der Gruppe A steigt aus. Solist der Gruppe B wird in das Spiel seiner Gruppe integriert.
e) Neuer Spieler der Gruppe B deutet mit verstärktem Spiel Solo-Wunsch an, seine Gruppe läßt ihn allein ... usw.
f) Schluß, wenn die eine nicht spielende Gruppe ins Spiel der anderen einfällt und alle zusammen miteinander gespielt haben.

Quelle: Frohne.

Duo in der Gruppe	G	G 5
	5.6	

Idee: Duo als Abwandlung des Solos in der Gruppe.

Vorbereitung: Vertraute Instrumente.

Ablauf:
a) Alle wählen den Partner aus, mit dem sie *jetzt* am liebsten zusammenspielen wollen, und „üben" ein wenig zusammen.
b) Die Duos stellen sich der Gruppe vor.
c) Jedes Duo bestimmt ein anderes, welches am ehesten entgegengesetzt zum eigenen gespielt hat: Duo-Duo-Wechselspiel, und dabei versuchen, die Gegensätze zu verdeutlichen.
d) Improvisations-Ablauf: Gruppe — Duo — Gruppe — Duo usw., bis alle Duos allein gespielt haben. Schluß mit Gruppe.

Varianten:
a) Zwischen Duos und Gruppe eine kleine Pause: klare Struktur.
b) Fließende Übergänge zwischen Duo und Gruppe: reizvolle Übergangssituationen.

Beachten: Den Spielbeginn eines Duos bestimmt der erstbeginnende Spieler.

Quelle: Hegi.

Solos mit Gruppenkommentar	G	G 6
	1.15, 5.3, 5.6	

Idee: Beziehung von Erzähler (Solist) zu Zuhörer (Gruppe), wobei die Zuhörer Kommentare, Zwischenrufe oder Kurzantworten geben.

Vorbereitung: Gruppe in Kreisaufstellung. Bereitstellung beliebiger Instrumente.

Ablauf:
a) Ein Spieler im Kreis (oder in Kreismitte) beginnt, instrumental (oder Stimme) eine Geschichte, ein Ereignis, einen Vortrag, eine sensationelle Story usw. vorzutragen.
b) Gruppe reagiert während solistischem Vortrag mit Kurzkommentaren wie z. B. „ja?", „oh-la-la", „na ja, sowas", „hmmm ..." usw. oder benützt die Atem- oder sonstigen Spielpausen für längere Einwürfe oder Kurzantworten, z. B. ein Ostinato oder ein wildes Durcheinandergerede oder ein Zischen usw.

Variante:
a) Anstatt Solo-Erzähler zu bleiben, wählt sich dieser mit Augenkontakt einen Duo-Partner und hält mit ihm einen Dialog vor der Gruppe.

Quelle: Haardt / Klemm und Hegi.

Instrumentalgruppen „Rhythmus", „Klang", „Melodie"	G	G 7
	5.6	

Idee: Eindeutiger Entscheid für Übernahme einer Rolle im kollektiven Spiel. Gehörschulung im Gruppenspiel. Klarer Aufbau des Stücks.

Vorbereitung: Jeder Spieler wählt entweder ein Rhythmus-, ein Klang- oder ein Melodieinstrument und stellt sich zur entsprechenden Untergruppe.

Ablauf:
a) Jede Gruppe spielt zuerst allein, stellt sich mit dem sich ergebenden Resultat vor, wobei sich Rhythmusgruppe auf einen Puls einigt, Klanggruppe möglichst Rhythmen und Melodien vermeidet und Melodiegruppenteilnehmer hintereinander, höchstens im Duo spielen.
b) Eine nach der anderen Gruppe steigt auf diese Weise ein und wieder aus. Vgl. „Pyramide" (G 2), nur diesmal als Untergruppe.

Beachten: Der konventionelle Aufbau vieler Stücke verläuft in der Reihenfolge: Rhythmus-Sektion, Klang-Sektion, Melodie-Spieler.

Quelle: Hegi.

269

Klangteppich für Solisten	G	G 8
	3.7, 5.5, 5.6	

Idee: Gruppe sorgt mit dichtem, zuverlässigem und trotzdem unverbindlichem Klangteppich für einen Hintergrund, der einen Solo-Spieler zu intensiven Vordergrund-Figuren animieren kann.

Vorbereitung: Jeder Spieler hat ein Solo-Instrument und mindestens ein Klanginstrument, mit dem sich stehende Klänge, durchgehende Geräusche herstellen lassen (vgl. K 1).

Ablauf:
a) Gruppe baut Klangteppich auf: Durch schnelle Bewegungen auf Klanginstrument Rhythmus eliminieren (streichen, wischen, schütteln, wirbeln etc.). Die kollektive Improvisation besteht lediglich in der Dynamik: laut—leise, schnell—langsam, scharf—dumpf usw.
b) Ein Solist löst sich heraus, spielt einen solistischen Bogen und gliedert sich wieder ein.

Varianten:
a) Klangteppich bricht ab (wie bei Phasenspiel F 11) und läßt den Solisten in den Pausen allein.
b) Klangteppich bewegt sich zwischen leisestem Spiel und Aussetzen, währenddessen die Bewegungen in der Luft weitergehen, wieder feinen Kontakt zum Instrument aufnehmen, es wieder verlassen usw.

Quelle: Hegi.

Rhythmusteppich für Solisten	G	G 9
	3.7, 7.13	

Idee: Solist holt sich von der Gruppe den Rhythmus, welchen er als Puls für seine momentane Spielidee braucht.

Vorbereitung: Jeder Spieler hält ein Solo-Instrument und ein Rhythmus- bzw. Perkussionsinstrument bereit.

Ablauf:
a) Solist wählt ganze Gruppe oder Teilgruppe und zeigt seinen gewünschten Puls an (mit Schnippen oder einer Figur auf seinem Solo-Instrument oder mit Stimme).
b) Gruppe übernimmt den Puls und gestaltet ihn zu einem lebendigen Rhythmus.
c) Solist benützt diesen Rhythmusteppich für ein Solo, wobei die Rhythmus-Sektion ihr Spiel in der Dynamik dem Solisten anpassen soll.
d) Wenn Solist sich in Rhythmusteppich eingliedert, deutet er den Schluß an und sucht diesen gemeinsam mit der Gruppe.

Variante:
a) Der Rhythmusteppich läuft durch, und ein nächster Solist verändert mit denselben Zeichen Puls oder Betonungen des stehenden Rhythmus geringfügig, oder soweit dies der Gruppe möglich ist. Dann wie oben außer dem Schluß.

Quelle: Konventionelles Muster von Improvisationen.

Intro-Spiel	G	G 10
	5.6	

Idee: Introduktion ist in verschiedenen Musikstilen ein gebräuchlicher Begriff für die Einführung in den Charakter eines Stücks. Romantische Musik, Balladen, Jazz, Ragas u. a. m.

Vorbereitung: Bereitschaft und Offenheit, auf einen Spieler besonders einzugehen. Verschiedene Instrumente bereithalten oder sich immer auf sein angestammtes Instrument konzentrieren.

Ablauf:
a) Ein Spieler konzentriert sich auf sich selbst und beginnt, allein zu spielen, was er jetzt ausdrücken möchte. Durch Wiederholungen das Wichtige verdeutlichen! Das Motiv, die Figur, den Kern der Aussage so deutlich wie möglich machen.
b) Gruppe steigt auf den Charakter des Intros ein und verstärkt, begleitet, unterstützt diesen.
c) Intro-Spieler führt die Gruppe durch das Stück hindurch, gestaltet mit der Gruppe „sein" Stück und sucht dann einen Schluß.

Beachten: Nicht aus Unsicherheit oder falscher Hilfsbereitschaft zu früh ins Intro einsteigen, d. h. bevor der Charakter des Stücks deutlich ist. Intro-Spieler braucht Zeit.

Quelle: Konventionell.

Spiel-Erraten	G	G 11
	5.6	

Idee: Erraten der Spielregel verlangt ein Sich-Hineinversetzen in die Prozesse einer strukturierten Gruppenimprovisation.

Vorbereitung: Papier und Stifte.

Ablauf:
a) Ganze Gruppe setzt 5 bis 7 Titel eines möglichen Stücks auf ein größeres Papier. (Spezifizierung: Titel aus nur einem Gebiet oder Thema, z. B. „Wasser" oder „Begegnungen" usw.)
b) Ein Spieler geht vor die Türe, während die Gruppe einen Titel auswählt und kurz bespricht oder übt, wie er zu spielen sei.
c) Der Erratende errät, indem er
   — den Titel ausspricht,
   — in das Spiel der Gruppe miteinsteigt. Diese beendet das Spiel, wenn sie hört, daß der Erratende denselben Titel mitspielt.

Variante: Gruppe halbieren. Beide Untergruppen spielen. Eine erfindet eine Spielregel, die andere Gruppe steigt mit in die vermutete Spielregel ein. Beginner-Gruppe hört auf, wenn sie sich in der Spielregel verstanden fühlt, anderenfalls muß sie die Regeln spielenderweise verdeutlichen.

Quelle: Verschiedene.

Musik und Bewegung in Gruppen	G	G 12
	1.2, 1.15, 5.6	

Idee: Spielformen zur Verdeutlichung der engen Zusammenhänge von Musikimpulsen auf Bewegung und umgekehrt.

Vorbereitung: Eine Gruppenhälfte entscheidet sich fürs Musikmachen, die andere für Bewegung. Anschließend wechseln.

Ablaufmuster:
a) Musik beginnt — Bewegung reagiert (konventionelles Muster).
b) Bewegung beginnt — Musik reagiert.
c) Beide gehen aufeinander ein, als Gruppe oder in Dialogpaaren.

Varianten:
a) Inszenierung eines Ostinatos (vgl. F 12); von beiden Gruppen her möglich; mit oder ohne Solo-Rollen; durch stufenweises Dazukommen je eines Spielers beider Gruppen.
b) Nur Teilgruppen, z. B. je drei Spieler sind in Aktion; die anderen kommen spontan dazu bzw. treten aus.
c) Beide Gruppen in Aktion, ein Solist aus einer Gruppe löst sich spielend bzw. tanzend aus dem Kollektiv und sucht sich einen solistischen Dialogpartner der anderen Gruppe. Es entsteht eine Solo-Begegnung aus beiden Gruppen auf dem Hintergrund der beiden begleitenden Gruppen.

Quelle: Hegi.

Harmonische Töne treffen	P G	H 1
	5.6	

Idee: Spektrum zwischen freiem Spiel und harmonischem Einklang erfassen. Treffen eines gemeinsamen Tones bzw. Obertones.

Vorbereitung: Gut gestimmte Instrumente, ausgeglichene Lautstärke in den Instrumenten, möglichst keine Nur-Rhythmus-Instrumente.

Ablaufmuster:
a) Von freiem Spiel zu gemeinsamem Ton und wieder zu freiem Spiel und zu neuem gemeinsamem Ton usw.
b) Ausgangs- und Endpunkt ist ein gemeinsamer Ton. Nach dem gefundenen Anfangston entwickelt eine Kleingruppe (2 bis 3 Spieler) daraus eine eigene Atmosphäre durch Erweiterungen und Spielformen des „Tonspiels". Nach angemessener Zeit durchbricht die Großgruppe diese Atmosphäre mit möglichst gegenteiliger Spielweise und findet zum Schluß auf einen (anderen) gemeinsamen Ton zurück.

Quelle: Chr. Baumann und Hegi.

(Harmonie) Stören	P G	H·2
	5.6, 7.4, 7.12, 7.18	

Idee: Mit musikalischen Mitteln die immer wieder gesuchte Harmonie stören und dabei erkennen, daß Harmonie nur im polaren Spiel mit Disharmonie als solche wirkt.

Vorbereitung: Gestimmte Instrumente. Möglichst Klang- und Geräuschinstrumente bereithalten.

Ablaufvarianten:
a) Harmonischen Klang erstellen, ihn durch leichte Abweichungen immer ein wenig mehr stören, bis er an die Grenze des Auseinanderfallens gerät, und wieder zu ihm zurückfinden.
b) Eine harmonische Gestalt einer Improvisation erfinden. Einen oder beliebige Außenseiter bestimmen, welche stören, indem sie:
  — ins Geschehen einfallen, erschrecken, überraschen,
  — teilweise oder dauernd störende Geräusche machen,
  — für den harmonischen Ablauf hinderliche Aktionen starten,
  — den Ablauf durch Lautstärke oder anderes bedrängen,
  — in einen trotzigen Gegensatz zum Ablauf gehen usw.,
  — generell als Spielverderber wirken, diese Rolle durch Augenzwinkern einem Mitspieler weitergeben.
c) Bild von „gesund—krank" durchspielen:
  — von harmonischem (gesundem) zu disharmonischem (krankem) Zustand und/oder umgekehrt, als Prozeß-Improvisation.
  — Gruppenteilung: eine Gruppe spielt „gesund", eine „krank", als Wechselspiel-Improvisation (vgl. F 1, F 2, F 7).

Quelle: Hegi.

Konzentration	G	I 1
	1.2, 1.15, 5.6, 7.10	

Idee: Mit einzelner Figur durch Wiederholung in die Tiefe des musikalischen Ausdrucks gelangen. Konzentration auf mich selbst (vgl. P 9).

Vorbereitung: Jeder Spieler wählt nur *ein* jetzt für ihn wichtiges Instrument. Atemübungen zur Konzentration (A 5, A 6, A 11) oder Ostinato-Übungen (F 12).

Ablaufvarianten:
a) Jeder Spieler sucht für sich allein eine Figur, die er trotz allen anderen Spielenden für sich durchhält und in sie hineinhört (Autismus-Spiel).
b) Im Kreis bringt ein Spieler nach dem anderen (Pyramide G 2) seine Figur ein, unter geringer, sich fast von selbst ergebender Abänderung durch das Gesamtgeschehen. Wer sich nicht mehr auf seine Figur konzentrieren kann, geht aus dem Kreis heraus und hört aus Distanz zu. Wenn es möglich ist, mit derselben Figur, sonst mit neuer wieder in den Kreis zurückkehren.
c) Untergruppen mit verwandten Figuren zusammenstellen und daraus ein Ostinato-Spiel arrangieren, evtl. mit Solos dazu.

Quelle: Hegi.

273

Punkt-Verdichtung	G	I 2
	5.6, 7.18	

Idee: Erkunden der verschiedenartigen Intensität bei möglichst wenigen bis möglichst vielen Tönen. Prozeß zwischen zwei Polen.

Vorbereitung: Hohe Konzentration und Präsenz, evtl. Verdunkelung wie bei „Eulen im Wald" (G 1).

Ablauf:

a) Beginn mit möglichst kurzen und möglichst weit auseinanderliegenden musikalischen „Punkten", ohne daß dadurch der Zusammenhang verlorengeht.

b) Langsames und kontinuierliches Zusammenrücken der Abstände und Verlängern der Tondauer bis zu kleinen Tongruppen.

c) Immer stärkeres Verdichten der Einwürfe, Tongruppen und aller anderen „Punkte", bis Höhepunkt der möglichen Intensität erreicht ist. Schluß mit Kopfzeichen.

Variante:

a) Freie Wahl der Elemente „Punkt" und „Verdichtet". Neben- und Übereinanderspielen dieser Gegensätze.

Graphische Vorstellungshilfe:

Quelle: Hegi.

Magische Wiederholung	E P G	I 3
	1.2, 1.15, 7.10	

Idee: Die polare Bedingtheit von Wechsel und Wiederholung erfahren. Die magisch-rhythmische Wirkung von Wiederholungen erleben.

Vorbereitung: Lockerer Körper, leerer Kopf, mit Atem geweckte Intuition (z. B. A 11).

Ablauf:

a) Über freie Improvisation immer mehr auf eine einzelne Figur, ein Motiv, ein Spielelement usw. beschränken, das besonders gefällt.

b) Wiederholung dieses Elements über den Punkt hinaus, wo man gewöhnlich aufhört oder in etwas anderes wechselt. Sich auf die Dynamik und darüber auf die Intensität des Elements konzentrieren.

c) Versuchen, von allen technischen Belastungen wegzukommen, also die Bewegungen für das Element zu mechanisieren und sich ganz auf die Wirkung der Musik selbst konzentrieren.

d) Die feinen Veränderungen in immer gleichen Wiederholungen beobachten. Meditative Versenkung zulassen.

Varianten:

a) Einzeln bzw. allein gespielt auch als (Finger-)Übung von Improvisationsfiguren zu verstehen. (Vgl. Kap. 1.1.)

b) In der Gruppe als ostinato-artiges Geflecht wie unter I 1b.

Quelle: Hegi.

Pause spielen	E P G	I 4
	1.9, 2.9, 4.1, 5.6	

Idee: Umkehrung der Auffassung von Musik und Pause. Pause als musikalisches Erlebnis. Zwischenräume als Energiefelder. Gestaltung eines Pausen-Spannungsbogens (vgl. „Phasen" F 11).

Vorbereitung: Phasen-Spiel F 11. Damit kein zu großer Spieldruck entsteht, sollte vorher schon eine Zeitlang gespielt worden sein.

Ablaufvarianten:

a) Kurze Improvisation mit anschließend längerer Pause, die als „eigentliche Musik" aufgefaßt werden soll. Nächste Improvisation dient lediglich als Überbrückung bis zur nächsten Pause. Gespielte Musik umrahmt die „Improvisation einer Pause".

b) Nach einer beliebigen Improvisation die genau gleiche Zeit pausieren, als ganze Gruppe.

c) In freier Improvisation pausiert jeder Spieler nach seinem Ermessen genauso viel, wie er spielt.

Beachten: Die Pausen erscheinen meistens länger, als sie sind.

Quelle: Hegi.

Begegnung	P G	I 5
	5.3, 5.6, 7.14	

Idee: Verstärkung einer Duo-Begegnung bzw. eines Zwiegesprächs durch Bewegung und Position, Distanz und Nähe.

Vorbereitung: Paare zusammenstellen, die Lust haben, miteinander zu kommunizieren und dabei etwas Neues entstehen zu lassen.

Ablauf:

a) Spieler A und Spieler B stellen sich diagonal in zwei Ecken des Raumes auf. Einer beginnt, der andere antwortet usw.

b) In dem Maße der Intensivierung des Zwiegesprächs bewegen sich die Spieler aufeinander zu (mit Fortgeschrittenen auch unter dauerndem Augenkontakt!).

c) In genäherter Position ist auch gemeinsames Spiel möglich. In diesem Fall offenes Ende und zulassen, was als gemeinsame Form dabei herauskommt.

Variante: Das Ganze mit Stimme und Augenkontakt.

Beachten: Was passiert überhaupt, wer ist wann dominant, wird im Verlauf der Annäherung aus zwei Positionen etwas Drittes, Neues daraus?

Quelle: M. Schlegel.

Rock 'n' Roll-Feeling	G	I 6
	1.4, 3.7, 7.17	

Idee: Über das rhythmische Grundmuster des Rock 'n' Roll den Beat, die verdichtende Intensität dieser Musik erfahren.

Vorbereitung: Eine Pauke und für jeden Spieler neben seinem gewählten Instrument mindestens ein Rhythmus-Instrument.

Ablauf:
a) Beat aufbauen. Je nach Stimmung schneller oder langsamer Schritt-Rhythmus als 2er oder 4er mit Hauptbetonung (Pauke) auf 1 und abgeschwächt auf der 3. Übrige Schläge, auch als Verdoppelungen, erklingen gleichstark. Alle sind verantwortlich, daß der Beat nicht abbricht, einen sicheren Hintergrund bildet.
b) Auf diesem Hintergrund beliebige Klang-, Melodie-, Geräusch- oder Akkord-Aktionen entwickeln. Dabei versuchen, die Intensität des Einfalls ins Extrem zu steigern, da eine „Rückkehr zum sicheren Beat" gewährleistet ist.

Varianten:
a) Vom Beat jeweils nur die 1 schlagen und die anderen auslassen. Erhöhung der Spannung durch große rhythmische Zwischenräume.
b) Ein Spieler nach dem anderen löst sich vom Beat, im Extrem alle, so daß er nur noch empfunden wird — und Rückkehr zum Beat (Pyramiden-Modell: G 2).

Quelle: Hegi.

Jazz-Feeling	G	I 7
	1.1, 1.10, 1.13	

Idee: Über ein rhythmisches Grundmuster des Jazz den Off-beat und die treibende Intensität dieser Musik erfahren; Triolen einbeziehen.

Vorbereitung: Ein großes Becken und für jeden Spieler neben seinem gewählten Instrument mindestens ein Rhythmus-Instrument.

Ablauf:
a) Off-beat aufbauen. Je nach Stimmung schneller oder langsamer Schritt-Rhythmus als 2er oder 4er, mit Hauptbetonung (Trommeln) auf 2 und abgeschwächt auf 4. Alle 4 Schläge einmal auf dem Becken eine Triole einspielen (zur Auflockerung). Jeder Spieler ist für das Off-beat-Durchziehen des Jazz-Pulses verantwortlich. Treibenden Hintergrund aufrechterhalten.
b) Auf diesem Hintergrund offene, leichte, zwischen den Schlägen eingestreute Akkorde, mitreißende Melodien oder sonstwelche Klangaktionen einbringen. Gefühl des Fliegens: das sichere Flugzeug ist der Off-beat, das Element die Triolen.

Varianten:
a) Unbetonte Schläge 1 und 3 mit Triolen-Auftakt:

b) Triolen-Spiel-Varianten:

Quelle: Hegi.

Klänge unterscheiden	G	K 1
	2.3, 5.6, 7.18	

Idee: Bewegung und Charaktere von Klängen in ihrer Herstellung. Erfahrung neuer Klangbereiche durch deren Unterscheidung.

Vorbereitung: Alle beliebigen Instrumente; auch Klangquellen im Raum (Gegenstände). Stehende Klänge bzw. Geräusche herstellen: durch schnelle Bewegungen Rhythmus eliminieren, durch viele und unbestimmte Töne Melodien eliminieren. Ausklingende Instrumente kontinuierlich nachschlagen bzw. in Schwingung halten.

Ablauf:
a) Jeder Spieler sucht sich eine Klangquelle, die jetzt der Stimmung entspricht oder einfach gefällt. Hat er dies gefunden, wartet er, bis alle ihre Klangquelle gefunden haben.
b) Jeder Spieler führt sein Resultat vor. (Evtl. Korrekturen oder Verbesserungen zu dichtem, klarem, stehendem oder sonstwie gewünschtem Klang.)
c) Alle fangen miteinander an zu spielen. Nacheinander (Pyramide) hört immer derjenige Spieler auf, der im jeweils bestehenden Klanggemisch am

— lautesten	— ruhigsten	— dichtesten
— leisesten	— unruhigsten	— punktuellsten
— hellsten	— dumpfsten	— gröbsten
— dunkelsten	— klarsten	— feinsten spielt.

Quelle: nach L. Friedemann.

Klänge mischen	G	K 2
	2.3, 2.10, 5.6	

Idee: Klänge sind amorph; dadurch gibt es zwischen allen fließende Übergänge und spannungserzeugende Gegensätze.

Vorbereitung: Herstellung stehender Klänge wie unter K 1.

Ablaufvarianten:
a) Ein Spieler nach dem anderen mischt seinen Klang dazu und zieht sich nach dem Tutti wieder aus dem Gemisch heraus (Pyramide).
b) Ein Spieler ist Mischer und stellt mit Handzeichen nach seinem Gutdünken verschiedene Klangbilder zusammen.
c) Die drei (2,4) ähnlichsten Klänge zusammenstellen: Verdichtung, Vereinheitlichung. Die drei (2,4) verschiedensten Klänge zusammenstellen: Vergrößerung der Spannung und Veränderungskraft.
d) Klänge und Störungen: nach H 2.
e) Klänge und Solos: nach G 8.

Quelle: nach L. Friedemann.

Melodie und Atem	P G	M 1
	3.3, 3.7	

Idee: Ein Melodie-Teil hat durchschnittlich die Länge eines Atembogens. Mit Atembogen spontane Melodien erfinden.

Vorbereitung: Melodie-Instrument wählen und eine Skala, eine Reihe von Tönen bestimmen, mit denen nachher gespielt wird.

Ablaufvarianten:

a) Jeder Spieler hintereinander einen Atemzug lang eine Melodie gestalten, die aus den gewählten Tönen spontan entsteht. Im Kreis herum oder in Ablösung durch Augenkontakt.

b) Paarweise eine „ewige" Melodie spielen, indem der Partner B die Melodie anhängt, wenn A einatmet. Als Zwiegespräch oder als fortgesetzte Geschichte auffassen.

c) Teilnehmer lösen sich untereinander mit Ausatmung so ab, daß ein stehender Akkord zustande kommt (jeder Spieler nur einen Ton). Ein Solospieler übernimmt für drei (oder mehr) Atemzüge eine Improvisation.

d) Gruppenteilung: Gruppen A und B halten in rhythmischem Wechsel zwei verschiedene Akkorde aus (z. B. Grundakkord und Subdominant-Akkord). Aus der jeweils für eine rhythmische Phase pausierenden Gruppe übernimmt immer ein Spieler ein Solo. (Für einen klaren Ablauf ist hier vorerst eine genaue Bestimmung der Solo-Spieler-Reihenfolge nötig.)

Quelle: Hegi.

Töne, Melodieteile, Melodien	G	M 2
	1.13, 5.6	

Idee: Spielerischer Aufbau einer improvisierten Melodie über spontan einfallende Töne, Tongruppen als Melodieteile und Gegenüberstellungen von Melodie-Teilen.

Vorbereitung: Kreisaufstellung, Melodie-Instrumente oder Stimme.

Ablauf:

a) Einen Ton einfallen lassen: Über drei Atemzüge: (1) Ton hören (innerlich), (2) Ton-Bildung vorstellen, (3) Ton herauslassen.

b) Einen so gefundenen Ton im Kreis herumgehen lassen, indem er dem Partner rechts oder links in einem Pulsrhythmus ins „Ohr gegeben" wird. Dasselbe mit zwei, drei, vier Tönen pro Atemzug.

c) Dasselbe mit einem 2. Ton von der gegenüberliegenden Seite des Kreises in dieselbe Richtung drehend. Jetzt entsteht immer dasselbe Intervall. Gleiches Spiel mit immer neu einfallenden Tönen.

d) Über drei Atemzüge (a) Melodieteil (Motiv) einfallen lassen und ebenfalls wie in (b), (c) durchspielen. Zusatz: Jeden Melodieteil dreimal spielen: 1. Mal zuhören, 2. Mal erfassen, 3. Mal genießen.

e) Ein Spieler erfindet (über die drei Atemzüge) einen Melodie-Teil, welcher von der Gruppe beim 2. und 3. Mal wiederholt wird. Der Spieler auf der gegenüberliegenden Seite des Kreises schließt mit einem Gegensatz-Melodieteil an (vgl. Tabelle in Kap. 3.3.).

Quelle: Hegi.

Serielle Melodien	G	M 3
	3.4, 5.6	

Idee: Mit einer fest ausgewählten Serie von Tönen die damit möglichen Melodie-Varianten erkunden.

Vorbereitung: Am besten sind Klangstäbe geeignet. Sonst auch Tasten-Instrumente. Jeder Spieler wählt drei bis vier Töne aus, nicht unbedingt als Skala, sondern als gefällige Tongruppe auch mit größeren Intervallen. Töne in gewünschter Reihenfolge vor sich hinstellen oder die Tasten bezeichnen.

Ablaufvarianten:

a) Jeder stellt seine Melodie vor. Einige Male wiederholen. Gruppe kann mit rhythmischem Spiel oder schnippend begleiten.

b) Mit denselben Tönen eine möglichst von der ersten Melodie abweichende Variante herausfinden, wiederholen. Gruppe begleitet.

c) Gruppe spielt einen Akkord auf demselben Metrum. 2 (3) Spieler, deren Melodien gut zueinander passen, spielen darauf, sich dauernd wiederholend, ihre serielle Tongruppe ineinander.

d) Gruppe zählt still einen gemeinsamen Takt: 3/4, 4/4, 7/4 usw. Jeder Spieler wählt unausgesprochen auf einer Position dieses Taktes einen Ton, der dann auch wiederholend auf dieser Position gespielt wird. Es entsteht eine Gruppenmelodie und ein Gruppenklang, der sich im Takt wiederholt (Betonungen beachten).
Erweiterung: Größere Takteinheiten und mehr als einen Ton wählen.

Quelle: Hegi.

Melodie-Gegensätze	E P G	M 4
	1.2, 3.3	

Idee: Melodien entstehen durch das Verhältnis ihrer Teile untereinander. Polare Gegenüberstellung und prozeßhafte Übergänge von Melodie-Teilen erfahren.

Vorbereitung: Melodie-Instrumente oder Stimme. Übung M 2. Folgende Gegensätze eignen sich: — einfach — kompliziert (banal—vermessen),
 — schnell — langsam,
 — lang — kurz,
 — hoher Tonraum — tiefer Tonraum,
 — laut — leise,
 — eng — weit.

Ablauf:

a) Jeder Spieler wählt ein Gegensatz-Paar und übt, indem er jeweils zum Gegensatz-Teil wechselt, wenn ein Teil mindestens zweimal (drei oder viele Male) gespielt wurde.

b) Jeder Spieler übt mit einem gewählten Gegensatz-Paar den fließenden Übergangsprozeß von einem zum anderen (und wieder zurück) (vgl. F 1).

c) Übungen (a) und (b) zwischen zwei Spielpartnern oder zwischen halbierten Gruppen.

d) Jeder Spieler erfindet eine mindestens dreiteilige Melodie, über deren Teil-Merkmale er sich bewußt ist. Vorspielen und von Gruppe (Partner) die Teile erraten lassen. Ganze Melodie darauf nachspielen und evtl. auch den rhythmischen Hintergrund dieser Melodie erstellen.

Quelle: Hegi.

Modales Spiel mit Melodien	G	M 5
	3.1	

Idee: Über eine ausgewählte Skala (Reihe von Tönen, z. B. Pentatonik) freie Melodie-Improvisation mit eingeschränktem Grundmaterial erproben.

Vorbereitung: Melodie-Instrumente mit tonalen, gut gestimmten Tönen. Oktav-Abstände desselben Tonmaterials sind Hör-Erschwerung, aber Klang-Bereicherung.

Ablauf:
a) Ein Vorspieler führt einen Ton nach dem anderen der vorgewählten Skala (nicht mehr als acht Töne!) so ein, daß er zwischendurch immer wieder den Grundton anspielt.
b) Gruppe imitiert und folgt damit stufenweise in die Welt des Grundmaterials, d. h. der ausgewählten Skala.
c) Gruppe beginnt, mit den Tönen des Grundmaterials frei zu improvisieren. Es entsteht ein „Klangballon" und „Melodiennetz".
d) Gruppe wählt einen stehenden Klang aus Teilen der Skala: einen modalen Grundakkord. Einzelne Spieler improvisieren mit dem Tonmaterial darüber, indem sie laufend neue Melodien mit den selben Tönen entwickeln.

Quelle: Verschiedene, z. B. Miles Davis oder orientalische Volksmusik.

Melodie-Bilder	E G	M 6
	3.5, 5.6	

Idee: Über die Vorstellung einer Linie in der Natur oder anderen formenden Linien von der Gebundenheit an die konventionellen Tonschritte loskommen und die Vielfalt der Zwischentöne erleben.

Vorbereitung: Für jedes Bild einen passenden Hintergrund, eine stützende Begleitung durch die Gruppe oder einfach einen stehenden Akkord bzw. Rhythmus erstellen. Die Bilder sind im Ablauf von links nach rechts zu verstehen. Der Linien-Vorstellung entlang spielen bzw. singen.

Varianten:

a) Wie Landschafts-Horizonte:
Offene, weite Landschaft

d) Laub-Wald

b) Wie die Silhouette von Wäldern:
Tannen-Wald

e) Aufstieg—Abstieg eines Gebirges

c) Wie Wolken, die — sich ständig
verwandelnd — vorüberziehen

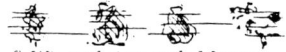

f) Wie vorbeisausende Muster,
aus dem fahrenden Zug gesehen.

Quelle: Hegi.

Melodie-Geschichten	G	M 7
	3.3, 3.7, 5.5, 5.6	

Idee: Auf der Grundlage der Erfahrung mit Struktur-Teilen, Gegensatz-Paaren und Prozeß-Entwicklungen von Melodie-Teilen die erzählerische Vielfalt des Melodien-Spiels erkunden.

Vorbereitung: M 2 und M 4. Jeder Spieler ein Melodie-Instrument und mindestens ein Begleit-Instrument, klanglicher oder rhythmischer Charakter.

Ablauf:
a) Geschichten-Erzähler spielt als Solist. Gruppe steigt allmählich auf den Charakter der Melodien begleitend ein (vgl. G 3, G 6, G 8 und G 9).
b) Wenn Geschichten- bzw. Melodie-Erzähler seine Rolle weitergeben will,
   — hört er auf und läßt einem Nachfolger Platz,
   — schließt der nächste Spieler der Kreisrunde an,
   — fordert er den nächsten Spieler mit Augenkontakt auf.
c) Der folgende Melodien-Spieler kann
   — frei weiterspielen,
   — ein Element des Vorspielers aufnehmen, die Geschichte fortsetzen,
   — ein gegenteiliges Element einführen, Kontrast schaffen.
d) Es können sich auch zwei oder mehr Spieler die Geschichte gegenseitig zuspielen.

Quelle: Haardt / Klemm und Hegi.

Eigene Melodie finden	E G	M 8
	3.4, 3.7, 5.5, 5.6	

Idee: Jeder trägt, manchmal über längere Zeit, manchmal nur momentan, eine Melodie, ein Lied mit sich herum. Entdeckung der jetzt gegenwärtigen Melodie.

Vorbereitung: Vertrautes oder Lieblingsinstrument wählen. Am besten geeignet ist hier die Stimme. Kenntnis der Struktur-Teile von Melodien (Kap. 3.3.) und Übung mit den Spielen M 1 bis M 7.

Ablauf:
a) Jeder Spieler zieht sich allein zurück und horcht in seinem Inneren (innere Stimm-Vorstellung), welche Melodie immer wieder oder jetzt ganz deutlich auftaucht.
b) Versuchen, diese Melodie in Teile zu gliedern und ihre Bewegungsform zu benennen.
c) Mit diesem Bewußtsein Melodie wiederholen und in denselben Bewegungsformen der Teile improvisatorisch abwandeln. Dann wieder zur ursprünglichen Original-Melodie zurückkehren.
d) Der Gruppe vorführen und klanglich-harmonischen bzw. rhythmisch-strukturellen Hintergrund der Melodie, des Liedes, des Themas aufsuchen.
e) Beschreibung des Charakters insgesamt durch die Gruppe und Verraten eines Titels durch den Melodie-Spender.

Quelle: Hegi.

281

Spielen – Reden – Dialog	P G	
	5.6, 7.17, 7.18	P 1

Idee: Aufhebung der sonst üblichen Trennung von Instrumental-Spiel und Reden. Gegenseitige Unterstützung durch unmittelbares Hintereinander bzw. Ineinander von Spielen und Reden.

Vorbereitung: Dialog-Partner, welche sich wirklich etwas (Wichtiges, Schwieriges usw.) zu sagen haben, wie z. B. Therapeut—Patient oder Konfliktpartner.

Ablauf:
a) Dialog mit Instrumenten beginnen. Dabei sich auf die sprachliche Mitteilung, die Aussage des Spiels konzentrieren.

b) Stimmklang der sprachlichen Mitteilung vorstellen während Instrumentalspiel und wenn möglich zeitweise hinzumischen. Jedoch noch ohne fixe Worte.

c) Nach jeder instrumentalen Mitteilung anschließend sogleich die verbale Mitteilung, die dasselbe aussagen soll, anfügen. Bei kurzen Mitteilungen diese Abfolge einige Male wiederholen.

d) In der Folge kann Spielen und Reden ineinander übergehen sowie auch die wechselweise Abfolge des Dialogs aufgehoben werden, so daß freie Dialog-Improvisation mit Sprache und Musik entsteht.

Quelle: Sprechmusik, Hörspiele, Kult-Musik, Schamanismus.

Wie geht es Dir	P G	
	1.1, 2.4, 3.5, 5.3, 5.6, 7.18	P 2

Idee: Die Hände „wissen" oft mehr über einen selbst als der Kopf. Sprache ist oft zu digital, zu stark inhaltlich behaftet. Musik enthält viele analoge, beziehungs- und gefühlsmäßige Mitteilungen: also einmal nur die Hände reden lassen.

Vorbereitung: Kreis-Aufstellung. Fellinstrumente.

Ablauf:
a) Spieler A beginnt mit kurzem, völlig impulsivem Spiel auf Fell, so als würde er fragen: „Wie geht es dir?" A sieht dabei einen von ihm ausgewählten Spieler B an, der diese Frage beantworten soll.

b) B läßt nun mit möglichst wenig Vorstellungen, also mit leerem Kopf, die Hände „erzählen", was diese impulsiv spielen wollen. Er tut dies, solange er will, und macht am Schluß eine Pause, um hinterher seinerseits einen weiteren Spieler C zu fragen: „Wie geht es dir?"

c) Da nicht alle gespielten Mitteilungen von allen Spielern erinnert werden können und trotzdem hinterher jeder ein Feedback bekommen soll, behält immer der fragende Spieler die Mitteilung seines angesprochenen Spielers besonders im Kopf.

d) In der Feedback-Runde erfolgt nun derselbe Ablauf, wobei die Gruppe natürlich beliebig ergänzen bzw. korrigieren kann.

Variante:
Dasselbe Spiel mit stimmlichen Mitteilungen
— bei geschlossenem Mund,
— mit freiem Vokalisieren.

Quelle: Friedemann.

282

Meinen Namen mit meiner Stimme gestalten	E P G	P 3
	2.4, 3.4, 5.6	

Idee: Rhythmus, Klang, Melodie, Dynamik und Form des eigenen Namens mit der Stimme erforschen, wiederentdecken.

Vorbereitung: Etwas Vertrautheit (in der Gruppe). Atemübungen (A 2, A 8 bis A 12) und Stimmübungen (S 1 bis S 13).

Ablauf: Jeder Teilnehmer gibt, in beliebiger Reihenfolge, der Gruppe eine Darbietung des eigenen Vor- oder Rufnamens durch Ausgestaltung der darin vorhandenen Silben, Vokale, Konsonanten, der Klangfarben, Wiederholungsrhythmen und Rufmelodien.

Vorstellungshilfen:
— Klang des Namens als Kind, Jugendliche(r), Erwachsene(r),
— Beziehung zu Zweitnamen, Rufnamen, Geschlechtsnamen,
— Gestaltung von guten und schlechten Beziehungen und Erinnerungen zum eigenen Namen,
— Namen wie Spielzeug behandeln.

Beachten: Kaum ein Wort hören wir selbst so oft in verschiedenen Situationen und Färbungen wie den eigenen Namen. Selbst aber sprechen wir ihn sehr selten aus. Daher rührt die Befremdlichkeit. Auch diese ausdrücken und nicht hinter perfekter Form verstecken.

Quelle: Verschiedene.

Das Beziehungsspiel	G	P 4
	5.3, 5.6, 7.18	

Idee: Die Skala der natürlichen bis konfliktträchtigen Beziehungs-Anbahnungen, -Verschiebungen, -Auflösungen, -Veränderungen usw. ohne (sonst bedrohliche) Konsequenzen in der ritualisierten Improvisation erleben.

Vorbereitung: Vorstellungshilfen sind: Situation einer Party mit vielen bekannten Leuten; eine Art Eheanbahnung; die Partnersuche als „Single" im bestehenden Beziehungsnetz; die unausgesprochenen Wünsche bzw. Sympathien in der anwesenden Gruppe.

Ablauf:
a) Beginnender Spieler A stellt sich in einer der oben dargestellten Situationen selbst dar, bietet seine Art der Offenheit an.
b) Ein darauf ansprechender, d. h. reagierender Spieler B tritt mit Duo-Spiel in eine Beziehung, die nun beide natürlich möglichst „harmonisch" gestalten wollen, was immer sie darunter verstehen.
c) Ein dritter Spieler C mischt sich dort in die Beziehung von A zu B ein, wo er „unharmonische" Seiten entdeckt. Eine Weile entsteht nun eine Dreier-Beziehung.
d) Entweder setzen sich A oder B durch, oder C spannt nun einen der beiden Partner für sich aus. Von nun an wiederholt sich der Ablauf b — c — d.
e) Ende, wenn mehr als drei Spieler und schließlich alle sich einmischen.

Quelle: Nach Friedemann.

Musikalisches Soziogramm	G	P 5
	5.6, 7.18	

Idee: Durch Dialog-Spiel das Beziehungsgefüge einer Gruppe herauskristallisieren. Entscheidungsfähigkeit über „gute" und „schlechte" (musikalische) Beziehungen. Feststellung von Veränderungen durch bewußte Beziehungsaufnahme.

Vorbereitung: Jeder Spieler wählt den Partner, mit dem er in der letzten Improvisation (letzten Zeit) am besten zusammenspielte und den, mit dem er am schlechtesten zusammenspielte. Instrumentenwahl frei. Aufstellung paarweise gegenüber.

Ablauf: Jeder Spieler spielt gleich hintereinander (d. h. in zwei Stücken) mit seinen beiden extremen Beziehungs-Partnern.

Beachten: Hier ist unter Umständen nach jedem Zwiegespräch, bestimmt aber jeweils nach beiden Zwiegesprächen eines Spielers eine Besprechung des Geschehenen nötig.

Quelle: U. Voerkel.

Maske	P G	P 6
	5.6, 7.18	

Idee: Durch Verstellen gerade dessen, was man spielen will, einen tieferen Zugang finden zu den eigenen Vorstellungen.

Vorbereitung: Ein oder alle Zuhörer drehen dem Spieler den Rücken zu, so daß dieser ungestört „bluffen" kann. Der Spieler überlegt sich, wie er den/die Zuhörer hinter das Licht führen kann, wie er, was er oder wo er spielt.

Ablauf:
a) Spieler trägt „seine Maske" vor.
b) Zuhörer erzählt, wie dies auf ihn gewirkt hat, ohne hinzusehen.
c) Zuhörer dreht sich um, und Spieler spielt nochmals mit demselben Instrumentarium auf dieselbe Weise.
d) Zuhörer erzählt, wie es diesmal auf ihn wirkte.
e) Zuhörer übernimmt diese Art des Spiels und imitiert sie für den „Masken-Spieler". Dieser versucht nun das dazuzuspielen, was hinter der Maske steckt, sein eigentliches, bescheidenes, direktes Spiel dazuzusetzen.

Variante:
Seine eigene Maske auf Papier darstellen, der Partner bewegt sich damit zur Improvisation, welche im Spieler durch seine eigene Maske ausgelöst wird. Nähe und Distanz von Maskenspieler und Improvisationsspieler verändern!

Quelle: Nach G. Loos.

284

Ausgeschlossen	G	P 7
	5.6, 7.8, 7.12	

Idee: Von der Gruppe durch irgendeinen Grund ausgeschlossene Spieler durch spezielle Betonung dieses Zustandes und gleichzeitige Umkehrung der Ohnmacht dieses Spielers in eine Art Allmacht einbeziehen.

Vorbereitung: Es wird festgestellt, daß ein Spieler vom Geschehen ausgeschlossen wurde. Dieser stellt sich nun allein der Gruppe gegenüber und diktiert die Gruppe wie folgt:

Ablauf:
a) Wenn der isolierte Spieler spielt, bleibt er allein, die Gruppe pausiert; wenn er aber aufhört, beginnt die Gruppe zu spielen. Sobald der isolierte Spieler wieder beginnt, bricht die Gruppe ihr Spiel wieder ab usw.
b) Ende des Spiels, wenn die Gruppe nicht mehr „gehorcht".

Quelle: U. Voerkel.

Mittelpunkt der Welt	E P G	P 8
	3.4, 5.6, 7.18	

Idee: Durch eine ungestörte und freie Solo-Improvisation einen unerreichten Wunsch, eine Wunschphantasie oder ein Idealbild symbolisch erleben.

Vorbereitung: Imagination erläutern. Entsprechendes Instrumentarium bereitstellen. Ungestörter Raum und freie Zeitwahl.

Ablauf: Spieler stellt sich vor: „Ich bin der Mittelpunkt der Welt" und spielt alles, was diese Imagination unterstützen könnte. Nichts und niemand darf diesen Spielprozeß stören.

Varianten:
— mein(e) ideale(r) Partner/Partnerin,
— geliebt — ungeliebt,
— Bergbesteigung,
— am Meer,
— Wasserteich in der Wüste,
— Träumen,
— Fliegen,
— Ich werde nochmals geboren,
— Nirwana.

Quelle: Nach Marie Priestley.

Autismus-Spiel	G	P 9
	5.6	

Idee: Im Aufeinander-Eingehen beim Zusammenspielen kommt die Seite des Hörens auf sich selbst oft zu kurz. Da wir die Ohren nicht verschließen können, erreicht uns das akustische Geschehen von außen aber sowieso. Deshalb: Konzentration auf sich allein und Abgrenzung der eigenen Aura ohne räumliche Distanzierung (vgl. I 1).

Vorbereitung: Bereitschaft, sich auf sich selbst zu konzentrieren, evtl. mit Atemübung (A 1 bis A 3).

Ablauf:
a) In freiem Spiel das ausdrücken, was der ganze Körper für sich allein will. Keine Beeinflussung von außen zulassen, keine Rücksichten nehmen, keine Anpassung eingehen, also in keiner Weise auf ein Zusammenspiel achten.
b) Sobald diese Konzentration verlorengeht, aufhören, andere Spieler sich selbst überlassen und über Atmung wieder in den eigenen Körper zurückkehren. Wieder ins Spiel einsteigen.

Beachten: In Situationen, wo dieses Spiel bei einzelnen zu große Ängste auslösen könnte, wird es nötig sein, einen gemeinsamen, die Spannung auflösenden Schluß abzumachen:
— durch einen dafür bestimmten Gong, den jeder benützen kann,
— durch wildes, unkontrolliertes Spiel bis zur Ermüdung,
— durch einen ausgehaltenen, einzelnen Ton oder Rhythmus usw.

Quelle: Hegi.

Bellender Hund	P	P 10
	5.6, 7.17	

Idee: Befreiung aufgestauter Aggressionen. Spielerische Auflösung zurückgehaltener Wut. Entspannung verkrampfter Muskeln im Gesicht-Kehle-Nacken-Schultern-Bereich.

Vorbereitung: Leere Raumfläche. Partner mit aufgestauten Aggressionen gegeneinander, bzw. Bereitschaft, die erhaltene Aggression eines Partners zurückzugeben.

Ablauf:
a) Partner knien sich in „Hundestellung" (hochgestellter Nacken, von unten heraufgerichteter, provozierender Blick) in anfänglich mindestens 2 Meter Distanz gegenüber.
b) Mit Knurren beginnen und allmählich in einen möglichst angriffigen Hunde-Gebell-Dialog übergehen. Kehle und Stimmbänder ganz loslassen, nichts zurückhalten. Gesichtsausdruck und Körperhaltung zur Unterstützung voll miteinbeziehen.
c) Bei Ermüdung kurze Erholungspause einschalten und die Plätze tauschen.

Quelle: Unbekannt.

Hu-Spiel	G	P 11
	1.1, 5.6	

Idee: Konzentration auf die gemeinsame rhythmische Energie einer Gruppe, die zusammenspielen will. Verteilung der treibenden und hängenden rhythmischen Kräfte in ein abgestimmtes, mittleres Energieniveau. Erhöhung der Reaktionsbereitschaft.

Vorbereitung: Gruppe stehend im Kreis, sich die Hände haltend, linke Handfläche nach oben (empfangend), rechte Handfläche nach unten (gebend). Arme fallen lassen. Ruhige Atmung. Augen geschlossen.

Ablauf:
a) Ein Teilnehmer (zuerst Gruppenleiter) beginnt mit einem leicht und kurz (rhythmisch) gesprochenen „Hu" und drückt gleichzeitig leicht mit seiner rechten Hand die linke seines Partners rechts.
b) Sobald dieser das Zeichen empfängt, läßt er es durch den Körper fließen, spricht ebenfalls ein „Hu" und gibt das Händedruckzeichen gleichzeitig weiter nach rechts.
c) „Hu" und gleichzeitiger Händedruck im Gruppenkreis herumgehen lassen, bis eine regelmäßige rhythmische „Hu"-Folge entsteht.

Varianten:
a) Dasselbe nach links. Schwieriger, weil gegen die Energierichtung von „Empfangen — Geben" geleitet.
b) Jeder Teilnehmer hat die Möglichkeit, bei sich die Drehrichtung umzukehren.

Quelle: Flatischler.

Verwandtschaft	G	Q 1
	5.6	

Idee: Sich über eigene Bevorzugung von Instrumenten bewußt werden. Verwandtschaft von Spielweisen bei Partnern heraushören. Verstärkung des Ausdrucks durch gezielte Wahl von Spiel-Verwandtschaften.

Vorbereitung: Genaues Heraussuchen jenes Instruments, das der momentanen Befindlichkeit entspricht: Ich bin jetzt eine Gitarre, ein Schlagholz, ein Akkordeon etc. Das bedingt natürlich ein möglichst großes Angebot an Instrumenten.

Ablauf:
a) Ausprobieren und Vorstellen des Instruments und der momentanen Spielweise als Selbstdarstellung.
b) Bildung von verwandten Paaren bzw. Untergruppen. Absprechen der Gemeinsamkeit und Verstärkung dieses Elements durch das Zusammenspiel.
c) Bestimmung des jeweils unterschiedlichsten Spielcharakters zum eigenen und Zwiegespräch mit diesem Partner.
d) Eine „Spielcharakter-Familie" unterhält sich mit einer anderen.

Quelle: Hegi.

Mutter-Spiel	G	Q 2
	1.9, 3.7, 5.6, 7.18	

Idee: Eine gute Mutter ist für ihre Kinder zuverlässig anwesend, ohne sie gleichzeitig anzubinden. Je sicherer und zwangloser die Mutter, desto freier und mutiger die Kinder!

Vorbereitung: Die tiefste Trommel bzw. Pauke im Raum wird durch eine ausgewählte „Mutter" mit entsprechend schweren und weichen Schlägen gespielt. „Kinder" wählen Rhythmusinstrumente.

Ablauf:
a) Mutter spielt regelmäßigen Puls (keine Rhythmisierung). Dadurch ist sie dauernd präsent, gibt den Boden und bestimmt die (rhythmischen) Bedingungen (vgl. I 6).
b) Kinder steigen ins Spiel ein, benützen den Puls, um rhythmische Ausflüge zu machen, und probieren auch mal, die Mutter aus dem Konzept zu bringen.
c) Wenn das Gefüge für die Mutter auseinanderzufallen droht, verstärkt sie die eigene Spieldynamik (evtl. lauter, evtl. schneller); wenn das Gefüge der Kinder von selbst hält, geht sie mit der Spieldynamik bis zum Schweigen zurück und steigt nach Bedarf wieder ein.

Varianten:
a) Dasselbe mit freier Instrumenten-Wahl der Kinder.
b) Kinder halten anstelle der Mutter für eine gewisse Zeit den Puls durch, diese kann „ausfliegen", kommt aber auf ihre Rolle zurück und findet einen Schluß durch rhythmische Verdichtung.

Quelle: Friedemann.

Trommelschlag	E	R 1
	1.11, 5.6	

Idee: Erfindung von Rhythmen durch Schlagvarianten.

Vorbereitung: Jede Stelle und Schlagart auf dem Fell klingt anders. Die fünf Grundvokale lassen sich wie folgt unterscheiden:

I: Schlag auf äußeren Trommelrand

E: Äußerer Fellkranz, Fingerspitzen

A: Kranz zwischen Fellmitte und Rand, ganze Fingerfläche

O: Voller Fellschlag, ganze Hand

U: Fellmitte mit Handballenschlag

Weitere Schlagarten:

Leerschlag: klanglos auf den Rand

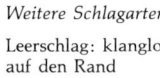

Stummschlag: Wie O, Hand aber liegen lassen

Knall-Schlag: Ganze Hand auf ganzes Fell und Luftkissen auspressen

Triller oder prasseln: Finger ohne Daumen in Abfolge vom kleinen Finger

Tonhöhe: Ein Finger unterteilt die Schwingungsbreite des Fells. Wie bei Saite.

Quelle: Nach Guem und Hegi.

Gleichschlag	E P G	R 2
	1.4, 5.6, 7.7, 7.9	

Idee: Der Gleichschlag ist die gleichbetonte, gleichmäßige Schlagabfolge beider Hände nacheinander. Er ist die Grundlage regelmäßiger Rhythmen.

Vorbereitung: Für jeden Spieler ein möglichst gleichwertiges Fell. Zentrierte Körperhaltung.

Ablauf:

a) Gemeinsam einen mittleren Gleichschlag trommeln. An absoluter Regelmäßigkeit in Schlagstärke und Tempo arbeiten. Metronom.

b) Von einem solchen Gleichschlag aus prozeßhaft langsamer und langsamer werden bis zum Punkt, wo die Regelmäßigkeit auseinanderzufallen droht, dann wieder schneller und schneller werden bis zum Punkt, wo die Regelmäßigkeit im Chaos unterzugehen droht, dann wieder langsamer bis zum mittleren Anfangstempo.

c) Derselbe Ablauf in zwei Extreme wie unter (b), aber diesmal bei gleichbleibendem Tempo immer lauter, dann immer leiser und wieder in mittlere Lautstärke zurück.

Beachten: Bei b) die Lautstärke verändern. Leiser werden wird oft mit langsamer werden verbunden und umgekehrt; ebenso bei c) größere Lautstärke nicht mit größerem Tempo einhergehen lassen, geringere Lautstärke nicht mit geringerem Tempo.

Quelle: Hegi.

Betonung	P G	R 3
	1.6, 5.6, 7.9	

Idee: Die durch die Betonung zusätzlich eingesetzte Kraft kann die Gleichmäßigkeit stören. Betonung und Spieltempo sollen aber unabhängig voneinander spielen. Beide Hände können betonen.

Vorbereitung: Jeder Spieler möglichst gleichwertige Felle. Zentrierte Körperhaltung.

Ablauf:

a) Gleichschlag (R 2) und grundsätzliche Betonungsmuster durchspielen:
   — 2er-Rhythmus, Betonung zuerst in einer, dann in anderer Hand.
   — 3er-Rhythmus, Betonung wechselt immer von einer zur anderen Hand.
   — 4er-Rhythmus, Hauptbetonung auf 1, Nebenbetonung auf 3 zuerst in einer, dann in der anderen Hand.

b) Verschiedene Taktarten wählen: 3er, 4er, 5er usw., auch z. B. 13er. Darin sucht jeder Spieler die Zahl seiner Wahl als Betonungsort. Dadurch entsteht Betonungsmelodie mit seriellem Ablauf (vgl. auch M 3).

c) Verschiedene Taktarten wählen und mehr als eine Betonung aussuchen. Dabei bleiben.

d) Verschiedene Taktarten wählen, mehrere Betonungen auswählen und immer nur eine Betonung während Gruppenspiel verschieben. So entsteht eine sich dauernd leicht verändernde Betonungsmelodie.

Quelle: Hegi.

Verdoppeln, Halbieren	E P G	R 4
	1.9, 5.6	

Idee: Verdopplungen (doppelte Schlaganzahl in gleicher Zeit) und Halbierungen (halbe Schlaganzahl in gleicher Zeit) sind Grundelemente von Rhythmus-Bildungen.

Vorbereitung: Statt Zähl-Ziffern und Handbezeichnungen benützen wir jetzt die Sprechsilben TA für die eine Hand, TI für die andere. TA-KI für den 2er-, TA-KI-TE-NA für den 4er- und GA-ME-LA für den 3er-Rhythmus. Alle weiteren sind Zusammensetzungen davon.

Ablauf Verdoppeln:
a) TA-TI-TA-TI-TA-TI usw. Denselben Puls in eine Hand „nehmen": TA-TA-TA-TA-TA-TA usw.
b) Mit der TI-Hand zwischen die TA-Schläge treffen. So entsteht die erste Verdopplung. Weitere nach demselben Muster.

Ablauf Halbieren: TA-TI-TA-TI usw. TI-Hand weglassen und Puls beibehalten. Diesen neuen, bereits halbierten Rhythmus wieder in beide Hände „nehmen": TA-TI-TA-TI usw.

Übungsvariante:
a) Von mittlerem Gleichschlag vier Schläge, acht Verdoppelte und 16 doppelt Verdoppelte hintereinander spielen und diesen Ablauf wiederholen, also vier Viertel, acht Achtel und 16 16tel Noten.
b) Je einen Takt davon einmal auslassen und die ausgelassenen Schläge „still hören".
c) Alle drei Takte in aufgeteilten Gruppen nebeneinander spielen.

Quelle: Hegi.

Auslassen	E P G	R 5
	1.7, 5.6	

Idee: Das Auslassen bzw. Weglassen von Schlägen bedeutet nicht, daß diese nicht vorhanden sind, sondern lediglich, daß sie nicht hörbar, d. h. nur innerlich, gespielt werden.

Vorbereitung: Gleichschlag-Übungen (R 2), Verdoppeln-Halbieren-Übungen (R 4).

Ablauf:
a) Grundübung: Auslassen eines Schlages
   in einem 4er-Rhythmus: TA . TA-TI :| TA-TI . TI :||

b) Auslassen in einem 6er-Rhythmus: TA . TA-TI-TA-TI :||

c) Auslassen in einem 8er-Rhythmus: TA . TA . TA-TI-TA-TI :||

d) Spielvarianten: TA-TI-TA-TI | TA . . TI | TA . . TI :||
                    TA-TI . . :||
                    TA-TI . . . . :||

e) Gruppenspielvariante:
Ein Vorspieler spielt, ohne dies zu verraten, eine gewisse Anzahl Schläge und setzt dieselbe Anzahl aus (z. B. 5 gespielte, 5 leere usw.) Gruppe spielt dieses Muster dem Vorspieler nach. (Durch äußere oder innere Mitbewegung die Anzahl der stummen Schläge mitempfinden.)

Quelle: Hegi.

Doppelschlag (Federschlag)	E P G	R 6
	1.7, 1.10, 1.12, 5.6	

Idee: Doppelschlag meint einen doppelten Schlag mit einer Hand, bevor die andere Hand folgt. Er eröffnet nach dem Gleichschlag ein neues Feld von Rhythmen, zu denen grundsätzlich der 3er bzw. die Triole gehört. Federschlag heißt der Doppelschlag, der durch die Nachfederung der Hand zustande kommt.

Vorbereitung: Grundübungen TA-TA-TI (mit der TA-Hand den Doppelschlag),
TI-TI-TA (mit der TI-Hand den Doppelschlag),
TA-TA-TI-TI (beidhändiger Doppelschlag).

Spielvarianten:
a) TA-TA-TI . :|| TI-TI-TA . :|| Doppelschlag mit Auslassen.

b) T̄A-TA-TI-TA T̄I-TI-TA-TI :|| 8er mit wechselndem Doppelschlag.

c) T̄A-TA-TI-T̄A-TA-TI-TA | T̄I-TI-TA-T̄I-TI-TA-TI :|| 7er mit doppeltem Doppelschlag, wobei der 7. Schlag den Wechsel in die andere Hand einleitet.

d) Triolen:

TA		TA	:||	TI		TI	:||	Grundschlag in der einen,
TI-TI-TI		TI-TI-TI	:||	TA-TA-TA		TA-TA-TA	:||	Triolen in der andern Hand.

TA-DA-TI :|| mit nachgefedertem Schlag (DA) in der TA-Hand
TI-DI-TA :|| mit nachgefedertem Schlag (DI) in der TI-Hand

Quelle: Hegi.

Unabhängigkeit der Hände	E P G	R 7
	5.6, 7.9	

Idee: Wenn der rhythmische Grundpuls im Körper vorhanden ist, können sich die Hände frei bewegen.

Vorbereitung: Guter Bodenkontakt; freie Beinarbeit, Trommeln nicht zwischen den Knien. Übung auch auf Oberschenkeln auszuführen.

Ablauf:
a) Mit beiden, später mit einem Fuß den Grundpuls auf den Boden tippen (Fußspitze oder Ferse).
b) Mit TA-Hand Grundpuls mitschlagen, mit TI-Hand zuerst off-beat, dann immer freier. Bei Verunsicherung zum Grundpuls zurück und wieder davon wegentwickeln. Dasselbe mit der jeweils anderen Hand.
c) Zum selben Grundpuls den 3er-Rhythmus (GA-ME-LA) mit Gleichschlagbewegung, d. h. immer mit abwechselnden Händen, so daß die Betonung GA jedesmal in die andere Hand zu liegen kommt.

Varianten:
a) Der Grundpuls kann auch mit tiefer Pauke geschlagen werden wie im „Mutterspiel" (Q 2).
b) 2:3-Rhythmus: T̄A - KI - T̄A - KI -
GA-ME-LA-ḠA-ME-LA, wobei der Grundpuls das eine Mal mit der TA-Hand (sei dies nun der 2er oder der 3er), das andere Mal mit der TI-Hand geführt wird.

Quelle: Verschiedene.

291

Ein-Stimmung	G	S 1
	2.4, 5.6	

Idee: Über den Klang der Stimme die eigene Stimmung, diejenige der Partner und des Raumes erfassen. Beruhigung und Konzentration.

Vorbereitung: Flach auf dem Rücken liegend, um einen angenommenen Raummittelpunkt herum mit den Köpfen einen Kreis bilden, Füße nach außen. Genug Abstand, um die Arme frei hinlegen zu können. (Varianten: a) sich mit Händen, b) mit Köpfen berühren.)

Ablauf:
a) Ruhig atmen. Eigenen Atem hören. Atem der anderen hören.
b) Aus Atem heraus mit geschlossenem Mund Summton kommen lassen. Pro Atemzug einen Ton behalten.
c) Dasselbe, aber mit H beginnend den Vokal O auf einem Ton klingen lassen und mit M ausklingen: HOOOM.
d) Dasselbe mit beliebigen Vokalen.
e) Pro Atemzug freie Stimmaktionen eingeben: freie Stimmimprovisation.
f) Zum Schluß nochmals mit Atem allein.

Quelle: Verschiedene und Hegi.

Stimm-Kreis	G	S 2
	2.6, 5.6	

Idee: Vertiefung des Atems, der Wahrnehmungs- und Empfindungsfähigkeit, des Klangs im eigenen Körper und in der Gruppe.

Vorbereitung: Aufstellung im Kreis (ohne Berührung oder in vertrauteren Gruppen gegenseitig über die Schultern gefaßt). Nicht unbedingt Augenkontakt, Kontakt über das Ohr schaffen.

Ablauf:
a) Stille. Atem fließen lassen, bis er absichtslos und bewußt ist.
b) Langsam den Ton kommen lassen, der von selbst entsteht, noch mit geschlossenem Mund.
c) Mund öffnen und Ton etwas verstärken. Gemeinsamer Atemrhythmus.
d) Dasselbe, aber mit verlängerter Ausatmung und sich ablösenden Atemphasen, so daß ein stehender Klang entsteht.

Variante:
a) b,c,d mit allen Vokalen und entsprechender Tonhöhe (siehe S 3a) durchspielen.
b) Gruppe hält einen stehenden Vokal-Klang aus; ein Teilnehmer improvisiert mit freier Melodie darüber.

Quelle: Verschiedene.

Vokale und Konsonanten	G	S 3
	2.5	

Idee: Die Vokale bilden das klangliche, die Konsonanten das rhythmische und beide zusammen das melodische Material der Stimme.

Vorbereitung: Bauch-Brust-Atmung (A 6). Zwei spezielle Atemübungen:
Schnelle Einatmung — langsame Ausatmung (für Vokale),
Langsame Einatmung — schnelle Ausatmung (für Konsonanten).

Ablauf:
a) Vokale durchspielen. Jeden Vokal zuerst mindestens einen Atemzug lang still „vorhören" und dann aussingen. Reihenfolge:
A: mittlere Tonlage; E: hohe Tonlage, aber noch Brust-Stimme;
I: hohe Tonlage in Kopfstimme; O: untere mittlere Tonlage;
U: tiefe Tonlage (vgl. auch A 12).
b) Konsonanten durchspielen. Muskeln im Zungen-, Gaumen- Kehlen-, Lippen- und Gesichtsraum durch übertriebene, stumme Bewegungen „wecken". Rhythmische Unterstützung der Versuche durch leichte Tanz-Bewegungen, Stampfen, Schnippen etc.
Beispiele: Tsch-th-tsch-th; ss-gh-dh-ss-gh-dh; mm-p. mm-p.; tsch(i)g(i)d(i)g(i)d(ong); mit Andeutung von Vokalen.

Spielvarianten:
a) Eine Gruppe legt einen Konsonanten-Rhythmus als Basis, eine zweite Gruppe improvisiert darüber mit Vokalen. Auch umgekehrt Vokal-Klang als Basis.
b) Konsonanten-Rhythmus und Vokal-Klang als Basis, Improvisation auf diesem Hintergrund mit Phantasie-Wort: z. B. „Liliput", „Skja" usw.

Quelle: Hegi.

Vokal-Klänge	E P G	S 4
	2.4, 2.6, 3.5, 5.6	

Idee: Gefühlseinstellungen, innere Haltungen und Stimmungen können zusammen mit Dynamik und Formung die einzelnen Vokale in unzählige Ausdrucksqualitäten verwandeln.

Vorbereitung: Übungen S 3 oder A 12.

Ablauf (Musikalische Qualitäten):
a) Atmung vertiefen. Normalen, mittleren Ton auf beliebigem Vokal kommen lassen. Verschiedene Tonhöhen und Vokale ausprobieren.
b) Den leisestmöglichen Ton geben. Summen und vokal.
c) Den leisesten, höchsten Ton auf dem Vokal I geben.
d) Den leisesten, tiefsten Ton auf U.
e) Den lautesten, mittleren Ton auf A.
f) Die günstigste Tonlage und Tonstärke auf O.

Ablauf (Gefühlsqualitäten):
a) Ekelnde, abweisende Stimmfarbe auf I.
b) Dunkle, düstere Stimmfarbe auf U.
c) Herzliche, fröhliche Stimmfarbe auf A.
d) Sinnliche, warme Stimmfarbe auf U.
e) Aggressive, zornige Stimmfarbe auf E.

Variante:
a) Im englischen Wort „vine" kommen alle fünf Vokale auch in ihren Übergängen vor!

Quelle: Hegi.

Bewegung – Inspiration – Stimme	E P G	S 5
	2.4	

Idee: Von der durch Atmungs- und Bewegungsübungen unterstützten Stimme zur Einatmung mit offenem Körper (Inspiration) und Ausatmung mit befreiter Stimme (Expressivität).

Vorbereitung: Leichte Kleidung; viel freier Raum. Zu allen folgenden Übungen die Stimme mitklingen lassen, wie sie selbst will.

Ablauf:
a) Im Raum umhergehen und Normal-Atmung bewußt werden lassen.
b) Schnell gehen mit forciertem Atem.
c) Langsam gehen mit ruhigem Atem.
d) Rückwärts gehen. Die Stimme ersetzt die Augen nach hinten.
e) Präsent, agil-beweglich immer neu die leerbleibenden Flächen im Raum ausfüllen. An neuer Position eine Zeit verbleiben.
f) Einen Punkt im Raum bewußt fixieren und auf impulsiven Entscheid hin in gerader Linie und zügig auf diesen Punkt zugehen. Eine Weile bleiben und neuen Punkt fixieren.
g) Auf dieselbe Weise, aber langsamer auf einen Punkt, einen Ort zugehen. Einatmend sich an diesem Ort inspirieren lassen und bei Ausatmung die Expressivität des Moments in die Stimme geben. Der stimmliche Ausdruck soll dabei möglichst wenig oder gar keinen Schranken unterworfen sein.

Quelle: Nach M. Schuppe.

Stimm-Qualitäten	E P G	S 6
	2.4, 3.5, 5.6, 7.18	

Idee: Die Möglichkeiten der eigenen Stimme ausloten. Über polare Extreme verschiedener Ausdrucksebenen das Spektrum der Stimmqualitäten kennenlernen.

Vorbereitung: Atemübungen, v. a. A 5, A 7, A 12. Nicht daran denken, wie die Übungen wirken, sondern was daraus werden kann, sie in die Extreme weiterentwickeln. Grundsatz: Welche Qualität auch immer du ausspielst, drücke sie überzeugend aus!

Ablauf:
a) Auswahl einer stimmlichen Ausdrucksebene (z. B. aufgrund der gegenwärtigen Verfassung, Ereignisse etc.). Beispiele:
scharf — weich,
hoch — tief (Kopf-/Bruststimme; weiblich — männlich),
leise — laut,
stimmhaft — stimmlos (vokal — konsonantisch),
schön — häßlich,
traurig — fröhlich; und andere mehr.
b) Mit ganzem Körper (Füße tanzend, Hände klatschend etc.) einen unterstützenden Grundrhythmus für die Übung legen.
c) Das polare Gegensatzpaar zur gewählten Qualität abwechslungsweise stimmlich entwickeln, den Wechsel von einer zur anderen Seite impulsiv geschehen lassen, die Unterschiede wachsen lassen, die Gegensätzlichkeit steigern bis zu einem jetzt möglichen Extrem.

Variante: Dasselbe mit 2 Stimmpartnern oder Unter-Gruppen.

Quelle: Bobby McFerrin.

Stimm-Duelle	P G	S 7
	2.4	

Idee: Spielerische Lockerung der Stimmorgane und Entfaltung kreativer Einfälle durch stimmliche Duelle.

Vorbereitung: Beliebigen Partner auswählen. Genug freier Raum.

Varianten:
a) Ein imaginäres Tischtennis-Spiel wird mit Bewegungen pantomimisch ausgeführt und jeder eigene Ballschlag mit der Silbe „ssap" unterstützt.
b) Kirschenstein-Spuck-Duell: jede eigene Spuck-Bewegung wird mit der Silbe „p(h)u" unterstützt.
c) Einen offenen Box-, Karate-, Ohrfeigen- usw. Schlagabtausch mit Armen und Beinen und allen möglichen Körperteilen pantomimisch ausführen, ohne einander zu berühren. Beliebige Bewegungen mit der Stimme unterstützen.
d) Bellender Hund (siehe P 10) oder andere Tierbegegnungen pantomimisch und mit stimmlicher Unterstützung: z. B. Katze, Wölfe.

Quelle: M. Schuppe.

Stimmspiele in der Gruppe	G	S 8
	2.4, 3.6, 5.6	

Idee: Spielerischer Umgang mit stimmlichem Tonmaterial.

Vorbereitung: Aufstellung im Kreis; mindestens vier Teilnehmer.

Varianten:
a) Ein Teilnehmer setzt einen bestimmten Ton seinem Partner zur Linken oder Rechten ins Ohr, dieser übernimmt den Ton und gibt ihn in dieselbe Richtung weiter. Der Ton kreist. Zusatz: Ein zweiter Ton in derselben Richtung, so daß ein Intervall kreist.
b) Ein Motiv (Wort, Lautgruppe, Liedteil) in den Kreis schicken. Jeder nächste Teilnehmer übernimmt das Motiv vorerst, wie er es bekommt, und verändert dann etwas Kleines daran, sei es rhythmisch, melodisch oder klanglich, sei es die Dynamik oder die Form.
c) Jeder Teilnehmer erfindet ein kleines stimmliches Motiv (einen einzelnen Ton) und behält dieses/diesen bei. In einem nun zu erstellenden Puls kommt jeder pro Pulsschlag in Kreisreihenfolge einmal dran (vgl. „Hu-Spiel" P 11).
d) In Kreisreihenfolge erfindet jeder Teilnehmer spontan ein Motiv.
   Der jeweils nächste: — als Fortsetzung.
                        — als Kontrast zum vorangegangenen Motiv.
e) Gruppe halbieren und zusammenstehen: Beide Gruppen beginnen gleichzeitig mit einem je gemeinsamen Ton, der genau eine Oktave auseinanderliegt, und bewegen ihn gegeneinander (fließend), überkreuzen sich und enden beim Ausgangston (Oktavabstand) der anderen Gruppe. So entstehen alle überhaupt möglichen Intervalle innerhalb einer Oktave.

Quelle: Hegi.

Stimmübungen einzeln	E	S 9
	2.4, 3.5, 5.6	

Idee: Entdeckung von auch unkonventionellen stimmlichen Möglichkeiten. In Grenzbereiche der Stimme vorstoßen.

Vorbereitung: Selbstgewählte Atemübungen. Körperliche Präsenz. Erfahrungen mit Stimm-Qualitäten (S 6).

Varianten:

a) Den Übergang von Atem in Stimme und wieder in Atem mit allen Vokalen und in verschiedenen Stimmlagen durchspielen.

b) Den Übergang von einem reinen Ton in ein stimmliches Geräusch, z. B. Brummen, Zischen, Krächzen etc., und wieder zurück in einen Ton. Alle Stufen der Übergänge erleben, d. h. als persönliche Ausdrucksmöglichkeit verstehen lernen.

c) Stimmliche Imitation eines Tieres, nicht nur der hörbaren Laute, sondern auch der Bewegungen, Eigenarten etc. dieses Tieres. Neben Hund und Katze sind geeignet: Löwe, Adler, Schlange etc.

d) Ein einzelnes Wort in allen seinen möglichen Ausdrucksarten durchspielen. Vom Grenzbereich der Verständlichkeit, von Verzerrungen und Abwandlungen bis zur maximalen Klarheit und Wiederholung des Wortes experimentieren. Beispiele unter S 3b und P 3 (Meinen Namen ...).

e) Gestaltung äußerer und innerer Bilder. Qualitative Differenzierung einer zusammenhängenden Reihe: „Feuer, Wasser, Erde, Luft" oder „Angst, Schmerz, Wut, Freude".

Quelle: Nach Meredith Monk, Diamanda Galas und anderen.

Stimm-Stücke	G	S 10
	5.6	

Idee: Kompositions-Einfälle für Stimm-Stücke, welche die Gruppe auf verschiedene Weise zur Improvisation führen.

Vorbereitung: Atem- oder Stimmübungen, v. a. S 1 — S 4.

Varianten:

a) Mit den englischen Zahlen „one, two, three ..." bis 10 mit fließendem Atem und selbem Puls zwei- bis dreimal singen. Dann durch individuelle Varianten von Tonhöhen und Tondauer eine Improvisation entwickeln.

b) Einen Phantasie-Satz, z. B. „She was only a visitor" oder „Immer wieder geh ich diesen Weg" nach der Art des Rap (vgl. S 14) sprechsingen. Folgender Ablauf: Zuerst ganze Gruppe etwa dreimal den ganzen Satz, darauf fährt ein bestimmter „Satzsprecher" fort, allein, gleichförmig und regelmäßig wiederholend den Satz zu sprechen. Auf diesem Hintergrund improvisiert die Gruppe Silbe um Silbe, welche jeweils durch vorher bestimmten „Silbenführer" eingeleitet wird. (Die Beispiele enthalten 8 bzw. 9 Silben.) Den Schluß bildet dreimal der Satzsprecher.

c) Drei Rollen: Solist ist völlig frei; Duo oder Trio setzt sich zusammen in Gegensatz zu Solist und provoziert diesen: Chor (Rest der Gruppe) gibt klanglichen und rhythmischen Hintergrund zum Geschehen. Die drei Rollen im Dreieck aufstellen. Beginn und Ende der freien Improvisation überlassen.

Quelle: Warren Muller.

Lied-Improvisation	G	S 11
	3.4, 5.6	

Idee: Eine bekannte oder erfundene Melodie, ein Lied oder ein Thema mit Unterstützung der Gruppe improvisierend erforschen.

Vorbereitung: Kreisaufstellung und stehend (rhythmische Fußarbeit).

Ablauf:

a) Solo-Sänger gibt der Gruppe ein erfundenes oder bestehendes Melodie-Teil vor. Diese imitiert dieses Motiv kollektiv, aber gleichzeitig zurückhaltend in der Lautstärke und unterstützt es rhythmisch mit Händen und Füßen (vgl. dazu auch M 2).

b) Solo-Sänger improvisiert auf diesem Hintergrund über dieses Motiv und kehrt wieder in Imitation, also zum Thema, zurück.

c) Anschließend 2. und evtl. weitere Teile des Liedes bzw. Themas auf dieselbe Weise erforschen.

d) Zum Schluß das ganze Lied bzw. Thema zusammenhängen; wobei nun der Solo-Sänger für dieses und die Improvisation verantwortlich ist und die Gruppe frei ist in der Wahl, ob sie das Thema imitiert, einen Klang, eine Harmonie oder eine andere Unterstützung des Lied-Charakters findet. Die Verantwortung des Rhythmus bleibt aber bei der Gruppe (vgl. auch M 8).
Geeignet sind einfache (Kinder-)Lieder oder Themen, z. B. „Frère Jacques", „Weißt du, wo die Bäume stehen", „Macky Messer" oder einfach überschaubare Melodiebewegungen in ihren Teilen (M 4).

Quelle: Hegi.

Tongespräche	G	S 12
	2.4, 5.6	

Idee: Durch ritualisierte Abläufe für stimmliche Improvisation Raum geben, Ideen auslösen, Reichweite (Aura) empfinden.

Vorbereitung: Größerer Raum. Bewußter Atem.

Varianten:

a) Wie bei „Eulen im Wald" (G 1) von einem gewählten Punkt des Raumes aus freie Stimmbeiträge eingeben. Jeden Tongesprächsbeitrag ganz zu Ende ausführen lassen.

b) Kreisaufstellung. Wie a), aber ohne Pausen zwischen den Beiträgen. Unter Umständen die Fortsetzung jeweils durch Blickkontakt zum nächsten Sänger auslösen.

c) Wie b), aber ohne Lücke, jede Möglichkeit benützen, sofort ins hektische Tongespräch fallen, wenn sich Gelegenheit ergibt. Auch ins „Wort", in den Tonbeitrag einfallen, wenn der vorherige Tonsprecher sofort aufhört. Denn: trotz vielfacher Einwürfe ist immer nur eine Stimme zu hören!

d) In dunklem Raum (oder mit geschlossenen Augen) umhergehen. Dabei durch Töne seinen Standort, seine Geschwindigkeit und evtl. seine Bewegungsart verraten. Hände zum Schutz vor Zusammenstößen tastend vor sich herführen und bei Begegnungen berührend und wieder lösend aneinander vorbeigehen. Alle Bewegungen mit Tönen begleiten, auch Stillstehen mit Stillstehen einer Tonqualität anzeigen.

Quelle: Hegi.

Rap (Sprechgesang)	E G	S 13
	3.6, 3.7, 5.6, 5.7	

Idee: Rhythmische, klangliche, melodische und dynamische Möglichkeiten der Sprache für Gesang einsetzen, der sich zwischen Sprache und Musik bewegt. („*rap out*" heißt: eine „message" ausstoßen, herausplatzen, schlagend und klopfend wiederholen, eindringlich oder einfach spielerisch mitteilen.)

Vorbereitung: Atem-Technik und -Präsenz (A 5 — A 8).

Ablauf:
a) Ein Wort, einen Satz oder eine erzählte Episode durch übertriebene Betonung melodisch und dynamisch gestalten, durch Wiederholungen, Aufstückelungen (Zerhacken) oder Abwandlungen rhythmisch einsetzen und durch den Einsatz von Stimmklängen, Geräuschen und auch Tonhöhen charakterisieren.
b) Gruppe übernimmt mit rhythmischen Lauten (Konsonanten) und Körperrhythmen (Klatschen, Schnippen etc.) den Puls des Rap-Sängers und gibt ihm tragenden oder antreibenden Hintergrund.

Variante: Zwei Gruppen und zwei Rap-Sänger stehen sich gegenüber und halten Dialog (Bild von Banden mit Banden-Führer).

Quelle: Bekannte und alte Vertreter dieser Ausdrucksform sind:
Curtis Blow; Raoul Walton; Meredith Monk; Diamanda Galas u. a. m.; sowie der „Alpsegen" oder der Emmentaler Sprechgesang von Räber und anderen.

Beat und Off-beat	P G	T 1
	1.1, 1.13, 4.1, 5.6, 7.18	

Idee: Empfindung der sich ergänzenden rhythmischen Energien von Beat (TA = bodenwärts gerichtet) und Off-beat (KI = himmelwärts gerichtet). Der Off-beat ist für Europäer oder Nicht-Jazzer schwieriger. (Identisch mit C 6.)

Vorbereitung: Guter Bodenkontakt, bewußte Atmung.

Ablauf:
a) Kreisaufstellung, Handflächen nach vorne-unten gerichtet. Gleichzeitig mit der Silbe TA durch Hände- und Kniewippen in regelmäßigem, etwa herzschlagschnellem Puls den Beat zum Boden schicken.
b) Handflächen nach vorne-oben gerichtet. Gleichzeitig mit der Silbe KI durch Handbewegungen, die etwas in die Luft werfen wollen, und gewichtsentlastende Kniebewegungen im dazwischenliegenden Puls den Off-beat himmelwärts schicken.
c) Eine Gruppe macht den Beat, die andere den Off-beat; dann tauschen und selbstbestimmt wechseln. Sobald der Off-beat auseinanderfällt, zum Beat zurückkehren.
d) Wie c), aber mit Händeklatschen oder mit Trommeln. Immer nur so schnell, wie der Puls noch regelmäßig bleibt!
e) Eine Gruppe erfindet freien Rhythmus, der auf den Beat aufbaut, die andere Gruppe einen solchen, der auf dem Off-beat aufbaut.

Quelle: Nach Flatischler.

„Ohrfeigen"-Spiel	G	T 2
	1.6, 5.6, 7.9	

Idee: Spielerischer Umgang mit dem technischen Problem, damit durch die zusätzlich aufgewendete Kraft für eine rhythmische Betonung der pulsierende Gleichschlag gestört werden kann.

Vorbereitung: Jeder Spieler etwa gleichwertiges Fell. Gleichschlag-Übungen (R 2) und Betonungs-Übungen (R 3).

Ablauf:
a) In der Gruppe einen mittleren bis schnellen Gleichschlag, ohne jegliche Betonung und relativ leise, spielen.
b) An beliebiger Stelle und impulsiv einen stark betonten Schlag einwerfen, so als ob man der ganzen Gruppe bzw. irgendeinem Spieler eine Ohrfeige austeilen würde. Achtung: auch die andere als die gewohnte Ohrfeigen-Hand für die Betonungsschläge benützen!
c) Dasselbe mit Stummschlägen oder Leerschlägen.

Quelle: Hegi.

Zu-fällige Rhythmen	E P G	T 3
	1.7, 1.9, 5.6, 7.9	

Idee: Rhythmen aus Gleichschlag-Bewegung heraus so entwickeln, daß die klingenden Schläge dem Impuls und nicht dem „rhythmischen Plan" folgen. Bloßes Reagieren auf impulsive Bewegungen.

Vorbereitung: Für jeden Spieler ein etwa gleichwertiges Fell. Im folgenden sind die Pausen wichtiger (und anstrengender) als die gespielten Aktionen. Aus den Pausen fallen die Rhythmen zu!

Ablauf:
a) Jeder Spieler bewegt im gemeinsamen Gleichschlag die Unterarme und Hände so knapp über dem Fell, daß ein schon geringer energetischer Impuls die eine oder andere Hand einen klingenden Schlag ausführen läßt.
b) Armbewegung nun so schnell wie möglich, und trotzdem nur einzelne Schläge aufs Fell bringen. Große Pausen lassen und die eigenen Schlagaktionen unterscheiden in fragende oder antwortende, aktive oder reaktive Impulse.
c) Dasselbe wie b), nun aber mit einer ganzen Schlaggruppe, also einigen Schlägen hintereinander. Dialogartige Wechsel in der Gruppe verstärken, Vorstellung eines nervösen Gruppengesprächs mit schnellen Reaktionen (vgl. auch S 12 c).
d) Dasselbe wie c), aber nach dem Ablaufmuster von T 8, also dem Trommel-Gespräch, mit nur maximal drei Spielern.

Quelle: Verschiedene und Hegi.

299

Tanz-Rhythmen	G	T 4
	1.9, 5.6, 7.18	

Idee: Übertragung eines getanzten Körperrhythmus auf die Gruppe; rhythmische Führung bzw. Verführung der Gruppe zur Intensität.

Vorbereitung: Kreis mit Trommeln und / oder Perkussionsinstrumenten oder stehender Kreis mit Körperrhythmen (klatschen, stampfen etc.)

Ablauf:
a) Ein Spieler sucht in der Mitte des Kreises durch Tanzbewegungen seinen ihm jetzt geläufigen Rhythmus. Verdeutlichung des Beats oder des TA (Vgl. T 1) durch Betonung mit Füßen oder Klatschen.

b) Gruppe übernimmt den Rhythmus und entwickelt möglichst dichten Rhythmusteppich. Steht dieser Teppich, so nimmt Tänzer dessen Energie zum freien Tanzen; wackelt er, gibt er durch erneute Betonung mit seinen Tanzbewegungen der Gruppe neue Energie.

c) Ist der Tänzer müde oder fällt der Rhythmus zusammen, stellt sich der Tänzer an den Platz eines Gruppenmitgliedes, welches diesen nun in der Mitte ablöst.

d) Der neue Tänzer versucht nun ebenfalls seinen ihm jetzt geläufigen Tanzrhythmus zu finden und setzt einen (möglichst anderen) Rhythmus durch seine Tanzbewegungen gegen den alten durch usw.

Quelle: Verschiedene und Hegi.

Rhythmisch standhalten	G	T 5
	1.3, 1.9, 7.18	

Idee: Mit Hilfe eines rhythmischen Pulses bei sich selbst bleiben, auch wenn rundherum verschiedenste „Störungen" sind. Den Puls behalten bzw. rhythmisch standhaft bleiben heißt, auf festem Grund zu stehen.

Vorbereitung: Ein bis drei Trommler fügen sich zu standhaltendem Team, Rest der Gruppe bewegt sich im freien Raum und mit beliebigen Instrumenten. Rest-Gruppe soll größer sein als Rhythmus-Team.

Ablauf:
a) Standhaltendes Team sucht einen ihm entsprechenden, stehenden Rhythmus.

b) Sobald dieser steht, versucht die restliche Gruppe, dieses Rhythmus-Team zu stören, aus dem Konzept zu bringen, Gegenrhythmen, raffinierte Verschiebungen usw. zu erfinden.

c) Kann Team beim anfänglich gewählten Rhythmus bleiben, so „belohnt" Restgruppe dieses nach ihren Störversuchen durch Einsteigen und Unterstützen des Team-Rhythmus. Fällt Team auseinander, so hört Restgruppe auf zu stören und läßt das Team wieder in den gemeinsamen Rhythmus kommen (vgl. auch H 2).

Variante: Dasselbe mit Trommeln nach dem Muster des „Mutter-Spiels" (Q 2).

Quelle: Hegi.

Rhythmus-Gasthaus	G	T 6
	5.6, 7.18	

Idee: Im Spiel erfahrbare Beziehungsbereitschaft einerseits und Beziehungsaufnahme andererseits durch eine rhythmische Konstante eines Einzel-Spielers (Gasthaus) und Rhythmus-„Besucher" erkunden.

Vorbereitung: Einzel-Spieler (Gasthaus) soll motiviert sein, sich auf verschiedene andere Spieler einzulassen, ohne daß er sich von seinem Standort wegbewegt. (Unter Umständen Unterstützung des Einzel-Spielers durch Gruppen-Leiter oder sicheren Spieler.)

Ablauf:
a) Einzel-Spieler sucht einen Rhythmus, der ihm sowohl gut gefällt als auch so gut liegt, daß er ihn lange wiederholend spielen kann.
b) Vorerst immer nur ein Spieler der Rest-Gruppe steigt in das Spiel des Einzel-Spielers ein (kommt ins Gasthaus), bleibt so lange drin, wie es ihm behagt, und löst sich wieder ab.
c) In einer späteren Phase können auch mehrere Spieler ins Gasthaus kommen.

Beachten: Der Rhythmus des Einzel-Spielers soll so einfach und überschaubar sein, daß er mit der Zeit „automatisch" läuft und sich der Spieler auf die Beziehung zu seinen Besuchern, d. h. deren Art von Beziehungsaufnahme, konzentrieren kann.

Quelle: Hegi.

Sprach-Rhythmen	E P G	T 7
	1.8, 1.12	

Idee: Über die der Sprache innewohnenden Rhythmen zu neuen Rhythmusmustern finden und diese mit Hilfe des mitgesprochenen Satzes bzw. Wortes durchhalten können.

Vorbereitung: Betonungs-Übungen (R 3), Stimmstücke (S 10 b) oder Rap-Sprechgesang (S 14).

Ablauf:
a) Zusammengesetztes Wort oder kurzen Satz wählen, z. B. — „Ringelnatter-Tanz", — „sag, was ist mit dir …?". — „Wauh, was wechseln die Wolken am Himmel so schnell" u.a.m. Eine solche Sprecheinheit einige Male wiederholen und durch etwas übertriebenes Artikulieren die wichtigen Betonungen herausarbeiten.
b) Betonte und unbetonte Silben sowie ausgehaltene Längen und Sprechpausen unter ständiger Wiederholung auf Trommel oder Perkussionsinstrument übertragen. Mit Fuß den Beginn des Satzes markieren, mit hellem oder hohem Schlag den Höhepunkt, den Akzent der Sprecheinheit.
c) Steht der Rhythmus, kann der Satz weggelassen werden.

Quelle: Verschiedene und Hegi.

Trommel-Gespräch	G	T 8
	5.3, 5.6	

Idee: Fließende Bildung verschiedener Duos und Dreiergruppen innerhalb der Gesamtgruppe. Ablösung von Gesprächssituationen durch Dritte (vgl. das Beziehungs-Spiel P 4).

Vorbereitung: Sichtkontakt-Möglichkeit mit jedem Spieler; evtl. untenstehende Variante.

Ablauf:

a) Spieler A beginnt mit seinem jetzt für ihn geläufigen Rhythmus. Ist er wiederholend im Rhythmus drin, sucht er durch Augenkontakt einen Partner B.

b) A und B treten nun in einen Dialog, welcher auch ein Zusammenspiel werden kann.

c) A steigt aus und überläßt B seinem nun stehenden Rhythmus, welchen er nun zu einem gut wiederholbaren Rhythmus formen soll. Er sucht dann seinerseits einen neuen Partner C usw.

Variante: Kreis. Drei Spieler nebeneinander beginnen mit Klatschen Improvisation auf gemeinsamem Puls. Wenn der erste aufhört, steigt ein vierter in der Kreisreihe ein; steigt der zweite aus, kommt der fünfte dazu usw., so daß immer drei Spieler miteinander klatschen. (Mit geschlossenen Augen sind auch die verschiedenen Klatschtöne gut hörbar.)

Quelle: Verschiedene.

Ausflippen	G	T 9
	3.7, 5.3	

Idee: Auf einem „gesicherten" Hintergrund die eigenen Grenzen überschreiten. Aus festen Formen herausfallen, weil diese bestehenbleiben.

Vorbereitung: Kreisaufstellung; Trommeln; vertraute Gruppe.

Ablauf:

a) Gruppe spielt sich auf einen gemeinsamen Rhythmus ein, läßt ihn zu einem sicheren Boden für alle werden. Dann hört ein Spieler nach dem anderen auf.

b) Der Letztaufhörende (oder wenn dies nicht geht, derjenige Spieler, der sich noch in einer Spannung befindet) beginnt allein und möglichst ohne festen Rhythmus, mit ganz freien, impulsiven, vom Körper her empfundenen Schlag- bzw. Geräuschaktionen „auszuflippen". Dieser Weg darf so weit wie möglich gehen, ins „Kopf und sich selber verlieren", in Verwegenheit, in Ausdrucksformen, die zuvor noch nie gewagt worden sind.

c) Kommt der ausflippende Spieler von seinem „Trip" zurück, so deutet er dies mit einem einigermaßen verständlichen Puls an, den dann die Gruppe aufnimmt und wieder zu einem sicheren Boden formt. Der Ausgeflippte wird damit wieder in die Gemeinschaft aufgenommen. Nach einer gewissen Zeit hört ein Spieler nach dem anderen auf ... usw.

Quelle: Nach Friedemann.

Fangen	P G	T 10
	5.6, 7.7, 7.15	

Idee: Aktion und Reaktion beim rhythmischen Spiel, Anpassen und Aufbrechen in rhythmischer Gleichmäßigkeit, Zusammenspielen und Auseinanderspielen in rhythmischer Partnerschaft.

Vorbereitung: Gleichwertige Trommelfelle. Aufstellung von Partnern (oder einzelner und Gruppe) einander gegenüber.

Ablauf:
a) Der fliehende Spieler (immer nur einer allein) ist der Agierende, der dauernd neue Einfälle produziert, rhythmische „Haken schlägt", Tempi verändert, mit Wechseln provoziert.

b) Der verfolgende Spieler ist der Reagierende, der dem Fliehenden alle Bewegungen nachmacht, ihn zeitweise fast einholt und wieder verliert.

c) Stellt entweder der fliehende oder der verfolgende Spieler fest, daß mehr als ein zufälliger Schlag, eine Schlaggruppe plötzlich zusammen erfolgt, so stoppt derselbe sein Spiel. Eine solche Berührung bedeutet ja beim Spiel „Fangen", daß jetzt die Rollen gewechselt werden.

Variante: Dasselbe wie a) bis c), aber während ganzer Spieldauer sehen sich die Spielpartner in die Augen. Dies erhöht die Konzentration und lenkt gleichzeitig von zu geplantem Spiel ab.

Quelle: Hegi.

Trommelbilder	G	T 11
	5.6, 7.8	

Idee: Vorstellungshilfen rhythmischer Ereignisse in der Natur oder im Alltagsleben sowie verstärktes Bewußtsein rhythmischer Energiefelder.

Vorbereitung: Möglichst vielfältige Fell-, Perkussions- und Geräuschinstrumente zur Verfügung.

Varianten:
a) Regen (unter einem Blechdach oder Zelt). Prozeßhaftes Durchspielen der Phasen „einsetzen — prasseln — aufhören". Zusatz: Blitz und Donner eines Gewitters.

b) Einen Teilnehmer spielen. Dieser stellt sich in die Mitte des Kreises. Die Gruppe versucht, einen dem Tempo dieses Teilnehmers entsprechenden Rhythmus zu spielen. Der Teilnehmer dreht sich jeweils in die Richtung des Kreises, aus der er am meisten Energie spürt.

c) Dampflokomotive (Vgl. D 3)

d) Uhrenladen (Vgl. D 4)

e) Phasen (Vgl. D 8)

f) Reise (Vgl. F 11)

Quelle: Friedemann und Hegi.

1. Der Rhythmus

1) Ich stelle hier die Überlegung an (die auch eine Frage an die Musikethnologen ist), daß östliche Rhythmen eher kreisförmig empfunden sind, dichter, komplexer und mit häufiger wechselnden Tempis (Balkan, Orient, Indonesien, Indien, China, Japan) gespielt werden. Sie verbinden sich oftmals mehr mit dem Klang als mit der Melodie eines Stücks und verändern sich daher ungebundener, räumlicher. Westliche Rhythmen dagegen scheinen linearer, direktiver und strenger empfunden. Sie sind stark an die Melodie gebunden, wirken durchschaubarer und beziehen ihre Magie aus der Dialektik zwischen Wiederholung, Konstanz, vorwärtsstrebender Spannung (*swing*) und kleinen Veränderungen darin, wie z. B. Synkope, Off-beat, Vor- und Nachschläge, Überlagerungen bei gleichbleibendem Tempo (Jazz, Rock, Minimal Music, Reggae, Samba usw.). Ich glaube nicht, daß diese Verschiedenheit rhythmischer Entwicklungen nur dadurch zustande kam, daß die afrikanischen Ur-Rhythmen, welche die tiefsten und einfachsten rhythmischen Überlieferungen der Musikwelt geblieben sind, in der Kolonialzeit durch die Sklaven nicht nach Osten, sondern nach Westen „exportiert" wurden. Hier steht eine polare Geschichte der Lebensauffassungen (Religion, Kunst, Sozialgeschichte) in Ost und West dahinter, welche in Tanz, Bewegung und anderen Ausdrucksformen genauso beobachtet werden kann (siehe dazu *Schreiner* 1982).

2) Zu diesem Buch gehören eine Übungs- und zwei Tonbeispielkassetten. Sie ergeben ein Arbeits- und Übungsinstrument, um den Rhythmus als Zeit-Gestalt mit dem eigenen Körper, dem Atem und der Stimme erfahren zu können sowie schrittweise in das Geheimnis einzudringen, welches den Rhythmuskulturen der Welt gemeinsam ist. Wir erfahren dabei „einen rhythmischen Weg zur Bewußtheit", welcher „direkt in die erfahrbaren Rhythmusstrukturen unserer Existenz" führt. (Zitat: Buchdeckeltext)

3) Immer wieder sind bedeutende Musikgattungen unter gesellschaftlichem Druck zum Blühen gekommen. So sind z. B. der Blues, der Reggae oder die Punk-Musik alle auf ihre Art eine Antwort auf Unterdrückung politischen Bewußtseins. Die Frage bleibt jedoch, ob diese Entwicklungen ohne kulturelle Freiräume, in denen sich die Musiker ihre Arbeitsbedingungen ohne direkten Druck geschaffen haben, ebenso abgelaufen wären.

4) Diese Autoren berichten übereinstimmend über die Anwendung hypnotischer und ekstatischer Techniken in Heilungsriten auf der ganzen Welt. Speziell die Digo-Medizin-Männer aus Tansania und Kenia erzählen eindrückliche Erfahrungen (*Maler* 1970; *Simon* 1970). In der traditionellen Heilkunde Gabons (Gabun) ist Rhythmus bis zur Hypnose und Tanz bis zur Ekstase das wichtigste Medium zur Erkennung von Krankheiten. Sie werden, grob gesagt, durch die besondere Art der Veränderung von rhythmischen Wiederholungen „gehört" oder „gesehen". In einem Film über diese Heilkunst und deren Zerstörung durch die „zivilisierte" Medizin von *Troeller* und *Deffarge* sagt ein Heilkundiger: „Bei euch Europäern muß der Arzt den Kranken durch Röntgenstrahlen und Apparate abtasten lassen, um die Krankheit zu entdecken. Wir erkennen die Krankheit, indem wir zusammen tanzen und die Flamme der Fackel betrachten. Wir schämen uns nicht zu sagen, daß wir Musik brauchen und Tanz und die Fackel, um den Kranken zu verstehen. So erfahren wir, ob die Krankheit im Hals sitzt oder in der Brust, im Magen oder im Leib. Einen wesentli-

chen Teil der Krankheit könnt ihr Europäer nicht heilen. ‚Das Seil der Nacht' — eure Apparate können es nicht sehen. Deshalb ist ein Kranker nie ganz geheilt, wenn er von euch Europäern behandelt worden ist."

5) Die schamanistische Trommelkunde verbindet die Grundrhythmen 2/4 und 3/4 mit männlichen bzw. weiblichen Merkmalen. Dem Mikrokosmos mit seinen drei Zonen Himmel, Erde, Unterwelt sind bestimmte Rhythmen zugeordnet. Das Bild des Weltenbaumes symbolisiert mit seinem Inneren, dem Zentrum des Stammes, den Trommelkörper und das Mütterliche. Mit seinem Äußeren, der Krone, symbolisiert er das Fell und das väterliche Prinzip. Beide zusammen lassen das Kindliche wachsen, die Energie für den Tanz. Die Elemente Erde und Luft wirken mit der weiblichen Kraft, Feuer und Wasser mit der männlichen. Die Integration all dieser Verbindungen führt beim Schamanen zum magischen Bewußtsein, zum Kontakt mit dem Unbewußten.

6) Von meinem Freund *Urs Voerkel* hörte ich zuerst, daß *Karl Berger* in seiner Jazz-Schule in New York diese Wort-Silbenhilfe für rhythmische Übungen benutzte; dann traf ich *Reinhard Flatischler* und lernte bei ihm diesen Weg kennen. Er sagt: „Der rhythmische Ausdruck, mit dem sich deine Stimme am rhythmischen Geschehen der Übungen beteiligt, sind die Rhythmussilben und die Rhythmuswörter: Mit TA KE TI NA beispielsweise hast du die Möglichkeit, den rhythmischen Ausdruck der Vier spüren zu können. (...) Diese Silben sind nicht willkürlich erfunden, sondern existieren seit langer Zeit in verschiedenen Kulturkreisen". (*Flatischler* 1984)

2. Der Klang

7) Ein Querschnitt durch das Gedankengut der weitverzweigten Ansätze eines Musikverständnisses als harmonikale Weltordnung ist fast unmöglich. Ich nenne hier nur einige mir wichtig erscheinende Stützpunkte, Titel und Autoren: „Hans Kayser-Institut für Harmonikale Grundlagenforschung" in Wien mit *Rudolf Haase* u. a., der z. B. Werke mit so umfassenden Themata geschrieben hat wie „Kosmos, Mensch, Musik", „Der meßbare Einklang — Grundzüge einer empirischen Weltharmonik", „Die harmonikalen Wurzeln der Musik", „Leitfaden einer harmonikalen Erkenntnislehre" und viele mehr; dann einige Pioniere für eine sogenannte „Weltmusik": *Peter Michael Hamel* („Durch Musik zum Selbst", Gruppe „Between), *Dane Rudhyar* („The Magic of Tone and the Art of Music", „The Rhythm of Wholeness"), oder *Joachim Ernst Berendt* („Nada Brahma — die Welt ist Klang" und „Das Dritte Ohr"), und sogar ein gebietsfremder Autor wie *Fritjof Capra* widmet in „Wendezeit" der Musik, insbesondere dem Rhythmus viele Seiten.

8) *Berendt* (1983, S. 94 ff.) beschreibt die vollständige Obertonreihe, auch Naturtonreihe genannt, weil sie die natürliche Tonleiter aller Musik darstellt. Das Erstaunliche an ihr ist, „daß der jeweils folgende Ton der Leiter um jeweils genau eine Zahl schneller schwingt als der vorangehende. Das heißt also, um ein Beispiel zu geben, der fünfte Ton der Leiter — ein e — macht fünfmal soviel Schwingungen wie das C, mit dem die Leiter beginnt."

9) Der Maler *Kandinsky*, der viel über Improvisation nachgedacht und eine Serie von Bildern mit diesem Titel gemalt hat, sagt im „Almanach des blauen Reiters": „Die Welt klingt, sie ist ein Kosmos der geistig wirkenden Wesen." und: „Das Wort ist ein innerer Klang." Er verstand in unserem Sinne genau den Zusammenhang von Gefühl, Ausdruck und Klang. Klang kann ein geistig wirkendes Wesen, eine (Klang-)Farbe und Form oder ein Wortklang sein; wichtig ist nicht das Was, sondern der Weg von innen zur veräußerten Wirkung, eben der Kunst.

10) *Parow, Hegi, Niemeyer, Strömer* (1976): „Schenk ein, ich weiß meinen Namen wieder" ist der Titel eines autobiographischen Aufsatzes von einem meiner damaligen
Autorenkollegen in diesem Buch. Darin wird der Zusammenhang zwischen Identität, Narzißmus und Sucht auf eindrückliche Art und ebenfalls mitunter durch den
„Klang der Ereignisse" nachempfunden: „In einer Sensitivity-Übung haben wir uns
vorgestellt, der andere sei eine Vase, und wie die wohl klingen würde." Zu ihm hätten dann alles das Gleiche gesagt: „Die Vase zerspringt, es tönt dabei ein Lachen,
wie von einem Geist oder Gespenst." (S. 222 ff)

11) *Perls* (1981): „Befreit von dem Zwang, Laute mit abstrakten Bedeutungen zu füllen,
wird deine Stimme ärgerlich, oft klagend, oder vernichtend, oder ängstlich. Befreit
von abstrakten Bedeutungen möchte ich den Klang in einen Liebestrank ausgießen.
Ich suche, nein lausche, halte Ausschau nach harmonischen Klangverbindungen, um
meine Verse zu vollenden. — Harmonische Beziehungen sind auch gesunde Beziehungen." (S. 243)

12) *Godard* drückte dasselbe wörtlich und bildlich in dem Film: „Prénom Carmen"
(1984) mit dem axiomatischen Satz aus: „Wenn alle Töne stimmen, bleibt kein Raum
für Annäherungen."

13) *Rogers* (1981) betont, daß das, was wir hier Resonanz nennen, auf eine gefährliche
Art verkümmert sei. Die zwischenmenschlichen Kommunikationsformen „Lieben",
„Echtsein" und „Zuhören" seien die wichtigsten Elemente zur Veränderung in Richtung mehr Menschlichkeit. Dabei setzt er an die erste Stelle „die Fähigkeit zuzuhören
und die Befriedigung des Bedürfnisses, gehört zu werden".

14) Bei Spitzensportlern „atemintensiver" Sportarten wie Langstreckenläufe usw. wird
neuerdings das sogenannte Blutdoping angewendet. Dabei wird dem Sportler Blut
entnommen und so konserviert, daß es bei der Wiederinfusion im Körper viel mehr
Sauerstoff aufnehmen kann als vorher. Dadurch erhöht sich die Atmungs- und Ver-
brennungskapazität. Eine solche Praxis macht aber den Körper abhängig von der
Zufuhr zusätzlicher Verbrennungsstoffe, und die Langzeitschäden sind unausbleib-
lich; die Befürchtungen reichen von Herzneurosen bis Blutkrebs.

15) Das Singen von Vokalen ist, bewußt oder unbewußt, schon immer eine wichtige
Hilfe gewesen, die Atmung über das innere und äußere Hören von Vibrationen im
Körper zu verstärken. Die Mantras OM und AMEN, das O und A, sind seit Jahrtausenden im Gebet gesprochene und gesungene Vokale, welche die spirituellen, reli-
giösen Empfindungszentren zu aktivieren und dementsprechend Energie zu mobili-
sieren vermögen. Das O schwingt im Bauch, im Zwerchfell und im Solar Plexus, im
Zentrum der Erneuerung von Leben. Es wird in Verbindung gebracht mit der
Schwingung der Venus, dem Planeten der Liebe, Wärme, Geborgenheit und Verbundenheit. Das A schwingt im zweiten Atemzentrum, in der Brust, und hat den Planeten Jupiter zum kosmischen Verbündeten, welcher Erfolg, Extravertiertheit, Verstand aussendet. Interessant, daß bei der Ablösung des Christentums von den älteren Religionen, dem Buddhismus/Hinduismus und der einhergehenden gesellschaftlichen Veränderung in den entsprechenden Mantras der eher weibliche Vokal O
(Om) vom eher männlichen A (Amen) verdrängt wurde. Alle anderen Vokale ha-

ben ebenfalls körper- und planetenbezogene Verbindungen, welche in der folgenden Tabelle dargestellt werden. (Es kommen gewisse Abweichungen dieser Zusammenhänge bei verschiedenen Autoren vor. Ich folge hier weitgehend der Darstellung bei *Hamel, P. M.* (1980):

VOKAL	KÖRPERVERBINDUNG	PLANET	ZUSCHREIBUNGEN
I	Kopf	Mars	Aggressivität, scharf, mehrere Noten auf und ab
E	Hals, Kehlkopf, Körperseiten	Merkur	Geschäftigkeit, Durchbrechen enger Stellen. Ton E'''': oberes Ende der Pianotastatur
Ä	Schlund, Lungenspitze		
A	Brust, Herz	Jupiter	orgelartiger Klang, Offenheit, Zentrum äußerer Aktivität
O	Bauch, Solar Plexus	Venus	Liebe, Wärme, Geborgenheit, Verbundenheit. Ton E''' Zentrum innerer Aktivität
Ö	Zwerchfell, Magen, Leber		
U	Unterleib: Becken, Geschlechtsorgane	Saturn	magische Kraft, tiefes Dröhnen: Kontra G = unteres Ende der Pianotastatur
ÜI	Nieren, Mastdarm, Rückgrat		Schließen des Kreises

Die Erde soll den Ton zwischen G" und Gis" aussenden, zu welchem *Kepler*, der Musiker unter den großen Physikern, sagte, dies sei „das unendliche Lied vom Elend der Erde". Uranus, Neptun und Pluto wurden als die entferntesten Planeten erst später entdeckt und haben nach den Forschungen der Amerikaner *Willie Ruff* und *John Rodgers* keine Klang-, sondern Rhythmusschwingungen. (Genaueres darüber steht in *Berendt* 1983, S. 89 ff.)

So wie der Klang im Kosmos durch die inneren und äußeren Schwingungsverhältnisse der Planeten und anderer Gestirnskörper dauernd „da" ist, sind die Vokale in unserem Körper immer präsent, sie brauchen nur abgerufen, in ihrem Schwingungsbereich belebt und in den vokalen Organen verstärkt zu werden. Bei der Jazz-Sängerin und Musiktherapeutin *Lisa Sokolov* (New York) habe ich einfache Armbewegungen gelernt, die den inneren vokalen Klang mit seiner äußeren Aura verbinden, den Vokal in seiner Eigenart zu unterstützen vermögen. Siehe dazu: A 12

16) Die rezeptive Musiktherapie vertraut auf diese Kraft. Die Gefahr besteht in einer Überbewertung der Wirkung von außen (wie bei Medikamenten) und der gleichzeitigen Vernachlässigung ganz persönlicher Faktoren, welche eine „gute Stimmung" verhindern. Die aktive Musiktherapie hat heute deshalb eine zunehmende Bedeutung, weil die Abhängigkeit von äußeren, stimmungsgeladenen Anreizen den Kontakt zur eigenen, momentanen Stimmung zunehmend verschüttet.

17) *Novalis* prägte den Satz: „Jede Krankheit ist ein musikalisches Problem." Er meinte, daß Störungen in der Harmonie von Stimmung und Handlung im oben beschriebenen Sinn zu Krankheit führen müssen. Diese ist dann das ernst zu nehmende Stimmungsbarometer, der sichtbare Ausdruck für eine Korrektur des Verhaltens. Ein wirklich aktueller und noch lange nicht aufgedeckter Gedanke!

18) In meiner „Lehrzeit" bei *Lilli Friedemann* habe ich gelernt, daß neue Klänge, die in einer Gruppenimprovisation entstehen, nicht nur neue Musik bedeuten, sondern auch eine neue Art, mit Erweiterung und Grenzen des Hörens und Zuhörens umzugehen. Es war eine wichtige Hilfe auf dem Weg zum Musiktherapeuten.

19) In den Forschungsberichten von *Roger S. Payne*, Rockefeller University, New York, wird berichtet, daß beispielsweise unter Wasser unzählige Klänge, Sprachen, Sendungen wie die Radiowellen im Äther durcheinanderschwingen. Einige davon sind sogar mit bloßem Ohr wahrnehmbar, obwohl doch der Unterwasserraum als stumm gilt. Die Erforschung der deutlichsten Töne unter Wasser, die der Wale, brachte an den Tag, daß deren Kommunikationsnetz weltumspannend funktioniert.

20) Das Wort „Klang" stammt von zwei Wortgeschichten ab, die z. B. in der Mongolei im Wort „*ka-lang*" noch beide vorhanden sind: Die eine ist die Wortgeschichte der Klage, die andere die des Lachens! Welche Polarität von Gefühlen! Die weiteren Wortverwandtschaften schließen diesen Bogen. Klang hieß in verschiedenen Zeiten und Kulturen auch „Schall", „Geschrei", „Lärm", „Rausch", „Glas", „Glanz", „Klar". Dies weist nochmals deutlich darauf hin, daß der Klang der Träger des Gefühls in der Musik ist.

3. Die Melodie

21) Die vorliegende Fassung dieses weltweit bekannten Schlafliedes ist diejenige, die ich selbst von meiner Mutter vorgesungen bekam. Es gibt viele Variationen davon — und ich erinnere mich noch heute, welche tief beruhigende und alle Ängste des Tages zusammenfügende Wirkung dieses Lied auf mich hatte.

22) Der Blues kann als „Volkslied des Jazz" bezeichnet werden. Er ist Quelle und Orientierung vieler Musiker. Die Harmonielehre des Jazz hat ihre eigenen Zeichen. Die römischen Ziffern bezeichnen die Stufen, d. h. den Grundton einer neuen Harmonie im Intervallabstand zum Grundton des ganzen Stückes.
I = Tonika. Die Grundtonart des Stücks.
IV = Subdominante. Die Harmonie im Quartabstand zur Grundtonart.
V = Dominante. Die Harmonie im Quintabstand zur Grundtonart.
Zur weiteren Auseinandersetzung siehe z. B. *Jungbluth* 1981.

23) *Perls* (1980, S. 93): „Ich glaube, daß alle Therapie, die gemacht werden muß, nur im Jetzt gemacht werden kann. Alles andere ist hinderlich. Und die Technik, die uns das Jetzt verstehen und im Jetzt bleiben läßt, ist das „Bewußtheitskontinuum" (*awareness continuum*), das Entdecken und volle Bewußtwerden jeder aktuellen Erfahrung."
   In der musiktherapeutischen Arbeit bedeutet dies das Auffinden der jetzt abrufbaren, umsetzbaren, vorhandenen Melodien, Klänge, Rhythmen, eben die ungebundene Improvisation und deren volle Annahme als Ausdruck des aktuellen Zustandes.

Musik selbst ist immer „jetzt". Sie geschieht und ist im selben Augenblick auch wieder weg. Sie hat kein vergleichbares Vorher und Nachher wie z. B. ein geschriebenes Wort, das fixiert bleibt und für die vorausgegangenen bzw. folgenden Wörter zum Verständnis verbindlich ist. Improvisation oder Interpretation ist Energie, und als solche existiert sie nur im Jetzt. Dadurch behält jede Konzertaufführung auch gegenüber der perfektesten Wiedergabe auf Tonträgern die entscheidende Überlegenheit, daß zum Hörerlebnis die Ganzheit der Atmosphäre, des mitschwingenden Raumes, der Farben, Temperaturen, Gerüche und die Einheit des Energiefeldes zwischen spielenden und hörenden Menschen, die Erfahrung des Jetzt also, hinzukommt. Der massenweise Konsum reproduzierter Musik auf Tonträgern scheint in seinem Ausmaß der wachsenen Unfähigkeit zu entsprechen, sich selbst zuzuhören, die eigene Musik zu hören und sie zu spielen oder spielen zu lassen, in der Musik drin zu sein und dadurch Befriedigung zu finden. Wer nicht auch selbst für seine Musik sorgt und ihre Sprache lernt, verliert die Fähigkeit, Musik zu *sein*. Vielmehr muß er dann *haben*, besitzen, speichern oder als Produzent in möglichst hohen Auflagen verkaufen bzw. als Konsument kaufen, wenn sie auf Hitlisten oben steht. Für den reinen Konsumenten ist Musik etwas, das sich woanders und ein andermal ereignet, eine Jetzt-Illusion. Sie ist dadurch mehr der unbewußten Betäubung, der Sucht verwandt als der Bewußtheit. In der Konserve verliert Musik ihre eigentliche Seele, sie wird zum Ding, zum Gegenstand, zur Ware, die wir haben wollen und verbrauchen.

24) Die Verbindung zwischen Melodie und Meinung, wie ich sie in diesem ganzen Kapitel zu entwickeln versuche, ist in der indischen Tanz- und Theatermusik so alt wie die vergleichbaren Verbindungen zwischen Rhythmus und Atem. Die indische Dichtung und die so kultivierte öffentliche Meinung baut auf den neun Grundempfindungen der Ragas, den *Rasas*, auf. *Ravi Shankar* beschreibt in seinem Buch „My Music, My Live", London 1969, daß jede künstlerische Schöpfung die Vorgestaltung der Rasas benutzt. Nach *Shankar* gibt es neun solche Grundrasas, manchmal acht oder zehn. Ich will ihre Merkmale hier anführen, um eine Vorstellung zu vermitteln, welches Spektrum an Haltungen, Meinungen, Wert- und Moralvorstellungen in einer Melodienkultur verborgen sein können.

1. *Shringara:* romantischer, erotischer Zustand, Sehnsucht nach körperlicher Liebe zu Partner oder seelischer Liebe zu Gott. Ur-Rasa, universelle, schöpferische Kraft.
2. *Hasya:* komisch, humorvoll, synkopische Rhythmen, Frage-Antwort-Spiele, Lachen und Vergnügen.
3. *Karuna:* pathetisch, traurig, tragische Rasa. Einsamkeit, Sehnsucht nach Gott oder Geliebtem/Geliebter.
4. *Raudra:* Wut, Zorn, Toben; Gewitter und Sturm; aufscheuchend, vibrierende Wirkung (durch schnelle, zitternde Figuren); ehrfürchtiger Schauder vor der Natur.
5. *Vira:* Heldenmut, Pracht, Herrlichkeit, Erhabenheit, vornehme Erregung. Bei Übertreibung geht Vira in Raudra über.
6. *Bhayanaka:* fürchterlich und erschreckend, bedrohliches Tosen (wird meist vom ganzen Orchester gespielt), Horror-Bilder.
7. *Vivhatsa:* eilig, abstoßend. (Diese beiden letzten Rasas werden öfter mit theatralischen Mitteln dargestellt.)
8. *Adbhuta:* Vergnügen, Erheiterung, gemischt mit Verwunderung und auch Furcht, wie bei einer neuen, fremdartigen Erfahrung (technische Kunstgriffe oder Schnelligkeit im Spiel).
9. *Shanta:* Friede, Ruhe, Entspannung.

10. *Bhakti:* fromm, spirituell, religiös. (Dieser Rasa ist eine Kombination aus Shanta, Karuna und Adbhuta.)

Aus: *Hamel* 1980; vgl. *Shankar* 1969.

25) *Fritz Perls* schreibt zur Frage nach dem Wesen der Gestalt, es sei eine „angeborene Fähigkeit eines jeden Organismus, Gestalten zu bilden." Wir würden dadurch Ordnung in unsere Flut von Wahrnehmungen bringen. Eine Gestalt sei etwas unteilbar Ganzes. „Eine Melodie kann transponiert werden, so daß sich jeder Teil, jede Note, von derjenigen unterscheidet, die vorher da war, aber die Melodie, die Gestalt, ist noch dieselbe." (Aus: *Perls* 1980, S. 141/142)

26) Zwar wurde die Terz schon im 14. Jh. über die englische Fauxbourdin-Praxis in Europa eingeführt, wurde aber bis ins 18. Jahrhundert als unharmonisch, ja als obszön empfunden und vermieden. Erst die Epoche *Mozarts* hat sie durch ihre terzbetonten Kompositionen salonfähig gemacht und in die Hörgewohnheiten der Allgemeinheit eingeführt.

5. Die Form

27) *Wassily Kandinsky,* der geistige Vater abstrakter Malerei und Schöpfer einer Bilderreihe „Improvisation", beschrieb 1910 den Auftrag des Künstlers folgendermaßen:
1. Jeder Künstler hat das ihm Eigene zum Ausdruck zu bringen (Element der Persönlichkeit).
2. Jeder Künstler hat als Kind einer Epoche das dieser Epoche Eigene zum Ausdruck zu bringen (Element des Stils).
3. Jeder Künstler hat als Diener der Kunst das der Kunst im allgemeinen Eigene zum Ausdruck zu bringen (Element des rein und ewig Künstlerischen ohne Raum und Zeit, also Inhalt).
Szasz, Thomas S. (1974) zitiert in „Fabrikation des Wahnsinns" (Olten, Walter-Verlag) *Sartre* und *Cassirer,* welche metaphorisch die Leidensbewältigung des Patienten beleuchten: „Rechtschaffene Leute geben den Dingen Namen, und die Dinge tragen dann diese Namen. (… der Sündenbock) befindet sich auf der Seite der benannten Objekte, nicht auf der Seite derer, die sie benennen." (*Sartre,* zit. nach *Szasz,* S. 147) — „In verzweifelten Situationen wird der Mensch immer zu verzweifelten Mitteln greifen… Wenn wir mit Vernunft scheitern, bleibt uns immer noch die ‚ultima ratio', die Macht des Übernatürlich-Wunderbaren und des Geheimnisvollen." (*Cassirer,* zit. nach *Szasz,* S. 31)

28) *Noglik* (1983, S. 509): „Wenn Schönberg Komponieren als verlangsamte Improvisation begriff, so geht der Gedanke Misha Mengelbergs von der Improvisation als einer Komposition des Augenblicks (‚*instant composing'*) das Problem von der anderen Seite und von einer anderen musikalischen Erfahrungswelt an."

29) Persönliches Erlebnis des Autors: „Ich habe meine Improvisationslust nach der Niederschrift des vorangehenden Textes wirklich am Flügel mit „Yesterday" eine Stunde lang ausgelebt. Die Abwandlung der Melodie-Figur brachte immer neue Hintergrund-Bilder zum Vorschein. Das Fest war plötzlich eine Mischung von Traurigkeit und prickelnder Erotik. Seltsame Mischung! Die Traurigkeit führte zum Erlebnis des Allein-Seins unter vielen Menschen, die Erotik zur Verbundenheit mit der Welt am Klavier oder auch an der Schreibmaschine, zum Abenteuer meiner Ausdrucksfähigkeit, wenn ich nicht gestört werde. Zwei Einsichten, die nun wieder in den Hintergrund zurückkehren, als verdaute, integrierte Figuren, beide in einer Melodie enthalten."

30) Beispiele großen Ausmaßes sind die heutigen Erscheinungsformen der Medien, welche oftmals statt Begegnungsprozesse zu fördern, Begegnungen ersticken oder erstarren lassen. Andere Beispiele sind die Prostitution und Pornographie, die Vermarktungsform sexueller Wünsche, welche die Sexualität in Warenform zwängt und sie dadurch vom Genuß zur Sucht pervertiert; oder die starre Institution als Arbeitsform von komplexen Prozessen, welche die Gemeinschaft in Gesetzen und Gewohnheiten verschwinden läßt. Und schließlich das themenbezogene Beispiel: die Fixierung, die Pressung improvisierter Musik auf Tonträger, welche die dieser Musik ureigene Beweglichkeit in der Entstehung mit einem Mal stoppt. Diese Produkte lassen den Hörer deshalb teilweise unbefriedigt, weil er spürt, daß er im Konzert mit improvisatorischer Musik noch an der Formverwandlung, -beeinflussung und -gestaltung teilhaben kann (vgl. Anm. 23 zum selben Gedanken).

31) *Freud* (1917/1982, S. 524): „Das Denken ist ein probeweises Handeln mit kleinen Energiemengen..." *Perls* (1976, S. 28 ff) legt dar, inwiefern Denken eine vorbereitende, auf ein Ziel gerichtete Phantasietätigkeit darstellt.

32) Forschungsgruppe Morphologie der Musiktherapie: *F. Grootaers, R. Tüpker, T. Weber, E. Weymann.* Die Zitate dieses Abschnitts sind aus *Tüpker* (1983).
Die „Forschungsgruppe zur Morphologie der Musiktherapie" hat ein auch für die Musikimprovisation günstiges Begriffsmuster entwickelt. Es ergänzt den hier vertretenen Ansatz und soll deshalb etwas ausführlicher kommentiert werden:

Die Fragen zielen auf eine „vom Erleben ausgehende Beschreibung der Improvisation" und lauten etwa: Was war für mich in der Improvisation wichtig, vorherrschend, bedeutsam, auffällig? Was gab Kontakt zu mir, zum Instrument, zum Mitspieler, was trennte, was gab Impulse oder störte, und wo fühlte ich mich gut, wo schlecht? Welche Spielformen bevorzuge, verachte, liebe, vermeide, übertreibe, wiederhole, vernachlässige ich?

Die Morphologen sagen nun, daß „Gestalt und Verwandlung" das erste und letzte des psychologischen Geschehens sei und daß die spielende Person die Musik genauso behandle, wie sie auch sonst immer ihre Wirklichkeit behandelt, so daß eine Besprechung des Musikgeschehens in der Improvisation einer Entschlüsselung der Wirklichkeit gleichkommt. Die folgenden Begriffsmuster können sich demnach auf die musikalische Form wie auch auf die Figürlichkeit in der Wirklichkeit der spielenden Person beziehen:

1. Ganzheit, vollständiger Eindruck, Gesamtsicht. Die Verhältnisse, in denen eine Improvisation erscheint.
2. Extreme, Polaritäten, Gegensätze. Die Bezüge zwischen verschiedenen Stationen oder Positionen im Improvisationsablauf.
3. Entsprechungen, Imitationen, Metaphern, Bilder, Symbole im Improvisationsgeschehen.
4. Qualitative Sprünge, plötzliche Veränderungen, Ebenenwechsel, Stimmungsbrüche, Kippbewegungen in der „Geschichte" einer Improvisation.
5. Prozesse, Entwicklung, Entfaltung, Intensivierung einer Idee, einer Figur, eines Modus oder eines Themas in der Improvisation.
6. Gerüste, Strukturpunkte, Stationen, Beziehungs- oder Fluchtpunkte. Die Organisation oder Ordnung einer Improvisation.
7. Das Tun oder Lassen, die Präsenz oder Absenz, drinnen — draußen, aktiv — passiv, führen und führenlassen. Die Dynamik der Improvisation.

6. Das Begriffsmuster

33) Vgl. *Petzold* (1977). Als Beispiel der Vielfalt auf diesem Gebiet seien auswahlsweise einige Pioniere und Autoren genannt: *Lowen* (Bioenergetik), *Feldenkrais* (Der aufrechte Gang), *Alexander* (Bewegungstechnik), *Merleau-Ponty* (Körperwahrnehmung), *Dalcroce* (Bewegungsschule), *Schoop* (Tanz), *Middendorf* (Atem), *O Sensei* (Aikido) und andere mehr. Mit ihnen allen verbindet mich die Einsicht, daß jedes körperliche „Aussehen", jede Körperdeformierung oder körperliche Auffälligkeit genauso eine Funktion hat wie jeder Körperteil, also zu etwas oder gegen etwas dient und gebraucht werden will, um dessen Sinn zu ergründen.

34) Eine erfahrene, reife Intuition für musikalische Zeichen, wie sie ein Musiktherapeut haben sollte, ist allein durch langjährige, selbst aktive Improvisationspraxis zu erwerben. Die therapeutische Deutung muß außerdem in einer selbst erfahrenen Musiktherapie gelernt werden, in der die eigenen, persönlichen Schlüssel zu den fünf Feldern der Improvisation gefunden werden. So erreicht der Therapeut die notwendige Unabhängigkeit und Distanz zu den feinen Unterschieden in den Verschlüsselungen seiner Patienten. Neugierig erforscht er diese, ohne seine eigenen suggestiv oder projektiv einzubringen. Statt zu manipulieren, vergleicht er eigene und verschiedene andere Bezüge. Es gibt darin kein „besser" oder „schlechter", sondern nur ein „anders". Seine Aufgabe ist nicht, die Symbol-Bezüge seiner Patienten zu verändern, sondern diese aufzuklären und bewußt zu machen. Er kann sie in ein reales Verhältnis zur Wirklichkeit bringen, die Verbindung zu diffusen Gefühlen verdeutlichen und die vorhandenen Potentiale einer Person damit verstärken.

35) *Polster, Polster* (1975, S. 44): „Die Klarheit und die Spannung des Lebens werden zutiefst davon beeinflußt, in wie starkem Maße das Material aus dem Hintergrund figürlich werden kann, denn nur als vollständige Figur, die sich vom akzeptierten Hintergrund leuchtend abhebt, können Ausgeglichenheit und Vitalität nebeneinander existieren."

36) *Perls* (1981): „Fritz, du mußt lernen, dich zu disziplinieren. Laß das Hirnwixen." (S. 229) „Leute, die sich mit dicken, verbalen Schutzwällen umgeben haben, akzeptieren und verwenden solche Begriffe und spucken Sätze zurück, während sie selbst unberührt davon bleiben. Es sind Leute, die *über* etwas reden." (S. 230)

37) Vgl. *Polster, Polster* (1975, S. 148): „Zu sagen, was man zu sagen hat, ist ein hervorragender schöpferischer Akt, der deshalb leicht übersehen wird, weil die Menschen so viel reden."

38) Vgl. *Berendt* (1985): Dieses Buch erschien kurz nach Beendigung meines Manuskriptes und führt einige hier angesprochene Thesen, v. a. im Bereich der Polaritäten Ohr-Auge, männlich-weiblich, Improvisation-Komposition, Teilheit-Ganzheit weiter aus. Als Beispiel seien einige Kernsätze herausgegriffen: „Wer hört, improvisiert." (S. 27) „Für den Musiker, der... improvisiert, hat das innere Hören, das Hören überhaupt — den Primat. Für den Musiker, der komponierte Musik spielt, steht am Anfang und vorrangig die Information durch das Auge." (S. 410) „Das Hören ist weiblich." (S. 26) „Wir sehen drei Dimensionen, aber wir hören — wie viele? Das Ohr überschreitet." (S. 24) „Es transportiert Urteil in Einheit." (S. 420) „Das Auge führt den Menschen in die Welt, das Ohr führt die Welt in den Menschen ein." (S. 35), u. a. m.

Literatur

Alvin, Juliet, Grundlagen der Musiktherapie, in: *Pahlen, K.* (Hrsg.), Musiktherapie, Heyne, München 1973.

Anderson, Laurie, Big Science, LP und Cassette, Warner Bros. 1982.

Berendt, Joachim Ernst, Nada Brahma — Die Welt ist Klang, Insel, Frankfurt/M. 1983.

—, Das Dritte Ohr, Rowohlt, Reinbek 1985.

Berne, Eric, Spiele der Erwachsenen (1964), Rowohlt 1970.

Bettelheim, Bruno, Der Weg aus dem Labyrinth. Leben lernen als Therapie, Deutsche Verlags Anstalt, Stuttgart 1975.

Bloch, Ernst, Zur Philosophie der Musik, Suhrkamp, Frankfurt/M. 1974.

Bohm, David, Die implizite Ordnung, Dianus-Trikont, München 1985.

Bonny, Helen L., Music and Your Mind. Listening with a New Consciousness, ICM Press, Washington 1983.

Bresgen, C., Im Anfang war der Rhythmus, Heinrichshofen, Wilhemshaven 1977.

Capra, Fritjof, Wendezeit, Bausteine für ein neues Weltbild, Scherz, Bern 1982.

Carr, Jan, Miles Davis, Eine kritische Biographie, LIT, Baden 1985.

Decker-Voigt, Hans-Helmut (Hrsg.), Handbuch der Musiktherapie, Eres, Lilienthal/ Bremen 1983.

Eliade, Mircea, Schamanismus und archaische Ekstasetechnik, Rascher, Zürich 1957.

Feldenkreis, Moshé, Bewußtsein durch Bewegung, Suhrkamp, Frankfurt/M. 1968.

Ferguson, Marilyn, Die sanfte Verschwörung, Sphinx, Basel 1982.

Flatischler, Reinhard, Die vergessene Macht des Rhythmus, Ta ke ti na — Der rhythmische Weg zur Bewußtheit, Synthesis, Essen 1984.

Franco Lao, Meri, Hexen-Musik, Zur Erforschung der weiblichen Dimension in der Musik, Frauenoffensive, München 1979.

Freud, Sigmund, Vorlesungen zur Einführung in die Psychoanalyse (1917), Studienausgabe B.1.1., Fischer TB, Frankfurt/M. 1982

—, Psychologische Schriften, Bd. 1—4, S. Fischer, Frankfurt/M. 1970.

Friedemann, Lilli, Einstiege in neue Klangbereiche durch Gruppenimprovisation, Universal Edition, Wien 1973.

—, Kollektivimprovisation als Studium und Gestaltung neuer Musik, Universal Edition, Wien 1969.

—, Trommeln — Tanzen — Tönen, 33 Spiele für Große und Kleine, Universal Edition, Wien 1983.

Frohne, Isabelle, Das rhythmische Prinzip, Eres, Lilienthal 1981.

—, Klinische Musiktherapie, Musiktherapie auf der Grundlage der integrativen Gestalttherapie; bisher unveröffentlichtes Manuskript, Hamburg 1985.

Gebser, Jean, Ursprung und Gegenwart, 3 Bände, DTV, München 1973.

Glaser, Werner Wolf, Intervalle — therapeutisch gesehen; Die Heilkunst, Heft 5, München 1973.

Golowin, Sergius, Die Welt des Tarot, Geheimnis und Lehre der 78 Karten der Zigeuner, Sphinx, Basel 1975.

Grof, Stanislav; Halifax, Joan, Die Begegnung mit dem Tod, Klett-Cotta, Stuttgart 1980.

Haardt, Anne-Marie; Klemm, Harald, Musiktherapie, Selbsterfahrung durch Musik, Heinrichshofen's, Wilhelmshaven 1982.

Haase, Rudolf, Harmonikale Synthese, Hans Kayser Institut, Wien 1980.

Haase, Rudolf; Haase Ursula, Literatur zur harmonikalen Grundlagenforschung, Band I-V, Elisabeth Lafite, Wien 1969-83.

Hamel, Peter-Michael, Durch Musik zum Selbst, Bärenreiter, Kassel 1980.

Harrer, Gerhart (Hrsg.), Grundlagen der Musiktherapie und Musikpsychologie, Gustav Fischer, Stuttgart 1982.

Huizinga, Johan, Homo Ludens. Vom Ursprung der Kultur im Spiel (1938), Rowohlt, Reinbek 1956.

Jacoby, Heinrich, Jenseits von „Begabt" und „Unbegabt", Zweckmäßige Fragestellung und zweckmäßiges Verhalten — Schlüssel für die Entfaltung des Menschen, Christians, Hamburg 1983.

Janov, Arthur, Der Urschrei. Ein neuer Weg der Psychotherapie, S. Fischer, Frankfurt/M. 1973.

Jaques-Dalcroze, E., Rhythmus, Musik und Erziehung, Basel 1921, Nachdruck Göttingen 1977.

Jung, Carl Gustav, Der Mensch und seine Symbole, mit Beiträgen von *Marie-Louise von Franz, Joseph L. Henderson, Jolande Jacobi, Aniela Jaffé*, Walter Verlag, Olten 1968.

—, Über die Psychologie des Unbewußten, Fischer, Frankfurt/M. 1975.

—, Die Dynamik des Unbewußten, Walter, Olten 1976.

Jungbluth, Axel, Jazz-Harmonielehre, Funktionsharmonik und Modalität, Schott, Mainz 1981.

Kast, Verena, Paare. Beziehungsphantasien oder Wie die Götter sich in Menschen spiegeln, Kreuz, Stuttgart 1984.

Klausmeier, Friedrich, Die Lust, sich musik. auszudrücken, Rowohlt, Reinbek 1978.

—, Der psychische Primärprozeß und die musikalische Interpretation, *Musiktherapeutische Umschau*, Heft 2/84, S. 115-129, G. Fischer, Stuttgart 1984.

Knill, Paolo J., Ausdruckstherapie. Künstlerischer Ausdruck in Therapie und Erziehung als intermediale Methode, Ohlsen und Eres, Halle und Lilienthal 1979.

Köhler, Wolfgang, Die Aufgabe der Gestaltpsychologie, de Gruyter, Berlin 1971.

Kostelanetz, Richard, John Cage, M. DuMont Schauberg, Köln 1973.

Kükelhaus, H., Hören und Sehen in Tätigkeit, Klett & Balmer, Zug 1978.

Laing, Ronald D., Das geteilte Selbst, Kiepenheuer & Witsch, Köln 1972.

Leuner, Hanscarl (Hrsg.), Psychotherapie mit dem Tagtraum, Huber, Bern – Stuttgart – Wien 1982.

Linke, Norbert, Heilung durch Musik?, Heinrichhofen's, Wilhelmshaven 1977.

Loos, Gertrud, Spiel-Räume, G. Fischer, Stuttgart 1986.

Lowen, Alexander, Depressionen: unsere Zeitkrankheit. Ursachen und Wege der Heilung, Kösel, München 1978.

Maler, Th., Geisterbeschwörung bei den Digo, in: *Vereinigung von Afrikanisten in Deutschland*, Hamburg 1970.

Merleau-Ponty, Maurice, Phänomenologie der Wahrnehmung, de Gruyter, Berlin 1966.

Middendorf, Ilse, Atem — und seine Bedeutung für die Entwicklung und das Heilsein des Menschen, in: *Petzold, H.* (Hrsg.), Die neuen Körpertherapien, S. 436ff., Junfermann, Paderborn 1977.

—, Der Erfahrbare Atem, Eine Atemlehre (Textband mit zwei Beispielcassetten), Junfermann, Paderborn 1984.

Miller, Alice, Das Drama des begabten Kindes und die Suche nach dem wahren Selbst, Suhrkamp, Frankfurt/M. 1979.

—, Du sollst nicht merken, Suhrkamp, Frankfurt/M. 1981.

Nestler, Gerhard, Die Form in der Musik, Atlantis, Freiburg/Zürich 1954.

Neumann, Friedrich, Die Zeitgestalt. Eine Lehre vom musikalischen Rhythmus, 2 Bände, Wien 1959.

Noglik, Bert, Jazz-Werkstatt International, Rowohlt, Reinbek 1983.

Nordoff, Paul; Robins, Clive, Musik als Therapie für behinderte Kinder, Forschungen und Erfahrungen, Klett-Cotta, Stuttgart 1983.

Parow, Edi; Hegi, Fritz; Niemeyer, Hans-Harald; Strömer, Reinhard, Über die Schwierigkeit, erwachsen zu werden. Rauschmittel und Adoleszenzkrise, Syndikat, Frankfurt / M. 1976.

Payne, Roger S., Songs of the Humpback Whale, CRM Records und Rockefeller University, New York 1970.

Perls, Fritz, Grundlagen der Gestalt-Therapie. Einführung und Sitzungsprotokolle, J. Pfeiffer, München 1976.

—, Das Ich, der Hunger und die Aggression, Klett-Cotta, Stuttgart 1978.

—, Gestalt, Wachstum, Integration, Junfermann, Paderborn 1980.

—, Gestalt-Wahrnehmung. Verworfenes und Wiedergefundenes aus meiner Mülltonne, Verlag für Humanistische Psychologie, Frankfurt / M. 1981.

—, Gestalttherapie in Aktion, Klett-Cotta, Stuttgart 1974.

Petzold, Hilarion, Die neuen Körpertherapien, Junfermann, Paderborn 1977.

—, Die Gestalttherapie von Fritz Perls, Lore Perls und Paul Goodman, *Integrative Therapie* 1-2 (1984), S. 59.

Pflüger, Peter Michael (Hrsg.), Rhythmus, Entspannung, Heilung. Menschliches Fühlen und Musik, Adolf Bonz, Stuttgart 1979.

Polster, Erving; Polster Miriam, Gestalttherapie, Theorie und Praxis der integrativen Gestalttherapie, Kindler, München 1975.

Pontvik, Alek, Der tönende Mensch, Rascher, Zürich 1962.

Portmann, Hanna, Zur Psychologie des Erlebens von Klang und Hören. Lizentiatsarbeit an der Philosophischen Fakultät der Universität Zürich, S. 13, 20, Zürich 1984.

Priestley, Mary, Analytische Musiktherapie, Klett-Cotta, Stuttgart 1983.

Richter, Manfred, Aktive Musiktherapie in Gruppen. Modelle — Projekte — Interaktionen, Adolf Bonz, Stuttgart 1977.

Rogers, Carl, Encounter-Gruppen. Das Erlebnis der menschlichen Begegnung, Kindler, München 1974.

—, Der neue Mensch, Klett-Cotta, Stuttgart 1981.

Schneider, Kristine, Das Experiment in der Gestalttherapie, *Integrative Therapie* 3 (1979), S. 192-207.

Schneider, Marius, Klangsymbolik in fremden Kulturen, Hans Kayser-Institut, Wien 1979.

Schönberg, Arnold; Kandinsky, Wassily, Briefe, Bilder und Dokumente einer außergewöhnlichen Begegnung, DTV, München 1981.

Schreiner, Claus, Musica Latina. Musikfolklore zwischen Kuba und Feuerland, Fischer TB, Frankfurt / M. 1982.

Senett, Richard, Verfall und Ende des öffentlichen Lebens: die Tyrannei der Intimität, S. Fischer, Frankfurt / M. 1983.

Simon, A., Ein Krankenheilungsritus bei den Digo aus musikethnologischer Sicht, in: *Vereinigung von Afrikanisten in Deutschland,* Hamburg 1970.

Shankar, Ravi, Meine Musik — mein Leben, Nymphenburger Verlagsanstalt, München 1969.

Schoop, Trudi, Won't You Join the Dance? A Dancers Essay into the Treatment of Psychosis, Mayfield Publishing Company, Palo Alto 1974.

Spitz, René A., Vom Säugling zum Kleinkind, Klett, Stuttgart 1972.

Steiner, Rudolf, Das Wesen des Musikalischen und das Tonerlebnis im Menschen, Dornach 1975.

Stevens, Barry, Don't Push the River (it flows by itself), Real People Press, Moab, Utah 1970.

Strobel, Wolfgang; Huppmann, Gernot, Musiktherapie, Grundlagen, Forschungen, Möglichkeiten, Hogrefe, Göttingen 1978.

Szasz, Thomas S., Die Fabrikation des Wahnsinns, Walter, Olten 1974.

Timmermann, Tonius, Klangstrukturen und ihre psychische Wirkung, *Freies Musikzentrum* (Hrsg.), München 1983.

Troeller, Gordian; Deffarge, Claude, Mit Medizin ins Unglück, eine Filmproduktion von Radio Bremen 1971.

Tüpker, Rosemarie, Morphologische Arbeitsmethoden in der Musiktherapie, *Musiktherapeutische Umschau* 4 (1983), S. 247 ff.

Watzlawick, Paul; Beavin, Janet H.; Jackson, Don D., Menschliche Kommunikation. Formen, Störungen, Paradoxien, Hans Huber, Bern 1969.

Watzlawick, P.; Weakland, J. H.; Fisch, R., Lösungen, Huber, Bern – Stuttgart – Wien 1975.

Willms, Harm, Musiktherapie bei psychotischen Erkrankungen, G. Fischer, Stuttgart 1975.

Winnicott, D. W., Vom Spiel zur Kreativität, Klett, Stuttgart 1971.

Zinker, Joseph, Gestalttherapie als kreativer Prozeß, Junfermann, Paderborn 1984.

Zuckerkandl, V., Die Wirklichkeit der Musik, Rhein, Zürich 1963.

Nando Belardi

SUPERVISION

Von der Praxisberatung zur
Organisationsentwicklung

Nando Belardi

SUPERVISION

Der Autor kommt zu
einer Reihe von neuen,
über den bisherigen
Stand des Wissens
hinausgehenden
Erkenntnissen.

354 S.; DM 44,–

Fanita English,
Klaus-D. Wonneberger

**Wenn Verzweiflung
zu Gewalt wird...**

Das Buch beschreibt
die Dynamik der Ver-
zweiflung, die zu irratio-
naler Gewalt führen
kann, und schärft den
Blick für Anzeichen
einer Katastrophe.

300 S.; DM 39,80

Martina Peter-Bolaender

Tanz & Imagination

Mit diesem Buch liegt
zum erstenmal eine
pädagogisch-therapeu-
tische Konzeption von
Tanz vor, die sich so-
wohl mit Tanz-Kunst,
Tanz-Therapie und
Tanz-Kult
auseinandersetzt.

324 S.; DM 44,–

Roberto Assagioli

PSYCHOSYNTHESE

Assagiolis Buch ist für
jeden ein Gewinn, der
bei dem schwierigen
Prozeß der Selbst-
erkenntnis und Selbst-
verwirklichung nach
einer praktischen
Orientierung sucht.

356 S.; DM 44,–

Steve de Shazer

Muster
familientherapeutischer
Kurzzeit-Therapie

Steve de Shazer

**Muster familien-
therapeutischer
Kurzzeit-Therapie**

De Shazer präsentiert
eine überzeugende Inte-
gration der klinischen
Vorgehensweisen von
Erickson mit der Theo-
rie der Veränderung
von Bateson.
288 S.; DM 39,80

Alexa Mohl

**Der
Zauberlehrling**

Mit NLP ist ein Fort-
schritt in der Entwick-
lung der menschlichen
Freiheit möglich, den
es bislang noch nicht
gab.

412 S.; DM 44,–

Dorothea Rahm et al.

**Einführung in die
Integrative Therapie**

Mit diesem Buch liegt
eine gelungene
Integration von Theorie
und Praxis vor. Es ist
anschaulich und allge-
mein verständlich
geschrieben und hat
Lehrbuch-Charakter.

556 S.; DM 49,80

Gaby Moskau
Gerd F. Müller (Hrsg.)

**Virginia Satir –
Wege zum
Wachstum**

Dieses Handbuch be-
schreibt die Techniken
Virginia Satirs, die sie in
Familiensitzungen und
in der Gruppenarbeit
benutzt hat.

265 S.; DM 39,80

Fordern Sie unsere kostenlosen Prospekte an! (Postfach 18 40, D-4790 Paderborn – Tel.: 0 52 51 / 3 40 34)

JUNFERMANN VERLAG

JUNFERMANN

Die
neue
Rücken-
Schule

Ruthy Alon

Leben ohne
Rückenschmerzen

**Bewegen in Einklang
mit der Natur**

Feldenkrais-Lektionen I

240 Seiten, kart.
DM 39,80
ISBN 3-87387-073-8

Rückenbeschwerden sind die häufigste Ursache für das Fernbleiben von der Arbeit, für mit Schmerzen vergiftete Freizeit, für Enttäuschung über den Körper, der einen so im Stich läßt. Rückenschmerzen befallen Büroangestellte, Gelehrte und Analphabeten, Arbeiter die im Freien sind und solche, die in Gebäuden ihrer Tätigkeit nachgehen, die Land- und die Stadtbevölkerung, Dicke und Dünne, Junge und Alte, Menschen, die sich bei der Arbeit viel bücken müssen, und Menschen, die sich niemals bücken würden, Menschen, die aktiv sind und solche, die sich kaum bewegen, Männer und Frauen in gleichem Maße.

Kann es eine einzige und eindeutige Antwort auf dieses Rätsel geben? Falls Sie sich Sorgen machen um Ihren Rücken und glauben, Sie müßten nur dieses eine Heilmittel finden, dann erkennen Sie womöglich nicht, wie die allumfassende Realität der Qualität Ihres Lebens dem Schmerz erlaubt, sich einzunisten…

Ruthy Alon war über viele Jahre Schülerin von Moshe Feldenkrais. In ihren Seminaren in zahlreichen Ländern – auch im deutschsprachigen Raum – vermittelt sie die Feldenkrais-Methode in kongruenter und zugleich innovativer Weise.

JUNFERMANN VERLAG • **Postfach 1840**
4790 Paderborn • **Telefon 0 52 51/3 40 34**